城市创新发展轨迹

大连智库改革创新专题咨询报告

大连市委市政府咨询委员会◎编

科学出版社

内 容 简 介

　　本书着眼于我国经济发展新常态下面临的新机遇、新挑战，结合地方实际，围绕探寻城市发展规律演化、发展模式转变、发展动力转换，主要从立足国家战略布局，谋划打造战略平台，助推经济转型升级，从战略和资源优化配置上推进全球化合作发展，增强城市创新发展永续动力，加快提升城市功能和产业核心竞争力，培育新增长点和经济新业态，全面有效发挥政府的作用，实践中探索创新新型智库组织形式和管理方式，在统筹协调推进中进一步提升城市综合竞争力，进行一些前瞻性问题的咨询研究。

　　本书对于城市创新驱动、转型发展政策需求研究有一定的参考价值，可供地方政府、有关政策研究部门的同志阅读。

图书在版编目（CIP）数据

城市创新发展轨迹：大连智库改革创新专题咨询报告 / 大连市委市政府咨询委员会编 . —北京：科学出版社，2016.4
　　ISBN 978-7-03-047461-2

　　Ⅰ . ①城… 　Ⅱ . ①大… 　Ⅲ . ①城市 – 发展 – 研究 – 大连市
Ⅳ . ① F299.273.13

中国版本图书馆 CIP 数据核字（2016）第 043741 号

责任编辑：朱萍萍　高　微 / 责任校对：李　影
责任印制：张　伟 / 封面设计：可圈可点工作室

编辑部电话：010-64035853
E-mail:houjunlin@mail.sciencep.com

科 学 出 版 社 出版
北京东黄城根北街 16 号
邮政编码：100717
http://www.sciencep.com

北京京华虎彩印刷有限公司印刷
科学出版社发行　　各地新华书店经销

*

2016 年 4 月第 一 版　　开本：720×1000　B5
2016 年 4 月第一次印刷　　印张：26 1/4
字数：454 000
定价：148.00元
（如有印装质量问题，我社负责调换）

前　言

近年来，大连市委市政府咨询委员会按照习近平总书记对智库建设的重要批示精神，积极探索城市智库组织形式和管理方式，围绕中心工作，坚持问题导向，开展了一系列重大课题的咨询研究。当前，国内经济社会发展面临一系列新情况和新挑战，大连振兴发展到了滚石上山、爬坡过坎的关键阶段，迫切需要在大局下统揽协调，作出总体部署安排，迫切需要汇集众智，进一步凝聚人民群众的智慧力量。

2015 年，大连市委在统筹抓好各项改革任务的同时，坚持问题导向，突出创新发展，重点抓好推进人才政策创新，深化行政管理体制改革，扩大对外开放，大力发展服务业，加大城市建设和管理力度，破解企业发展难题，加强和创新社会治理七个专题研究，由市委常委或副市长牵头组织研究和制定政策。大连市委书记以身示范，深入基层，倾听意见，了解实情，把握动态。这种坚持问题导向，把推进改革创新与发挥智库作用有机结合，使高校咨询专家的理论前瞻性优势、企业家的创新实践性优势、社会咨询研究机构专家的独立性优势与市委、市政府职能部门的作用实现了有效对接，将一些跨领域、跨专业的课题研究成果进行了有机融合，研究出台了一系列政策措施。特别是在行动中研究，寓研究于行动，迅速将研究成果转化为决策，不仅决策的效率和效力大大提高，而且解决问题的能力大大提高了，一套新的决策咨询机制正在形成。在城市创新发展中，大连市咨询委员看到了城市智库发展的前景，感受到了智库推动城市发展的力量。大家不辞辛苦、不计报酬，甘于奉献、勇于思考，共同推动大连智库的发展，围绕"十三五"时期大连经济社会发展的一些重大问题，就对接国家"一带一路"战略，谋划打造战略平台助推经济转型，推进科技成果产业化投融资模式创新，加快跨境电子商务产业发展，在"四化"统筹、协调推进中，加快提升城市综合竞争力等课题的咨询研究成果，有的进入了大连市委的决策，有的已经成为企业的发展战略。

大连市委在巩固 2015 年七个专题研究成果的基础上，2016 年重点推进供给侧结构性改革,大力发展民营经济,壮大文化产业,推进集成电路和储能产业发展,推动品质立市战略实施,优化大众创业、万众创新环境,把党要管党、从严治党贯彻落实到基层党建工作中的七个专题研究。这些新的改革发展任务,是适应新的发展形势,勇于破解发展难题的战略决策;是坚持主动作为,确保改革创新实现新突破的具体举措。大连市委连续两年对全市重点领域改革的一些重大课题研究进行制度化设计安排,使智库的作用发挥得更加明显,也进一步推动了大连智库事业的快速发展。

认识新常态,把握新常态,引领新常态,是当前和今后一个时期城市创新发展、转型升级与政策研究的大逻辑。国内城市立足国家战略和根据发展阶段性要求,进行着实践探索和创新。我们在进行城市创新发展研究时,从理论与实践的结合上,对城市发展脉络进行了一些梳理和思考,组织了专题咨询研究,在此基础上编著了《城市创新发展轨迹》一书。该书主要是沿着城市创新发展轨迹,探寻城市发展规律,探析城市发展理论与实践的创新问题,以期对研究城市发展战略、发展思路与政策取向有所启发和帮助。

李正群

2015 年 12 月 30 日

目　　录

城市的超前谋势和主动作为，形成与国家意志的高度契合，显示出城市决策和管理者的战略谋划和执著动力。改革创新需要智慧和勇气，更要有责任和担当

第二章 打造战略平台 助力经济转型 ·························· 43

"一带一路"发展战略与京津冀协同发展、长江经济带发展和东北地区等老工业基地振兴等战略，是国家级的打造新增长引擎和形成新发展格局的战略平台

第三章 从战略和资源配置上推进合作发展 ················ 85

新时期我国重要战略机遇期内涵有深刻变化。国际国内区域经济合作在发生新的趋向性变化。国内市场需求和"走出去"空间变化在不确定中有确定的走势

第四章　增强城市创新发展永续动力 ················ 116

一个让年轻人追梦、人才有未来的城市，是一个有创新活力的城市，也是未来大有希望的城市。国际化水平和创新创业环境是决定人才流动趋向的重要因素

第五章　产业结构演进与城市功能提升 ·············· 145

城市的创新发展最终是形成高水平的结构转换能力。结构转换的取向是提升城市功能和产业竞争力。进一步调整存量和优化增量是产业转型升级的两大引擎

第六章　新业态新商业模式：创新发展的重要载体和动力 ········· 190

市场倒逼和规律使然，加速产业技术融合、产业内部分化走向更加专业化。互联网经济快速融合发展，产业界限被打破，形成新业态、新商业模式、新增长点

第七章 全面有效发挥政府的作用 …………………………… 230

全面有效发挥政府的作用，必须改变传统靠行政命令管理经济的模式，善用法治思维、法治方式，推进法治政府和服务型政府建设，深化社会治理体制机制创新

第八章 在统筹协调推进中加快提升城市综合竞争力 ……… 259

推进全域城市化、新型工业化、城市智慧化、农业现代化，在"四化"统筹、协调推进中，进一步提升城市综合竞争力，是立足当前、着眼未来发展的战略举措

第九章 把绿色发展理念贯穿于生态文明建设的顶层设计和总体部署之中 ·················· 362

建设生态文明，关系人民福祉、关乎民族未来。必须将绿色发展理念贯穿于生态文明建设的顶层设计和总体部署中，精心谋划实现科学发展和永续发展蓝图

第十章　地方智库发展模式创新探析 …………… **384**

全面深化改革赋予中国智库新的责任和使命。智库建设和发展水平成为国家治理体系的重要组成部分。着力在实践中不断探索和创新智库组织形式和管理方式

导论
城市发展的传统、现代与未来

中国推进的市场化改革是没有先例的。国内城市根据地缘区位、自然禀赋和产业基础等优势，不断创新符合自身实际的发展路径。虽然各座城市的发展特点不同，但是有规律可循的。在城市发展的传统、现代与未来之间，以历史的和辩证的视角，分析和探寻经济全球化和中国经济新常态下的城市发展阶段性特征和发展逻辑演化，或许从中会有新的收获。

第一节　城市发展阶段演变

有关城市发展，从经济、政治、社会、文化、生态和空间等方面，都有比较完整和成熟的理论体系。同时城市理论的发展与社会实践的创新是紧密相连的。

一、城市发展内涵的拓展与深化

曾对城市演变发展逻辑提出新思想和新观点，在美国城市规划界产生轰动并有重要影响的评论家 Jane Jacobs，在其所著的 *The Economy of Cities*（New York：Random House, 1969）一书中，将城市定义为"从自身的经济（系统）内持续产生经济增长的聚居地"。

城市是一个复杂的有机整体。城市发展遵循自身规律，是一个自然历史过程。

从一般意义上说，城市发展往往和发展中的问题相生相随。解决了问题，就进一步实现了发展。这时发展中还会出现新的问题，再进一步推动发展。

当城市发展到规模扩张阶段，居民物质生活水平开始进一步提高，往往也遇到了新的问题、提出更高的发展要求。例如，人们在就医、养老、出行、子女上学、饮水和食品安全等方面会有一些新的愿景；对城市空气、山水植被等生态环境质量方面会更加关注；大量流动人口涌入，对城市发展包容性的要求也会有所增强。注重服务功能、注重宜业宜居、注重生态环境、注重文化品位、注重安全保障，满足不同群体对城市生活的发展需求，成为现代城市发展中必须解决的重要命题。

城市经济社会的发展、居民生活需求的升级，推动城市发展转向规模扩张与质量提升并重的阶段。作为人类文明进步的标志，城市成为人们生产、生活和发展的聚集中心，成为地区经济、政治、科技、文化、教育的中心。

全球化条件下，城市发展空间、发展方式、经济形态在发生深刻变化，人们的思维方式、工作方式、生活方式也在发生深刻变化。这些变化，往往已经超越了传统模式和时空界限。由此，城市发展的内涵在不断拓展和深化。

作为区域经济活动重要载体和空间依托，现代城市在国民经济和区域经济发展中的地位和作用日益增强。城市发展水平代表着区域经济的综合竞争力和社会发展水平。

当今世界，随着经济全球化不断深化，城市空间的地位更加突出；科技进步飞跃发展，城市让人们的生活变得更美好。城市发展已经从过去注重经济增长，转到更加注重经济、文化、社会、生态等多个方面的协调发展。

城市发展轨迹是在一定背景下形成的。纵观世界发达国家城市的发展，以中心城市为例，从中可以发现一些脉络和规律。

现在我们广泛讨论的全球城市，既是地点空间的中心，也是网络空间的节点，是内生于全球城市网络之中的重要节点城市，是经济、政治、科技、文化全球化深入发展的结果，在世界经济体系中具有战略性地位。

作为全球性或区域性中心城市，首先必须具备优越的区位条件。例如，纽约、伦敦、东京等都是以港口城市或航运中心的城市形态为战略基点实现崛起的。一方面，区位条件是全球性或区域性中心城市的先天禀赋优势，非常重要；另一方面，更为重要的是全球性或区域性中心城市的后天竞争优势，这来自融入全球化发展，赢得配置全球资源的能力水平，使之具备中心节点城市的功能和地位。

放眼未来城市的发展，城市区域的规划布局将更加注重节点城市的目标定位，以及区域内不同节点之间的相互联系，在更大范围内优化区域产业和空间布局，形成网络化和多中心协同互动、功能互补的产业格局和城市体系。

正如在欧洲城市规划界享有盛名的美国社会哲学家 Lewis Munford 指出的，人类文明的每一轮更新换代，都是以密切联系着的城市作为文明孵化器和载体的周期性兴衰史。

城市，承载着人类的文明，也承载着人们的梦想。

二、城市化与工业化互动

城市的发展，从本质上说，是工业化和城市化相互推动和演变的过程，同时也是产业结构和就业结构相互联动、转换的过程。

西方发达国家是在首先完成长期的财富积累后进入工业革命的。17～19世纪，英国作为第一个实现工业化的国家，开创了以蒸汽机为代表、机械化为特征的第一次工业革命。

英国工业化的演进过程反映出工业化的一般规律，就是以农村工商业发展为先导，从家庭作坊到工场手工业，伴随着市场化、商品化、城市化，特别是技术进步，工业经济不断发展起来，纺织工业技术、钢铁工业技术和煤炭技术的变革，推动这三大产业成为英国的支柱产业。

19～20世纪中叶，美国与英国共创了以电力工业为开端，电和石油广泛应用为标志，由机械化时代到电气化时代的第二次工业革命。到19世纪80年代中期，美国超过英国，成为世界第一工业强国。

美国的工业化是一个工业比例逐步超过农业、工业内部重工业比例逐步超过轻工业的过程，产业结构升级是在各产业协调发展、集聚区域专业化协调发展、城市化与工业化协调发展的基础上进行的。

例如，1790年，美国的城市化率只有5%。随着工业化的快速推进，城市人口增长速度加快。1840～1850年和1850～1860年两个10年，城市人口分别实现了两个翻番。1920年，美国城市人口超过了农村人口，城市化率达51%。同年，美国制造业、矿业劳动力的比例超过农村劳动力，分别是31.2%、28%。

美国完成工业化进入后工业化阶段的时间是 1955 年。当时，工业（不包括建筑业）占 GDP 的比例是 39.1%，达到历史峰值。美国在推进工业化过程中，采取的是内外有别的贸易政策，对内强调自由贸易，对外强调贸易保护，以使本国利益最大化，产业发展和产业结构调整主要是靠市场来推动的。

日本从 1868 年明治维新开始推行产业政策，明治经济起飞一直持续到第二次世界大战时期。日本国内存在着持续而稳定的通货膨胀，有效刺激了产业投资，加速了资本形成。

在日本战后工业化过程中，政府发挥了重要的主导作用。政府重点投资军事工业为龙头的重工业，产业组织政策鼓励企业大型化、中小企业联合发展，实行出口导向型贸易政策，有选择地引进技术、进口设备和原材料，不断增加教育投资。日本完成工业化进入后工业化阶段的时间是 1973 年，当时工业占 GDP 的比例是 36.6%。

韩国、中国台湾、新加坡、中国香港作为发展中国家和地区，是在第二次世界大战后才开始工业化进程的。在工业化初期，实行进口替代型战略，当市场饱和、外汇短缺后，转向出口加工业。20 世纪 60 年代初，抓住美日产业结构从劳动密集型向资本和技术密集型过渡的机会，发展劳动密集型产业，迅速打进国际市场。进入 70 年代后，抓住美日等国将部分重化工业转移到发展中国家的机会，开始发展重化工业，促进工业升级。例如，韩国把钢铁、造船、机械、化学、有色金属、电子等作为战略产业；中国台湾建立钢铁、造船、石化、核能等重化工业；新加坡重点发展造船和石化工业；中国香港重点发展电子、化工、机械制造业。

韩国完成工业化进入后工业化阶段的时间是 1995 年。当时，工业占韩国 GDP 比例为 41.9%。战后日本和"亚洲四小龙"推进工业化，主要是处于第三次技术革命，并在经济全球化和国际经济一体化推动下加快了发展进程。

从历史经验看，英国工业化持续了 200 年，美国工业化持续了 135 年，日本工业化用了 65 年，韩国等"亚洲四小龙"工业化只用了 30 多年的时间。

发达国家在工业化进程中都遵循产业升级的一般规律，包括城市化与工业化互动融合，注重产业协调发展。但后发国家和地区由于全球化发展，面临更多的技术选择，并出现新的经济形态及新的消费升级，城市化进程进一步加速，导致工业化进程大大加快。

我们现在提出的新型城镇化、新型工业化，不是传统意义上城市化、工业化，既同后发达国家和地区有相同之处，其发展的内涵及面临的外部环境条件也发生着深刻的变化。工业化进程中，要遵循产业结构演变的一般规律，也要充分利用和整合现有的资源要素，寻求新的发展路径和创造发展的先发优势。

世界新一轮科技革命和产业变革与我国转变经济发展方式形成历史性交汇，为国内新型工业化、新型城镇化加速发展，提供了更多的资源要素和发展空间。如果我们对内外部环境条件运用得科学合理，那么目前推进的工业化和城市化的进程，都会大大加快并得到进一步深化。

三、产业结构与增长动力转换

产业结构理论的一个重要内容，是研究产业结构演化的规律及其原因。研究城市产业结构，就是要促进产业之间的协调发展。

作为一个城市，研究产业结构的目的并不完全是寻求产业之间的比例关系协调和均衡，而是要在实现结构转换中寻求新的增长动力，从而获得更高的经济效益。向结构转换要动力、要效益，这是城市产业结构调整优化和经济可持续发展的重要目标。

在工业化进程中，产业升级基础上的新兴产业培育发展，往往与新一轮技术革命紧密关联。同时不同产业之间交叉衍生，通过产业技术融合，将会进一步推动新兴产业形成，并培育发展成为新的主导产业。

当前和今后一个时期，产业结构转换呈现新趋势。这种趋势就是产业的融合发展，一是，第二、第三产业融合，形成和发展生产性服务业。生产性服务业是一个地区工业化发展到一定阶段，从制造业内部分离发展的一个新兴服务业，具有高科技含量、高附加值、高人力资本和高成长性的特点。二是，以互联网、云计算和下一代通信网络为代表的信息技术产业融合以及与传统产业融合，形成和发展新产业、新业态和新商业模式。

现代城市发展中，发达的制造业与发达的服务业互为支撑、相互促进。工业化发展到一定阶段，需要生产性服务业为制造业提供更专业化智力型服务。增进第二、第三产业融合，既降低企业的交易成本，也大大扩大产品价值的增值空间。

在经济全球化条件下，对于未来城市的发展，其产业结构和增长动力将是在全球范围内配置资源形成的。这就必须要构建全球资源配置平台，打造一个服务全球资源流动与配置的中枢；必须要集聚一大批具有控制和协调功能的跨国公司总部、特别是本土的跨国公司和全球公司总部；必须要打造科技创新高地，建设智慧城市、创新城市。

第二节　经济发展新常态与城市发展阶段性特征

我国经济发展进入新常态。这是中央审时度势，对国内经济发展态势和走势做出的一个战略判断。认识新常态，把握新常态，引领新常态，是当前和今后一个时期我国经济社会发展的大逻辑。这更是值得我们深入思考和研究的问题。

一、从全局和战略上把握新常态

要从全局和战略上把握新常态，必须首先解决好：一是如何认识"新"和"常"；二是把握其中的"变"与"不变"；三是"创新"求"变"，以战略定力，调结构、转方式、提质量，促改革、稳增长、防风险，实现经济持续健康发展。

（一）如何认识新常态

所谓的"新常态"，是相对于过去而言的，将在今后较长时期内保持的比较稳定的一种状态。其中的关键词，一个是"相对于过去"，再一个是"今后较长时期比较稳定的状态"，还有一个就是"向更高阶段发展必经的过程"。

那么，其深刻的政策内涵是什么？首先，应是客观、正确、科学地看待和判断这种现实状态。进而对眼下的状态，不要观望，也不要等待，要善于从中捕捉新的发展机遇，发现新的投资机会，拓展新的增长空间。

从目前全球经济发展变化来看，主要是在以复苏势弱、增长缓慢、风险多变为主要特征的"新常态"下运行。

回顾2008年国际金融危机以来的中国经济，在一个较长时期，面临少有的增长速度的换挡、结构调整的阵痛、前期政策的消化"三期叠加"所带来的严峻挑战，稳定增长、调整结构、化解风险都在面临极度考验。

进入新一轮增长周期调整中，中国经济正在悄然发生和进行着深刻的变化，发展路径方式、经济形态、增长动力也在发生变化和转换。

中央科学把握当前中国经济增长阶段性特征和变化规律，始终在保持着战略定力，以平常心态和超常耐力，更加注重创新驱动引领经济向结构更优方向演化。

综合分析，经济新常态是在新的增长区间和发展平台上，保持一个比较长期、比较稳定的发展环境和状态。

2014年中央经济工作会议，进一步深刻阐释新常态下的趋势性变化，对于提振和增强社会投资和消费的预期，凝聚和增强社会创新和创业的信心，都必将产生深远和重大的影响。

（二）从战略上把握新常态中的"变"与"不变"

从战略上把握，要有大局观、宏观思维和战略取向，目的就是把握正确方向而不能迷失目标，把握正确导向而不能丧失机遇，把握正确政策而不能错失时机。

从战略上需要把握的就是，我国处于社会主义初级阶段没有改变，但发展阶段特征发生重大变化。步入经济新常态下，是发展阶段性的重大变化，并没有改变我国基本国情，我国处于并将长期处于社会主义初级阶段。

我国仍处于重要战略机遇期没有改变，但战略机遇的内涵发生重大变化。经济新常态下，宏观经济的基本面在发展方式、经济形态、增长动力等都呈现积极的趋势性变化，蕴含发展新机遇，进一步扩大和提升国内消费需求，更加积极地"走出去"参与国际产业投资和分工，成为新的战略取向。

深化创新驱动这个主导战略没有改变，但结构转换路径的方式发生重大变化。经济新常态下，发展动力更多靠改革创新，充分释放改革红利、市场红利、制度创新红利、人才红利和技术创新红利。

（三）在新常态下"创新"求"变"

在"变"与"不变"中，必须把握阶段性特征和发展规律，"创新"求"变"。创新要全面综合地创新，包括创新发展空间、创新战略平台、创新经济形态、创新技术路径、创新商业模式，重要的是创新发展理念，以新思维、新视野全面向结构转换要增长动力、要新增长点、要经济效益。

在全面综合的创新中，必须牢牢把握深化创新驱动主导战略这条主线，紧紧抓住新一轮世界科技革命和产业变革带来的历史性机遇，坚持企业为主体，依托产业发展，协同资源力量，突破关键技术，切实把科技创新成果转化为现实生产力。同时，更重要的还有转变人的思维方式，创新政府的工作方式，建立科学的考评机制。这对于新常态下推进体制改革创新和抓好经济工作，具有直接的推动作用。

二、聚焦审视新常态下城市转型发展

从国内各大城市转型发展轨迹看，当时受 2008 年国际金融危机的冲击和影响，反应敏捷、见识早、动作快、主动转型的，当属广东、江苏、浙江和上海。其中比较瞩目的，一个是企业的"用工荒"现象，一个是政府加快"腾笼换鸟"的经济转型。

下面以几个副省级城市为例：

广州、深圳作为第一梯队，产业结构优化，已进入良性发展轨道。2014年，主要经济指标高位增长，广州 GDP、财政收入分别为 16 706.9 亿元、1241.5 亿元。深圳 GDP、财政收入分别为 16 002.0 亿元、2082 亿元。其中深圳的进出口贸易额达到 4877.7 亿美元。2015 年 10 月，在深圳调研时看到，满街车水马龙，集装箱车列队，经济活跃可现，所到区财政充裕，高新技术产业、楼宇总部经济健康发展。

成都、武汉紧随其后，产业结构转向"高"、"新"，具有较强的发展后劲。2014 年，经济增长良好，武汉 GDP、财政收入分别为 10 069.5 亿元、1101.0亿元。杭州紧随其后，GDP、财政收入分别为 9201.2 亿元、1027.3 亿元。这两年，笔者在成都、武汉、杭州的调研和亲身感受，这几个城市创新引领、发展高新技术产业成效明显，结构转换切入到位。

大连、南京、青岛、沈阳、宁波可以说是并驾齐驱，各自发展潜力不一。2014 年，南京 GDP、财政收入分别为 8820.8 亿元、903.5 亿元；沈阳 GDP、财政收入分别为 7589.0 亿元、785.5 亿元；青岛 GDP、财政收入分别为 8692.1亿元、895.2 亿元；宁波 GDP、财政收入分别为 7602.5 亿元、860.6 亿元。

可以说，转型大背景下城市发展，后发城市之间主要经济指标位次的变化，关键要看"十三五"时期开始的 2 ～ 3 年各城市的结构转换是否切实到位。到"十三五"时期末，各地结构调整成效开始显现，主要经济指标位次也会有新的变化。

那么，新常态下现阶段城市发展基本特征有哪些表现呢？

（1）传统制造业的市场空间和盈利空间趋于狭窄，在举步维艰中转型发展。

（2）传统服务业的市场空间和盈利模式受到挤压，在微利缓行中融合发展。

（3）先进制造业与传统制造业技术融合并行发展，在逆势上扬中支撑经济。

（4）新兴产业培育发展和支撑作用仍未完全到位，在结构转换中提升动力。同时，还要消化已经产生的产能过剩等问题。

经济转型中，既要克服结构调整面临的困难和挑战，也要充分抓住用好积极向好发展的趋势性变化中的机遇。

在今后相当长的一个时期内，城市发展已从过去依靠投资扩张、廉价劳动力和土地资源供给、能源消耗和不惜生态环境为代价，追求速度规模扩张型为主导的发展方式，转向了更加注重有效投资、发展方式转变、人才作用和技术创新、结构动力转换和生态环境保护，向创新质量效率型为主导的发展方式转变。

在新的趋势性变化中，有几种力量值得关注：

（1）互联网思维对要素资源整合和产业体系再造的力量。

（2）技术革命引发产业技术融合催生新经济形态的力量。

（3）战略平台构建形成的区域经济政策叠加升级的力量。

（4）旅游、健康、医疗、环保产业牵动投资消费的力量。

（5）商业模式创新拓展地区和企业经济增长路径的力量。

（李正群）

第三节　全球化引领城市发展走向与战略取向

从世界城市的演化趋势看，城市功能随着生产力的进步和社会分工的细化呈现出多元化、综合化的趋势。

一、世界城市演进趋势引导下的城市未来职能分析

（一）芝加哥、伦敦等城市突出"以人为本"的理念

从芝加哥等城市的实践经验看，人们对生活品质诉求的城市发展理念成为城市功能演进的主要方向。芝加哥未来发展的目标是：成为建立在人口多样性基础上的宜居社区，以及以健康的自然环境、全球竞争力和管理协作而闻名的区域。伦敦规划以可持续发展为总体原则，主题是公平、经济、环境、安全、保护。规划目标包括让市民生活更加健康美好、让伦敦保持城市持续繁荣的同时让城市更加绿色宜居。

（二）纽约等城市生态型城市由理念走向实施

纽约等城市发展从田园城市到生态城市，再到循环经济、低碳城市，体现了生态型城市发展由理念走向实施、由宏观到具体的演进路径。纽约突出可持续发展主题，注重应对能源、空气、气候变化，目标是到2030年成为全美空气最洁净的城市。

（三）伦敦、东京等国际港口城市注重港口与城市发展的有机结合

从伦敦、东京、横滨及汉堡等全球一、二线港口城市的实践经验看，城市在经历港口大工业的发展阶段后，大多都将重心转移到了城市功能的综合发展，注重港口与城市发展的有机结合。其功能转型与提升主要集中在城市产业结构升级、集散功能完善、滨水地带再开发和创新功能培育四个方面。例如，东京的转型重点为先进制造业和服务业集聚地，横滨的转型重点为培育科技创新，注重生态宜居。

（四）波特兰、香港等城市经济功能的高级化趋向

从波特兰等城市的实践经验看，大多借由科技创新的支撑和现代生产性服务业的发展，促进产业升级转型，由制造业基地向服务中心、信息中心转型。波特兰的"精明增长"模式，意在通过实践"精明增长"理念摆脱美国传统的城市和社区发展模式。最直接的目标就是控制城市蔓延，繁荣城市经济，提高城乡居民生活质量。"香港2030"规划发展重心立足区域视角，强调"铁路为本、通达四方"，体现香港未来和珠三角联动发展的基本空间导向，坚定服务经济为主的发展策略，稳步迈向国际都会。

（五）发展战略启示及研判

基于世界城市发展趋势的引导，大连未来的城市功能应趋向"服务型城市""宜居型城市""生态人文型城市"。基于国际港口的转型成功案例，大连应由过去片面地注重追求城市发展规模扩大、量的扩张，逐渐转变为注重城市功能的提升。

二、国内先进城市发展战略分析

"十二五"以来，北京、上海、深圳、广州等城市，结合本地发展优势和区位特点，提出了各具特色的发展战略。

（一）上海努力建成较强国际竞争力和影响力的全球城市

上海要在 2020 年基本建成"四个中心"和社会主义现代化国际大都市的基础上，努力建设成为具有全球资源配置能力、较强国际竞争力和影响力的全球城市。

（二）北京、深圳等地力争确立现代国际城市地位

1. 北京

到 2020 年左右，北京力争全面实现现代化，确立具有鲜明特色的现代国际城市的地位；到 2050 年左右，建设成为经济、社会、生态全面协调可持续发展的城市，进入世界城市行列。

2. 深圳

2040 年的城市愿景：一个经济活力、生态文明、创新发展、民主法治、民生幸福等城市软实力优势明显，在全球城市体系中有较强聚集辐射能力和影响力的国际化城市。

（三）青岛、天津、沈阳等地加速构建中心城市

1. 青岛

2020 年城市愿景：国家沿海重要中心城市，国际性的港口与滨海旅游度假城市，蓝色经济领军城市，国家历史文化名城。

2. 天津

"十三五"规划前期调研包括了"北方国际航运中心研究""北方金融创新运营中心研究""北方对外开放门户研究"和"投资与贸易便利化综合改革研究"等，"十三五"期间或将部分功能纳入城市发展战略中。

3. 沈阳

到 2017 年的目标：作为东北区域中心城市的地位和作用进一步巩固和提升，综合经济实力明显增强，力争提前全面建成小康社会，加速向国家中心城市行列迈进。

（四）厦门、杭州、苏州以建设美丽中国的典范和样本城市为目标

1. 厦门

到 2021 年，将厦门建成美丽中国的典范城市，人均 GDP 达到或接近台湾同期水平，城乡居民收入、单位 GDP 能耗、空气质量优良率、市民平均预

期寿命等指标全国领先。

2. 杭州

以美丽中国建设的样本为目标，建设国家高技术产业基地和国际重要的旅游休闲中心、国际电子商务中心、全国文化创意中心、区域性金融服务中心，到2020年，使杭州成为国家首美之地、创新智慧之都、东方品质之城。

3. 苏州

回归"青山清水新天堂"，成为自然的、有机的、文化的，具有世界影响力和美誉度的中国城市样板，成为生态优良、环境优美、文化内涵、富有活力、创新创业的宜居城市。

（五）发展战略启示及研判

上述城市的发展战略，都准确把握了城市或地区的自身特质，体现了融合外部环境，抢抓战略机遇的积极思维。"十三五"期间，大连市应重点解决城市发展面临的问题，要转变视角，以"全面发展"和"以人为本"为核心，以提升城市国际竞争力和城市品质为主要方向；既对所处的发展阶段审时度势，又要对历史的发展进行延续和提升；既要立足城市发展阶段，突出本地特色，又要站在地区和国家的高度。

三、城市发展环境分析

（一）全球化进程深化和经济重心东移

全球产业结构加速调整，产业以现代服务业为标志从发达国家向发展中国家转移，大连提升全球资源配置能力迎来重大契机。

全球金融危机之后，以中国、印度为代表的新兴经济体逐渐崛起，世界经济中心向亚太地区转移，这为大连吸引国际人才和金融资源流入、提升在全球产业价值链中的地位提供了重要机遇。

（二）中国崛起和经济加快转型

中国崛起和经济发展转变方式、调结构、扩内需要求迫切，经济加快转型给大连带来先行先试机遇。大连城市发展离不开中国整体的发展战略，进入新世纪以来，中国转变经济发展方式的要求更加紧迫，大连要加快建设"两先区"，发挥示范和引领作用。

（三）"一带一路"和"新一轮振兴东北"战略实施

大连可凭借连接东北亚的港口优势，在"一带一路"和"新一轮振兴东北"、中韩自贸区、京津冀协同发展等战略中进一步释放发展潜能，发挥中心辐射作用，提升城市能级。

（四）国内同等区域竞争中存在此消彼长的风险

青岛、连云港、宁波等地"一带一路"战略行动迅速，青岛、营口、鞍山等地抢抓中韩自贸区机遇，南方及大连周边城市纷纷抢滩跨境电商，广东、青岛等地加速服务贸易发展，东北腹地城市开放口岸加速，这些给大连发展带来了挑战。

（五）新一轮信息技术革命蓬勃兴起

以物联网、云计算和下一代通信网络为代表的新一轮信息技术革命，为大连发展带来重大机遇。随着新技术、新业态的快速发展，信息技术产业与传统产业不断融合，催生出新的商务模式和服务业态，将推动大连产业结构优化升级。

（六）发展战略启示及研判

大连城市发展，要顺应内外环境的变化潮流，遵循城市功能演变的客观规律，依据城市禀赋的独特因素，树立系统的观点、智慧的观点、可持续的观点和开放引领的观点。

从系统观点看，大连应该具有全球资源配置管理协调功能的控制节点、高端资本、商品、信息和人流的流量枢纽和具有全球影响力的科学原创中心、研发总部、制造高地等引领功能。

从现代文明角度看，中国是一个东方大国，有悠久独特的文化历史。若没有文化基底，城市的发展就是无根之萍。因此，大连要建成东西方文化互建的中心、全球创新思想的汇聚高地、现代社会治理的全球典范。

从智慧的观点看，信息技术、大数据、云计算等新技术日新月异，催生出新的商业模式和服务业态，也必将改变城市居民的生活方式。新一轮技术革命必将作用于人与人的协调发展、人与自然的协调发展、人与城市的协调发展。未来大连城市必然向智慧城市方向发展。

从发展的观点看，无论是大国崛起，"一路一带"战略、"新一轮振兴东北"战略，大连无疑将是重点和先锋。

从可持续的观点看，城市是可持续发展的主要载体，必须始终坚持以人为本，走城市可持续发展之路，成为人居之城，绿色、低碳、生态之城。

四、大连城市功能的历史演化分析

（一）大连城市的发展轨迹

大连市战略目标演进历程大致可以分为四个阶段。

1. 大连城市发展战略的萌芽——建设社会主义现代化城市

大连城市发展战略思想伴随着改革开放的脚步而萌发。1984 年，大连被国家批准为首批沿海对外开放城市，设立首个国家级经济技术开发区，催生了城市发展战略思想胚芽。中国共产党大连市第六次代表大会上提出，要把大连建设成为政治安定、经济繁荣、科学发达、文化昌盛、人民富裕、环境优美的社会主义现代化港口、工业贸易、文化、旅游城市。这一时期大连已经确定了发展战略的核心要素，即在大连发展历史上首次正式对城市今后一个时期的发展目标和功能进行战略定位。

2. 大连城市发展战略的形成和完善——建设社会主义北方香港

20 世纪 80 年代的后五年，是大连改革开放历史上最好的时期之一。大连在全国率先提出了建设现代化国际性城市的战略目标：争取到 20 世纪末把大连市建设成为以经济中心功能为主，开放度高、吸引力大、辐射力强、功能齐全的社会主义现代化国际性城市。

大连市委七届七次全体会议确立了大连发展历史上第一个较为完整的发展战略体系——北方香港战略体系。战略目标：用 20 年左右的时间把大连初步建设成为社会主义北方香港，建成国际交通枢纽，以先进技术为基础的加工制造业基地，东北亚地区的商贸、金融、旅游、信息中心之一。它的提出标志着大连对城市发展战略认识上已经比较成熟。

在"坚持外向牵动、口岸经济、科教兴市、区域共同发展"四大发展战略基础上，2001 年，中国共产党大连市第九次代表大会提出了新的四大发展战略——国际化、信息化、科教强市和协调发展战略；以此为指导，实施了北三市大开发。四大经济战略是对建设社会主义北方香港战略体系中战略目标、措施和原则的完善和补充。

3. 大连城市发展战略的创新——建设"大大连"

大连市委九届五次全体会议确立了 21 世纪新的城市发展战略体系。战略目标：把大连做强、做大、做富、做美，在全面建设小康社会的基础之上，成为区域性的国际航运中心、金融中心、商贸中心、旅游中心和信息中心，实现现代化奋斗目标。

2003 年，中央实施振兴东北等老工业基地战略，做出了"发挥东北地区港口资源优势，把大连建成东北亚重要国际航运中心"的战略部署，而这正是建设"大大连"战略目标的重要组成部分。建设"大大连"战略体系的出台，是对社会主义"北方香港"战略体系在继承基础之上的大胆创新。

4. 大连城市发展战略的提升——建设东北亚重要国际城市和现代化国际城市

到 21 世纪前十年的中后期，大连已经进入新世纪重要战略机遇期的关键时期。大连提出了今后一个时期新的发展战略构想——建设东北亚重要的国际城市。

中国共产党大连市第十一次代表大会是在"十二五"开局之年的关键时期召开的一次重要会议，为"十二五"大连的发展指明了新的方向。大会提出了建设富庶、美丽、文明的现代化国际城市的宏伟蓝图，预示着大连发展的新征程已经开始。

建设"东北亚重要国际城市"和"现代化国际城市"战略体现了把大连建成东北亚重要国际航运中心的战略思想，坚持了全域谋划的主体思路，是对改革开放三十多年来大连市发展思路、发展战略的集成和提升。

（二）大连城市发展主线与趋势

1. 战略目标没离开现代化、开放的港口城市这一本质

大连城市战略发展体系从宏观上划分主要经过"现代化城市""北方香港""大大连"和"东北亚重要国际城市"四个阶段，四个阶段的战略体系从本质上看是一脉相承的，即使经历转折变化，也仅是功能多少、范围大小（区域角度、全方位思考）的调整，各个战略目标都没离开现代化、开放的港口城市这一本质。

2. 战略体系在重点上不断进步、层层创新

从发展角度来看，战略体系在重点上是不断进步、层层创新的。"北方香港"是对"现代化国际性城市"的扬弃，不论是对城市性质、功能、规模、层次的定位，都比"现代化国际性城市"有质的飞跃。"大大连"又是对"北方香港"模式的创新，是面对新的发展形势和困难，对原有的看重质量而又想求得较快发展速度这一现实难题在思路上的创新——在快速发展中逐步提

高质量。"东北亚重要的国际城市",与"大大连"相比又有质的提升:从侧重自身发展转向在东北亚城市圈中协同发展,从注重规模速度效应转向注重质量效应,更好地贯彻了科学发展观思想,较好地体现了对以前城市发展战略继承和创新的统一。

(三)大连城市战略特色

大连城市发展的每个阶段、每个重要的战略目标或决策的内涵,都体现出沿海开放、港口和环境等鲜明的大连特点。

1. 对外开放始终是大连发展最强大的动力

大连作为国家首批沿海开放城市,中国北方开放度最高的城市之一,对外开放始终是大连发展最强大的动力,也是大连最大的特色。而三十多年来的历次城市发展战略,都以开放为战略出发点和落脚点。

2. 港口是各个战略体系中强调的重点

大连以港立市,城以港兴,港城共荣。制定大连城市发展战略,必须围绕港口做足文章。建设现代化港口城市是历次党代会报告、各个发展战略体系强调的重点;建设东北亚重要国际航运中心是几个战略体系共同提出的战略目标之一。

3. 注重环境建设和协调发展是大连发展战略中富有特色的亮点

优美的城市环境、良好的社会风尚是大连这座城市最值得骄傲的特点之一,也是大连的一大优势。利用这一优势、强化这一优势、体现经济社会环境的协调发展是大连多个发展战略所突出的内容。

(四)发展战略启示及研判

大连以优越的地理位置和港口区位优势为前提,借助形成的强大集聚辐射功能,以开放引领发展、以市场激发活力、以创新孕育潜能。这种良好的发展态势在"十三五"期间应该保持下去,要充分发挥国际航运中心功能,注重环境建设和协调发展,提升城市国际化水平,使得城市有机体得以良性运作,最终表现出螺旋上升的总的发展轨迹。

五、大连现阶段城市发展特征分析

(一)经济增长速度放缓,口岸传统优势削弱

大连市经济发展的外部环境和内在条件发生一系列趋势性变化,呈现了

速度放缓、动力转换等特点，经济发展正在向形态更高级、分工更复杂、结构更合理的阶段演进。新的发展战略要适应新常态，应对新挑战。

大连港口的国际地位面临更为严峻的挑战。先期发展起来的日本、韩国两国港口，具有码头设施先进、管理方法科学、航线密集等优势。而大连港偏离国际航运主干线，并不处于国际航运中心地位，很少成为美西和欧洲两大航线的首抵港和末离港。省内姊妹港正在迅速发展，大连港作为东北唯一的对外开放口岸的传统优势已渐成过去。

（二）经济多元驱动发展，产业结构矛盾仍然突出

大连逐步形成国有经济、集体经济、外资经济、民营经济四轮驱动的模式，经济快速发展。大连的开放在很长时间里更多地体现出"外部市场、当地企业"的模式。但近年来外商及港澳台投资比例上升，已经成为大连市工业经济的主要组成部分。

第二产业结构性问题突出，战略引导不足。传统产业比较优势突出，但升级缓慢。临港工业逐步壮大，但与环境矛盾日益突出。高新技术产业、战略性新兴产业发展相对缓慢，支撑不足。大连市主城区已经进入了服务业为主导的阶段，但除港口物流、影视基地等外，其余领域缺乏特色。生产性服务业发展不足，缺乏行业特色和优势，生产性服务新业态发展不足。软件服务外包产业低端，旅游业等新兴产业增速放缓。

（三）全域化趋势明显，社会结构转化滞后

"三个向北"战略深入实施，城乡公共服务水平不断提升，较为完善的全域路网、水网、电网布局基本形成。城市核心功能不断完善，国际航运中心和物流中心协调发展。

外来人口数量大、比例高，城市的公共服务和管理压力大。外来劳动力素质相对低，人才不足以支撑产业升级。人口老龄化特征日趋明显，养老问题需未雨绸缪。

（四）自然本底条件优越，生态环境压力大

大连自然本底条件优越，具有山、海、库、岛等形态多样的地理特征，有大片的绿色空间，森林覆盖率达到 41.5%，湿地面积 36 万公顷[①]，岸线总

---

① 1公顷 =10 000 平方米。

长 1288 公里①，岛礁坨子 710 余个。

从要素投入结构看，大连市的资源消耗偏高，环境压力加大，资源环境的约束日益突出。虽然生产的产品有不少是用于出口的，但单位产品资源消耗明显高于发达国家同等城市水平。同时，水资源和土地资源消耗也很大，生态环境的代价也很大。经济发展与资源环境的矛盾，是现代化建设中需要长期面对的重大挑战。

（五）城市文化涵容力强，城市品牌品质不高

大连是一个年轻具有活力的城市，有着自己的自然和文化条件。从文化的历史形成上看，她融合了华夏文化、少数民族文化与外国文化，整体文化系统呈现出一种强大的涵容力与可持续发展的潜能。

目前大连城市人文环境的建设项目有很多，取得了很大的发展，并有一定的城市知名度和美誉度，但文化建设方面缺乏深度和整合，造成城市品牌影响度不高、吸引力弱等问题。

（六）城市综合交通方面压力大，居民生活质量要求提高

交通流量分布不均衡，交通拥堵时空分布较为集中。城区"停车难"问题突出，停车场地不足且分布不均衡。随着城市空间结构调整、地铁等交通项目的建设，城市交通出行结构和分布将有较大改善。

随着城市化的不断发展和居民生活水平的提高，人民对物质生活和精神生活质量要求越来越高，对城市"宜居性"产生了迫切要求。

（七）发展战略启示及研判

大连发展存在的困惑昭示着：自然、人文和社会经济方面的条件仅仅是发展的充分条件，在当前紧约束的发展背景下，只有用创新思维，才能提高城市的持久竞争力，而"城市功能转变和提升"是这一切的核心。大连不要仅依靠城市拥有的资源等优势来获得财富、控制和权利，而是要通过城市在全球网络流通中的流动水平、频繁程度、密集程度和多元化程度，即基于网络流动的全球资源配置的战略功能，来获得在全球经济中的地位。

---

① 1公里 =1 千米。

六、大连城市发展战略目标判定

（一）战略总体思路

高举中国特色社会主义伟大旗帜，以邓小平理论、"三个代表"重要思想和科学发展观为指导，深入贯彻落实党的十八大以来中央各项决策部署和习近平总书记系列重要讲话及对大连工作的重要批示精神，以"四个全面"统领各项工作，努力形成良好的城市国际化发展的功能和格局，实现"2421"："两率先、四中心、两先区、一个城市"的目标。

（二）战略定位

面对国内经济"三期叠加"阶段性特征和大连市建设"两先区"、打造国际性城市的新要求，借鉴国内外同类城市的发展经验，大连必须要实现从量的扩张到质的提升，发挥区位、港口、保税、山海特色、文化等核心要素功能，综合谋求新优势，走上国际化发展新阶段。"十三五"战略目标定位为：到2020年，率先建成更高水平的小康社会和幸福城市，在基本实现"四中心、两先区"功能基础上，改革打造经济升级版，强化城市创新优势，努力把大连建成现代化创新型国际城市。

1. 东北亚国际航运中心

以大连大窑湾保税港区为核心、以大连城市为载体、以沿海港口群为基础、以东北腹地为依托，实现由"吨位港"向"国际枢纽港"转型，成为引领东北对外开放的龙头和全面振兴老工业基地的重要引擎。

2. 东北亚国际贸易中心

突出内陆口岸中心作用，形成"国际采购、全球服务、区域分拨、城市配送"的主体功能，成为全球贸易物流节点城市和辐射东北亚、联通全球的国际贸易核心增长极，承担带动东北开放的国家战略平台功能。

3. 国际物流中心

提升国际区域性商品集输运中心、保税仓储和流通加工中心、进出口贸易和转口贸易中心、交易和价格形成中心、信息发布中心和检验检疫中心六大功能，实现东北亚地区服务区域国际化、服务体系集成化、服务功能现代化、服务环境优质化。

4. 区域性金融中心

提升国际期货交易中心、投资融资中心、国际结算与离岸金融中心、保险服务中心、金融后台服务基地与金融中介服务中心五大功能，以拓展期货交易和直接投融资为重点，涉外金融和保险服务为两翼，金融后台服务和保险为依托，构建金融生态环境和人才建设为保障的"区域性金融中心"发展格局。

5. 产业结构优化的先导区和经济社会发展的先行区

创新驱动引领传统产业优化升级和战略性新兴产业发展壮大，形成以服务经济为主的产业结构；县域经济产业基础更加夯实、产城融合发展；经济发展活力和动力显著增强、发展质量和效益显著提高，成为国内外有影响、高端资源集聚的创新创业示范城市，建成引领东北地区产业结构优化的先导区。

改革发展成果惠及广大民众，城市软实力更具影响力；居民生活殷实，城乡公共服务和社会保障体系完善；市民有序参与、多元协同推动社会治理创新；全域空间规划科学、生产绿色发展、生态环境优美、生活舒适宜居，建成引领东北地区经济社会发展的先行区。

6. 现代化创新型国际城市

深入实施创新驱动战略，构建以科技创新为主的创新体系，推动适应市场经济的体制机制创新，提升创新的综合服务功能，立足东北创新资源和产业需求，建设国家自主创新示范区，把大连建成区域性创新中心，成为全球创新体系中的重要节点城市。坚持依托腹地、服务全国、面向世界，更加善于统筹国际、国内"两个大局"，成为代表国家参与全球竞争合作的先行区，成为若干领域在亚太地区具有重要影响力的创新型国际城市。

7. 小康社会，幸福城市

人均 GDP 突破 2.5 万美元，力争更高一些。高新技术产业增加值与地区生产总值的占比水平、城乡居民人均可支配收入水平、人均享有公共服务水平等，力争进入我国东部沿海发达城市领先行列。到 2020 年，大连率先实现全面振兴目标，率先全面建成更高水平的小康社会。繁荣发展海洋文化，创建国际海洋文化名城。用"互联网＋"打造现代化智慧城市。注重环境保护，建设生态文明城市。到 2020 年，社会文明成果更多地惠及民生，幸福城市建设卓有成效。

（三）战略目标内涵

1. "贸易中心"同"三个中心"互为依托，共同廓清了城市的核心功能

市场经济条件下的贸易过程是商流、物流、资金流、信息流的统一。大

连建设东北亚国际航运中心、国际物流中心和区域性金融中心的目标。在"十三五"期间应该特别注意强化城市的贸易和服务功能，通过贸易中心建设推动和促进航运、物流和金融中心的发展。要以东北亚国际航运中心建设为轴心、以东北亚国际贸易中心建设为牵引、以国际物流中心和区域性金融中心建设为支撑两翼，以全方位开放和深化改革为动力，以突显东北亚口岸枢纽的战略节点地位为导向，重功能，抓效能，协同推进"四个中心"建设。现代化国际城市的前提是实现城市功能的现代化，"四个中心"明确了城市功能现代化的主攻方向，廓清了城市的核心功能。

2. "两先区"是中央对大连提出的新要求，是区域协调发展的战略突破

中央实施东北地区等老工业基地振兴战略以来，大连经济与社会发展的活力迅速增强，取得了阶段性成果，但全面振兴的目标尚未完全实现。现阶段发展中遇到了一些困难和问题，这些困难和问题归根结底是体制、机制的问题，是产业结构、经济结构的问题。要从根本上解决这些困难和问题，必须进行全面深化改革。2013 年 8 月，习近平总书记视察辽宁及大连时，要求突出大连东北亚国际航运中心、国际物流中心、区域性金融中心的带动作用，进一步建成产业结构优化的先导区和经济社会发展的先行区。建设"两先区"，是中央着眼于国家区域发展的总体战略。大连必须以世界眼光和战略思维，科学谋划发展蓝图，把城市未来发展的重点目标放在"两先区"建设上，在新一轮世界科技革命和产业变革中抢占先机。

3. "现代化创新型国际城市"秉承了"国际城市"发展目标，是在承继历史基础上实现跨越式发展

大连市高度重视科技创新工作，特别是 2005 年以来，加快创新型城市建设，启动建设了生态科技创新城，企业成为创新的主体，涌现出光电、数控等一批重大自主创新成果，成为国家高技术服务产业基地、国家知识产权工作示范城市和"三网融合"试点城市。大连自主创新能力不断增强，现代化建设水平日益提高，国际化程度显著提升，走上了创新驱动发展之路。创新发展在承继历史基础上实现跨越式发展。

4. "幸福城市"是"做美、做大"大连的升级，是城市发展的终极目标

实施幸福大连战略，是在"做美、做大"大连的基础上，让改革开放、经济社会发展成果更好地惠及全市人民，实现公共服务的均等化，让全市人民享受服务优质、环境优美、社会和谐、舒心安全的美好生活，切实提高民生质量，改善居住、就业、就学、医疗、保障状况，让人民群众的生活充满幸福感。

七、发展目标指引下的大连城市发展总体策略

（一）以跨境电商为牵引，加快推进东北亚国际贸易中心建设

以跨境电商为重点，发展国际采购交易中心、大宗商品交易和定价中心、国际性贸易营运和控制中心、国际展览和跨国采购中心功能、国际化消费中心、商贸市场流通中心六大功能，构建国际货物和服务产品进入中国东北地区市场的分销中心、东北货物和服务产品进入国际市场的内陆口岸，打造以"国际采购、全球服务、区域分拨、城际配送"为主体功能的全球贸易物流节点城市，实现单纯的"贸易口岸"向"国际贸易中心"转变，成为辐射东北亚、通达全球的国际贸易核心增长极。

1. 发展国际采购交易中心功能

鼓励跨境电商发展，推进国际大宗商品交易平台、跨境采购电子商务平台建设。建设移动电子商务产业园区，发展一批硬件设施先进、配套功能完善的电子商务专业楼宇，开展电子商务应用示范。

2. 发展大宗商品交易和定价中心功能

研究制定"大连指数"或"大连价格"等支撑体系。开展跨境人民币结算试点、跨国企业总部外汇资金集中运营管理改革试点、股份报价转让试点。积极发展财经资讯，增强大连制造、大连贸易和大连服务的国际影响力。打造保税交易、产权交易、文化交易、技术交易、农产品各类市场交易平台和公共服务平台，为更多大连企业"走出去"发挥桥梁和纽带作用。

3. 发展国际性贸易营运和控制中心功能

建设国际贸易主体队伍，引进商贸总部企业，重点促进功能性总部经济。

4. 拓展国际展览和跨国采购中心功能

开展"保税展示交易"。引进和培育专业性品牌展会，提升贸易层次。重点建设小窑湾国际商务区、新机场沿岸商务区、东港商务区，形成以创智产业为主导的面向东北亚、辐射东北的生产性服务业集聚区。

5. 发展国际化消费中心功能

打造一批特色鲜明的品牌集聚区、时尚消费区，提高城市商业综合服务的国际化水平。推进商贸、旅游、文化、会展、健康等产业集成服务，建设外来消费、国际消费和时尚消费活跃的中心城市。进一步优化城市商圈、特色街区和社区商业网点，加快规划建设大型商业中心和副中心，推进青泥洼-

天津街商业中心等 6 大主力商圈提档升级，形成国际化消费核心区。建设服务外包产业园区，加快集聚一批重点人才、重点品牌、重点产业，推进服务外包产业高端化发展。

6. 完善商贸市场流通中心功能

大力发展城市商业综合体、郊区购物中心、便民连锁店、专卖店、仓储式商场、网上购物、电视购物、物流配送等新型业态；围绕培育壮大贸易主体、培育商贸龙头企业、扶持中小贸易企业，形成创新发展、特色明显、竞争力强的中小企业队伍；打造大连站北商贸区等贸易活动集聚区。

（二）以拓展国际枢纽功能为重心，全面推进东北亚国际航运中心建设

对接"一带一路"，维持港口腹地型枢纽港地位的同时，拓展国际枢纽功能，建成以大连大窑湾保税港区为核心、以大连城市为载体、以沿海港口群为基础、以东北腹地为依托的东北亚重要的国际航运中心，使之成为东北亚地区重要的国际性枢纽港和物流中心，成为引领东北对外开放的龙头和全面振兴老工业基地的重要引擎。

1. 对接"一带一路"战略

紧紧抓住"一带一路"国家战略，依托海空两港为主导的航运中心核心体系，争取开辟更多的国际班轮航线和铁路集装箱班列，提高多式联运的比例和效率，构建"连满欧"海铁多式联运通道，以北极航线首航为契机，积极推进北极集装箱航线开发，努力打造 21 世纪海上丝绸之路新起点。

2. 提升资源配置功能

加强支撑航运中心的产业体系，落实临港加工制造业、内外商贸流通业、旅游会展业等支持航运中心发展的市场需求保障系统建设。加强高端航运服务人才的培养与引进，加大对上游航运服务企业和项目政策扶持，拓展航运服务产业链向上游产业延伸。结合物联网、大数据、云计算等高新科技手段，建设多接口、多用户、跨区域、无时限的港航电子商务平台，实现信息共享与交换。加强港城联动，依托航运中心所在城市，积极推进国际航运中心与国际物流中心、国际贸易中心、国际金融中心的联动发展。

3. 推动港航企业"走出去"

鼓励港航企业参与国外重点港口的建设、运营，积极融入全球航运体系；对东南亚、非洲等地区进行港口布局，优化港口资源配置。鼓励航运企业向中亚、西亚、非洲地区扩展，输出剩余的运力，发展第三国运输。

4. 构建组合港优势

通过参股、收购兼并的形式与周围港口形成组合港，整合组合港的集疏运体系，搭建组合港信息共享平台，实现组合港内部差异竞争、优势互补。加快西南内陆无水港群与海铁联运班列建设，形成以大连港为轴心辐射的无水港组合港，把出海口向欧亚腹地延伸。通过组合港对港口群内港口进行明确定位，形成以国际航运中心为枢纽，组合港内其他港口为支线港的航运网络，提升国际航运中心的竞争力。

5. 创新体制机制

推动国际航运税收政策试点；借鉴上海政策，实行企业免征营业税等政策；推进航运中心核心功能区大宗商品国际中转创新试点；依托核心功能区，建设境外石油、矿石期货交割库，推进保税油品、保税矿石国际中转业务先行先试；对大窑湾区域汽车转口贸易，适用进口保税政策。

（三）以提升物流效能为核心，推进国际物流中心建设

构建国际化物流链网体系，借助电子网络物流和七大物流园区建设，提升口岸物流中心功能，建成东北亚地区服务区域国际化、服务体系集成化、服务功能现代化、服务环境优质化的国际物流中心，实现由单纯"输运物流"向"网链枢纽物流"转变。

1. 构建物流链网体系

依托黄海、渤海沿岸港口体系，促进港口、临港工业和城市联动发展，加快新机场、跨海通道、城市轨道交通和引水工程等重大基础设施建设。打造国际货物中转和区域分拨配送基地，重点联结国内外两个市场、两种资源的货物集散中心和物流要素配置中心，构建高效的现代物流服务体系。

2. 大力发展电子网络物流

借助互联网技术，重点加强网上交易、电子结算和期货交易、区域采购等加工配套作用，依托专业物流人才使现代物流提升信息化、现代化和国际化的水准。培育物流金融、物流地产，大力拓展现代物流中心的质押、监管、抵押、融资业务。

3. 建设七大物流园区

重点建设羊头洼综合物流园、大孤山半岛物流园、二十里堡物流园、瓦房店轴承专业物流中心、花园口物流园区、辽宁现代海洋产业区、长兴岛物流园区等七大物流园区。

4. 提升口岸保税物流中心功能

在保税区设立多家物流机构，大力拓展保税仓储、国际物流配送、进出口贸易和转口贸易等业务，就地解决贸易型企业的出口退税、保税等问题，减少企业物流成本和资金占压。依托大窑湾港发展多式联运国际物流中心。

（四）以强化产业金融为重点，推进区域性金融中心建设

以大力拓展期货交易为龙头，以直接投融资投资为重点，涉外金融和保险服务为两翼，金融后台服务和各类中介服务为依托，全力打造金融生态环境和人才建设为保障的金融中心发展格局。着力提升国际期货交易中心、投资融资中心、国际结算与离岸金融中心、保险服务中心、金融后台服务基地与金融中介服务中心五大功能，实现由"规模金融"向"功能金融"升级。

1. 建设国际期货交易中心

以大连商品交易所（以下简称大商所）为重点，支持期货交易品种和业务创新，开展期权交易、掉期交易和铁矿石保税交割，发展场外市场，实施"六大战略"和"双倍增计划"。构建农产品、化工产品、能源产品、木材制品四大板块为主，其他商品、指数期权期货为辅的种类齐全的品种体系。打造世界重要的矿产品、农产品定价中心和避险中心。出台期货人才政策，设立期货学院，逐步建成亚洲重要期货交易中心。

2. 建设区域性投资融资中心

大力发展多层次资本市场，推动企业实现发行、上市、挂牌、再融资，提升直接融资比例。组建交易（所）集团，做实区域性股权交易中心，鼓励发展东北亚现货交易所、碳排放交易所以及设立东北亚口岸商品、港联钢材、新港汽车、绿色能源、联合盐业等交易场所，发展各类要素市场。加快发展股权融资，探索 PPP 公私合营。大力发展科技金融、航运中心、绿色金融等产业金融，推动设立港航银行、航运保险公司以及金普新区银行。推动设立融资租赁等新兴金融机构。支持设立国有和多元持股的大型投融资控股集团，与国内外金融集团建立战略合作关系，在大连设立新产业项目基金和金融机构，努力形成东北亚资金汇集、调度、配置枢纽。

3. 建设区域性外汇及人民币国际结算与离岸金融中心

研究融入丝路基金，加强东北亚金融合作。以复制中国（上海）自由贸易试验区（以下简称上海自贸区）金融创新为动力，以中韩自贸区金融合作为平台，集聚各类财富管理和资产管理机构，鼓励跨境人民币投融资，积极探索投融资汇兑便利化，推动资本项目可兑换进程，拓展离岸金融业务。打造与国

际航运中心和保税港区功能相适应的国际结算、外汇交易与离岸金融中心。以航运保险服务为重点，创新出口信用保险产品，建设面向国际市场、保险机构集中、承保能力领先、辐射能力突出、市场充满活力的保险中心城市。

4. 建设区域性金融后台服务基地与金融中介服务中心

抓住互联网金融的发展机遇，以金融后台服务为特色，聚集数据中心、清算中心、银行卡中心、呼叫中心、灾备中心、支付系统、后勤保障等各类后台服务机构。积极发展征信、评估、担保、经纪、会计、律师、财富管理、投资咨询等各类中介服务，形成集研发与应用于一体、软件信息与金融资源整合利用、业务覆盖东北亚地区的金融后台服务基地与金融中介服务中心。

（五）以改革为动力，加快建设产业结构优化先导区

以改革为动力，推进产业结构优化升级，加快构建以现代服务业为主导、先进制造业为支撑、战略性新兴产业为引领的新型产业体系，不断提高产业核心竞争力，打造大连经济升级版，建设东北老工业基地产业结构优化先导区。

1. 建设区域性现代服务业中心城市

提升航运物流、金融保险、软件和信息技术服务、旅游休闲、商贸仓储、文化创意等重点服务业竞争力。完善现代物流体系，提升综合物流服务功能，加速打造东北亚多式联运中心。大力创新金融业态、模式和产品服务，提升大连市金融市场的市场化和国际化水平。推进软件和信息服务外包向高端化发展，加快打造"中国软件名城"。整合内外资源，建成中国的旅游胜地和东北亚旅游中心城市。大力发展商贸仓储业，坚持内外贸融合、线上线下融合方向。加快发展文化创意产业，使其成为支柱产业。培育发展科技服务、电子商务、大数据和云计算、健康服务等新兴现代服务业。大力发展科技服务业，建设东北高技术服务产业基地。鼓励和支持企业开展现代商业模式创新，打造区域性电商平台集聚中心。实施"互联网+"行动计划，创建国家电子商务示范城市、示范基地和示范企业。积极发展以健康管理服务、休闲保健服务为核心的大健康产业。

2. 推进大连装备制造向智能方向发展

以智能化和绿色化为主要方向，着力发展先进轨道交通装备、高档数控机床和机器人、智能成套装备和关键基础零部件、通用仪器仪表等智能装备制造产业，以国产自主品牌研发生产为重点，拓展汽车整车设计、研发、汽车贸易、汽车金融服务等服务业，打造千亿级汽车产业集群。以重大技术突破、重大市场需求为核心，加快发展高端装备、海洋工程与高技术船舶、新

一代信息技术、新能源汽车、新能源等重点产业，积极培育节能环保、生物工程、新材料等产业。积极争取国家在大连市设立东北地区战略性新兴产业创业投资基金，加快产业基地建设，鼓励新兴产业发展。

3. 提高农业现代化水平和农产品保障能力

稳步发展设施蔬菜生产，稳定粮食生产能力，实施水果提质增效工程，推进海洋牧场建设，保障城市鲜活农产品供给能力。构建以水产品加工、畜禽加工、果蔬加工、大豆加工等支柱产业为支撑的新型农产品加工体系，提升"农家乐"和乡村休闲旅游业品质，促进农业与工业、农业与服务业融合发展。加快推进农业市场化进程，提高农产品质量安全水平，推进农产品生产品牌化、标准化和无害化，创新农产品流通方式，完善现代农业经营体系。增强现代农业科技支撑能力，保持财政投入稳定增长机制，创新现代金融支农方式，提高农业保险保障水平，完善农业社会化服务体系。

4. 积极发展海洋经济

加强海洋技术研发，增强海洋开发利用能力。重点打造海洋开发技术与装备、海洋生物、海洋化工、海洋新能源、海底资源利用和海岛旅游六大产业，积极发展海洋工程、海洋生物医药业、海洋信息服务业、涉海金融服务等新兴产业，做大、做强海洋高新技术产业，大力发展邮轮经济，努力建设国内具有重要影响力的蓝色经济区，使海洋经济成为支撑未来发展的新空间、产业升级的新路径和城市经济发展的新引擎，加快实现海洋资源大市向海洋经济强市的转变。

（六）以金普新区为依托，创造全域开放新格局

重点以金普新区为依托，加快推进申办大连自由贸易园区等对外开放的重要平台建设，提高利用外资综合优势和整体效益，全面提升大连外向型经济发展水平，培育对外贸易发展新优势。

1. 加强对外开放重要平台建设

创新开放模式，加强产业对接，实行"四大组团"差别化招商战略，构建以开放先导区为引领，以沿海重点园区为支撑，由南向北逐步推进的梯次开放格局。发挥大连、长兴岛、旅顺三个国家级开发区的功能作用，使之成为国际生产要素集聚配置的高地。跟踪学习上海自贸区经验，加速申办大连自由贸易园区，以金普新区为主体，打造全面开放新平台。做好中韩、中澳等自贸协定的实施对接工作，积极开展贸易、投资、服务、产业和园区合作，把大连打造成为中韩地方经济合作示范城市。加快中日韩循环经济示范

基地等中外合作园区建设。规划建设北黄海经济区，打造对外开放的新平台。推进经济开发区和各类产业园区转型升级、创新发展。

2. 提高利用外资综合优势和整体效益

坚持引资、引技、引智有机结合，优化引资结构，提高招商水平，充分发挥跨国公司产业转移对大连产业结构转型升级的带动作用。引导外资投向先进装备制造业、现代服务业、高新技术产业、现代农业、基础设施等领域。鼓励跨国公司在大连设立地区总部、采购中心、财务管理中心、研发中心。创新外资利用方式，鼓励外资参与国有企业混合所有制改革，扩大外商投资性公司、创业投资企业、股权投资企业投资，促进现有外资项目增资扩股。推动大连、长兴岛和旅顺三个国家级经济技术开发区转型发展，打造成为我国高端制造、物流、研发、销售、结算、维修中心。

3. 培育对外贸易发展新优势

支持企业开拓国际市场，巩固和扩大日韩、欧洲、北美等传统出口市场，积极开拓"一带一路"等新兴市场。推动优势企业强强联合、跨地区兼并重组和对外投资合作。加快形成一批在全球范围内配置要素资源、布局市场网络的具有跨国经营能力的大企业。支持有创新能力的外向型民营企业发展。加快培育以技术、品牌、质量、服务为核心的综合竞争优势。推进拥有自主知识产权及自主品牌出口。提升服务贸易和服务外包发展水平，着力扩大服务贸易规模，争取成为国家服务贸易创新发展试点城市。鼓励发展生产性服务贸易，推动制造业服务化转型。推进软件外包产业提质升级，建设东北亚服务外包交易促进中心。积极支持跨境电子商务、外贸综合服务平台、市场采购贸易等新型贸易方式，打造以大连为中心、面向东北广阔腹地的跨境物品集散中心。

（七）以科技创新为驱动，建设区域性创新中心

大力实施创新驱动战略，构建以科技创新为主的创新体系，打造适合创新创业的平台，立足东北创新资源和产业需求，建设国家自主创新示范区，把大连建成区域性创新中心，成为全球创新体系中的重要节点城市。

1. 构建科技创新为主的创新体系

推动科技创新、产业创新、企业创新、市场创新、产品创新、业态创新、管理创新，形成以科技创新为引领的发展模式。增强源头创新与关键技术创新能力，实施大连市科技突破计划，针对重点产业的关键技术环节，推进重大科技专项和重点技术攻关，力争在重点产业的关键技术方面取得

成果。

2. 加强科技创新平台建设

支持装备制造协同创新中心、洁净能源国家实验室、大连先进光源和精细化工共性技术创新平台等区域性创新基础平台建设，推进"大连科技指南针"综合服务平台建设。以金普新区和高新园区创新集聚区为依托，建设国家自主创新示范区，开展创新政策先行先试。

3. 加强区域科技创新合作

加强与东北区域科技合作，共同推动东北地区的科技创新。主动与上海、北京科技资源对接，提高大连对科技创新一线城市的吸纳能力。要与北京建立长期稳定的合作关系，努力使大连成为北京创新能量释放的飞地。加强国际科技合作，重点发展与日本、韩国、俄罗斯、乌克兰、以色列等国家的科技合作，建立国际科技合作联合创新中心和国际孵化器，举办国际科技合作的展洽活动，使大连成为东北地区国际科技合作的交流和实现中心。

（八）以"幸福大连"为目标，建设包容共享的品质生活

把民生保障和福祉改善作为发展经济的重要导向，健全创业就业服务体系、教育体系、医疗卫生服务体系、社会保障体系。

1. 健全创业就业服务体系

完善创业政策，形成各级政府激励创业、全社会支持创业、劳动者勇于创业的良好创业环境。健全劳动者自主择业、市场调节就业、政府促进就业相结合的机制，完善城乡统筹的公共就业服务体系，实现城乡劳动者就业条件平等等。

2. 推进教育综合改革和人才队伍建设

促进教育公平，合理配置城乡教育资源，实现基本公共教育均等化。以中等职业教育为重点，加快发展职业教育，深化产教结合、校企合作，培养高素质劳动者和技能型人才。进一步完善人才政策体系，创新人才培养开发、评价发现、选拔任用、流动配置、激励保障机制。推动人才结构战略性调整，培养、聚集经济社会发展急需紧缺的专门人才，促进人才结构与经济社会发展需求相协调。

3. 提高基本医疗卫生服务水平

深化医药卫生体制改革，统筹推进医疗保障、医疗服务、公共卫生、药品供应和监管体制综合改革。强化公共卫生体系建设，进一步优化城乡医疗卫生资源配置，着重健全以县级医院为龙头，乡镇卫生院和村卫生室为基础

的农村医疗卫生服务体系。继续推进医疗机构基础设施建设，加强人才培养和引进，改善就医条件，提高医疗服务水平。

4. 完善社会保障体系

按照全覆盖、保基本、多层次、可持续方针，完善覆盖城乡的社会保障体系，不断提高社会保障水平。建立城镇职工与城乡居民养老保险制度间转移接续办法，实现城乡养老保险制度无缝对接。大力实施"全民参保登记计划"，提升社会保险覆盖率。大力推进基本医疗保险制度整合和城乡统筹，健全医疗保险付费制度，完善医疗保险制度的转移接续机制。积极搭建医疗保险省级结算平台，加快推进异地安置人员医疗保险省内直接结算。进一步完善失业、工伤和生育保险，适时提高保障标准。

5. 重塑大连体育发展新优势

以申报国家体育产业试点城市为契机，加快推进大连体育新城产业基地、瓦房店将军石体育中心产业园区等产业基地和产业园区为基础，通过政策引导和扶持，将体育用品制造业、体育竞赛表演业、体育用品销售业、体育健身休闲业培育为支柱产业，逐步形成门类齐全的体育产业体系。

（九）以"尊重自然、顺应自然、保护自然"为理念，加快推进生态文明建设

树立尊重自然、顺应自然、保护自然的生态文明理念，以切实改善生态环境质量为导向，以加快生态文明制度建设为保障，着力推进绿色低碳循环发展，进一步优化能源生产和消费结构，加大生态环境保护力度，积极倡导绿色消费理念，建设"天蓝、地绿、水清"的绿色大连。

1. 全面推广绿色低碳生产生活方式

着眼于加快建设资源节约型、环境友好型社会，大力促进资源节约循环高效使用。倡导低碳生活方式，推广绿色建筑、绿色交通、绿色消费，提高新能源汽车应用普及程度。

2. 重视生态环境保护和治理

发展绿色经济、循环经济，鼓励支持低碳环保产业发展。推进节能减排，进一步降低能源、水、土地消耗强度，减少污染物排放，大力推进垃圾减量和分类处理，加快垃圾处理设施建设。坚持陆域和海域并重的理念，以重点生态工程建设为载体，加强修复和保护生态环境，提升环境总体承载能力。强化生态红线管理，牢牢守住城市可持续发展的生命线。

3. 健全生态文明制度体系

加快完善生态文明法规体系，引导、规范和约束各类开发利用、保护自然资源的行为，用法制保护好大连的"绿水青山"。建立健全自然资源资产核算体系，编制自然资源资产负债表，实施动态监管。健全生态文明建设考核和责任追究机制，全面实行领导干部自然资源资产和环境责任离任审计。制定资源环境承载力预警应急预案，建立资源环境承载力监测预警机制。完善生态补偿专项转移支付制度，强化生态环境损害赔偿和责任追究。

（十）以经济管理体制改革为重点，激发市场活力、建立公平有序社会治理体系

以经济管理体制改革为重点，以激发市场活力、建立公平有序的社会治理体系为方向，力求在重要领域和关键环节改革上取得决定性成果。

1. 深化政府机构改革

进一步简政放权，简化审批流程，确立廉洁高效、依法行政的新格局。稳妥实施大部门制，严格控制机构规模和编制，改进政府绩效考核评价体系。

2. 健全要素市场体系

按照要素自由流动和公平交换的原则，清理妨碍要素市场自动配置的制度壁垒，建立统一的劳动者平等就业、同工同酬制度，建立城乡统一的建设用地市场，完善技术创新市场导向机制，创新发展多层次资本市场，构建劳动力、土地、资本、技术等要素市场优化配置的新机制。以提高国有资本的集中度和配置效率为核心，探索公私合作（PPP）等模式，争取在国企改革方面先行先试。大力促进民营经济发展，积极争取在东北地区率先开展民营经济发展改革试点。

3. 积极推进新型城镇化综合试点

选择符合标准的城镇推进行政管理体制创新和降低行政成本的新型设市模式，向试点中心镇政府移交或下放城市管理执法权限，率先走出一条具有大连特色的新型城镇化道路。

4. 创新社会治理体制

推动社会治理重心下移，完善群众权益协调保障机制，强化平安建设，扎实推进社会治理体系和治理能力现代化。激发社会组织活力，构建协商民主体系，健全重大决策社会稳定风险评估机制和公共安全体系。

（刘 立）

第一章
立足国家战略　谋划发展布局

　　棋子入局方见分量。城市特别是经济比较发达的城市，在形成区域经济发展势能，成为增长一极，必将融入国家区域发展战略总体布局，城市的功能和地位及其政策随之确立和深化。城市发展的超前谋势和主动作为，进入国家战略层面，形成与国家意志的高度契合，显示出城市决策和管理者的战略谋划和执著动力。

第一节　国家级新区的设立与展望

　　国家级新区的设立，在区域经济社会发展中和全国战略大格局中都有着举足轻重的地位和作用。作为国家最早批准设立的上海浦东新区、天津滨海新区、重庆两江新区，从设立到创新发展值得关注。

一、发展与体制演变

（一）上海浦东新区

1984年，上海市委、市政府关于城市总体规划方案中提出开发浦东的设想。
1986年10月，国务院正式批准《上海市城市总体规划方案》。
1987年6月，上海市政府将决策咨询纳入浦东开发决策体系。
1988年5月，上海市政府组织具有国际性高层次浦东新区开发研讨。

1990 年 4 月，党中央、国务院决策开发开放上海浦东，上升为国家战略。上海市委、市政府成立浦东开发领导小组。坐落在浦东大道 141 号的二层小楼，就是原上海市政府成立的浦东开发办。

1992 年 10 月，国务院批复设立浦东新区。撤销川沙县，浦东新区行政区域包括原川沙县、上海县的三林乡，黄浦区、南市区、杨浦区的浦东部分。区域的土地面积 522.75 平方公里，最初真正开发面积只有 160 平方公里。

1993 年 1 月，上海市委、市政府成立浦东新区党工委和管委会。

2000 年 6 月，上海浦东新区行政管理体制确立，浦东新区四大班子成立。

2005 年 6 月，国务院批准浦东新区进行综合配套改革试点。重点是"着力转变政府职能、转变经济运行方式、改变城乡二元经济与社会结构；把改革和发展、解决本地实际问题与攻克面上共性难题、把实现重点突破与整体创新、把经济体制改革与其他方面的改革结合起来，为推动全国改革起示范引领作用"。

2009 年 5 月，国务院批复同意撤销上海市南汇区，并划入浦东新区。浦东新区规划面积达到 1210.4 平方公里。

（二）天津滨海新区

1994 年 2 月，滨海新区管理体制改革启动。天津市委、市政府成立滨海新区领导小组，下设专职办公室。滨海新区由塘沽区、汉沽区、大港区三个行政区和开发区、保税区、天津港三个功能区组成。规划面积 2270 平方公里。

2000 年 9 月，天津市委、市政府成立滨海新区党工委和管委会。

2005 年 10 月，天津滨海新区开发开放上升为国家战略。

2006 年 6 月，国务院发出《关于推进天津滨海新区开发开放有关问题的意见》。

2009 年 11 月，国务院批复《关于调整天津市部分行政区划的请示》，同意撤销塘沽区、汉沽区、大港区，设立滨海新区。滨海新区行政管理体制确立。

（三）重庆两江新区

2007 年 6 月，国家批准重庆市、成都市全国统筹城乡综合配套改革试验区。

2009 年 2 月，《国务院关于推进重庆统筹城乡改革和发展的若干意见》

中提出设立两江新区。

2010年5月，国务院批准设立两江新区。以北部新区和两路寸滩保税港区为核心，包括江北、渝北、北碚三个区的部分区域。规划面积1200平方公里。重庆两江新区开发开放上升为国家战略。

2010年6月，重庆两江新区挂牌成立。重庆市委、市政府成立新区开发建设领导小组，新区党工委和管委会作为其派出机构。

二、时间节点与历史性交汇

从时间轨迹上看，上海浦东开发从提出到上升为国家战略历经5年，进而再用10年完成体制转型。期间，经过新区形态开发、功能提升和综合改革全面推进三个阶段。

天津滨海新区开发历经10年上升为国家战略，进而再用5年完成体制转型。天津滨海新区上升为国家战略，较上海浦东新区要晚15年。

2005年，中央十六届五中全会和国家"十一五"规划，将滨海新区与浦东开发开放列同等战略地位。天津滨海新区起步时，区域内基础设施、产业基础等条件较好，开发开放的速度进程比较快。

滨海新区与浦东新区的行政区划，是同年获国务院批复，都是2009年。正式提出设立两江新区也是在2009年，即滨海新区与浦东新区行政区划获国务院批复的同一年份。这是时间的巧合，还是历史性的交汇。

2009年，是国际金融危机后的第一年。在这一年，浦东新区、滨海新区、两江新区，相继规划获批，又新区推出，或许是国家总体战略布局的一种考量。

两江新区的设立，本身就是国家在中部地区构建的一个新的战略平台。其与东部沿海地区，包括上海浦东、天津滨海之间拉开构成一个区域空间格局。

三、国家新区扩容一路走来

继沪津渝三地设立国家级新区之后，全国新批国际级新区4年内拉开布局。

2011年6月，浙江舟山群岛新区设立。

2012年8月，甘肃兰州新区设立。

2012年9月，广州南沙新区设立。

2014 年 1 月，陕西西咸新区设立。

2014 年 1 月，贵州贵安新区设立。

2014 年 6 月，青岛西海岸新区设立。

2014 年 6 月，大连金普新区设立。

2014 年 10 月，四川天府新区设立。

2014 年，1 年内连续批准设立 5 个国家级新区。其中的战略意图深远。

2014 年，中国经济步入新常态。从战略上考量，这是把握大势、审时度势，把国家战略与地方构建战略平台紧密结合，在今后一个时期，有利于进一步激发政策叠加效应，增强区域经济发展活力和增长动力，更好地发挥新区开发开放的引领和示范作用。

2015 年 4 月，湖南湘江新区设立。这是我国中部首个国家级新区，是实施国家区域发展总体战略和推进长江经济带建设的重大举措。

2015 年 6 月，江苏南京江北新区设立。

2015 年 9 月，福建福州新区设立。

2015 年 9 月，云南滇中新区获批成立。

2015 年 12 月，哈尔滨新区设立。

四、渐进式推进与体制创新

从上海浦东新区、天津滨海新区的开发开放建设中，管理体制的演变基本是按照"三步走"循序推进的。

第一步，成立新区开发建设领导小组及办公室。

第二步，成立新区党工委、管委会，建立经济功能区管理体制。

第三步，建立行政区管理体制。

之后的重庆两江新区，可"两步走"实现体制转型。重庆市委、市政府成立开发建设领导小组，同时成立党工委、管委会作为派出机构。

从扩容的新区管理体制看，目前也基本遵循这样一个模式推进。例如：

在甘肃兰州新区，省委成立领导小组，省长任组长，新区党工委、管委会作为派出机构，由兰州市委、市政府代管。市委书记任党工委第一书记，市长任管委会第一主任。

在贵州贵安新区，省委成立领导小组，省委书记任组长，属于省管体制，新区党工委、管委会作为派出机构，党工委书记由省委常委、副省长担任。

扩容后新区设立之初有一个共同的特点，新区是建立在经济功能区和行政区基础之上的。管理体制的演变基本可从功能区党工委、管委会体制直接向行政区党委、政府体制转变。层级之下可采取协管、代管、托管、直管等方式综合管理，灵活管用，更重效率。

五、几点认识和判断

从新区体制创新到资源要素配置和管理运行情况看，有如下几点认识和判断。

（1）新区管理体制的演进是跟着发展阶段的要求走。

从新设的新区来看，下辖的有功能区，也有行政区，相对独立，各自为政，一定程度上存在重复建设问题。同时土地、项目、资金、人才等资源要素得不到合理有效配置。

为解决这些问题，首先，在新区设立之初，根据发展阶段的要求，充分发挥经济功能区的作用，采取开发建设体制和运作模式，同时在新区总体规划指导下，统筹考虑新区内产业布局。

当经济功能区与行政区区域融合开发建设到一定阶段，或者经济功能区建设发展到一定阶段，要求赋予社会管理和公共服务职能时，建立健全行政管理体制，实现新区体制转型的时机就成熟了。

（2）新区体制转型的核心是处理好政府与市场的关系，以及管理和效率的问题。

在新区区域和框架内，如何更好地发挥政府作用？如何建立完善市场环境？也就是在空间布局规划内资源要素的优化配置上，谁来管、如何管，才能管得好。

例如，重庆两江新区的"协管、代管、直管"模式。两江新区成立两江集团作为政府投融资平台，按照55：45比例关系，由新区与江北、渝北、北碚三个行政区联合组建开发公司。两江新区与核心区，即北部新区和两路寸滩保税港区为代管的关系。新区内原属市国资委的大型国有企业划转新区直管。两江集团直接负责两江工业开发区开发建设。

新区体制演变没有统一不变的模式，有统一不变的原则，也有可把握遵循的规律。关键是因地制宜，结合实际，坚持原则性与灵活性以及服务与效率的有机统一。

（3）从目前基础看，新区管理体制的转型需要7年左右时间。

上海浦东新区完成这一体制转型用了10年。天津滨海新区则用了15年。

若从新区成立党工委、管委会开始为时间节点，浦东新区完成体制转型用了7年，滨海新区完成体制转型则用了9年。

原因在于，浦东、滨海两个新区设立之初，行政资源、管理体制等客观条件和基础不同，滨海新区比浦东新区在区域空间、管理幅度和整合资源方面面临更复杂的因素和困难。

浦东新区犹如胎生孕育而成，逐渐开发建设发展起来。滨海新区则需要统筹功能区与行政区的协调和发展。

从国内新设立的新区看，新区基本是建在功能区、行政区之上，参照现有的经验，新区管理体制演变比较成熟，如果开发建设顺利，管理体制转化的时间与沪、津的新区体制转型相比，可能会加快。西部地区新区，如果保持目前开发建设推进状态，行政管理体制的建立和完善可能还会更快一些。

第二节　中国自由贸易园区建设及其扩容与启示

从沪到粤、津、闽的自贸区扩容看，稳步力推的自由贸易园区建设，让人们更加认识到，在中国建设自由贸易园区其中的改革分量，以及制度创新深刻内涵及其深远意义。

一、战略指向高水平全域开放

从国际经济几大板块看，区域经济合作加速新经济体形成。美国在亚太力推 TPP，在大西洋和欧洲力推 TTIP，日本和欧洲也在促进经济合作协定。在构建新一轮国际经济大格局中，中国正在扮演着重要的角色，也将发挥着积极的作用。其中实施的自由贸易区战略就是应有之义。

自由贸易是指一个国家的全域开放。自由贸易园区是指一个特殊的区域。从自由贸易园区建设本身和国家战略层面考量两个层次，上海自贸区建设，其目的并非推进自由贸易园区建设，核心是依靠改革和制度创新，探索在推动高水平全域开放方面提供可复制、可推广的经验。

《中共中央关于全面深化改革若干重大问题的决定》（以下简称《决定》）表述十分明确。从战略指向上看，今后可能会"两步走"，从点对点，带动全局，实现高水平全域开放。

《决定》指出，建立上海自贸区是党中央在新形势下推进改革开放的重大举措,要切实建设好、管理好,为全面深化改革和扩大开放探索新途径、积累新经验。在推进现有试点基础上,选择若干具备条件地方发展自由贸易园(港)区。

坚持世界贸易体制规则,坚持双边、多边、区域次区域开放合作,扩大同各国、各地区利益汇合点,以周边为基础加快实施自由贸易区战略。

从国家战略层面选择建设自由贸易园(港)区,一个重要的标准和要求就是必须履行国家的使命,在深化改革开放制度创新等方面,务实探索,先行先试,有足够的责任和更多的担当。

这就是改革的深水区、攻坚战。改革的核心问题是,处理好政府和市场的关系,使市场在资源配置中起决定性作用和更好地发挥政府作用。

上海自贸区改革的重点是在金融服务、航运服务、商贸服务、专业服务、文化服务和社会服务六大领域的全面开放。

二、国家新区扩容与战略意图

2014年10月27日,中央全面深化改革领导小组第六次会议,审议了《关于中国(上海)自由贸易试验区工作进展和可复制改革试点经验的推广意见》,其中复制推广的内容涵盖海关、商检、外汇、金融、工商、政府管理等一整套制度体系。习近平总书记在谈到上海自贸区改革创新时,强调"两个推广":"对试验取得的可复制可推广的经验,能在其他地区推广的要尽快推广,能在全国推广的要推广到全国。"

2014年12月12日,李克强总理主持召开的国务院常务会议研究部署关于推广上海自贸区试点经验,同意在广东、天津、福建特定区域,再设三个自由贸易园区。李克强总理在这次国务院常务会议强调,推广上海自贸区试点经验的核心工作,不仅是拓展到3个地区,而且要在全国推行三张"清单":一个是法无禁止皆可为的"负面清单";第二个是法无授权不可为的"权力清单";第三个是法有规定必须为的"责任清单"。

(一)典型国家新区扩容的经验

1. 各自贸区扩容的情况

上海自贸区扩容引发关注。上海自贸区面积将从28.78平方公里扩至120.72平方公里。新纳入陆家嘴、金桥、张江三个片区。

天津自贸区面积119.9平方公里。涵盖天津港片区、天津机场片区、滨海新区中心商务片区。

广东自贸区面积116.2平方公里。涵盖广州南沙新区片区、深圳前海蛇口片区、珠海横琴新区片区。

福建自贸区面积118.04平方公里。涵盖平潭片区、厦门片区、福州片区。

2. 上海自贸区扩容的经验

上海可复制、可推广的经验主要体现在以下几方面。

（1）涉及海关政策居多，以贸易便利化为重点的贸易监管制度改革。包括通关便利化改革、保税监管改革、企业管理改革、税收征管改革、功能拓展改革。其中已开始在全国推广。2014年9月3日起，在全国海关特殊监管区域复制推广；9月18日起，在全国海关监管场所复制推广。

例如，贸易监管方面，一线进区货物"先进区、后报关"；区内货物流转自行运输；批次进出、集中申报；简化统一进出境备案清单；加工贸易工单式核销；融资租赁海关监管制度；仓储企业联网监管；保税展示交易；智能化卡口验放。

还有促进加工区向保税加工、保税物流配送、维修检测、研发设计等多元化的发展方向，实现功能拓展。

（2）以负面清单管理模式为核心的投资管理制度改革。实行内外资一致的市场准入政策，对外资的准入政策与国际接轨。其中涉及相关法律调整，就是要将现行的《外资企业法》《中外合资企业法》《中外合作经营企业法》合并为《外商投资法》。

（3）以资本项目可兑换和金融服务业开放为目标的金融制度创新。金融领域改革举措，多与实体经济需求密切相关的一些改革措施，包括跨境人民币资金集中运用、个人跨境贸易人民币结算、支付机构跨境电子商务人民币结算业务等；建立拒绝客户机制，加强对创新业务反洗钱工作评估等措施，以强化风险管理。

（4）以政府职能转变为导向的事中事后监管制度改革。

（二）典型国家新区扩容的内在逻辑

沪、粤、津、闽扩容新区的亮牌特色与国家的战略意图契合，扩容的内在逻辑是：

1. 从区位看

天津面向东北亚，广东面向港澳，福建面向台湾。

2. 从片区看

（1）上海。陆家嘴片区以金融业为主；金桥片区以高端制造业为主；张江片区以高新技术企业为主。上海自贸区扩容后，在解决了发展空间问题基础上，更重要的是加快产业布局和功能定位转型发展。

（2）天津。主要体现北方港口枢纽、金融创新、高端制造和服务京津冀一体化。

（3）广东。以制度创新为核心，深化粤港澳合作为重点。

（4）福建。平台突出对台贸易，厦门立足现代服务业新业态，泉州定位生产性服务业合作，福州探索全方位开放，福建着力打造21世纪海上丝绸之路经贸合作前沿平台。

3. 扩容的效果

扩容后，不仅能在更大的空间范围内更好地测试外商投资管理、服务业开放以及事中事后监管等改革开放创新措施的效果，还能进行各区经验互补、效果比对，为在全国推进全面深化改革、扩大开放，探索新思路，寻找新途径，积累新经验。

（李正群）

三、"一案多片区"模式申报设立大连自由贸易试验区的建议

2014年12月12日国务院批准设立中国（广东）自由贸易试验区（以下简称广东自贸）、中国（天津）自由贸易试验区（以下简称天津自贸）、中国（福建）自由贸易试验区（以下简称福建自贸）。这三个自贸区成为国家第二批自贸试验区。

这三个自贸区的共同特点是"一案多片区"。例如，广东自贸区面积为116.2平方公里。原先广东申报的"3+1"框架，全部进行了调整。扩大版图的还有深圳。除了前海15平方公里之外，还将扩充13.2平方公里的蛇口工业区，总面积达28.2平方公里。深圳前海蛇口片区28.2平方公里入列广东自贸区；一同入列的还有广州南沙新区片区、珠海横琴新区片区。

福建自贸区总面积118.04平方公里。区域四至范围："三片区"即平潭片区共43平方公里；厦门片区共43.78平方公里；福州片区共31.26平方公里。

天津自贸119.9平方公里。区域四至范围："三片区"即天津港片区30平方公里；天津机场片区43.1平方公里；滨海新区中心商务区46.8平方

公里。

实际上,上海自贸区也是"一区四园区"的模式。2013 年 9 月公布的上海自贸区涵盖上海市外高桥保税区、外高桥保税物流园区、洋山保税港区和上海浦东机场综合保税区等 4 个海关特殊监管区域,总面积 28.78 平方公里。而 2014 年底最新公布的上海自贸区四至范围扩容为 120.72 平方公里。其中,新增陆家嘴金融片区 34.26 平方公里,金桥开发片区 20.48 平方公里,张江高科技片区 37.2 平方公里。随后在 2013 年 9 月 27 日,上海自贸区总体方案公布,9 月 29 日上海自贸区挂牌成立。现在上海自贸区是"一区七园"。

大连启动申报中国(大连)自由贸易园区试验区比较早。据了解原来申报的四至范围是大连保税区、大连大窑湾保税港区、大连出口加工区三个特殊海关监管区,面积 75 平方公里。其中,大连大窑湾保税港区已获得国务院发出的第三张保税港区"通行证"(其余两家为上海洋山保税港区、天津东疆保税港区)。

按照国家新批的广东、福建和天津的"一案多片区"模式,应该考虑将大连原来申报的方案加以调整,改为由上述大连保税区、大连大窑湾保税港区、大连出口加工区加上小窑湾、长兴岛综合保税区的"3+2"模式。

其中,位于大连金州新区的小窑湾国际商务区为大连市重点经济区,发展定位国际一流商务区,规划面积 20.6 平方公里。小窑湾国际商务区位于大连金州新区的环小窑湾区域,基地南环小窑湾,东依太山,并与金石滩国家旅游度假区规划用地界线相接,北临双 D 港产业园区与电子信息园,西靠大窑湾保税港区,整体呈依山(大黑山)环海(黄海)之势。规划区总用地面积 20.62 平方公里,中部环黄海海岸长达 13.69 公里,沿岸环境优美,生态资源良好,拥有不可多得的岸线优势。

长兴岛正在争取的综合保税区(Comprehensive Bonded Zone)是设立在内陆地区的具有保税港区功能的海关特殊监管区域,由海关参照有关规定对综合保税区进行管理,执行保税港区的税收和外汇政策,集保税区、出口加工区、保税物流区、港口的功能于一身,可以发展国际中转、配送、采购、转口贸易和出口加工等业务。它比一般保税区或保税港区更开放,享有更多的政策优惠,也更符合国际惯例。综合保税区园区面积 4 平方公里。目前,长兴岛综合保税区第一批企业和投资已经落地。长兴岛距离大连保税区不到100 公里,车程 1 小时。而大小窑湾相距不足半小时车程。

其实,大连申报自由贸易区的"一区多片区"方案已经有人提出过。据了解省内有关方面专家曾提出过"研究以营口经济技术开发区为主体与大连联动申报自由贸易区","认真研究、积极推动在沈阳(铁西张士开发区、桃仙空港)申报自由贸易区"的设想。2014年9月30日，省委省政府咨询委员会在《咨询文摘》刊登省社会科学院、省政府发展研究中心许林海等的建议，建议研究申报大连(经济带)自贸区。提出由沈阳桃仙空港或铁西张士开发区、营口经济技术开发区、大连保税区或长兴岛三个单元构成，使之成为东北经济主轴上三点式自贸区，中日韩自贸区一个重要载体。理由是上海自贸区就是由四点组建的格局(外高桥保税区、外高桥保税物流园区、洋山保税港区和上海浦东机场综合保税区等4个相互间隔的海关特殊监管区域)。

为此，建议大连有关部门按照"多片区"的方案申报。其中，大连保税区、大连大窑湾保税港区、大连出口加工区三个特殊海关监管区，面积75平方公里；小窑湾国际商务区20.6平方公里；加上长兴岛综合保税区扩围为20平方公里，合计总面积可达115.6平方公里，与其他省市的四个自贸区面积差不多。

(杜　辉)

第二章
打造战略平台　助力经济转型

城市谋势在谋篇布局。城市的发展离不开区域经济发展这盘棋局。城市发展战略的谋划在于，打造新格局下新增长空间，并在新增长空间下形成发展新格局。战略平台是落实发展战略的重要载体，有利于加快聚集优势资源，形成先进的生产力和可持续发展的动力。

第一节　新时期新阶段战略平台构建取向

这里指的战略平台，是立足国家战略，或进入国家战略，摆布在一个或几个城市的空间载体，既能跳出行政辖区、地区利益的束缚，又能统筹协同区域之间资源禀赋优势，犹如棋局之子，在区域经济发展战略格局中具有重要地位的区域。

一、从国家战略平台构建看发展新格局

2014年，中央经济工作会议提出，重点实施"一带一路"建设、京津冀协同发展、长江经济带发展三大战略。这是面向更高水平、更宽领域打造的三大战略平台，对于进一步优化经济发展空间格局，统筹国际国内两个市场、两种资源，实现国内与国际互联互通、合作共赢和更有效率的资源配置，具有重大战略意义。

（一）"一带一路"建设战略：引领国内开放经济新格局，重构中国地缘政治新格局

"一带一路"建设，是"丝绸之路经济带"和"21世纪海上丝绸之路"的简称。

"一带一路"战略的提出，是引领中国开放经济转型升级具有历史性意义的一个标志性大事件。

从历史上看，路上丝绸之路和海上丝绸之路是中国与中亚、东南亚、南亚、西亚、东非、欧洲经贸往来和文化交流的大通道，并由此得到欧亚等国家对中国的了解和认可。

看当今世界，新丝绸之路将贯穿欧亚大陆，东联亚太经济圈，西入欧盟市场。"一带一路"建设战略的提出，一方面，赋予了中国正在倡导的亚太自贸区建设实质内容；另一方面，体现了充分尊重沿线相关国家和地区的利益，为既有的双边与多边合作机制注入了新的内涵和活力，有利于实现与沿线国家和地区的互联互通、互惠互利和共赢发展。

在"一带一路"建设战略推进中，随着中国与沿线国家和地区开展更加紧密的经济合作，中国企业更加积极地"走出去"，国际投资和贸易更加便利化，中国与各国的利益更加融合，中国在世界的影响力和地位将会得到进一步提升。

（二）京津冀协同发展战略：新经济圈视野下，谋划城市功能和产业定位新布局

2013年5月，习近平总书记在天津调研时提出要谱写新时期社会主义现代化的京津"双城记"。

2013年8月，习近平总书记在北戴河主持研究河北发展问题时提出要推动京津冀协同发展。

2014年2月，习近平总书记在北京主持座谈会，听取京津冀协同发展工作汇报并提出要求。

中央审时度势、深谋远虑、顺势而为，推进京津冀协同发展战略，意义重大而深远。这是完善城市群布局和形态，推进生态文明建设的探索创新，也是优化空间开发格局，为加快推进区域协调发展提供的示范样板。

从"京津冀一体化"、"环渤海一体化"到"京津冀协同发展"，区域发展战略形成，最终上升为国家战略，整个历程是水到渠成。

中央的战略布局是，打造首都新经济圈，必须纳入京津冀和环渤海经济区的战略空间加以考量，以打通发展的大动脉，更有力地彰显北京优势，更广泛地激活北京要素资源，同时天津、河北要实现更好的发展也需要连同北京一起来考虑。

京津冀地缘相接、区域一体、渊源深厚，立足国家战略推进京津冀协同发展，实现产业发展优势互补、基础设施互联共享、资源要素对接互通、生态环境联防联控，有利于构建首都新经济圈，促进环渤海经济区发展，进而带动北方腹地进一步加快发展。

（三）长江经济带发展战略：从沿海到沿江，开发开放梯次向纵深推进形成新架构

长江横贯东西，连接东部沿海和广袤的内陆，依托这条黄金水道，推进长江经济带战略，目标在于以沿海、沿江先行开发，由东向西、向内陆地区梯次推进，带动长江中上游腹地发展，促进中西部地区有序承接沿海产业转移，与丝绸之路经济带建设对接互动，打造具有全球影响力的开放合作新平台。

建设长江经济带的重点是建设长三角城市群、长江中游城市群、成渝城市群三大流域性城市群并发挥引领作用。

长三角城市群是以上海为核心，作为长江经济带的龙头，将带动全流域发展。

长江中游城市群以武汉城市圈、环长株潭城市群、环鄱阳湖城市群为主体，将相互融合发展，并与长三角城市群、成渝城市群对接联动。

成渝城市群位于长江上游，以重庆、成都为两核，将资源整合、优化功能、错位发展，打造带动长江上游地区的发展引擎和开放门户。

二、从开放新格局中看发展新机遇

（一）从国家战略提出到战略平台推进

2013 年 9 月，习近平总书记在哈萨克斯坦访问发表演讲时提出，用创新的合作模式，共同建设"丝绸之路经济带"。2013 年 10 月，习近平总书记在印度尼西亚出访发表演讲时提出，中国愿同东盟国家加强海上合作，共同建设"21 世纪海上丝绸之路"。至此，"一带一路"战略构想形成。

2013 年 10 月，习近平总书记在雅加达同印度尼西亚总统会谈时表示，中方倡议筹建亚洲基础设施投资银行。2014 年 9 月，第十一届中国 - 东盟博览会召开，为共建 21 世纪海上丝绸之路悄然发力。2014 年 9 月，习近平总书记出访塔吉克斯坦、马尔代夫、斯里兰卡、印度四国，提出打造互利共赢的"利益共同体"和共同发展繁荣的"命运共同体"。2014 年 11 月，中国宣布"丝绸之路"基金成立。"一带一路"战略逐步深入推进。

立足国家战略构建的战略平台往往具有明显的政策正向叠加，这种效应不仅体现在对外引进高端项目以及资金和人才的品牌效应上，还体现在地方政府积极主动发挥的作用更强更有效率、区域之间资源要素的配置更优更顺畅。

（二）中国新一轮大开放格局

放眼看，中国新一轮大开放格局已经形成。

1. 对外开放新战略

在对外开放方面，实施"一带一路"建设战略。

2. 对内开放新战略

在对内开放方面，实施京津冀协同发展、长江经济带发展战略等。

3. 对外开放新格局

在对外开放方面，呈现"两条绸带"的新格局。借古文化商脉、筑"新丝绸之路"，以现代陆路和海上交通，打造新经济、交通走廊，将中国制造的产品、中国的技术、资本和文化等进一步输出，加强与东南亚、南亚，并拓展深入与中亚、西亚、欧洲的经济贸易和投资合作。

4. 对内开放新格局

在对内开放方面，呈现"一纵一横"的新格局。以沿海开放地区为纵向一轴，以长江流域城市群为横向一轴，一纵一横辐射带动全国的开发开放新架构已经形成并全面展开。

5. 新一轮开放新格局

对内、对外开放交相互动，将大大促进中国与各国、国内城市间的互联互通、相融相近、相辅相成，在更高层次、更宽领域和更有效率地配置资源。

（三）对开放新格局的认识和判断

为此，有两点认识和判断：

第一，多年来一直强调的是我国仍处于可以大有作为的重要战略机遇期，随着中国政治经济新外交战略的成熟和推出，重要战略机遇期的内涵发生着深刻的变化，积极地"走出去"，以全球视野、战略思维谋划生产力空间布局、吸纳优质的资源要素和引进高端国际人才，深化与沿线国家和地区的投资和合作，将成为各级政府和企业加快推进转型发展的战略取向和发展目标。

第二，谋求国际国内区域融合、产业互补、合作发展，将成为引领国内经济转型升级的主导力量，国内区域发展中各城市之间将逐步跳出地区利益、行政辖区的束缚，立足国家战略全局找准定位，在良性互动、协同发展中实现城市各自更好地发展，在更大的空间扩大内需潜力，这将成为今后城市谋取发展的战略取向和发展大势。

（李正群）

第二节　平台建设重在把战略及政策落地生根

当前，大连经济正处在转型升级的关键时期。构建大连战略平台，将多方战略、各种经济要素聚集，优化资源配置，使国家战略、区域发展、城市目标与企业战略更好地衔接，有利于加快提升城市经济核心竞争力，加速推进大连经济转型升级。

一、大连经济转型升级的必要性和迫切性

（一）当前大连的经济形势和发展趋势

目前，国内经济面临的下行压力和诸多困难和挑战，是国际经济复苏迟缓与国内经济处于增长速度换挡期、结构调整阵痛期与前期刺激政策消化期"三期叠加"等多重影响的结果。大连作为老工业基地城市和沿海开放城市，同样也面临着经济增长乏力等问题。从基本的学理基础看，大连经济增速的放缓主要源于内生经济增长动力的缺失，在已有的制度设计框架下，投资收益、人口红利和模仿式创新可发挥的余地基本消失了。当增

加要素投入已经达到极限，就只有通过结构上的转型与创新来提升经济发展水平了。

原有发展模式的路径依赖增加了大连经济转型的难度。2015年上半年，大连经济延续了下行的发展趋势，但下降的速度有所减缓，这与各级政府积极采取应对措施稳定经济增长密不可分。稳增长已经成为当前城市经济发展的重中之重，这足以反映当前经济形势的复杂性和艰巨性。

（二）大连城市经济转型升级的必要性

十八届五中全会后，中国经济的发展方式、动力结构及路径选择都有了更加明确和坚定的方向，产业转型升级成为各个城市"十三五"时期发展的重点。在这种背景下，大连及时调整发展思路，把加快转变经济发展方式、调整优化产业结构作为重点，将使城市经济社会发展更具主动性。

长期以来，大连经济增长主要依靠投资和第二产业拉动，依赖低成本生产要素的高强度投入，创新动力不足。随着发达国家再工业化，国际分工和国际贸易结构将出现新变化，在原有的结构性问题没有解决之前，又出现了新的发展迹象，凸显城市经济结构转型的滞后性。

（三）大连城市经济转型升级的迫切性

2003年东北老工业基地振兴以来，大连乃至东北经济确实有过一段高速发展，在全国GDP增速方面名列前茅。但是长期以来，发展方式问题一直没有得到根本解决。在外界经济不景气的情况下，原有的老路基本行不通，经济形势开始倒逼大连经济转型。

第二产业仍是大连经济的支柱产业。但截至2015年9月，PPI指数已经连续43个月为负值，创6年来新低。而以工业制造为主的大连重化工业，无论是在产业广度还是深度上，都比较欠缺，整体经济结构有待进一步优化。

从企业性质来看，大连以国有企业和大型民营企业为主，中小企业发展往往依附在这些企业之上。大企业的发展具有路径依赖的特点，过分依靠传统的渠道和团队，转型之路比较艰难。

传统服务业转型也迫在眉睫。软件外包这样的以劳动力成本优势打造的大连名牌产业，在劳动力成本不断提高的背景下无法再维持领先地位。缺乏创新的发展模式使得大连软件、动漫行业出现增长放缓之势，这与具有自主知识产权的印度软件业形成了鲜明的对比。加之网络嵌入实体经济的新兴业态，消费者足不出户就可以享受购物和价格优惠上的双重满足，服务业的发展模式转变已时不我待。

（四）大连城市经济转型升级的条件

1. 机遇

（1）世界经济继续缓慢复苏、深度转型。2015 年前三季度，发达经济体稳步复苏，特别是世界头号经济大国——美国进入加息预期。新兴经济体增长继续放缓，俄罗斯、巴西等国的经济进入深度衰退，中国经济进入新常态。全球金融市场波动加剧，大宗商品价格持续低迷。在发达国家的带领下，世界经济持续复苏，但却陷入深度转型，机遇与挑战并存。

（2）国家发展战略蕴含发展新机遇。在中央提出的新一轮东北振兴战略、"一带一路"战略、长江经济带发展战略、京津冀协同发展战略和新型城镇化试点等大背景下，作为新一轮东北老工业基地振兴的重要城市，大连又迎来新的发展机遇，中韩、中澳自贸协定的签署，为大连市对外开放、改革创新打造了全新的平台。

（3）金普新区引领示范作用逐步显现。金普新区设立一年以来，各项工作已全面展开，规划编制取得初步成果，政策先行先试初见成效，招商引资势头良好，大连保税区、大连大宗商品交易中心等重大平台建设有序推进，建设金普新区的氛围正在形成，效应逐步显现。随着金普新区建设的稳步推进，将逐步显现对大连乃至东北新一轮振兴的全面引领作用。

2. 自身优势

（1）地理位置。大连市西北临渤海，东南面向黄海。在黄海和渤海的相拥之下，有著名的特殊景观——"黄渤海分界线"。大连整座城市依山沿海而建，海岸线绵长，占到辽宁省的73%，全国的8%，决定了其无与伦比的区位优势。从空间上看，大连近京津、临韩日，处于东北亚的核心位置。大连和北京、首尔、东京几乎在地理空间的一条直线上，直飞北京、首尔均不到1 小时，直飞日本也不到 2 小时。地缘优势不言而喻。

（2）经济规模的扩大。2014 年大连地区生产总值增长 5.8%，其中，城乡居民人均可支配收入分别增长 9.2% 和 10.5%，社会消费品零售总额增长约 12%，足见消费拉动经济的潜力；实际利用外资增长 3%，特别是对韩国资本的引进成为城市发展的亮点。东北亚国际航运中心建设取得重大进展，区域性国际金融中心建设步伐加快，保税港物流园、二十里堡物流园、空港物流园、星海湾金融城、旅顺南路软件产业带、东港商务区、普兰店海湾商务区、小窑湾商务区、长山群岛旅游避暑度假区"九大块区"逐步完善。

（3）产业结构日趋合理。近年来，大连市把创新驱动、转型升级摆在城市发展的首要位置，致力于优化产业结构，优化投资构成，转换经济发展动力，成效明显。大连市产业结构呈现第三产业总量扩大、比例趋升的良好态势。2014年，大连市第三产业增加值达3517.2亿元，与第二产业增加值相差不足200亿元。2015年，大连市确立了优先发展现代服务业的目标，将主动向以绿色化、智慧化为特征的第五代港口转型升级，成为现代高端服务功能融合发展的重要载体。

（4）创新潜力增强。研发投入强度提高。2014年，无论是R&D（研究与试验发展）经费内部支出，还是大连市研发经费投入强度（研发经费全部支出占GDP比例）都远远高于辽宁省平均水平，创历史新高。从执行部门看，企业资金是研发活动的主要资金来源，是推动全社会R&D经费增长的主要力量。大连市研发经费中企业资金为105.8亿元，增长16%，占大连市研发经费的77.8%，企业的主体研发地位得到巩固；R&D活动单位和人员队伍壮大，素质进一步提高。在R&D活动单位和从事R&D人员，都有大幅度提高，特别是后者，比上年增长17.8%。这说明越来越多的企事业单位开始重视研发和技术创新；创新驱动活跃，产出成效明显，特别是发挥科研院所和高等学校的科研优势，走产学研相结合的道路。

（5）中央对东北经济的重视以及对大连的期望。习近平总书记对东北振兴作出了重要批示，国务院和相关部委也出台了支持东北振兴的重大举措。2015年，习近平总书记和李克强总理分别到东北调研，并召开振兴座谈会，研究东北问题、寻找东北走出困境的路径和方法。相应的，辽宁省提出了创新驱动、改革驱动、市场驱动、开放驱动四大驱动的发展战略，并提出要努力培育和壮大六个新的经济增长点：一是推动传统产业转型升级；二是壮大战略性新兴产业；三是推动现代服务业发展；四是推进新型城镇化建设；五是转变农业发展方式；六是大力发展民营经济。分别以沈阳和大连为中心，对接国家"一带一路"战略，大力推广双创互动，积极申请设立大连自由贸易试验区。

大连市是辽宁对外开放的重要窗口和先行者，引领东北地区经济社会发展。2009年7月，国务院常务会议讨论并原则通过了《辽宁沿海经济带发展规划》，为这片中国最北端的沿海地区带来新的发展机遇。大连在辽宁省经济总量中占有重要地位，辽宁的转型离不开大连的转型。在辽宁经济进入困难时期时，大连必然要积极开拓思路，加大开放力度，在发展战略、产业调整、企业培育上走出一条新路。

二、大连经济转型升级过程中的风险分析

（一）大连经济转型升级的风险

1. 经济增速下降的风险

经济发展方式由粗放型向集约型转变的政策措施，在微观层次上基本都会导致短期内企业生产成本的上升。随着各种政策措施的推行，企业的边际成本曲线将会整体上移。要使企业的生产数量不变，就必须使企业的边际收益曲线整体上移，但这涉及生产成本转嫁的问题。如果企业的生产成本能够完全转嫁给下游企业或消费者，则企业产量在理论上不会减少，否则企业产量必然要下降。现实中，企业在进行成本转嫁时都需要考虑下游企业或消费者对产品的需求价格弹性，除了理论上的极端情形，现实中绝大多数企业都无法做到成本的完全转嫁。因此，在市场竞争中企业往往会减少产量，这就从微观上导致了城市经济增长速度的下滑。

不仅如此，经济转型过程中实施的政策，除了使相当一部分企业减少产量，还可能会有更严重的后果。例如，直接对一些资源利用率低、环境污染严重的企业实行"关停并转"，这也将在很大程度上降低经济增长速度。更重要的是，经济转型意味着将会改变经济增长模式中过分依赖固定资产投资，转而依靠启动国内消费和提高全要素生产率的方式来实现，而失去了投资拉动作用，短期内经济增长的速度也会严重下滑。加之，国内外市场需求萎缩，经济减速几乎成为必然。

2. 财政收入减少的风险

从过去 30 年的经验数据看，中国的 GDP 每增长 1 个百分点，财政收入就相应增长 0.95 个百分点，二者高度相关。转变发展方式导致 GDP 增速下滑，无疑会对中央和地方政府的财政收入造成不利的影响。为了转变经济发展方式，各种政策措施的实施都会对各级政府的财政收入产生影响。例如，限制企业大量使用廉价劳动力的最低工资标准和实行新的劳动合同法等政策和法律措施，促进土地资源和水资源利用效率的一系列政策，以及促进节能减排的一系列政策措施等。这些措施的实行已经并且正在产生不容忽视的作用，原本可以残存的粗放型企业在新的政策要求下难以甚至无法继续生存，进而存在企业效益下降甚至关闭的风险，这会直接降低政府的税收。在税率

既定的情况下，上述结果导致政府税基缩小。与企业相关的增值税、营业税和企业所得税是税收的重要部分。因此，转变经济发展方式最终会导致财政收入下降的风险。

如果考虑到中国粗放型的经济发展方式与土地财政、房地产业的推波助澜之间存在密切的联系，与房地产相关的财政收入占地方政府（特别是城市政府）财政收入中相当高的比例，则转变发展方式对地方财政收入的影响就更大。而第二产业经营困难，也大幅降低了税基。这些都增加了城市财政收入降低的风险。

3. 失业率上升的风险

转型升级过程中必然存在产业的重新组合，第二产业不断高精尖化，对劳动力的总体需求逐步减少，而新兴产业对劳动力的需求可能存在结构性问题，在经济转型换挡过程中存在结构性失业。在转变经济发展方式过程中，一些措施会对劳动力就业状况产生很大影响，如改善初次收入分配格局、提高最低工资标准、实行严格的劳动合同等政策措施，会使企业的生产成本上升、利润下降。由于企业在短期内的固定要素难以调整，因此首先会考虑降低可变成本，进而裁减雇员，最终导致失业人数增加。长期内，诸多政策措施都将充分发挥作用，如促进科技进步的政策措施、推进循环经济发展的政策措施、取消出口退税和有选择地利用外资等对外经济政策、促进教育和人力资本开发的政策、推动经济结构升级和产业结构调整的产业政策等。如果这些措施最终取得预期的效果，那么无论是转变经济发展方式中的受益企业，还是曾经面临淘汰而通过升级转变而重生的企业，由于利润的提高，企业总体都会有更多的自有资本积累，进而能够通过扩大再生产来吸收经济发展方式转变过程中粗放型企业释放的下岗人员。这也是一直强调要转变经济发展方式的最终目标。

尽管转变经济发展方式可能带来失业风险的经济逻辑是清楚的，但我们却很难估算实际的失业风险究竟有多大，只能从某个侧面了解与转变经济发展方式相关的失业风险。转变经济发展方式必然会在降低企业产量的同时带来失业的增加。但由于我国目前采用的还主要是登记失业率而不是调查失业率，因而尽管宏观经济增长率与城镇登记失业率之间存在负相关关系，表明如果转变经济发展方式带来经济增速下滑，就必然导致登记失业率的上升。但随着转变经济发展方式过程中经济增速的放缓，承受失业风险的不完全是城镇职工，还有在城市工作的农民工。但是，农民工的失业状况在城镇登记失业率中却没有任何体现，因此经济增长率对城镇登记失业率的影响也就统计不显著。近年来，中国社会已经发生巨大变化，农民工即使失业也已经不可能返乡种田，只会滞留在城市继续寻找工作。这一方面是因为返乡无事可做，在家乡的土地已经租赁给别人。另一方面，返乡的机会成本很大，他们在城市学到的技能和经验在家乡很难发挥作用。

4. 金融风险

在经济发展方式转变过程中，还有一个绝对不能忽视的潜在风险就是金融风险。这一风险往往是由一些企业层面的风险直接传导到整个宏观经济而产生的，其中的媒介是金融体系。

转变经济发展方式过程中，粗放型企业利润下降，甚至会破产，进而可能无法按期偿还或者根本无法偿还银行贷款，最终造成银行的呆账和坏账，给银行带来信贷风险、流动性风险、资本风险等诸多非系统性风险。这几类风险又是相互强化的。银行产生信贷风险，信贷风险会引起不良资产的沉淀，从而会降低商业银行的流动性，引发流动性风险；不良资产也在一定程度上影响了商业银行的资金周转和利息回收，进而影响商业银行的盈利能力，引发盈利风险；另外，不良资产也在一定程度上侵蚀商业银行的自有资本，从而引发资本风险。这里要特别关注地方性商业银行，由于其规模较小，风险承担能力小，不需要太多企业的呆账、坏账就可能使其面临倒闭的危险，然后会危及整个银行体系，进而威胁整个宏观经济的平稳运行。

此外，目前各地区经济对房地产的依赖性都较强，房地产价格的泡沫化造成市场供给过多。2014年以来，随着市场进入调整下行期，房地产领域的风险隐患逐渐显现。特别是过去几年流入的大量高成本资金，其风险正在逐渐暴露，部分地区已经出现小型房企因资金链问题而破产的案例。这在相当程度上增加了城市经济转型的金融风险。

5. 出口减少的风险

改革开放以来，出口在国民经济中的地位和作用日益重要，是保持国民经济持续稳定增长的重要因素。中国加入世界贸易组织，开启了2001～2003年中国贸易自由化承诺的改革进程。这一阶段不仅是一个政策改革的新阶段，世界贸易组织的成员资格也意味着中国已经进入了成为全球经济体参与者的时代。作为东北地区的重要港口城市，大连一直发挥着重要的进出口作用。在出口结构中，批发和零售贸易业，纺织服装、鞋、帽制造业，针织品、编织品及其制品制造业等部门位居前列占比较大。

劳动密集型企业为了实现从粗放型向集约型的转变，需要政府帮助改革企业制度和管理机制，提高企业的管理素质；帮助企业进行培训，提高管理人员和劳动力的素质；颁布有关行业的技术标准，引导劳动密集型企业的投资和技术选择等；发布行业发展趋势信息，引导劳动密集型企业及时进入或退出有关市场和领域；对产品无市场、经营无效益的劳动密集型企业，及时依法关停并转，以保证劳动密集型企业健康发展。在政府制定并执行一系列政策措施时，短期内可能会出现企业产出下降，进而会产生出口下降的风险。再加上经济增速下滑、失业、通货膨胀等其他潜在风险的叠加效应，在外需减少的时期，出口可能会在一定时期保持低迷状态。

（二）大连经济转型升级的激励机制

1. 已出台的文件和政策

目前已出台的文件和政策包括：

（1）2014 年 7 月，辽宁省政府发布的《关于促进当前经济稳增长十五条措施的通知》（辽政发 [2014]17 号），内容包括增加有效投资、扶持企业发展生产、帮助企业扩大销售、扩大企业技术改造财政贴息范围、缓征部分涉企收费项目、大力发展生产性服务业、大力发展农产品加工业、努力开拓消费市场、培育信息消费、稳定房地产市场、鼓励扩大外贸出口、整合企业并购和引进海外先进技术专项资金、落实税收优惠政策、加强金融保障、加快财政支出进度等十五个方面。

（2）2014 年 8 月，国务院出台了《近期支持东北振兴若干重大政策举措的意见》，为东北地区稳增长，补"短板"，去"瓶颈"，规划落实了 100 多项重大项目。

（3）2015 年 3 月 31 日，辽宁省发展和改革委员会发布首批基础设施、公共服务领域政府和社会资本合作项目 22 个，总投资 222 亿元，其中综合交通设施 2 项、清洁能源工程 7 项、市政公用设施 4 项、社会事业 2 项、文体旅游 3 项、生态环保 4 项。

（4）2015 年 4 月 30 日，中共中央政治局召开会议，分析研究当前经济形势和经济工作，提出要注重发挥投资在稳增长中的关键作用。

2. 降低经济转型风险的激励措施

（1）尽可能减少政府对经济不必要的干预。简政放权，按照《中共辽宁省委辽宁省人民政府关于印发〈辽宁省人民政府转变职能简政放权实施意见〉的通知》(辽委发[2013]15号)文件要求,全面下放经济管理权限和社会管理权限,各市分别制定下放权力目录和时间表,按照计划实施放权工作。进一步减少政府对资源的直接配置。充分发挥市场在资源配置中的决定性作用,积极开展投资领域简政放权改革试验,属于省级审批的投资项目,尽量减少前置审批事项,除涉及重大生产力布局、战略性资源开发和重大公共利益等项目外,一律由企业依法依规自主进行投资决策。减少政府对经济的过多干预和不当干预。减少行政手段对市场的过度干预,降低资本投入对地方债务带来的风险。强化政府对重大问题的顶层设计和资源整合的协调能力。注重激励机制的设计和市场环境的培育。

(2)加强对深化体制机制改革的组织领导与协调。深化体制机制改革工作是一项全局性、长期性的工作,涉及多个部门的利益。因此,市委、市政府应加强组织领导、改革指导和部门间的统筹协调,建立与完善协调推进改革的工作机制,协调重点领域改革推进中的重大问题,监督检查改革推进情况。各级政府要把深化体制机制改革工作放在更加突出的位置,将部署的各项改革任务列入重要议事日程,明确责任,切实抓好规划任务的落实,形成齐心协力协调推进改革的良好格局。

(3)继续深化投融资体制改革。激发民间投资活力,打造大众创业、万众创新的"沃土"。进一步深化国有企业改革,发展混合所有制经济。正确认识政府投资与社会资本对经济发展的作用,采取有效措施,充分调动民间资本的积极性。下大力气营造大众创业、万众创新的环境,大力发展中小微企业,开展民营经济发展改革试点。

(4)主动融入"一带一路"战略,构建与完善大连开放型经济新体制。要做好开放大文章,利用好沿海经济带,完善开放合作平台,让生产要素自由流动;落实国家战略定位和"四个着力"要求,以落实《中国制造2025》为契机,加快制造业转型升级,推进区域结构调整;搭建资本运营平台、人才引进平台、科技创新服务平台,培育造船、石化、重型工业、软件设计和服务外包的龙头企业,进而形成区域要素汇集和创新辐射功能。

三、大连经济转型升级与战略平台的构建

(一)大连战略平台的内涵

平台起初用于建筑业和计算机领域,是指生产和施工过程中为进行某种操作而设置的工作台,或者指计算机硬件或软件的操作环境,后来泛指

进行某项工作所需要的环境或条件，是人们进行交流、交易、学习的具有很强互动性质的舞台。战略平台是为实施各种战略及其相关衍生品的基础和生存环境。

与一般意义上的针对某个具体经济问题构建的平台不同，大连战略平台是从战略层次来思考和设计的，基于大连经济转型升级为总体思路，整合技术、资本、人才、信息等经济要素，以战略对接、战略整合、战略实施、战略延展为重点，构建基于大连经济特点的大连经济发展模式。

总体而言，大连战略平台具有以下五个基本特征。

（1）基础性和示范性。平台将实时对接战略，完善战略实施的法制保障、政策体系、激励机制、市场环境等，提供建立案例库、数据库及基于其建立的信息平台等多重服务。

（2）战略性。大连战略平台是与中国经济和东北经济转型升级的大战略相适应、相对接的，本身就是这个大战略的有机组成部分。

（3）包容性和可延展性。平台中将尽可能涵盖有益于大连经济发展的各种资源、要素，与各个领域、各个层面的其他平台实现有效链接、信息协作和资源共享，为各类经济主体表达利益、交流、互动提供场域，成为企业克服现实困境的重要路径。

（4）长期性。大连战略平台是建立在长期性发展基础之上的平台，有关大连经济转型升级的各项活动均可在平台内展开，这些活动不是以短期交易利得为出发点和归宿，而是一个优化产能、创新技术和战略实施的过程。

（5）政府主导性。大连战略平台本质是一种公共服务，平台的设计和构建可以甚至只能是政府。需要注意的是，在平台中发挥关键作用的应该是产业和企业，即这个战略平台中的主角应该是企业，政府构建的平台是为城市经济转型、产业结构优化升级以及战略性新兴产业培育、传统企业改造和技术升级服务的。

（二）构建大连战略平台的重要性

1. 切实对接国家战略

构建战略平台可以更好地与国家战略相衔接，切实落实国家战略。随着国家"一带一路"战略、东北老工业基地新一轮振兴战略、辽宁沿海经济带发展战略等的实施，大连新一轮改革开放战略布局正逐步展开。目前，全国各地都在借势发力，抢占先机。构建战略平台可以更好地发挥大连在东北老工业基地振兴中的作用，发挥大连的龙头和窗口作用。大连要在这新一轮的区域竞合中，抢抓机遇、把握更多主动权，必须科学审视自身的特色和优势，找准定位、精准发力，积极对接融入国家战略。大连战略平台是各种国家战略的基础平台和重要节点，将服务于国家战略大局，设计和制定战略行动计划，评估获批后的预期目标落实效果。

2. 促进战略融合

实现与各种战略无缝对接深度融合。"一带一路"、"大众创业、万众创新"、东北老工业基地新一轮振兴、"中国制造2025"、辽宁沿海经济带发展、金普新区、长兴岛临港工业区等战略，固然有自身的战略目标和实施措施，但彼此之间并不是泾渭分明的，而是存有紧密且不可分割的联系。大连战略平台可以把各个战略目标和重点领域纳入一个战略框架体系内，以大连经济转型升级作为共同目标，将各种战略的核心要点和重要节点作为支撑，发挥各种要素的聚集、经济辐射与联动作用，形成战略融合，实现大连经济整体资源整合和优化配置。

3. 加快产业结构转型升级

战略平台的产生，将各种资源纳入一个体系之内，使平台内所有资源服从转型升级的总体目标以及为此所作的相应安排与调整，使参与战略实施的政府与产业、企业及其相关部门之间形成一个相互关联、互相配合的战略体系，从而取得战略上的协同效应的动态过程。战略平台内，众多要素聚集，通过信息共享、优化配置，将极大降低战略实施的交易成本。战略平台将汇集各种产业、企业，拉近彼此之间的距离，减轻彼此之间相互关联、协作的阻碍，打造投资便利、贸易自由、高端聚集、金融完善、监管透明、法规健全、辐射显著的有利条件，促进产业链的延长和产业集群的发展，从而极大提高经济效益。

4. 提升大连经济核心竞争力

战略平台的形成，将极大提高大连经济的结构关联、结构弹性、结构成长和结构开放，从而提高大连经济转型升级过程中的适应性和张力，突破发展瓶颈，提高大连经济的核心竞争力。核心竞争力的提升依赖于技术创新和管理创新，而战略平台将是技术革新、产品和服务完善以及管理和制度设计优化的重要推手。创新是企业生存和发展的灵魂。创新能力的高低直接关系到企业在市场竞争中的地位。大连战略平台在贯彻落实发展战略的同时，注重培育企业自主创新能力，支持企业加强创新，完善激励企业创新的政策，加大企业技术创新的引导支持，引导平台内资金、人才、技术等创新要素向企业聚集，充分调动企业自主创新、转变发展方式的积极性，使企业研发投入力度不断加大，研发能力稳步增强，为产业升级和结构调整提供有力支撑。

（三）大连战略平台的构建取向

1. 以产业结构转型升级为核心

产业兴市是经济增长的持久动力，只有大力发展并依靠实体经济，才能使经济增长建立在牢固而稳定的基础之上，也才能带动服务业等第三产业的快速发展，促进城市人口集聚、规模扩张和城市功能完善，进而转变经济发展方式。构建大连战略平台，必须坚持产业兴市，重视实体经济。

大连战略平台将着重发展与《中国制造2025》国家战略相适应的制造业。在先进装备制造业领域，以造船业和其他装备制造业、石化成套设备为重点，通过平台支持和选择一批具有一定规模和潜在竞争优势的企业，做大做强，加快发展，努力打造特色工业园区，形成以园兴业、以业兴城的良好格局，带动大连工业经济的快速发展。

大连战略平台将着重推进工业集聚化、链条化、高端化、智能化发展，一方面要为先进适用技术和传统产业之间搭建高速桥梁，加速改造传统产业；另一方面要以高新技术为依托，科技创新为先导，运用平台资源大力支持新一代信息技术产业链、造船装备产业链等对经济增长有突破性重大带动作用的战略性新兴产业，使其尽快成为推动大连经济发展的新增长点。

在改造和提升传统产业方面，大连战略平台将以高质安全为首要目标，发展多功能、精品、绿色、高效的农业，发展农业全产业链，大力推进高标准农田建设工程，建设现代农业示范区，实施果园振兴计划、畜禽高标准生态养殖场、渔业资源养护工程；延伸原材料工业产业链，提高产业集中度和加工深度，向基地化、大型化、一体化发展。

在生产性服务业方面，大连战略平台将大力促进其专业化水平，提供促进城市经济转型升级的技术、金融、市场、组织、政策支持体系，加快大连区域金融中心建设，深化产业金融试点，改善大众创业融资环境，健全完善多样化、专业化、综合性的产业金融服务体系，大力推进现代物流业、信息技术服务业、科技服务业、电子商务、商务咨询服务业、会展业等。

2. 以经济发展方式转变为目标

从理论而言，经济转型升级并不是一蹴而就的，是量变与质变的统一，具有长期性、阶段性和渐变性。这种渐变既包含着原有经济发展方式因其适应的经济条件及其基础的消退甚至丧失而变异，又包含着孕育在新经济条件中的新经济发展方式因素的成长，并逐渐渗入原有的经济发展方式中，从而使经济发展方式混生发展。当量变的不断积累达到一定临界点时，就会实现经济发展方式从一种主导型转向另一种主导型的质的飞跃。这也意味着，在经济发展方式转变的客观过程中，需要主观能动性来加速量的累积、质的转换。

当前经济新常态下，以经济发展方式转变为核心，包括区域经济协调发展、产业结构升级和产业竞争力提升等在内的一系列问题已经成为大连经济发展面临的重大问题。而大连战略平台的构建则是解决上述问题的重要途径之一。战略平台通过沟通生产、分配与消费，推动区域间经济分工与协作，为产业升级和产业竞争力提升提供动力和保障。大连战略平台本质上是一种服务平台，促进不同产业、企业的技术、人才、资本、信息等要素相互渗透融合发展。大连战略平台的构建将通过要素聚集、融合、配置优化来提升经济活动的理性水平，改变单纯依靠大规模固定资产投资拉动的方式，促进要素——经济范式的变革并重整社会关系，从而构建起新的价值创造平台，推动经济发展方式持续转变。

3. 以创新驱动力为重要着力点

2015年7月，习近平总书记对东北振兴提出了"四个着力"的重要指示，鼓励创新创业是其中的重要着力点。9月，李克强总理在夏季达沃斯论坛开幕致辞上强调，"大众创业、万众创新"这"双创"是推动发展的强大动力，是发展分享经济的重要推手。创新型企业试点工作将是大连战略平台的重要抓手。创新型企业主要是指那些拥有自主知识产权和知名品牌，具有较强国际竞争力，依靠创新实现持续发展的企业。这些企业把创新作为根本战略，以自主研发或消化、吸收、再创新为手段，注重技术创新、机制创新、管理创新和文化创新，以创新成果的转化利用为创新目标，以不断创新作为激发企业持续发展的核心竞争力。大连战略平台将在试点企业的内部、外部建立创新体系，即为创新企业提供良好的创新环境和创新动力。提供制度支持，聚集高校、科研机构、企业各自的大量科技资源，改变长期以来三者脱节的困境，促使科研成果转化为生产力，推动创新活动和创新成果进入市场，畅通企业和社会对创新需求的信息传导，为创新提供需求拉动力量和技术推动力量。

（四）基于大连经济转型升级的战略平台概念图

目前大连经济形势严峻，大连战略平台将以产业结构调整为突破口，实现整体经济的转型升级。大连战略平台涵盖了三个层面的发展战略，即国家发展战略、地方发展战略和区域发展战略，将从产业结构的关联度、产业结构弹性、产业结构升级、产业结构的开放度、调整房地产业在经济发展中的作用等方面，与国家、地方战略对接。图 2-1 为大连战略平台的设计框架。

1. 国家发展战略

（1）"一带一路"战略。"一带一路"分别指的是丝绸之路经济带和 21 世纪海上丝绸之路。国家发改委、外交部、商务部联合发布了《推动共建丝绸之路经济带和 21 世纪海上丝绸之路的愿景与行动》。"一带一路"建设，将推进同有关国家和地区多领域互利共赢的务实合作，推进国际产能和装备制造合作，打造陆海内外联动、东西双向开放的全面开放新格局。

（2）"大众创业、万众创新"战略。李克强总理较早提到"大众创业、万众创新"是在 2014 年 9 月 10 日的夏季达沃斯论坛开幕式上，他发表讲话称，要借改革创新的"东风"，推动中国经济科学发展，在 960 万平方公里土地上掀起"大众创业"、"草根创业"的新浪潮，形成"万众创新"、"人人创新"的新态势。随后他多次对大众创新创业做出重要指示，强调要将此作为新常态下经济发展的新引擎。2015 年 3 月 11 日，国务院办公厅下发《关于发展众创空间推进大众创新创业的指导意见》，其中明确：推进大众创新创业要坚持市场导向、加强政策继承、强化开放共享、创新服务模式。在记者会上，李克强总理再一次强调了力推"大众创业、万众创新"的新作为：一是进一步放宽市场准入，让市场主体能够便利注册，证照合一；二是要为创业搭台，包括提供租金低廉的众创空间，用好政府引导资金；三是进一步减税免费，使创业者能够轻装前进。

（3）"中国制造 2025"战略。《中国制造 2025》是中国版的"工业 4.0"规划，该规划经李克强总理签批，并由国务院于 2015 年 5 月 8 日公布。规划提出了中国制造强国建设三个十年的"三步走"战略，是第一个十年的行动纲领。2015 年 10 月，五中全会强调，将加快建设制造强国。全会指出，构建产业新体系，加快建设制造强国，实施《中国制造 2025》，实施工业强基工程，培育一批战略性产业，开展加快发展现代服务业行动。

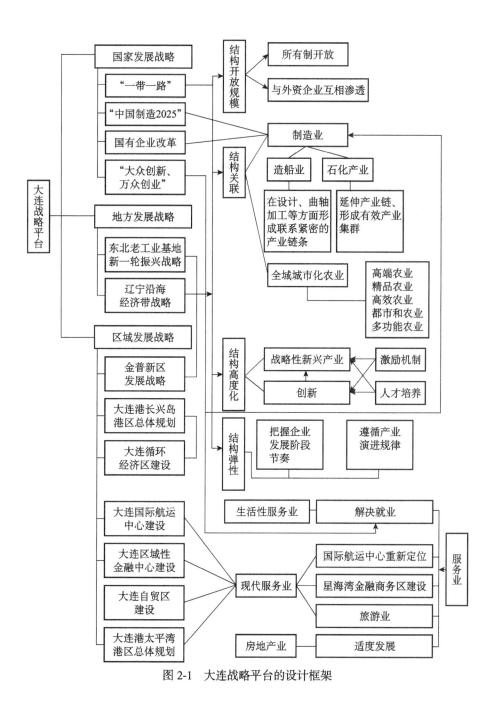

图 2-1　大连战略平台的设计框架

（4）国有企业改革发展战略。2015 年 9 月，中共中央、国务院印发了《关于深化国有企业改革的指导意见》，该《意见》是新时期指导和推进国企改革的纲领性文件，从总体要求到分类改革，在完善现代企业制度和国资管理体制、发展混合所有制经济、强化监督防止国有资产流失等方面提出国企改革目标和举措。

2. 地方发展战略

（1）东北老工业基地新一轮振兴战略。2014 年 8 月 8 日，国务院印发《国务院关于近期支持东北振兴若干重大政策举措的意见》，对当前和今后一个时期东北地区发展作了前瞻性判断和科学性指导，为做好下步工作开阔了思路、指明了方向、提供了遵循。

（2）辽宁沿海经济带战略。2009 年，《辽宁沿海经济带发展规划》获得国务院批准。辽宁沿海经济带是以辽宁此前提出的"五点一线经济带"发展规划为核心，将原有规划的范围进一步扩大。规划将从空间布局、产业发展、城乡发展、社会事业、基础设施、开放合作、资源环境、保障措施等方面确立辽宁沿海经济带 2020 年前的发展方向。

3. 区域发展战略

（1）金普新区发展战略。2014 年，《大连金普新区总体方案》经国务院批准同意，公布了大连金普新区的战略定位、总体布局、重点区划等。《方案》提出金普新区建设时间表，近期重点推进普兰店湾沿岸地带开发建设，促进金州区优化发展；中远期着力促进新区全面发展，形成"双核七区"协调发展格局。

（2）大连国际航运中心建设。自 2003 年中央 11 号文件提出把大连建成东北亚重要的国际航运中心以来，辽宁省、大连市政府陆续颁布了《辽宁省大连东北亚国际航运中心发展规划》、《大连市人民政府关于加快东北亚重要国际航运中心建设的实施意见》等一系列促进大连国际航运中心发展的政策。

（3）大连区域性金融中心建设。2009 年，大连市人民政府印发《大连区域性金融中心建设规划（2009—2030 年）》，全面加快大连区域性金融中心建设，提升大连核心城市功能，为辽宁沿海经济带开发开放和东北老工业基地振兴提供有力的金融支撑。

（4）大连自贸区建设。与其他战略略有所不同，大连自贸区正在申报中。对于大连自贸区的起始构想大致为：范围初步为大连保税区、大窑湾保税港区和出口加工区等三个海关特殊监管区域及相关区域，共计 78 平方公里。总体定位是，以自由港为核心的综合型自由贸易实验区。建设的目标：重点在投资和贸易便利化上探索创新；在航运、物流国际通行自由港政策上探索创新；在金融、服务开放上探索创新。把大连自贸区建设成为新形势下制度创新最显著、政策功能最突出、引领作用最有效、示范影响最深远的新型经济开放区。

（5）大连循环经济区建设。大连循环产业经济区规划面积 26 平方公里。其中产业区，暨大连国家生态工业示范园区规划面积 12 平方公里，是国家振兴东北老工业基地重点项目，是"城市矿产示范基地"，是进口可利用废物"圈区管理"示范园区。主要发展废旧金属、废旧塑料、废旧家电、废旧汽车等回收利用产业；生活配套区，暨大郑新城规划面积 14 平方公里，是大连四个中心镇之一，是按照"三化三集中"的发展思路建设的新型城镇，为产业区提供服务和保障。

（6）大连港长兴岛港区总体规划。2014 年 12 月，《大连港长兴岛港区总体规划（2014—2030 年）》获得交通运输部和辽宁省政府联合批复。《规划》定位长兴岛港区是大连港可持续发展的重要保障，是振兴东北老工业基地、推进辽宁沿海经济带扩大开放和建设国家级石化产业基地的重要依托。《规划》提出，长兴岛港区以服务临港工业为主，同时拓展现代物流服务功能，逐步发展成为规模化、现代化的综合性港区，应具备装卸仓储、临港工业、现代物流和综合服务等功能。长兴岛可利用自然岸线约 119.6 公里，规划港口岸线 76.7 公里，将港区划分为长兴岛北岸作业区、长兴岛南岸作业区和西中岛作业区，总通过能力 3 亿吨以上。

（7）大连港太平湾港区总体规划。《大连港太平湾港区总体规划》已通过交通运输部和辽宁省政府的联合评审。《规划》明确了太平湾港区的定位。太平湾港区是大连港的重要港区和实现可持续发展的战略资源，近期以服务太平湾沿海经济区临港产业和城市发展为主，承接大连港老港区部分功能调整，服务辽宁沿海经济带进一步开发开放。今后，随着太平湾港区功能和集疏运体系逐步完善，可在更高水平上服务东北老工业基地振兴发展。《规划》明确了太平湾港区规划方案。规划土城河口至洪石咀 10 公里港口岸线。太平湾港区划分为码头作业区、港口物流区、临港工业区等三大功能区。港区将形成"一突堤、一港池"的布局，港池由北向南依次布置通用码头作业区、多用途码头作业区和散粮码头作业区。共计形成港口岸线 12.2 公里，码头泊位 29 个，其中最大泊位 15 万吨级，码头年通过能力 0.83 亿吨。

四、大连战略平台的基本框架

（一）大连战略平台的系统架构

促进大连经济发展的各种战略：类型多、层次多、角度多，但又关联紧密，通过构建多层次的战略平台，可以满足战略集成的需要。

1. 整合已有企业战略平台，形成战略联盟，纳入大连战略平台框架

大连市的企业战略平台数量较多，也取得了不俗的发展。例如，东北特钢集团大连物流公司覆盖了采购、生产、销售、仓储、配送等各个环节的"全"物流产业链，提供整个供应链的物流，成功建立了物流环节的生产性服务业平台。但也应看到，以龙头企业为主导的战略平台不多，大多数企业战略平台规模偏小，且资源分散，不能形成合力作用。通过大连战略平台，在整合已有平台的基础上，推动典型示范、区域内骨干企业培育建立一批具有行业共用性的公共生产性服务业平台，形成战略支撑。

2. 加强创业孵化平台建设，进一步扩大众创空间规模

大连市的众创空间数量发展相对较快，创业工坊、蜂巢空间、鼓豆空间、创业公社、创梦工厂、中兴众创、中以国际、歹饭、归巢、新工厂、赛伯乐、智城信等众创空间如雨后春笋般涌现出来，但是部分地区在相关政策催生下的众创空间面临着"有店无客"、可用资源少等问题。众创空间的发展不能走区域固化的道路，要以开放的视野促进创新创业要素流动，扩大资源搜索面和覆盖面。可通过大连战略平台整合众多创业孵化平台，建立众创空间联盟，实现资源共享、跨界服务。

3. 以产业转型升级为目标，构建专项战略平台

产业转型升级是大连经济可持续发展的关键。大连战略平台应以制造业、生产性服务业、战略性新兴产业、农业、电子和信息化产业等为重点建立专项战略平台，一方面为自身产业的发展探索新的方向，另一方面要支持各个专项平台合纵连横，加强要素流动与资源共享，促进产业融合和衍生新的业态。

4. 以人为本，有针对性地支持"新四军"创新创业，构建人才战略平台

当前，存在以大学生等"90后"年轻创业者、大企业高管及连续创业者、科技人员创业者、留学归国创业者为代表的创新创业"新四军"。这四类主体在创业激情、实战经验、技术实力、国际视野等方面各有优势。大连战略平台应尽可能整合"海外学子创业园""大学科技园""学子创新创业基

地"等已有平台，吸纳游离在这些平台之外的优质人才，并且根据不同类型主体的特点及其创新创业项目的领域、业态和模式等，有针对性地提供相关支持和服务。

（二）大连战略平台的载体设计

大连战略平台可从基础设施层、数据资源层、系统管理层、保障层等四个层面进行总体设想，并设计一系列的架构保障措施，整合现有的各项应用系统，实现数据、资源、信息的互联互通，设计有效的交互机制和匹配机制，使得专业市场的各参与主体能够降低交易成本，提高交互所获得的收益。

1. 基础设施层

建立支撑大连经济发展战略的基础设施、制度规章、人员交流三位一体的基础设施层。战略平台首先是各种战略之间的纽带，进一步是以纽带间的互联互通为前提和基础的新型合作安排。为了战略互通、资源互通、政策互通、产业互通，基础设施、制度规章、人员交流的互联互通是毋庸置疑的重点，处于优先地位。基础设施层将建立参与者之间的互信沟通机制，协同战略各方利益与标准，营造安全环境与信誉约束机制，克服制度与法律障碍以及处理政府与企业、企业与企业关系。创新和拓展信息、物流、金融等服务，优化服务流程，提升交易效率，增强参与者对在平台上实现战略目标的预期，满足参与者多样化的服务需求。

2. 数据资源层

构建符合国家规范标准、完整统一、内容丰富的战略资源库，实现资源库与战略相关产业、企业平台的有效对接；建立"公共数据库"，实现各个相关参与者之间的联系，为用户提供"一站式"信息展现平台、个性化服务、统一云搜索引擎。解决不同战略实施者、不同产业、不同企业、不同政府部门互相关联和统筹协调的问题。将大连战略平台集"资本、技术、人才、政策、数据、信息"各种资源为一体，构建一个通用平台（但都是模块化的），可以通过各个资源模块的拆分和组合来满足各个战略、产业、企业的需求。进一步通过不同的形式（网站链接、数据对接、平台开放等）实现与产业、企业、相关机构等的信息共享与集成。聚合战略实施案例和数据，并呈现给参与者。

3. 系统管理层

按照战略主线，开发战略对接系统、站群管理系统、网上报名注册系统、用户统一身份认证系统、资源管理系统、战略实施评估系统等，促进政府、行业、企业之间的互通与资源互通，搭建协同创新的"立交桥"。所有管理系统为战略实施提供支撑和服务。

4. 安全保障层

由于战略平台包含大量行业、企业的重要数据和资源，必须保证平台系统的安全。战略平台将建设有标准化数据安全中心，包括网络安全、数据安全、平台安全，并配备完善的综合运维安全管理体系和健全的规章制度，保护信息的保密性、完整性、可靠性，从而保证用户接入安全。

5. 打造平台生态圈

为大连战略平台设计独立、精密、规范的机制系统，能有效激励多方经济主体之间的互动，连接多个群体，拓展原有的产业链，激发网络效应，建立平台生态圈。在平台生态圈内，彼此交流的各方会促进彼此增长，进而实现战略目标。图 2-2 为大连战略平台生态圈的基本构想。

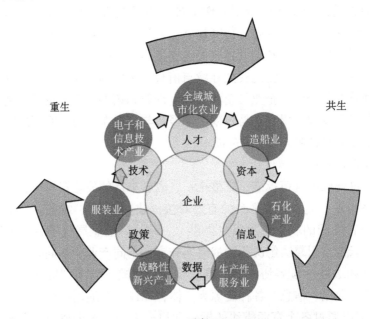

图 2-2 大连战略平台生态圈的基本构想

（三）大连战略平台的机制设计

由于资源有限，大连战略平台的参与者相互之间将既存在竞争，又有合作必要性，需要从政府监管、风险防控、信用保障、对接、参与者激励、隐私保护、知识产权保护等机制设计上探讨如何加强参与者之间的竞争与合作。

1. 政府监控机制

一是坚持宽严相济的原则从法律上明确监管政策和战略实施方向，明确各参与主体的权利义务，明确战略平台的监管主体、监管职责、监管形式等。二是完善信息披露制度，重点是对战略实施进程、绩效予以监控，促进发展战略更好地实施，保护参与者权益，防范潜在风险。

2. 风险防控机制

大连战略平台自身必须要提供信用评估的服务，才能对参与者的信用风险有所防范，从而保护参与者的权益，维护平台的正常运作和法则，保障发展战略的有效开展。通过金融机构、评估公司等社会第三方中介机构的通力配合，从项目评估机制、参与者审查等入手，对参与者的经营状况和市场信誉进行审批制管理。严格避免由于平台机制设计不完备所导致的欺诈、合谋等行为的发生，降低系统性风险发生的可能性。

3. 信用保障机制

战略平台内汇集了与经济发展相关的各种资源、要素，如何优化配置、防止低效率的行为是平台有效运转的重要内容，这就有赖于对平台的资源和项目全面客观地进行风险评价和信用评价。战略平台需要收集社会网络中的信息，将这些来自社会网络的信息融入最终的信用评估结果中，并逐步介入人民银行征信系统，发挥信息的信誉信号功能。在此基础上逐步建立集中式与分布式协调的社会信任机制。

4. 对接机制

鉴于战略平台服务对象包含各种类型的企业，尤其是受传统银行服务排斥的中小企业和创新型企业，战略平台将以信用保障机制中的征信信息和融资项目评价指标体系为基础，通过引入第三方中介，进行适当的技术处理和信息再加工，最终为平台内参与者之间的资本、人才等战略资源对接提供服务。

5. 激励机制

激励机制是指通过适当的激励方式鼓励平台的参与者参与战略评估的活动，贡献自己的知识、分享自己的经验，为战略的更好开展提出自己的建议，帮助战略实施和完善。大连战略平台需要从机制设计的角度，考虑如何激发"众"的参与积极性，防止"公地的悲剧"与"搭便车"的问题，贡献自己的资源和所掌握的信息，既主动收集符合匹配准则的信息，又通过建立激励机制，激发参与者主动提供信息，以积极有效地规范和引导参与者与平台诚实地合作，优化战略平台整体性能。

6. 隐私保护机制

战略平台是一个开放的平台，不可避免地涉及参与者的个人信息公开问题。个人信息的公开是缓解信息不对称问题、建立双方信任、便利双方交易的重要基础。但在个人有关信息的收集、加工、展示过程中，平台作为服务的提供者必须考虑个人隐私保护的有关问题，在信息的开放与隐私保护之间达成很好的平衡。因此，必须用更严格的社会规范来建构隐私保护机制，要严格遵照国家征信业管理条例，既明确征信采集的标准仅仅是足以保证能验证参与者身份，又要明确绝对禁止采集和限制采集的个人信息范围；既要做好信息披露，又要避免过度采集。

五、大连城市经济转型升级问题研究

2014 年以来，经济下行压力加大，东北地区表现得尤其明显，这种状况必须尽快解决。实施转型升级，短期内必须顶住经济下行的压力，坚持调结构不动摇。但如果不这么做，长期就会陷入"清水煮青蛙"的境况。产业转型升级应当积极有为，同时也应该注意规避风险。应改变大规模的同质生产方式，更加注重提供个性化产业与服务；充分发挥中小制造业企业的作用，改善制造业产业结构；主动引进与学习智能化、数字化和服务化的制造技术；充分发挥环境和人力资源优势发展现代服务业。

（一）大连经济转型升级的目标和战略重点

1. 大连经济转型升级的目标

经过多年的努力发展，大连的经济总量已经达到 7000 多亿元人民币，经济结构也得到很大改善，但是横向与其他副省级城市比较，在发展动力、发展效率等指标上还有差距，如经济增长主要是固定资产投资驱动，第二产业占比过大，第二产业中的装备制造业占比超过四成。进入新常态后，整个东北地区的经济都面临下行压力加大的环境，转型升级变得比以往更加紧迫，需要更加关注生态环境质量、财富分配平等、公共服务共享以及社会公平公正等突出问题。

　　产业转型升级就是从低附加值向高附加值升级，从高能耗、高污染向低能耗、低污染升级，从粗放型向集约型升级。新常态下的产业转型升级要超越短视，要战略思考新常态下我们长期会怎么样，而且要有更多的新的公共观念。过去只要经济增长就对社会有利，现在我们更多关注的是环境问题、资源短缺问题、公共服务问题。这些问题都不是靠市场就能解决的。很多问题需要有公共的观念，这也是新常态产业升级的一个理念。总而言之，要从单纯注重 GDP 规模这样的目标转向追求卓越、追求效益。在每个行业、每一个环节，都要造出最好的、最精致的东西，实现环境友好的增长、可持续的增长、有效率的增长和包容式的增长，这就是产业升级的目标。

　　环境友好的增长主要指资源能源节约、生态环境良好。大连是国内知名的旅游城市，青山、蓝天、碧水的环境优势不仅增加了居民福利和生活便利，还是重要的产业发展资源。有些科技产业和人才对环境的要求较高，敏感性更大。近年来，大连由于大环境和自身产业结构的原因，空气污染现象在局部地区有加重的现象。由于体制机制的惯性和障碍，完成节能减排任务仍有一定困难。

　　可持续增长的发展空间很大。从产业结构来看，生产性服务业和生活性服务业是短板；从区域产业布局来看，各区域发展不够协调；从收入分配来看，产业结构畸形带来的不合理的差距仍然较大。通过转型升级不仅实现了生态文明程度的提高，而且实现了经济社会协调发展，这样的增长才具有可持续性。

　　有效率的增长主要是指企业投资效率、政府服务效率等方面。效率是与目标和工具紧密联系的。企业作为市场经济的主体，一定要实现利润最大化，而不应追求产量或者规模最大化，如大连的造船业不能简单追求吨位产量，应逐渐向研发设计、先进舰载设备等方面着力。转变政府职能、提高政府服务效率既能有利于促进企业投资，也能增加居民的福利和幸福感。

　　包容性增长是指通过分享发展成果，实现利益共享。转型升级必然意味着利益的重新调整。新兴产业会对原有产业形成替代或创造性破坏，传统产业自身会出现转变，这就需要对中小企业进行一定程度的政策倾斜，在不破坏市场竞争原则的前提下对弱势群体、弱质企业或者高新技术企业进行保护。

　　2. 大连经济转型升级的战略重点

　　经济全球化背景下，分工更加细致，但是产业融合也是潮流，产业内贸易、制造业服务化成为一种普遍趋势。哪类产业需要鼓励，哪类产业需要限制，前提是需要一个科学的产业分类。例如，纺织服装业里面也有高技术；手机是高技术产业，但与手机相关的其他行业不一定全是高技术产业。大连已经基本建立起了齐全的产业体系，未来可以占领高端产业地位，发挥辽宁沿海经济带核心城市功能，带动辽宁乃至东北区域经济的发展。我们要立足现实，各类产业要进行全方位的创新升级，要提高定力，避免浮躁，并非选择几个重点项目就能解决升级问题，而是要实现全方位升级。

产业升级的战略重点有以下几个方面：

一是推动战略性新兴产业的形成。推进大众创业万众创新的局面，发展"互联网+"产业；在高端装备制造、新一代信息技术、生物、新材料、新能源、节能环保、新能源汽车等重点发展领域，努力建设一批拥有关键核心技术、达到国际先进水平的创新平台，发展一批创新型小微企业，壮大一批具有较强自主创新能力、能够全面参与国际竞争的旗舰企业。

二是加快传统产业转型升级，尤其是促进先进制造业健康发展。充分利用现有产业基础和研发能力，加强传统优势产业的技术工艺升级改造，进一步延伸特色产业链条，促进企业整合重组，推进制造业与服务业、工业化与信息化高度有机整合，提高产业发展质量和市场竞争力。

三是推动服务业特别是现代服务业发展壮大。适应服务经济和服务贸易加快发展的趋势要求，发挥区位交通和特色产业优势，聚焦重点和关键领域，加快发展生产性服务业，优化提升生活性服务业，积极培育新兴服务业，构建多元化、高水平的现代服务业体系。

（二）大连经济转型升级过程中的几个战略选择

1. 实体经济与房地产业

严格地说，房地产业也属于实体经济，前几年房地产业快速发展确实带动了相关产业的发展，也增加了地方政府的税收和相关收入。新常态下应从更宽广的视角来看待房地产业的发展。首先，过度发展房地产业对于吸引年轻人才产生了负面影响。一线城市具有深厚的政治和文化资源，而大连吸引人才则应该主要依靠生活舒适度和发展空间，过度发展房地产业对其他产业形成了一种挤出和替代效应，挤占了原有产业资金和土地资源；其次，房价过高容易加剧低收入阶层的不满情绪，影响社会和谐；再次，房地产业发展在某种程度上已经影响了城市规划和功能完善，一些不该兴建楼盘的地方也出现了大量高楼。综合分析，政府在转型升级的过程中对房地产业应采取适当的支持政策，支持力度以不影响整体创新能力提升为限。

2. 投资推动与结构转型

投资是经济增长的动力，尽管强调更加均衡的增长要依靠更多的消费，但是投资的作用是不可替代的。新兴产业的发展需要更高端的基础设施，如通信、交通、电力、港口等硬件基础设施，还需要一些基础性的科学技术突破。这些都需要大量的政府投资。如此，技术创新和产业升级才能顺利进行。企业研发投入或者商业模式创新也需要大量的投资，需要在税收、市场准入、补贴等方面引导企业加大投资力度，实现产业转型升级。结构转型不是意味着忽视传统产业，仍然要对传统产业投资给予充分的重视，因为传统产业也是支撑地区科技创新的动力源泉。

3. 经济发展与社会民生发展

大连前几年发展了一些资金密集型的重化工业，大多是一些大项目和大企业。这些企业在吸纳就业方面贡献有限。因此，经济增长带来的居民收入提高有限，香炉礁桥下的旧货市场长年不衰说明居民收入较低，存在大量的闲置人员。在经济结构调整过程中，要向着人民群众的期望和要求方向发展。要通过结构调整和发展方式的转变，使经济与社会发展能够更好地体现民情、贴近民意，关注民生、舒解民困，从而争取民众、赢得民心。这需要政府注意经济与社会结构调整的针对性，多发展一些劳动密集型产业，鼓励生活性服务业发展。尽管这些产业对于经济增长或者 GDP 数量增加有限，但是对于居民收入提高贡献较大，从而形成一个能够有效增加全体人民福利的经济与社会结构。

（三）大连经济转型升级的主要途径

1. 增强自主创新能力

次贷金融危机后，世界经济正孕育着新一轮科技革命和新的创新、创业浪潮，科技成果转化和产业更新换代的周期越来越短。以智能手机为例，同一品牌几乎每半年或一年就推出升级产品。大连应抓住国家创新战略契机，大幅度提高科技投入，加快科技成果向现实生产力转化。利用高校和科研院所的资源和人才优势，打造自主核心知识产权，创造自主品牌，提高制造产品的附加值，发展增值服务，鼓励企业走出去购并先进技术，积极开展协同创新，发展以知识和创新为基础的现代服务业。

2. 加强企业技术改造

技术改造短期内增加了企业支出，所以需要调动企业积极性，鼓励和引导大企业、大项目进行技术改造，促进工艺升级，提升效能。加强项目储备，建立和完善技术改造重点项目库，加强对工业投资的监测管理和技术改造重点项目的协调服务，积极推动企业技术改造工作。进一步完善支持技术改造的政策措施，充分调动企业技术改造的积极性，促进企业走入创新驱动增长的发展轨道。

3. 提高工业信息化水平

大连具有软件和信息技术服务业的良好基础，实施工业信息化具有一定优势。积极推进信息技术在重点优势产业、战略性新兴产业和传统产业的应用。鼓励企业研发设计数字化、制造装备智能化、生产过程自动化，提升信息化应用效能和产业能级。推进制造业领域的行业性电子商务平台建设，鼓励大企业完善电子商务平台、中小企业应用第三方平台，促进网上商城和国际贸易电子化发展。加快新一代信息技术产业化，以关键技术攻关和新兴技术应用为切入点，大力推进物联网、新型显示、网络和通信、集成电路、汽车电子等产业自主发展。

4. 促进工业绿色低碳发展

继续对大连市内的钢铁、水泥等企业的搬迁或改造采取扶持政策，逐步淘汰高能耗、高排放的落后生产能力，把新增产能布局与淘汰落后产能紧密结合。近几年，新增产业园区按照循环经济理念规划设计，推动企业集聚化发展，构建上下游结合的产业链条。抓好节能降耗、清洁生产、绿色制造，加快向节约、清洁、低碳、高效生产方式转变。发展节能环保产业，为全社会提供节能环保技术装备、技术解决方案以及绿色低碳、生态环保的产品。

5. 实施质量和品牌战略

大连的企业主要是集中在生产资料生产方面，老百姓耳熟能详的品牌较少。应实施企业开展共性技术研发、实行产品质量提升专项计划，合力推进工业产品质量提升。加强质量基础教育与人才培养，实施不同层次的质量教育与培训。建立质量发展合力推进机制，统筹国家、地方、行业、企业和社会各方面资源，建立健全质量工作体系。发挥各方面的积极性、主动性，建立工业产品质量发展合力推进机制。

6. 推动大企业和中小企业协调发展

大连中小企业尤其是给大企业配套的中小企业缺乏，调研发现大连不少行业的骨干企业迫不得已只好选择南方的一些中小企业进行合作。应积极鼓励中小企业甚至小微企业在大连发展，减少行政壁垒。通过兼并重组壮大企业的实力，形成企业有效的组织形式，大企业可以发挥龙头企业作用，一些中小企业也可以与大企业一起形成合理的产业集群，更好地发挥中小企业的配套作用。我们强调企业通过兼并重组做大做强，但也丝毫不忽视中小企业在其中发挥的作用，有分工有合作，这样才能形成一个有效运转的市场体系。

7. 优化产业布局

大连近年来在西拓北进的发展过程中，城市空间不断扩大，产业园区也不断增加，应结合国家战略，实现各种资源和生产要素甚至各产业、各企业的最佳区位配置。金普新区在获批国家级新区后，利用政策优势在已经形成的门类齐全、基础雄厚的现代产业体系内加大结构调整力度，实现新兴产业快速发展。普湾新区具有后发优势，应不断增加内部产业关联度。金州新区在增强开放功能和提升产业丰厚度方面助力，发挥智能装备产业集群成为国家新型工业化产业示范基地的带动作用。保税区保税业务应积极加快创新，实现外向型经济的新发展。旅顺经济技术开发区在生态文明环境保护方面加大力度。重点产业园区应继续优化资源配置，减少重复，提高产出效率和企业效益，实现集群式发展。

8. 提升对外开放层次和水平

自从加入 WTO 后，中国进出口加速发展，但是东北地区缺少劳动力密集型产业，也没有有意识地培养，丧失了利用全球化红利和人口红利的机遇，大连自身也存在外资企业来源国家单一、出口产品技术含量不高的问题。应实施市场多元化战略，发挥比较优势，巩固传统市场，开拓新型市场，努力扩大出口，实现"十三五"期间出口倍增的目标。深度走出去，更多地引进先进技术、管理经验和高素质人才。积极申报自由贸易试验区，积极参与东北亚地区区域合作。充分发挥区位优势和东北亚国际航运中心优势，加快建设面向东北亚开放的重要枢纽。不断促进投资和贸易便利化，积极探索准入前国民待遇加负面清单的外资管理模式，为国际产业和金融资本进入提供便利条件。

（四）大连主要产业的转型升级

依托信息化革命的机遇，全面完成大连产业新旧体系转换，形成可持续、具有创新自生能力的产业生态体系。形成装备制造、新型化工、信息技术等领域的产业竞争力。建立更为"开放、创新、包容"的现代服务业产业体系。

1. 电子和信息技术产业

大连的电子和信息技术产业具有较好的发展基础，存在的突出问题是弹性不够，不能对市场或者需求冲击做出迅速的反应。应加大研发力度，在提高产品的技术含量方面着力。聚焦半导体与集成电路、新型平板显示和通信设备三个产业，扩大上下游产品规模，形成完整的产业链条。培育发展 IC 设计、嵌入式软件及工业控制系统等创智产业，促进软件领域与现代装备制造业、系统工程等产业的结合。发展主动式 OLED 显示器件、触摸显示器件 3D 显示器件，支持高光效、高清晰度技术以及超薄等技术研发，鼓励新型平板显示产业发展。发展无线专网通信设备，积极参与物联网、数字集群领域国内外标准制定，建立在传感网及宽带无线接入领域的领先地位。发展下一代互联网设备，支持无线传感网络设备的发展。积极研发和引进汽车电子、网络智能家电、数字视听等产业，发展芯片、整机模组一体化设计等核心产品，探索发展海洋探测监测与海上航行定位等信息产业。

2. 造船和其他装备制造业

造船业在全球市场急剧萎缩的条件下，应向高端化发展，聚焦船舶设计、船用柴油机制造、先进舰载设备、复杂电子及通信导航系统等领域。发挥高端数控机床和自动化主控系统装备制造的基础优势，加强先进制造技术、信息技术、智能技术的集成和深度融合，推动装备制造业做大做强，建设国家智能装备制造业发展基地。重点围绕各类中高档数控机床、加工中心、复合加工机床、柔性制造系统、数控功能部件、中高档数控系统以及伺服驱动系统的产业化生产，加强基础工艺研究，提高新型传感器、高性能液压件、重载齿轮传动装置等基础零部件的自主创新能力，突破智能化仪表、精密测试仪器、自动控制系统等典型智能装置的核心技术，开发一批工业机器人、智能工程机械、智能石化设备、智能港口设备等智能专用设备。

3. 化工产业

重点优化发展农药、涂料、染料三大传统精细化工产业，培育发展电子化学品、橡塑加工助剂、新型催化剂三大新型精细化工产业。农药生产的重点是开发高效、安全、经济和环境友好的新品种、新剂型和新制剂，逐步降低高毒、高残留品种的产量，扩大混配制剂的生产能力和品种。选择性地发展用于建筑、汽车、防腐产业的水性涂料、粉末涂料、高固体分涂料、辐射固化涂料等环境友好型产品，大力发展面向船舶制造的特种涂料，不断调整涂料产品结构。提高环氧塑封材料的产品档次，实现聚酰亚胺模塑料的工业化生产。开发双马来酰亚胺树脂、聚酰亚胺树脂和氰酸酯树脂等新一代基板材料。围绕橡胶助剂的国产化、绿色化和科技化,重点发展促进剂 M 的清洁生产工艺,积极开发纳米氧化锌、纳米炭黑、纳米碳酸钙等纳米级的橡胶助剂。针对石油化工、煤化工、环保节能、化工新材料等领域进行催化剂的消化、改进及自主开发研究,建设催化剂评价检测装置,开发研究催化剂应用技术,重点开发化工工艺催化剂和环保催化剂两大类产品。

4. 服务业

应根据国际服务业发展趋势,重新规划大连的服务业发展方向。适应服务经济和服务贸易加快发展的趋势要求,发挥区位交通和特色产业优势,聚焦重点和关键领域,加快发展生产性服务业,优化提升生活性服务业,积极培育新兴服务业,构建多元化、高水平的现代服务业体系。着力在物流业、金融业、商贸业、旅游业、创意产业、信息服务业、会展业、健康服务业等领域发展。围绕建设东北亚国际航运中心要求,构筑发达的铁、公、空、水四位一体物流网络。进一步加强保税物流园区、冷链物流园区、汽车物流园区和综合物流园区建设,积极推动空港物流基地建设。推进金融创新和金融配套改革,承接国家在金融企业、金融业务、金融市场和金融开放等领域的重大改革试验。加强与国内外高校和一流科技机构的合作,推进技术创新联盟、研发外包、技术集成、产业创新集成等模式创新。提升发展生活性服务业,挖掘旅游资源潜力,加快旅游开发进程,建设全国一流、世界知名的旅游目的地。积极承办大型高端国际会议,建设区域性国际商务会展中心。引导和推动幼儿护理与医疗、老人护理、家政服务等家庭服务业的快速发展。适应家庭小型化、老龄化、社区网格化等新需求,积极培育精神慰藉治疗、电子化家庭服务、邻里交流管理等新型家庭服务业态。鼓励发展文化创意、工业设计、休闲健康等新兴服务业。

5. 农业

大连由于三面环海,应坚持保护生态环境、集约高效发展的原则,以保障主要农产品有效供给和促进农民持续增收为主要目标,推进农业结构调整和优化升级,提高农业综合效益、抗风险能力和市场竞争力,实现传统农业向绿色、高效、生态、安全的现代都市农业转变。加大提升特色种植业效益,优化农业种植结构,扩大特色优势农产品种植规模。推广先进农业生产技术,规范引导土地流转和适度规模经营,大力培育农业专业化合作组织,加快发展精致农业和精品农业。开展无公害农产品、绿色食品、有机食品和地理标识认证注册。建设农业科技生态园区，以科技应用和生态环保为支撑，推动农业精品园区建设，把园区打造成东北农业科技孵化、示范辐射和农产品加工贸易产业化示范基地、大连都市农业发展的先行区、全国农业观光旅游定点区。大力发展海洋渔业，坚持"沿岸保护、近海恢复、远洋开发"，保护和修复沿岸渔场，发展海洋生物育种，推广高效、生态、安全、集约的海水养殖模式，加快海洋牧场建设步伐，建成全国一流的渔港经济区。

6. 服装业

服装业作为劳动密集型产业，这几年在外需降低、人民币升值、劳动力成本上升的制约下，主要经营指标增长缓慢。应积极实施品牌战略和个性化服务战略，利用"互联网+"的思维开展销售和生产。实现创新驱动是服装产业转型升级的根本动力。产业升级发展离不开共性技术和公用平台服务。积极支持"六大研发创新中心和一个联盟产业基地"建设，以此带动服装产业的全面转型，打造创新驱动、联盟发展的新模式。

（五）转型升级的企业层次和政府层次

转型升级的关键是理念的转变，从注重规模、短期，到重视创新、长期，这需要一个过程，需要企业、政府以及社会的共同努力。

对于企业来说，必须寻找新的增长点、新的商业模式。创新驱动发展战略，就是要提高原始创新、集成创新和引进消化吸收再创新能力，更加注重协同创新。企业树立开放性思维和全球化视角，加大对外合作力度，利用外部资源进行集成创新。在人才使用上更多依靠年轻人、依靠专业人士进行创新，寻找新的投资方向。产业转型升级普遍遇到的问题是成本太高，价格处于高位，一时难以接受甚至陷入财务难关，企业应采取多种措施确保现金流量，避免财务压力使得产业和技术创新半途而废。

对政府来说，主要是转变政府职能，建设法制和服务型政府。科技创新与产业创新的有机结合，是创新的发展趋势。在这两方面政府的促进作用应有所区别。科技创新方面：政府可以直接投入、实行优惠政策等，如政府对新产业的技术研发给予必要的补偿和投入，同时也要将新产业产品使用者所产生的沉淀成本给予必要的补偿。产业政策创新方面：政府应减少微观干预，营造良好的制度环境和市场环境。提前进行产业规划，促进战略新兴产业实现优势集中，避免重复、分散投资，并且从研发到制造再到采用形成产业链。民营经济是转型升级的重要主体，应加快构建中小企业综合服务体系。

六、转型升级战略平台的支撑体系

转型升级战略平台本身就是一个多主体、多领域的系统集成，沟通协调的关系复杂。创新发展，企业是主体，与此同时，企业外部也要有相应的环境支撑，需要与创新工作紧密联系的机构参与，内外部结合形成系统的支撑体系，以促进创新工作的开展。支撑体系的构建从企业内外部着手，包含与创新活动相关的机构、部门和非实体性的要素，由文化支撑体系、制度支撑体系、政策支撑体系、技术支撑体系组成的有机整体。

（一）文化支撑体系

文化支撑体系是人类文化系统的重要组成部分，同时也是人类文化系统自身存在和发展的重要外部环境，受文化的影响和制约。即使不同区域拥有同样的科技资源和工业基础，创新的发展情况也不尽相同。究其原因，观念、意识所形成的文化起到了非常重要的作用，创新环境是创新产业形成和发展的基本因素之一。

1. 城市文化支撑体系

创新技术、创新人才、创新思维，一切相关的创新要素和创新的整个过程都是在社会这个载体下进行的。城市文化直接影响着创新战略的发展。近年来虽然经济增速回落，但是上海、深圳、杭州等城市调整升级效果凸显，逐渐实现新的更高层次经济增长，一个主要原因是这些城市文化本身就具有较强的包容性，城市中的创新意识、风险意识、价值观念都具有创新文化的特点，使城市充满了年轻、蓬勃向上、勇于开拓、敢于创新、不惧失败的文化气息。

积极培育城市创新创业文化是创新体系的重要组成部分。建立城市创新文化支撑体系，一是要提倡敢为人先的创新精神，要加强舆论引导，培育"敢于冒险、勇于创新，宽容失败、开放包容，诚信合作、崇尚竞争，敬业务实、追求卓越"的城市创新文化，提高全民创新意识。二是注重从青少年入手培养创新意识和实践能力，建立科普事业的良性运行机制，提高市民的科学文化素质，营造科技创新的良好社会基础。三是鼓励企业家精神。企业家具有敏锐的视角，敢于承担风险进行创新，对目标满怀渴望并且有很强的决断能力，大连应该善待企业家并鼓励一大批民营企业家加强学习，承担重任。

2. 企业文化支撑体系

创新企业在竞争模式上采用非传统的战略竞争新范式。传统的竞争范式主要注重的是市场地位的竞争，即在产业中的产品或服务的概念已经明确的基础上，产品的功能、成本、价格等方面为夺取市场地位的竞争；而战略的新范式除了关注市场地位的外显竞争之外，更加关注企业深层次的竞争：即对未来产业变化的预见的竞争以及为使产业预见变为现实而塑造核心能力的竞争。创新型企业的文化以这种战略范式为基础，着眼于企业和产业的未来来开展和引导创新活动，以推动企业各方面的创新活动来逐步塑造和增强企业的核心能力。

创新型企业文化支撑的构建更需要富有挑战性、前瞻性的组织愿景的引导，富有创新精神的领导者以及充满激情的管理队伍的带领。结合创新型企业竞争新范式，从以下几个方面构建创新型企业文化支撑体系：一是创新精神。鼓励冒险、允许失败、激励创新的价值观念，是创新型企业文化的灵魂。创新型企业必须建立鼓励冒险，允许失败，在冒险中求创新的价值观念，营造浓厚的创新文化氛围。成功的创新型企业无不以"追求卓越"作为经营理念，形成敢于冒险、大胆创新的价值观念。二是人本理念。创新战略的发展依托于创新技术的发展，技术创新的科研人员是科技发展的源动力。企业文化支撑体系要注重人力资本的制度安排，形成一种财富均沾的文化，即人力资本参与收入分配，激发人才的潜能带动科技发展；重视每一个员工的创新价值，注重决策的民主性，尊重员工的意见，对员工充分授权；注意满足员工自我实现的高层次需求，鼓励员工进行合作和沟通。三是合作精神。创新型企业内部形成的文化支撑体系，尊重个体间的差异，强调团队又不压抑个性，实现团队精神和个人精神的互动。

（二）创新支撑体系

1. 科技创新支撑体系

（1）科技创新激励制度。体制创新、科技创新是转型升级的重要保障。生产要素尤其是技术和管理等要素按贡献参与分配的制度化就是其中的重要举措。这样的分配制度使劳动付出的多少、资本配置效率的高低、技术的先进程度、管理的优劣，能够根据统一市场经济规则，按照对价值形成的贡献大小，获得相应的收益分配。这样那些劳动付出更多，特别是掌握复杂劳动能力的人，掌握一定的资本和先进技术、先进管理经验的人，就会逐步进入中等收入行列，壮大中等收入者队伍。他们创造的社会财富会大量增加，社会的稳定性也会进一步增强。大连可以在技术要素参与收益分配、科技成果作价入股、科技贡献奖励、科研成果以无形资产的方式出让等方面先行先试，出台超出市场平均水平的优惠政策，凝聚创新资源。

产学研一体化有效弥补了自主创新信息传导和价值传导的制度缺失，应加强产学研制度体系建设。首先，要不断完善产学研一体化的制度设计。要打破单个利益主体的局限，鼓励企业与高校、科研机构开展合作，有效使用外部资源，建立竞争规则、利益分享与激励约束机制，搭建产学研一体化的桥梁。其次，要加强知识产权保护。没有良好的知识产权保护环境，产学研三方的利益保障机制就难以建立起来，就不可能吸引高水平的研发机构，就无法使核心技术扎根。

（2）技术创新体系。技术创新体系是指在企业内部形成的增强技术创新能力的自主创新机制，以及与技术创新相关的制度。企业是技术的重要创造者和使用者，只有企业成为技术创新的主体，成为创新人才与资金的主要投入者，技术创新才能顺利实现预期目标。因此，应该发挥企业的主体地位，促进企业内部技术创新体系的形成，促进创新战略的发展。

在企业内部建立技术创新体系，充分发挥市场导向作用，强化企业的技术创新主体地位。对一些有实力的企业，可以在内部加强科研能力建设，建立自有的研究机构，增强科研自主性，将研发和生产在企业内部的创新体系中完成。一些科研能力较弱的企业，可以依托产学研发展模式，积极与高校及科研院所合作，抓住自身的市场和生产优势，促进科研成果的转化。

（3）科技中介服务体系。科技中介机构包括：科技咨询与信息服务、技术交易、科技企业孵化、生产力促进、技术转移和推广、专业技术培训、农业技术推广、创业投融资服务、知识产权服务以及科技类行业或专业协会（学会）等机构。

中介服务体系为技术创新过程提供各项服务，营造良好的创新环境，促使创新活动顺利进行，为科技创新提供保障。中介服务体系是创新支撑体系的重要部分。为促进科技创新战略实施，应加快科技中介体系建设，完善科技中介服务体系，为创新发展提供多形式、全方位的中介服务。

2. 产业创新支撑体系

（1）通用资源共享。按照市场导向、企业自愿、利益共享、风险共担、协调发展的原则，围绕提升传统产业在国内外市场的整体竞争力，促进资源共享和互利共赢，充分发挥龙头骨干企业的引领带动作用，联合产业上中下游企业、相关高等院校、科研机构，在技术研发、生产制造、示范应用、市场开拓等方面谋求合作，在原材料制备、关联产品供应、关键装备研制、终端产品制造、产品售后服务等价值链环节加强协调，通过产业链垂直整合和创新资源优化组合，降低骨干企业配套成本，开拓中小企业市场发展空间，集中优势创新资源，做大做强优势产业链。

本着"资源共享、优势互补"的原则，将科技成果、科学数据、科技文献等分散的科技资源聚集在一起，以整合相关领域的存量为基础，优化增量资源配置，建立共享机制。技术资源平台在整合科研成果的同时，还为科技成果的研发、转化和产业化提供了相应的信息与服务。技术资源平台很重视研发，突破相关领域关键技术、共性技术、配套技术，并将成果提供给企业进行转化和产业化，确保产品适销对路、可靠性、安全性、适用性和成套能力。与此同时，平台还提供国内外科技动态信息、技术设备、产品设计检测等科技型服务。

技术资源平台具有多种搭建模式：在服务内容上，可以分为科研成果共享平台、成果转化服务平台、网络环境创新平台和标准战略化平台等；在搭建主体上，可以分为企业、政府、科研院所作为主体建立的技术资源平台；在信息开放度上，可以分为公益型的技术服务平台和自有的技术服务平台。

（2）质量标准化提升。加快标准化战略实施步伐，大力完善质量标准体系，提升标准化水平。加大品牌战略推进力度，不断优化品牌结构，增强品牌影响力，推动人才、技术、资源等要素向名优企业、行业集聚，推动企业走质量效益型道路。加强服务节能减排，发挥生产许可的政策约束作用，加大涉及节能减排产品的监督抽查力度。要强化质量风险控制，进一步提升高风险产品、重要消费品特别是食品的风险监测能力。要强化质量准入退出机制，实施更加严格的质量准入政策，推进各类散小低端行业的整治与升级。

（3）扶持龙头平台企业。众所周知，阿里巴巴、腾讯、华为作为所在行业的龙头企业，不仅自身实现了创新发展，还带动了所在行业甚至上下游行业的转型升级。大连城市经济最欠缺的就是这类企业。应积极实施平台化发展战略，在国家转变经济增长方式和区域经济转型升级的现实背景下，利用信息技术与电子商务发展相融合，从单纯的交易场所提供者向综合性的商贸服务平台提供商转变。利用信息技术改造和优化市场服务功能，通过电子商务平台的建设和运作，打造一个围绕专业市场实体的生态圈，加快实体市场与虚拟市场的融合，助推专业市场功能创新与市场转型升级。

（三）政策支撑体系

1. 财政政策支撑体系

（1）财政科技投入

①加大财政科技投入力度。大幅度增加科技投入，建立多元化、多渠道的科技投入体系，逐年提高全社会研究和开发投入占地区生产总值的比例，使科技投入水平与建设创新型城市的要求相适应。确保财政科技投入的稳定增长，在中央政府的财政支持下，各级政府把科技投入作为预算保障的重点，年初预算编制和预算执行中的超收分配，都要体现财政科技投入的增长率，并且使财政科技投入增幅明显高于财政经常性收入增幅。

②优化财政科技投入结构。资金重点投向支持科技基础设施建设、研发机构及高层次人才培育和引进、重大科技专项、科技成果和重要发明专利的转化、科技合作、风险投资引导、软件产业发展、国家和省自主创新项目配套、重大科技奖励项目上，如民营科技企业信用再担保资金、新型企业担保体系建设专项资金、产学研合作项目专项资金、专利专项资金、科技成果转化项目专项资助等。各专项基金可针对特定高新技术行业发展、传统产业技术升级的关键技术、重大的战略性技术创新和引进技术的消化吸收等分别设立。例如，设立各类激励企业自主创新的专项基金，支持和引导企业加大科研经费的投入。

③加强财政科技投入管理。改革和强化科研经费管理，对科研课题及经费的申报、评审、立项、执行和结果实行全过程监管，任何部门不得对科技资金截留、挪用和延时下拨。发挥财政资金激励企业自主创新的引导作用，加强面向企业的技术创新服务体系建设。改革和完善科研经费管理，建立严格规范的监管制度。建立财政科技经费绩效评价体系，明确设立政府科技计划和应用型科技项目的绩效目标，建立面向结果的追踪问效机制。

（2）税收政策

①调整税收政策执行力度。在增值税、所得税、进口税等方面根据国家政策规定，执行对技术创新支持的最大优惠支持政策。对企业购入和自行开发的科技成果费用中所含的税款，按照一定的比例计算扣除进项税额，以减轻企业的实际税收负担。对企业投资于技术创新和研究开发获得的利润减半征收企业所得税；对从事科研开发人员以技术入股而获得的股权收益（包括红利和转让收入）免征个人所得税等；对承担国家重大科技专项、国家科技计划重点项目或国家重大装备研发项目的企业，制定专项进口税收优惠政策。

②调整优惠布局，突出优惠重点环节。把研究和开发、风险投资和孵化器等重点环节作为税收优惠重点环节，由偏重产业链的下游向产业链的上游转移，即从生产销售环节向研究开发环节转移，确立企业的研发活动过程为税收激励的重点。特别是对"中试"阶段，这是实现科技成果转化的关键环节，由于投入多、风险大，通常是企业界和科技界都不愿涉足的"无人区域"，需要加大政府财税政策的扶持力度。

2.金融政策支撑体系

科技创新型企业存在融资瓶颈问题，银行很难准确评估企业的知识产权，而且专利的价值容易受技术进步的影响，新技术的突破可能使原专利失去价值；国内知识产权转让市场相对狭小，专利变现相对困难，如果企业无法还款，银行难以迅速把专利通过拍卖、转让等方式收回资金。应从金融市场方面完善制度设计，激励创新型企业发展。

（1）营造良好的金融环境。很多拥有创新技术的中小型企业，面临最大的问题就是融资。中小型高科技公司自有资金不足，在创业期、发展期均需要大量的资金。但风险高、财务结构薄弱、会计制度不健全等因素导致从银行体系较难取得资金支持。良好的融资环境可以让创新型科技成果及时、迅速地转化，进入生产领域，创造出创新成果的真正社会价值。

制定符合企业自主创新的信贷管理和服务政策，建立自主创新贷款激励与风险补偿机制，完善与自主创新贷款相适应的组织形式、管理模式和运行机制，降低信贷门槛，增加信贷品种，简化信贷手续，为企业创新提供宽松、便利的融资环境。

（2）提供多元化投融资渠道，鼓励风险投资。

①打破企业原有的投融资结构，拓展多元化的投融资渠道。在依靠原有

的金融机构贷款和政府资金支持的同时，要努力拓展民间资本的融资渠道，如创业投资、私募基金等方式。建立政府为导向、金融机构支持、民间资本共同参与的多元化投融资体系。建立企业内部合理的投融资结构，使技术创新企业更有效地发展。

②加强创业投资体系的建设。风险投资的顺利运行对环境的要求很高，需要建立一个有效的、互动的风险投资市场体系。制定发展创业投资企业实施办法及其相关配套政策，明确其经营范围和对创新型企业支持的条件及决策程序，建立有效的资本进入和退出机制，完善监督考核办法，提高资金使用效果。为了确保风险投资的进入和退出的顺畅，要加强产权市场建设，完善资本市场，从而实现风险投资产权或股权的转让，保证创新成果的顺利转化。

（3）鼓励中小创新型科技企业上市，发挥资本市场的作用。要从培育创新体系的现实需要出发，培育创业投资、风险投资体系，推动企业特别是创新型中小企业上市，借助资本市场加快创新型中小企业的发展。目前从各地区经济发展情况看，上市公司的多寡与股本数额都是区域竞争的衡量标准。发展资本市场作为各级政府推动经济工作的重要任务加以推进。通过加快发展多层次资本市场，扩大直接融资，创新型企业通过上市深化改革，筹措资金，聚集资本，使企业进入快速发展阶段，服务于科技创新产业和区域经济发展。

3. 深度开放支撑体系

通过实施"走出去"战略促进产业转型升级。促进企业对外投资，通过兼并国际科技型企业，引进科技人员，吸纳新技术，促进技术转型升级。支持企业获取国际品牌、销售网络和管理模式，提高企业国际化程度。不断加大对外投资力度，有利于实现技术创新，优化产业结构、产品结构。

积极吸引外资，壮大外向型经济并发挥其转型升级推动作用。不断扩大外资来源地范围，增加外资产业技术含量。着力培育战略性新兴产业，积极发展高端装备制造、新一代信息技术、生物医药、环保产业、新能源等新兴产业集群。积极发展新型服务贸易，努力融入"一带一路"发展。在跨境电子商务、保税商品展示交易、云计算大数据、保税贸易、跨境结算和投融资便利化等新型服务业方面加大政策力度，通过对外开放促进建成现代服务业体系。

做好对外开放体制机制创新。加速推进大连自由贸易试验区申办和筹建工作，打造开放与改革的制高点。尽快启动有关信用体系、综合监管、投资贸易便利化等各项改革措施，将上海可推广、可复制的经验落到实处。积极促进大连金普新区与自贸园区融合发展，加大金普新区改革创新力度，以制度创新赢得开放新优势，努力提升面向东北亚的国际合作水平和国际竞争力，将其打造成为辽宁沿海经济带扩大开放的战略高地。

（杜两省　齐鹰飞　周　彬　赵佳佳　袁丽静　周学仁　米咏梅）

第三章
从战略和资源配置上推进合作发展

空间有限性与无限性的转换，因事物发展而发生根本性改变。推动更多企业"走出去"，在更大的区域、更宽的领域，实现企业和产业互联互通，资源配置更加合理充分，是扩大有效投资、拓展新增长空间的战略选择。

第一节　战略上形成"走出去"布局

要从战略上形成"走出去"布局，首先必须充分认识新时期、新阶段"走出去"的战略意义及其内涵的深刻变化。

一、"走出去"战略背景的新变化

"走出去"是相对于"引进来"而提出的国家开放战略，就是把我们的企业、项目、资金、设备、技术、文化、服务等输出去。

现阶段中国对外开放战略布局是，高水平"引进来"与大规模"走出去"并重，更加注重利用和整合全球优质资源要素为我所用，更加注重在国家间区域融合发展中发挥建设性作用。

中国地铁项目的输出和建设，开启了中国基础设施"走出去"的新格局，将进一步加速中国"走出去"战略的深化，丰富中国"走出去"战略的合作内涵。

由此判断，新时期国家"走出去"战略的基本取向是，以积极主动有所作为的战略姿态和国际形象，参与国际分工体系新格局建设，在获取技术、促进贸易、加强投资、建设基地、整合资源、交流文化、促进融合中，维护共同利益，实现共同发展。

二、"走出去"战略布局的新发展

中国的新外交战略是，新型大国外交与周边睦邻外交并进，体现出中国大国外交在新时期更加坚定、更加自信地维护国家的核心利益。新外交战略核心要义是坚持和平与发展，在和平中求得发展，在发展中赢得和平。

随着中国在国际舞台上的影响力不断深化和扩大，以政治影响力为国际交往的平衡力量，以经济影响力为加强合作获得利益的保障力量，维护国家政治安全、促进经济健康发展将成为两个轮子，引领中国新一轮"走出去"的战略布局。

据国际货币基金组织判断，如果亚太地区实施结构改革并进行基础设施投资，它仍是最有可能为未来全球经济增长提供动力的地区。中国推进"一带一路"战略、亚洲基础设施投资银行等举措使这一可能成为现实。

随着中国与东盟、欧盟成员国等交流和合作日益紧密，中国与"一带一路"沿线国家的双边协议开始逐步向多边协议迈进。

中国将高铁技术和项目建设推向国际市场，加大基础设施"走出去"，必将加快国际国内陆路交通形成新的布局，陆路交通由于运输能力比较大、运输效率比较高、运输成本比较低等综合优势，将会加快推进"一带一路"、"京津冀协同发展"、"长江经济带"三大战略，也将会改变国内的和中国与国际的投资贸易布局和发展格局。

三、"走出去"产业布局的新机遇

中国新一轮"走出去"是以高铁项目等基础设施建设"走出去"为引领的。

从目前看，世界铁路市场的格局正在发生改变。过去由加拿大庞巴迪公司、德国西门子公司、法国阿尔斯通公司等欧美三大公司长期占据世界铁路市场半壁江山的格局将被打破，日本日立公司、中国北车集团正在加快进军国际铁路市场。

值得关注的是，在英国高铁项目招标中，欧美三大公司败给了日本日立公司。中国北车集团夺得了美国波士顿地铁项目，其中价格是欧美、日本企业报价的一半。

目前，日本日立公司已经收购意大利粉梅卡尼卡公司旗下的铁路部门。中国北车集团与南车集团合并组成新的集团公司，合并后企业的销售额将超过欧美日同行业的企业。

中国新一轮"走出去"开展并购和整合是以合作和保障双方利益为前提的。

中国华住酒店集团与法国雅高国际酒店集团的战略合作，相互持对方股份10%，法国雅高国际酒店集团将分享对方业务合作伙伴网络，中国华住酒店集团将负责对方旗下5个中低端酒店的品牌经营和开发，目的在于各取所需，中国华住酒店集团要进军国际市场，法国雅高国际酒店集团则要拓展中国市场。

中国深圳华为技术有限公司在欧洲设立研发机构，就是为了整合当地的人力资源，2014年又在法国扩建了研发中心，就是要借助法国的应用数学研究、艺术设计方面的优势。

中国杭州力高旅游用品有限公司成功收购比利时海格林箱包品牌及其在欧洲的全部股权，收购后企业的研发设计继续在比利时，产品全部在中国生产。中国企业的"走出去"已经从过去的贴牌代工的产品"走出去"升级为企业"走出去"经营品牌的阶段。

中国东风汽车集团股份有限公司向法国标致雪铁龙集团注资8亿欧元，并持有该公司14%的股份后，双方在技术、研发、生产和海外销售上扩大合作，积极携手开拓东南亚市场，以贸易为主要驱动力，打造更全面、更强劲、更高端的多引擎合作。

"一带一路"东联亚太经济圈、西入欧洲经济圈，是目前世界最长的和最具发展潜力的经济走廊。

渝新欧铁路开辟了中国与世界经济的新联系，还有蓉新欧、汉新欧、郑新欧、西新欧等。

在东南亚，印度尼西亚、菲律宾、泰国、越南、缅甸等大规模的港口基础设施投资计划正在展开。日本三井物产公司与印度尼西亚、新加坡合作参与港口建设。东南亚"海上走廊"正全面开建。

在新一轮"走出去"战略推进中，贸易引领，相互投资，将成为一种新常态。

据统计，2014年全球共有3282起企业并购案，其中企业并购案增长最多的地区和国家是在西欧和美国。美国并购案数量占全球的34%，并购金额占总数的45%。大部分在美国进行的并购案属于战略投资，或是拓展业务，或进入新的增长区域。在西欧并购案总额达到 8630 亿美元，其中，制药业和 TMT 领域（技术、媒体、通信）的并购占据主导地位。

全球企业新一轮并购强势复苏，为中国"一带一路"战略推进和"走出去"提供了历史性机遇。

（李正群）

第二节　构筑"东北新丝路"融入国家"一带一路"战略

国家"新丝绸之路经济带"和"21 世纪海上丝绸之路"战略，为我国加快形成陆海统筹、东西互济的全方位开放格局指明了发展方向。辽宁省陆路有铁路连接中亚、俄罗斯远东及欧洲地区，海上有大陆最北端的大型外贸港口大连港，通过打造新型海铁联运物流大通道，构筑"东北新丝路"，可以将日韩、东南亚、环渤海湾、华东、华南等地区的货物，以辽宁省为枢纽便捷地转运至中亚、蒙古、俄罗斯远东以及欧洲等地区。建议将"东北新丝路"建设融入国家"一带一路"重点支持项目，加快东北老工业基地新一轮振兴和大连东北亚国际航运中心建设发展。

一、"东北新丝路"建设思路

（一）打造以大连为起点的北极航线

大连已经发展成为我国北方最重要的外贸大港，东北地区 98.5% 以上的外贸货物通过大连港进出口，现有国际航线 81 条，国内航线 24 条，丰富的航线网络覆盖全球 300 多个港口和地区，每周有超过 30 班国际集装箱班轮航线往返于东北亚区域各主要港口。大连港以北极航线首航为契机，积极推进北极集装箱航线开发，努力打造 21 世纪海上丝绸之路新起点。北极航线的开发建设，有利于缩短我国与西欧及北美贸易航程和时间，其经济利益和商机将十分可观，对我国工业中心重新布局也将产生重大影响，为北方城市发展迎来更多机会。我国沿海各港中，上海以北港口利用北冰洋航线到欧洲西部、北海、波罗的海等港口，具有航程缩短 25% ～ 55% 的优势，而且越往北，港口优势越大。这对于我国北方经济的发展，特别是对东北再振兴规划的实施和大连东北亚国际航运中心建设都具有重要促进作用。

（二）打造以大连为起点的国际海铁联运大通道——"辽满欧"海铁联运物流大通道

"辽满欧"通道路径：以大连为起点，经国铁哈大线、滨州线至满洲里口岸，沿线辐射营口、沈阳、长春、哈尔滨等主要城市，再经俄铁运输到达欧洲，通道全长约 10 868 公里。"辽满欧"通道依托大连港，同时连接烟台港，重点开展国际海铁联运业务，充分开发日韩、东南亚及中国南方过境货源。该通道的主要货源包括日韩、东南亚地区通过大连过境中转的机电产品、生活用品、汽车产品以及我国南方出口到中亚、俄罗斯的小商品，进口将主要以欧洲发往日本的汽车配件为主，是未来"东北新丝路"的核心物流通道。

该物流通道沿线主要建设项目包括：大连大窑湾保税物流园木材交易中心、大连港大窑湾冷链物流基地、长兴岛铁路专用线、沈西工业走廊化工园区以及沈阳集装箱中心站等。

（三）"辽蒙欧"多式联运物流大通道

"辽蒙欧"通道路径：大连－锦州－通辽－蒙古－中亚－欧洲，以大连港为起点，充分发挥大连港在渤海湾内的水中转网络覆盖优势，建设经环渤海内支线连接锦州港，再经通辽向境外延伸至蒙古、中亚、欧洲的物流通道。该通道不仅可以将外蒙的煤炭等资源通过大连市转运至我国南方以及日本、韩国、东南亚等国家和地区，同时该通道将充分利用锦州港的区位优势，带动辽宁省"五点一线"的区域经济协同发展。

该物流通道沿线主要建设项目包括：锦州煤炭物流园区、盘锦综合保税物流园区、兴城大红门物流园区以及在蒙东地区重要物流节点城市规划建设的物流园区及分拨中心，实现以国际物流通道建设辐射并带动区域经济的联动发展。

（四）"辽新欧"多式联运物流大通道

"辽新欧"通道路径：大连－潍坊－阿拉山口－中亚－欧洲，以大连港为起点，通过环渤海内支线连接潍坊港，经国铁太中银线（沿线辐射济南、石家庄、太原、银川、乌鲁木齐等主要城市）到达新疆阿拉山口口岸，再向境外延伸至哈萨克斯坦等中亚及欧洲地区的物流通道。该通道可以作为大连市对中亚贸易的重要物流通道。

该物流通道沿线主要建设项目包括：重点联通东北、华北地区的烟大货滚和辽鲁大通道，沈阳综合物流园、鞍山龙基物流园、辽阳第地嘉仓储物流园以及在山东重要节点城市的港口物流项目等。

二、实施"东北新丝路"的建议

（一）全力实施"环渤海战略"，为打通向中亚、蒙古多式联运国际大通道提供保障

大连港长期以来依托国际干线网络，坚持发展环黄海、渤海区域的支线运输，目前已经成为我国北方最大的支线服务运营商，支线服务网络覆盖辽宁、河北、山东环两海区域 13 个支线港，每周运行 70 余班，年均运量达到 100 万 TEU，集装箱中转贡献超过 300 万 TEU，极大增强了三省之间经贸的活跃度，对大连落实国家"一带一路"发展战略起到了积极的推动作用，也为建设"东北新丝路"物流大通道提供了重要保障。

（二）加快推进大连自由贸易园区建设，争取中日韩自贸区落户大连

目前中日韩自由贸易区定点试点有望选择辽宁或山东城市，建设"东北新丝路"可以吸引日韩与中亚、欧洲地区的往来货物经由大连进出，有利于提升大连与这些地区之间的贸易活跃度。建议参考上海及国外自贸区经验，加快推进大连自由贸易园区的申请及建设工作。大连处在东北亚区域合作的中心地带，与日韩和俄罗斯的投资、贸易和人员往来一直非常紧密。在大连设立自由贸易园区，将为中日韩、中俄等区域经济合作提供一个重要的开放载体和示范基地，有助于各类区域经济要素集聚。

（三）以大连港集益物流公司为实施主体，坚持实行"走出去"战略

一是加强与沈阳铁路局、哈尔滨铁路局合资合作，建立密切的战略合作关系，共同推动"东北新丝路"物流大通道建设。二是理顺国际联运通道各环节，与有俄罗斯铁路和欧洲铁路运营背景的物流公司组建合资公司，利用其国外资源优势，完善国外区段服务功能与能力。三是与俄罗斯主要物流公司合作，在俄罗斯交通枢纽地区建设国际陆港，实现联运分拨配送、仓储、拆装箱等功能，进一步完善国际联运通道的服务能力。四是加强国际联运通道的宣传和推广，参加日韩、东南亚、俄罗斯等国家和地区举办的相关展会，对"东北新丝路"物流大通道的优势进行广泛推介。

（四）创新国际联运产品，提高国际联运通道竞争力

俄罗斯从欧盟进口食品和农产品总额每年达 100 亿至 120 亿欧元，随着俄罗斯对欧美食品等实施全面禁运，我国果蔬产品在俄罗斯市场的份额和价格都将有提升潜力。以冷藏航线为依托，通过开展冷鲜直达快运班列，将境外和国内山东、东北地区的水果、蔬菜、肉制品等发往俄罗斯，同时利用铁路集装箱班列低碳环保、在途时间短、损耗低的特点，进一步提高中国农产品的竞争力。

（五）开发国际过境班列回程货

在国际过境班列运作过程中，回程货开发一直是关键制约因素。目前大连港集益物流公司通过积极开发市场，凭借多年的专业汽车物流综合服务能力，已成功争揽并运作由德国发运的汽车配件。该货源的开发将极大促进"辽满欧"国际物流通道的健康发展，对促进"东北新丝路"货源对流、优化货源结构起到了积极作用。

（六）国际过境班列跨境电商平台

俄远东市场对我国消费品需求旺盛，现发往俄罗斯远东地区、莫斯科的网购包裹达到 3 万至 5 万单，未来需求将不断增长。东北亚现货商品交易所是唯一经国家工商总局核准的现货商品交易所，主要是为现货商品交易开展 B2B（企业对企业）、B2C（企业对个人）多种模式的电子交易服务。利用东北亚现货交易平台，通过电子交易平台网络互通优势，将为跨境电商业务发展提供助力。此外，以"东北新丝路"物流大通道为依托，建设国际过境班列跨境电商平台，整合货物、贸易、物流、资金、信息、交易等多种功能于一体，扶持电子商务运营商，从而促进经贸、物流发展。

（惠　凯）

第三节　对接国家"一带一路"战略　发展"路港经济圈"

自 2013 年习近平总书记提出建设"丝绸之路经济带"和"21 世纪海上丝绸之路"（简称"一带一路"）的战略构想以来，全国各省市根据国家相关纲领性文件，结合自身优势积极对接。大连市作为丝绸之路经济带建设的重要节点，应紧紧抓住这一战略机遇，及时谋划并启动"一带一路"城市建

设，积极打造以大连为核心，以海路为主要运输通道，辐射"一带一路"及北极航线沿线区域的"大连路港经济圈"。这是大连市委市政府进一步贯彻落实习近平总书记重要指示，立足大连实际、着眼大连未来，所提出的重要发展思路和重大战略部署。

一、提出"大连路港经济圈"战略及其意义

（一）"大连路港经济圈"概念的提出

1.基本内涵

"大连路港经济圈"中的"路"是指丝绸之路经济带和北极航线（北极航线可视为另一种意义上的丝绸之路）。"路港"是大连依据和利用丝绸之路经济带和北极航线重要节点的优势，结合大连的港口资源，形成交通资源优势和区域优势。因此，"大连路港经济圈"的构建宗旨是，利用丝绸之路经济带和北极航线通道，构建以大连港口资源整合为核心的综合体，在强调港口是经济圈发展核心的同时，凸显丝绸之路经济带和北极航线通道在经济圈构建中的重要地位。

"路港经济圈"是一个全新概念，与"港口经济圈"的含义略有交叉却又不尽相同，应加以区分。"港口经济圈"是以国际强港和港口群为核心，以中心城市和城市群为依托，以港口经济及相关产业为支撑的新型经济模式和现代经济体系。与之相比，"路港经济圈"虽同样是以国际化港口城市作为建设核心、以综合运输体系和海陆腹地为依托、以港口产业链为主要支撑的区域经济共同体，但由于其建设规划不仅仅依托于静态的港口，更与动态航线紧密相连，因此具有更强的灵活性、多样性和时代性。

"大连路港经济圈"是以大连为核心，以丝绸之路经济带和北极航线为依托而构建的具有较强经济影响力的有机体，其中运输通道的多样性大大提升了经济圈的影响范围。其辐射范围不再局限于东北亚，更包含了丝绸之路经济带与北极航线沿线的中亚地区、俄罗斯、北欧、地中海区域、美国阿拉斯加等广泛区域。同时，伴随着丝绸之路经济带和北极航线的建设发展，我国与沿线国家及地区联系的不断深入，"路港经济圈"的影响范围也将呈现动态扩张态势。因此，建设"大连路港经济圈"在新的时代背景下，对于国家及国民经济的发展具有更为重要的意义。

当前，大连以其雄厚的经济基础和巨大的发展潜力，起着东北地区经济的支柱作用，以其强大的辐射力与内聚力，影响和带动了邻近省（区）的经济与

社会发展，起着超越省（区）界线的超级中心的作用，基本具备了构建路港经济圈的条件和基础，也有一定的优势。开展这项工作关系到大连下一轮发展，意义重大。当然，我们也要深刻认识到，打造"大连路港经济圈"是一个创新性、突破性的发展思路，需要我们全面、准确地把握其内涵、重点和要求。

2. 地理范围

丝绸之路经济带及北极航线是大连路港经济圈的重要依托，也是重要组成部分。因此，大连路港经济圈应是探伸至丝绸之路经济带及北极航线沿线广大区域甚至辐射东北亚及欧洲国家的大经济圈。并且，以大连为起点的"连满欧"、"连蒙欧"、"连新欧"三条国际陆海通道将是大连路港经济圈的主要陆上运输路径，作为连接亚、欧、美快捷海上通道的北极航线将是大连路港经济圈的主要海上运输路径。

具体来讲，大连路港经济圈的范围是以大连为核心点向外辐射，以丝绸之路经济带及北极航线为轴所覆盖的区域，主要包括我国东北三省、京津冀地区、黄渤海地区、日本、韩国、朝鲜、俄罗斯、蒙古、中亚五国（乌兹别克斯坦、土库曼斯坦、塔吉克斯坦、哈萨克斯坦和吉尔吉斯斯坦）、欧洲地区等。

3. 空间结构

"大连路港经济圈"是一个形状不规则的、动态变化的圈层结构。根据辐聚力和影响力的不同可大致分为三级阶梯式圈层，分别为核心圈、中心圈、辐射圈。核心圈为一级圈层，是指大连港及所依托的港口城市大连所覆盖的区域。核心圈是核心集聚区，是大连路港经济圈形成若干环状空间内围圈并向外辐射的重要依托。中心圈为二级圈层，是指以大连为核心的周边重要港口集群及所依托的港口城市所覆盖的区域。中心圈是大连路港经济圈的发展动力源，决定着大连路港经济圈能级、辐射域面和发展方向，主要覆盖我国东北地区、京津冀地区、黄渤海地区以及日本、韩国、朝鲜等国家和地区。辐射圈为三级圈层，是指以大连为核心，以丝绸之路经济带和北极航线的重要路线和"连满欧"、"连蒙欧"、"连新欧"三条国际陆海通道形成的综合运输体系为依托，通过交通、贸易、投资、产业、文化等合作交流形成的紧密型一体化的经济区域，主要覆盖俄罗斯、蒙古、中亚五国、欧洲等国家和地区。

此外，大连路港经济圈还将巩固大连与东盟、西亚、非洲、南美等地区的发展优势，扩大双边甚至多边经贸合作。

（二）提出建设"大连路港经济圈"的战略意义

建设"大连路港经济圈"是大连作为我国东北地区最重要的港口城市之一，积极参与"一带一路"战略的重要体现，不仅有助于加快我国海洋经济发展、经济转型升级，也有助于增强东北地区服务国家战略的能力，具有重要的战略和现实意义。

1. 有助于提升大连的国家战略地位

大连作为我国北方地区重要的对外贸易出海口，不仅承载着推进东北地区经济发展的重任，而且对于中国文化向俄日韩地区的广泛传播也发挥着巨大作用。而随着发展长江经济带、鼓励中西部地区投资等一系列政策的出台，大连似乎受到了国家政策的"冷落"。而"一带一路"国家战略的适时提出，为大连提供了难得的历史发展机遇，作为丝绸之路经济带和北极航线通道的重要节点，大连将自然成为推进"一带一路"国家战略发展的重要动力和支点城市。因此，大连提出"路港经济圈"建设，将全面对接"一带一路"国家战略，为大连实现纳入新的国家战略规划提供重要保障。

2. 有助于推进大连的国际化建设

大连路港经济圈是一个更高级的资源配置系统，注重内外资源的协调配置的同时，重点打造互利共赢的发展局面。所以，大连路港经济圈的构建将会最大程度地发挥出大连的对外开放、海洋资源及海陆对接三大优势，全面推进大连的国际化建设。首先，逐渐增大的对外开放程度将降低外资企业入驻大连的门槛标准，吸引大量国际知名企业落户大连，最终形成区域性重要资源配置中心、物流中心以及金融中心等。其次，随着该战略的深入实施，完善的海陆空交通运输体系不仅将增强大连在更广泛地区的贸易影响力，而且将大大开拓欧美等地区的贸易市场，实现国际贸易地位的实质性突破。此外，国际产业、国际贸易的相互合作与拓展将更深层次地带动地区间的人文互动，从而提升大连的辐射力和影响力，实现大连的金融、贸易、信息、科技以及产业的国际化和战略转型。

3. 有助于顺利实施"一带一路"战略

"一带一路"国家战略旨在沿海内陆双向开放，通过海运和内陆两种运输方式增强沿海地区和中西部地区的对外开放程度以及中西部地区的经济崛起，从而进一步提升中国对世界经济的影响力。但在"海上丝绸之路"方面，亚欧地区一直是大国博弈和竞争之地，随着各国亚太战略的出台，中国面临着复杂的地缘政治挑战，并威胁着我国航路安全和合作项目的开展。以北极航线替代海上丝绸之路南线的大连路港经济圈能够大大缓解上述难题，助推"一带一路"战略的顺利实施。大连路港经济圈的建设将重点打造以大连港为龙头和丝绸之路经济带与北极航线对接点的无缝衔接高效运输体系。并且，大连路港经济圈建设能够进一步拉近我国与俄罗斯、欧洲部分国家及美国等国的贸易关系，为彼此营造良好的外交环境。

（三）"大连路港经济圈"战略提出的理论基础

"大连路港经济圈"是基于系统理论、区域空间布局理论和城市群理论，并结合"一带一路"国家战略和北极航线发展背景所提出的创新性概念。

1. 系统理论

系统是由若干要素以一定结构形式联结构成的具有某种功能的有机整体。而系统理论则研究系统的一般模式、结构和规律，它研究各种系统的共同特征。"大连路港经济圈"便是一个涵盖港口、产业、城市、生态等要素的有机综合体，以大连港为核心，港口经济及相关产业为支撑，综合运输体系、基础设施体系和信息网络体系等为纽带的经济体系，具有整体性和动态性特征。在研究建设"大连路港经济圈"的过程中，必须确定该系统的各个要素的结构、功能，了解要素与要素、要素与系统、系统与环境三方面关系，做到统一规划、协调发展，将相关港口和城市的产业、资金、信息、基础设施、人才、生态等要素集合，形成产业链、供应链、价值链、创新链、服务链等环环相扣、紧密衔接的发展链条。

2. 区域空间布局理论

区域空间布局理论是实施区域开发的重要依据，应用区域空间结构的基本理论，汲取发展经济学、区域经济学的相关知识，结合区域所处的发展阶段和社会经济背景，对区域空间结构的调整过程。建设"大连路港经济圈"会促成区域内各种经济活动的相互作用，形成新的空间集聚形态。不仅是大连市范围内，大连市与周边省市、环渤海地区，甚至是与丝绸之路经济带及北极航线沿线区域的经济联系都可能发生改变。因此，为促进"大连路港经济圈"建设，必须根据区位理论、产业集群理论、生产综合体理论和空间结构理论来制定规划方略。

3. 城市群理论

城市群是相对独立的城市群落集合体，而城市经济圈则是城市群理论中具划时代经济意义的概念，是指以一个或多个经济较发达并具有较强城市功能的中心城市为核心，包括与其有经济内在联系的若干周边城镇，经济吸引和经济辐射能力能够达到并促进相应地区经济发展的最大地域范围。打造"大连路港经济圈"不是以一个简单的城市发展规划，而是一个以大连为核心，联合周边城市区域共同发展的城市集合体，是以港口资源为基础，以综合运输体系和海陆腹地为依托、以港口产业链为主要支撑，经济、社会、文化紧密联系、相互协调、有机结合、共同发展的区域经济共同体。

"大连路港经济圈"的建设除了基于上述理论基础之外，更是联系时代背景，在国家战略指导下提出的发展方略。

作为最新提出的国家战略，"一带一路"将东亚、南亚、东南亚等区域连接起来，使各个区域间互通有无，优势互补，旨在建立和健全亚洲的供应链、产业链和价值链，使得亚欧地区合作能够有一个新的台阶。大连作为我国进行丝绸之路经济带建设的重要节点，是利用海上通道进行对外联系的"排头兵"。与此同时，北极冰层的消融让即将开通的北极航线近年来备受瞩目，其潜在的商业价值与战略价值正被越来越多的国家认可并积极开发利用。将北极航线的重要价值融入"一带一路"建设中，充分发挥北极航线优势及丝绸之路经济带、21 世纪海上丝绸之路和北极航线的三线联合优势，不仅可以形成更加完善的交通运输网络和能源保障机制，还将进一步加深我国与"一带一路"沿线国家的贸易合作、政治互信及文化交流，保障"一带一路"战略安全高效推进。而大连正好位于 21 世纪海上丝绸之路与北极航线的交汇点上，区位优势明显，战略意义重大。

二、"大连路港经济圈"战略的机会和优势分析

大连建设路港经济圈处在区域、全球经济一体化及国家推进"一带一路"战略的历史大环境中，具有良好的发展机遇。并且，自身优势明显，在地理位置、经济实力、港口设施及腹地规模等方面都具备建设发展路港经济圈的条件。

（一）大连路港经济圈战略的外部机会

1. "一带一路"战略带来的政策保障

辽宁省是国家"一带一路"规划中 18 个重要省区之一，也是中蒙俄经济走廊的重要节点。而大连是辽宁的引领，更是"一带一路"战略的关键节点和黄渤海地区重点港口。"一带一路"战略在外交、金融、贸易、基础设施建设等诸多方面的快速发展势必会推动大连建设成为东北亚地区重要的国际性

枢纽港和物流中心,推动大连实现物流、商流、资金流、资讯流的"四流统一",推动大连港的转型升级,推动东北腹地和大连口岸"双赢"格局的构建。因此,在"一带一路"的重要战略背景和政策保障下,大连路港经济圈建设将有望凭借雄厚的科技、港口、人力资源等自身优势,统筹陆海发展,引领东北地区的新一轮开发。

2. 东北亚国际航运中心建设提供的基础支持

自 2003 年中央十一号文件提出"充分利用东北地区现有港口条件和优势,把大连建成东北亚重要的国际航运中心"以来,通过系统地建设规划和阶段式实施推进,目前,大连无论在物流、资金流和信息流的集散及辐射等方面还是在港口、航道基础设施建设、市场机制建立、口岸与腹地经济联动等方面都有了较大的提升。尤其在丝绸之路经济带与海上航线对接建设方面更是东北亚国际航运中心建设的重点。因此,东北亚国际航运中心建设无疑将有助于推动大连路港经济圈的良性发展。并且,随着东北亚国际航运中心建设的持续推进,大连路港经济圈建设将拥有更加坚实庞大的基础性保障。

3. 区域经济合作政策创造的国际合作环境

近几年,随着地区经济一体化、经济全球化进程的推进,我国日益注重区域经济合作,与周边诸多国家建立了良好的合作机制。2015 年 6 月 1 日,中韩自贸协定正式签订,中韩两国在通关、税收、跨境贸易等多方面制定了一系列优惠政策。中蒙俄经济走廊建设正在逐步推进,辽宁省计划打造以大连为起点的"连满欧"、"连蒙欧"、"连新欧"三条陆路国际通道以助推中蒙俄经济区域合作发展。此外,我国与相关国家在 APEC、G20、上合组织等场合的合作也保持良好互动。我国与周边国家建立的区域经济合作为大连路港经济圈建设提供了开放友好的国际合作环境,并且对于促进圈内中韩俄蒙等国家之间经济贸易合作发展将起到积极的推动作用。

4. 深入实施东北老工业基地振兴战略带来的发展机遇

2014 年 8 月,国务院出台了《关于近期支持东北振兴若干重大政策举措的意见》,提出未来将着力推进沿海经济带和东北经济区等重点区域发展,着力深化改革开放和体制机制创新,着力增强科技创新能力和提升区域发展质量,着力加强生态环境保护。东北老工业基地振兴战略的深入实施将为作为东北地区排头兵的大连建设大连路港经济圈提供良好的发展机遇和政策环境。尤其在交通基础设施建设包括海上、陆上交通建设及海陆多式联运对接建设和物流产业、临港产业及第三产业建设发展方面提出的相关政策及实施策略都将有利于大连路港经济圈建设。

（二）大连路港经济圈战略的内部优势

1. 地理位置优势

大连地处东北亚中心位置，位于东北地区对外开放的前沿区域和东北亚经济圈的关键地带，也是环渤海经济圈与东北老工业基地的重要结合部和京津的经济辐射区。东面毗邻黄、渤海，与日本、韩国、朝鲜隔海相望，面向经济活跃的泛太平洋区域，北面与具有较大开发潜力和运输战略价值的北极及北极航线地理空间相近，并与俄罗斯、蒙古陆路相连，经贸联系密切，是欧亚地区通往太平洋的重要"大陆桥"之一。作为辽宁沿海地区的核心，大连拥有常年不冻的深水良港和2290公里的沿海大陆岸线，现已与世界上100多个国家和地区建立了发达稳定的海上运输网络，是国际知名的贸易口岸。并且，大连与中国沿海其他城市相比，所处纬度较高，是"一带一路"与北极航线对接的重要节点。

2. 经济金融优势

大连是我国第一批沿海开放城市，拥有较强的经济基础和融资实力。2014年，在世界经济增长乏力、全国利用外资出现下降的形势下，大连市利用外资仍保持平稳增长。据大连市统计局统计，2014年1～11月，大连市实际利用外资124.7亿美元，同比增长0.1%；新批准外商投资企业204家，合同外资突破90.9亿美元，成为世界制造业和资本转移的重要承接地之一。并且，大连是东北地区对外贸易的集散地和主要口岸，具有较强的带动和辐射作用，在技术人才、装备制造、高新技术等方面具有明显的比较优势，已经建成国内沿海地区规模较大的经济技术开发区，拥有东北地区唯一的保税港区。强大的金融贸易实力为大连建设发展路港经济圈提供了有力的资源保障。

3. 腹地支撑优势

作为大连国际航运中心的主要经济腹地，辽宁、吉林、黑龙江三省及内蒙古东部土地面积共125万平方公里，占全国的12.9%，人口约1.2亿，占全国的9.2%，并且拥有丰富的自然资源、良好的基础设施以及较高的科教水平，是全国重要的能源、冶金、石化、装备制造、船舶制造基地以及商品粮、原油、木材生产基地。近年来，尤其在振兴东北老工业基地战略的带动下，经济实力不断增强，2014年东北三省地区生产总值达到5.4万亿元，是2005年的2.6倍。

4. 港口集群优势

辽宁沿海地区拥有大连、营口、丹东、锦州、盘锦、葫芦岛6个港口、

16 处规模化港区。至 2013 年，新增生产性泊位 35 个，达到 383 个；新增通过能力 5188 万吨，达到 5.3 亿吨。大连港作为辽宁沿海最大的港口，现已拥有集装箱、原油、成品油、散矿、粮食、煤炭、滚装等现代化专业泊位 100 多个，万吨级以上泊位 70 多个，目前已初步形成了以大连港集团为主体，以北良港、大石化等公共与货主码头为补充的码头作业群，具备建设区域性国际大港的基础与潜力。

5. 集疏运体系优势

大连作为东北三省的主流城市和东北对外开放的门户，交通运输业较为发达并始终保持着良好的发展势头。目前，大连已初步形成以港口为依托，铁路公路为骨架，航空、管道、海上运输为动脉的贯通东北腹地，连接山东半岛和东南沿海的区域综合运输体系。不断完善的集疏运体系将为大连路港经济圈的建设带来强大的交通支持。并且，为"一带一路"而打造的"连蒙欧"、"连新欧"、"连满欧"三条国际陆海通道使大连与中亚及欧洲冲破了地理空间的局限，届时与北极航线高效对接，必将有助于大连路港经济圈的对外辐射和圈内经济的加速流动。

三、"大连路港经济圈"战略面临的挑战

为发展建设好"大连路港经济圈"，在定位自身优势和发展机遇的同时，还要看清自身劣势和面临的不利因素，补齐短板对症下药，全面完成大连路港经济圈建设目标。

（一）"大连路港经济圈"战略的外部挑战

1. 沿线国家难以协调

丝绸之路经济带及北极航线沿线区域是大连路港经济圈建设的战略依托，保证与沿线区域的稳定合作是建设发展路港经济圈的基本前提。但沿线国家所处的经济发展阶段不同、交通基础设施条件不同，尤其中亚地区基础设施建设严重滞后，在文化制度和观念认知上也存在较大的差异性，部分国家之间矛盾不断。中亚、西亚等局部地区长期面临域内外恐怖主义、宗教极端主义和民族分裂主义等非传统安全的严峻挑战。并且，北极航线目前仍然存在气候性较差、通航条件不确定、北极航线竞争等难以解决的问题。上述问题为构建大连路港经济圈互联互通以及与沿线国家观念沟通等方面带来了诸多障碍。

2.货源竞争较为激烈

大连路港经济圈的辐射范围包括东北亚、中亚地区甚至西欧北美部分地区，通过丝绸之路经济带和北极航线为主要交通路线，以大连港为重要对接点的贸易运输，构建贯穿东北亚及欧美的贸易网络。而近几年，欧美国家与印度的经贸关系不断深化，日韩与东盟国家之间的经贸关系日益发展，无疑将对大连建设路港经济圈在集资揽货方面造成较大的冲击。国内方面，沿海其他省份积极实施"21世纪海上丝绸之路"战略，宁波港正在建设宁波港口经济圈，青岛港与柬埔寨最大海港结盟再推"一带一路"战略合作，环渤海港口群崛起，东北三省内的邻近港口发展迅猛。上述都对大连港的货源争取构成了激烈竞争，进而影响大连路港经济圈的贸易流量和发展规模。

3.北极航线通航预期不确定

大连建设路港经济圈，北极航线是重要组成部分。然而北极航线的开通预期问题始终是各国及北极理事会无法准确预判的。从美国北极研究协会（ARCUS）报告可以看出，自1979年以来，北冰洋海冰一直呈现下降趋势，2014年9月北极海冰覆盖面积只有528平方公里，与1979年的720万平方公里相比约下降27%。此外，1979～2014年在每年北极海冰覆盖面积最高水平的3月同样呈下降趋势。北极航线虽然有较多不确定性因素，但从以上数据来看，北极冰层正在逐年加速融化，开通前景是十分可观的。

（二）"大连路港经济圈"战略的内部问题

1.辐射带动作用不强

大连路港经济圈作为一个多层次的圈层结构，其辐射范围不仅局限于大连市，更包含了丝绸之路经济带核心地区中亚五国和东北亚等广泛地区。但目前大连市的辐射能力还不足以带动圈层内部结构的联动发展。大连市与辽宁沿海经济带、东北腹地的实质性合作不多，引领辽宁沿海经济带建立区域产业分工与协作的合作机制实施性也较差，并且对区域内资源要素配置能力和经济影响力也有待进一步提升。总体而言，大连市在资本、人才、技术等要素区域配置方面尚未充分发挥辐射带动作用。

2.高层次人才较匮乏

大连路港经济圈建设需要大量专业的高素质人才。而目前，大连市精英人才缺失现象较为严重，已经成为发展大连路港经济圈的一大短板。大连市人力资源和社会保障局对大连市经济发展重点产业和行业的人才现状和人才需求状况进行了调查。调查显示，非常紧缺岗位 105 个（主要是高级工程师），比较紧缺岗位 101 个（主要是项目经理、技术员），一般紧缺岗位 68 个（主要是基层工作者），尤其是高层次创新型人才严重缺失。这些专业型高素质人才的缺失严重制约了大连招商引资和发展外向型经济，阻碍大连路港经济圈的建设发展。

3. 主导产业较缺乏

充分发展主导产业对于发展区域经济意义重大。大连路港经济圈战略是典型的区域经济战略，如果能够利用该地区主导产业的集聚效应，形成经济发展的增长极，则可以通过联动效应和扩散效应，推动其他产业和周边地区的发展。该发展模式会极大推动区域的经济联动和扩大辐射范围，也是大连建设路港经济圈非常需要的经济发展模式。但目前，由于大连受到地区经济发展模式较为粗放、产业科研开发能力不强、资源环境较差及所有制结构不合理等多种因素的制约，还没有形成成熟的主导产业，这对于建设发展大连路港经济圈是极为不利的。

4. 产业结构不合理

合理的产业结构是推动经济良性发展的关键。大连建设发展路港经济圈必须要保证产业结构的合理性。但从目前的现状来看，大连的产业结构较为单一，造船、石化、装备等传统产业比例过高，2014 年工业占地区生产总值比例达 42%，并且，随着资源环境竞争的加剧，传统产业优势也有所减弱。服务业等第三产业占比虽有提升，但仍低于沿海其他同级别城市水平，甚至低于全国平均水平。并且，地区缺乏有影响力的总部企业，农业竞争力也有待提高。

5. 创新创业不足

创新创业不足，也是制约大连路港经济圈发展的一个重要因素。创新创业环境不健全、鼓励自主创新的激励政策力度不够、具有自主创新能力的企业较少以及全社会研发经费占地区生产总值比例偏低等因素，是限制大连市创新驱动发展的主要原因。2013 年全社会研发经费占地区生产总值比例约1.61%，低于全国（2.08%）及全省（1.65%）平均水平，与北京（6.16%）、深圳（4.0%）、上海（3.4%）相比存在较大差距。同时，创新型人才匮乏。企业创新主体地位尚未建立，专利申请量、授权量等创新产出水平低。鼓励创新的激励政策尤其是科技人员以科技成果参与收益分配等关键领域没有取得实质性突破。

四、"大连路港经济圈"战略的国内外经验借鉴

（一）国内外路港经济圈战略的相关经验

1. 借鉴区域的选择标准

建设路港经济圈作为大连的创新性设想，没有可参考的国内外建设先例。但是，路港经济圈作为经济圈的一种特殊形态，同样是经济组织实体的地域组合，具有更好发挥大范围区域整体功能的作用。因此，在研究建设大连路港经济圈的过程中，可以借鉴与大连具有相似区位条件的国内外城市或区域的其他类型经济圈建设的经验，如美国的纽约都市经济圈和我国的宁波港口经济圈。

2. 相关区域的建设经验

（1）纽约都市经济圈。纽约都市经济圈是世界五大都市圈之首，北起缅因州，南至弗吉尼亚州，跨越了 10 个州，其中包括波士顿、纽约、费城、巴尔的摩和华盛顿 5 个大城市，以及 40 个 10 万人以上的中小城市。在这个区域中，人口达到 6500 万，占美国总人口的 20%，城市化水平达到 90% 以上。纽约在整个城市圈中处于地理和地位的双重核心位置，而它对整个城市圈的影响力，一方面来自金融产业，另一方面依赖于其港口资源条件。

纽约港是一个地理词汇，是临近纽约市的哈德逊河河口周边所有河流、海湾及潮汐河口的总称。纽约港是世界上天然深水港之一，美国最大的海港，北美洲最繁忙的港口。1980 年吞吐量达 1.6 亿吨，多年来都在 1 亿吨以上，每年平均有 4000 多艘船舶进出。由于纽约位居的大西洋东北岸为全美人口最密集、工商业最发达的区域，又邻近全球最繁忙的大西洋航线，在位置上与欧洲接近；并且港口条件优越，又以伊利运河连接五大湖区，使得纽约港成为美国最重要的产品集散地，因此奠定了其成为全球重要航运交通枢纽及欧美交通中心的地位。纽约港腹地广大，公路网、铁路网、内河航道网和航空运输网四通八达。它是美国第三大集装箱港，又是美国出口废金属的最大港口。早在 1825 年大湖区的伊利运河开通和铁路的增多，使纽约港得到了迅速发展，成为大湖流域重要的出入门户，它是美国最大的交通枢纽，是两条横贯美国东西大陆桥的桥头堡。在纽约的发展史上，纽约港扮演的角色十分重要。该港不仅为纽约市带来大批的财富及物产，19 世纪初及 20 世纪末，来自世界各地

的移民也通过纽约港进入纽约市，而这些移民及其后代日后都成为纽约市发展的主力。

（2）宁波港口经济圈。宁波是我国古代海上丝绸之路的重要始发港，是当今亚太地区的重要门户区。宁波一直以来坚持"以港兴市、以市促港"的发展战略，实施加快打造国际强港等"六个加快"战略部署，实现了港口与城市的互动发展，特别是推进宁波－舟山港口一体化取得了显著成效。2014年7月下旬，宁波市委召开专题学习会，深入学习党的十八大以来习近平总书记系列重要讲话精神和他在浙江工作期间对宁波做出的重要指示。学习会强调的内容之一就是全面对接"丝绸之路经济带"和"21世纪海上丝绸之路"，深刻领会习近平总书记关于"一带一路"建设的重要论述，全力推动国际大港向国际强港转变，全面提升港口辐射带动能力和国际市场开发能力，打造辐射长三角、影响华东片的"港口经济圈"。

港口经济圈要从以港兴市转向以港兴圈，城市是圈的一部分。港口带动的产业和服务层次越高、服务腹地越大，对港口城市和区域、国家的贡献也越大。从港城到港圈是质的飞跃，也是历史的必然选择。在建设港口经济圈的规划指导下，宁波将继续完善宁波－舟山港联合发展机制，积极参与浙江省港口联盟，加快大宗商品交易平台建设，构建港口服务体系，推进交通运输港向贸易物流港、国际大港向国际强港转变。并积极推动交通基础设施互联互通，建设若干条铁路和高速公路，形成放射型、立体式的港口集疏运网络。要推动海铁联运快速发展，加快建设宁波港海铁联运综合试验区，深化同内陆"无水港"的战略合作，促进港口腹地向长江中下游地区和西北地区延伸拓展。

（二）国内外相关经验的启示

上述国内外港口城市经济圈建设的先例在实践中积累和形成了许多宝贵经验，能为在新的起点上推动大连现代化国际港口城市更加自觉走上科学发展提供许多重要启示。

大连经过了改革开放30多年的快速发展，港口基础设施不断完善，临港产业规模不断扩大，产业结构不断调整优化，临港经济的国际化程度不断提升，其对区域经济发展的辐射与带动能力不断增强。其发展成果显著，但与国际强港城市相比较，还存在着差距。学习借鉴国内外先进海港城市的发展经验，将有助于提升大连的整体经济实力和竞争力，更好地发挥其对区域经济发展的辐射与带动作用。

1. 完善交通基础设施和临港经济区建设

（1）大力完善海港基础设施建设，努力打造世界性或区域性的交通枢纽、物流中心和贸易中心。世界著名的港口城市都非常重视港口集疏运系统的建设和区域性交通基础设施网络化，使其成为世界性和区域性的交通枢纽，并充分利用交通优势大力发展国际物流业和港口贸易，使海港成为世界性的交通枢纽、物流中心和贸易中心。我国沿海港口与国际海港城市在港口基础设施及集疏运系统建设上还有一定的差距，更谈不上交通枢纽、物流中心和贸易中心。因此，大连的当务之急是大力完善海港基础设施建设。

（2）充分发挥港口区位优势，优化产业布局，培育临港经济核心区。世界海港城市大多重视利用国际交通枢纽和物流中心、贸易中心的优势，大力发展临港临海工业，并成为世界性的重化工业基地和区域经济的重心地带。大连应充分发挥港口区位条件以及丝绸之路经济带和北极航线的通道优势，紧密依托经济腹地，从完善区域产业链、提升整体产业结构层次入手，有选择、有重点地发展临港工业，布局龙头项目，培育未来的临港经济核心区。

2. 积极推进信息化与产业结构优化升级

（1）加快信息化建设。世界先进海港城市十分重视加强港口的信息化建设，大连应大力提升基础设施信息化和港口运营管理的信息化水平，协同电信、海关、商检、税务、工商、银行等部门拓展综合信息服务功能，推进港口的电子数据交换系统（EDI）建设，推动港口城市服务业的发展，尤其是面向港口产业的金融、保险、代理业的发展，使海港向信息港转变。

（2）积极推进产业结构优化升级。世界许多海港城市开始从单纯发展临港重化工业，向发展港口现代物流业、临港先进制造业与现代服务业、高科技产业发展转变，临港产业开始出现了高科技化、知识化、服务化、多元化等趋势。大连也应遵循世界港口城市的发展趋势，大力发展信息技术产业、高科技产业和信息服务业，用信息技术和高新技术改造港口传统产业。积极发展港口现代服务业，推动海港城市的产业结构不断升级优化。

3. 加快提升经济发展水平

世界级海港城市与世界上主要国家和地区都建立了密切的海上交通联系与国际贸易合作，这是它们成为国际贸易中心的关键所在。大连应积极开拓国际航运市场，加强与世界各国的海上运输联系与合作，大力发展国际集装箱物流转运业务，积极吸引世界各国的大型船舶运输公司和大型物流公司在我国的海港设立代理和物流配给中心，抢抓建设中韩自贸区的战略机遇，努力使大连成为国际化的物流与国际贸易中心。

4.加强与周边地区的协调发展

大连应加强与周边城市的整体规划与协调。经验表明，我国珠三角、长三角等地区，包括城市建设、产业布局、土地利用和环境保护等都需要经过临海地区内部各个城市之间的协调规划和管治，以合理地布局产业、形成产业链高度关联的产业集群；同时通过政府的规划协调，建设高度发达的临海地区交通基础设施网络，并成立更高层次的政府机构进行组织协调规划与管治。

五、"大连路港经济圈"战略的总体思路及目标

（一）"大连路港经济圈"战略的指导思想

建设"大连路港经济圈"以邓小平理论、"三个代表"重要思想、科学发展观为宏观指导，深入贯彻落实党的十八大和十八届三中、四中全会和习近平总书记系列重要讲话特别是视察辽宁重要讲话精神，按照中央要求，统筹谋划，科学发展，着力完善大连路港经济圈区域内的体制机制，着力推进经济结构调整，着力鼓励创新创业，助力东北老工业基地振兴战略及东北亚航运中心建设。以大连港为核心、以大连城市为载体、以丝绸之路经济带和北极航线为依托，构建高效完善的综合运输体系和航运服务体系，着力打造港口布局合理、服务功能完备、比较优势突出、辐射功能强大的大连路港经济圈，使大连成为连接中国"一带一路"战略中与俄罗斯、中亚五国和欧洲国家的重要节点城市，东北亚地区重要的国际性枢纽港、物流中心，引领东北对外开放的龙头。

在上述指导思想下，应坚持以下四个基本原则：

（1）坚持市场导向与政府调控相结合。大连路港经济圈建设应坚持社会主义市场经济改革方向，充分发挥市场配置资源的基础性作用，做好港口和岸线资源整合、航运要素配置、技术改造、企业改组等工作。同时，与政府的规划引导和政策导向作用相结合，充分创造良好发展环境和公平竞争的市

场秩序。

（2）坚持重点突破与整体推进相结合。大连路港经济圈应突出大连的主体地位，在资金筹划、项目实施、基础设施建设等方面都应优先其他城市。同时，加快省内其他港口的建设，进一步发挥辽宁特有的港口群优势，以沿海经济带开发建设为契机，实现大连港与其他港口的共同发展。

（3）坚持对外开放与对内开放相结合。充分发挥对外开放优势，积极融入国家"一带一路"战略开放大格局，以申办自由贸易区为契机，充分利用国际、国内两个市场，在着力提高利用外资质量和水平的同时，打破地区封锁和市场分割，加大对内开放力度，积极吸引国内其他地区各类生产要素和不同所有制企业参与大连路港经济圈建设，推进和加快相关港口资源整合力度，尽快形成整体优势。

（4）坚持开发建设与可持续发展相结合。建设大连路港经济圈将切实贯彻资源开发与环境保护并重的方针，合理开发资源，加强资源的综合利用，充分利用"山、城、海、湾、岛"等环境优势，建立可持续发展的长效机制，坚持以人为本，注重人与自然协调发展。

（二）"大连路港经济圈"战略的总体思路

1. 以国家发展战略为思想纲领

大连建设路港经济圈应服从国家发展战略，充分发挥区位优势和陆海联运优势，努力克服人才缺失、资金空缺等困难。在思想上，深入学习贯彻习近平总书记在部分省区振兴东北地区等老工业基地和"十三五"时期经济社会发展座谈会上的重要讲话精神，统一思想，坚定信心，进一步规划好"两先区"建设、"四个中心"建设。在行动上，对接"一带一路"沿线国家发展战略和优先发展重点领域，增加对沿线国家历史文化、宗教信仰等的认识，提高沿线国家对大连的好感度，构建友好合作的良好互动环境；利用"连蒙欧"、"连新欧"、"连满欧"三条陆海国际通道的交通优势，积极拓展与俄罗斯、中亚五国、欧洲等地区的合作。

2. 以分类指导为主要方针

大连建设路港经济圈首先应保证风险评估与应急预案在先，融资和保险同步。同时，可以根据现在企业实际发展情况以及沿线国家和区域的政治体制、经济发展水平，鼓励企业积极参与"一带一路"和路港经济圈的建设，并对不同规模的企业进行分类指导，引导企业与沿线国家企业接轨，在科学发展和稳健发展的基础上加大开放力度。此外，政府和企业应通过多种有效措施和手段，共同管控风险，将企业经营风险控制在安全的范围内。

3. 以重大项目建设为切入点

重大项目建设是推动大连路港经济圈建设发展的重要引擎，是保证各圈层经济联动的有力保障。为有效推进重大项目建设，应强力推进引资引智引技工作，强力推进涉及 28 号文件、"央企民企辽宁行"和进入国家及省"十三五"规划等 52 个项目和事项的落实；着力完善和推进各园区的道路、通信、供水、供电、公共服务等基础设施；着力引进科技含量高、附加值大、牵动性强的优质项目；借助达沃斯等有效平台，科学谋划招商引资。

（三）"大连路港经济圈"战略的功能定位

1. "一带一路"北部沿海首位城市

大连对接"一带一路"战略，充分发挥丝绸之路经济带和北极航线重要节点的作用，力争将以大连为核心的大连路港经济圈建设成为"一带一路"北部沿海区域的中心集群，发挥巨大辐射作用，有效带动"一带一路"战略发展。

2. "一带一路"综合交通枢纽

依赖优良的口岸优势，大连已经具有发展东北亚航运中心的基础，加上哈大客专、丹大快铁两大通道和太平湾、大窑湾、新机场、陆岛交通体系等重点工程的建设，大连在东北亚的交通枢纽领先优势将得到加强，大连可以成为"一带一路"辐射内外的综合交通枢纽中心。

3. "一带一路"区域性金融中心

大连一直在不断深化金融对外开放，加强东北亚金融合作，以适应国家"一带一路"开放新格局下金融开放的要求。在创新发展科技金融、绿色金融，积极推进航运金融、产业金融等金融服务后，大连有能力成为辐射东北亚的"一带一路"区域性金融中心。

4. "一带一路"区域文化交流中心

大连临近日韩，具有悠久的贸易往来和文化交流历史，伴随北极航线的通航，大连与俄罗斯、美国阿拉斯加、北欧等国家区域的联系也将日益紧密。在"一带一路"战略的指导下，大连有理由、有能力成为以东亚文化为核心的东北亚人文合作交流中心，成为引领区域时尚潮流、文化潮流、新传媒潮流的国际都市。

（四）大连路港经济圈战略的阶段划分和目标设计

1. 阶段划分

大连路港经济圈的战略阶段划分应与其圈层结构紧密对接，立足大连本身，放眼"一带一路"大格局。大连路港经济圈按其影响范围划分成为核心圈、中心圈和辐射圈。进行大连港及大连周边市区的核心圈建设是大连路港经济圈建设的初级阶段。在此基础上，根据大连区位条件和传统航线优势，积极发展与东北三省、京津冀地区、黄渤海地区，以及日本、韩国、朝鲜等国家和地区的交流合作，以完成路港经济圈的中级阶段建设发展目标。大连路港经济圈建设的高级阶段将依托丝绸之路经济带和北极航线，通过交通、贸易、投资、产业、文化等合作交流形式与俄罗斯、蒙古、中亚五国、欧洲等国家和地区形成紧密型的一体化经济区域。

2. 目标设计

（1）初级阶段目标。加快提升大连港港口服务功能，实现查验配套设施集中优化使用，完善港口布局，争取开辟更多国际班轮航线和铁路集装箱班列。加快综合交通运输体系建设，依托口岸优势构建多功能物流网服务平台、临港货物分拨基地和远程配送中心，提高物流组织化程度。转变对外贸易发展方式，结合大连产业基础，努力打造出口产业集群，大力发展跨境电子商务等新型贸易业态。加快提升城市现代化水平，推进信息基础设计建设，促进城市经济和产业的可持续发展。

（2）中级阶段目标。提升东北亚国际航运中心的服务功能，重点推进"一岛三湾"核心港区、太平湾港区、长兴岛港区等核心港区建设。全力争取建设东北亚国际贸易中心，以中韩自贸区为切入点，积极申办自由贸易园区，加快落实上海自贸区可复制的政策，增强大连在东北亚要素配置能力、服务功能和区域影响力。

（3）高级阶段目标。全面提高对外开放水平，以更加积极开放的姿态融入世界经济，推动全域开放向纵深推进。主动对接国家"一带一路"战略，推进"连满欧"、"连蒙欧"、"连新欧"等国际海铁联运通道和北极航线建设，巩固对日韩、东盟的发展优势，开辟与北欧、地中海、北美地区的经贸合作。全面提升招商引资水平，实施更加主动的"走出去战略"。深化金融对外开放，研究融入丝路基金，加强东北亚金融合作，使大连真正成为国家"一带一路"开放大格局的重要节点。

六、"大连路港经济圈"战略的重点任务和重大举措

（一）"大连路港经济圈战略"的重点任务

1.培育丝绸之路经济带和北极航线框架下的对外合作

作为建设大连路港经济圈的重要依据和主要依托，加大力度开发、建设丝绸之路经济带和北极航线项目将是大连建设路港经济圈的关键任务。大连市应按照国家战略部署和省委、省政府的具体指导，深刻理解和融入国家发展战略，重点完善以"连满欧""连蒙欧""连新欧"三条国际陆海通道为依托的"东北新丝路"计划，拓展大连与中亚、欧洲相关国家的联系合作；努力推进北极航线"冰上丝绸之路"建设，与俄罗斯等欧美相关国家城市进行项目共建，加强经济联系；积极抢抓申办自由贸易园区契机，进一步强化与日韩的贸易合作，推进"21世纪海上丝绸之路"东洋航线建设，将大连打造成为立足东北亚、拓展欧亚、放眼世界的合作开放战略高地。

2.加快"四个中心"建设

大连路港经济圈建设与大连"四个中心"建设相辅相成。积极争取东北亚国际贸易中心，并以此提升大连东北亚国际航运中心、国际物流中心和区域性金融中心的能级水平，将大连打造成为东北亚重要的资金、技术、人才等各类资源要素的配置中心，为大连路港经济圈的核心圈建设提供资源市场基础和现代经济大脑，使大连现代化国际城市的影响力进一步提升。

3.加速自由贸易园区申办

以申办大连自由贸易园区为核心，以金普新区为主体，打造全面开放的新平台和全局开放的新格局，将是大连路港经济圈建设的有力突破口。积极申办面向东北亚的中外合作园区，主动对接21世纪海上丝绸之路东洋航线和中韩、中日韩自贸区，在航运物流、人才培训交流、旅游观光、文化交流、科技合作等领域探索实施自由贸易区政策的措施和办法，培育面向东北亚竞争的新优势。

4.推进产业转型升级

城市的产业体系作为经济圈建设的脊梁，具有巨大的支撑作用。作为东北老工业基地城市，大连工业内部的重型化特征明显，战略性新兴产业、科技金融产业、服务业所占比例不高，严重影响路港经济圈内部的经济活力与发展潜力。因此，大连应加速经济增长动力从要素驱动向创新驱动的转变，促进产业转型升级。加快推动装备制造等传统产业向高端化、智能化、数字

化、绿色化方向发展，促进"两化"融合，推进提质增效；着力培育战略性新兴产业和高新技术产业，努力打造未来新的支柱领导产业。

5. 加速城市功能全面提升

经济圈的建设与城市的繁荣发展密不可分，大连城市功能的系统提升将全面促进路港经济圈的形成与进一步发展。要加快完成"三个中心"能级提升、东北亚重要的资源要素配置中心建设以及丹大快铁、大连新机场、太平湾港区及国际物流中心、城市轨道交通骨干网络等重大基础设施项目的建设，使得大连市辽宁沿海经济带核心城市服务功能进入快速提升期，对周边区域乃至东北老工业基地的带动服务功能逐步增强，进一步提高大连市在路港经济圈中的核心领导地位及辐射带动功能。

（二）"大连路港经济圈战略"的重大举措

1. 加强基础设施建设

（1）交通基础设施。围绕融入国家"一带一路"发展战略，大连要加快通道工程建设。

①海上通道建设。一是发挥大窑湾深水港优势，依托现有航线网络资源，加快推动以大连港为重要支点的太平洋海上国际通道建设，重点推进"一岛三湾"核心港区、太平湾港区、长兴岛港区等核心港区建设，启动大连国际邮轮码头建设，完善大连港口布局和功能。二是借助"一带一路"和"冰上丝绸之路"北极航线的建设契机，利用大连东北亚国际航运中心集聚的航运港口企业优势，加快与东亚、欧洲等有关国家发展一批友好港，在现有航线网络和友好港口基础上增加大连在海上丝绸之路（包括北极航线）沿线的港口网点。三是重点优化口岸环境和功能，按照"统筹规划、集约共享、便利通行、有力监管"的要求，规范口岸设施建设，加大对口岸基础设施建设及设备购置资金的投入，切实提高查验场地、查验设备、监管共享共用水平。

②陆上通道建设。依托现有铁路网络，完善对俄铁路通道，突出铁路在"三大通道"工程中的骨干作用。利用便捷的公路网络与吉林、黑龙江及内蒙古的公路网络实现无缝对接。重点培育过境铁路通道建设，提高大连至俄欧铁路跨境运输通道的运输能力和服务水平，完善公路运输在"三大通道"工程中的集疏功能。

③海铁联运建设。以"连满欧"、"连蒙欧"、"连新欧"为主要线路体系，加强与内陆省份的合作，积极参与丝绸之路经济走廊建设，推进与周边国家

铁路互联互通建设，以加强铁路运输能力为契机促进发展大连海陆联运，并考虑铁路进港方案，争取在硬件、软件上均有所突破。另外，重点建设多式联运平台、提高多式联运的信息化服务水平、推动多式联运的标准化建设、完善相关政策体系建设。

④空中通道建设。依托大连机场以及建设中的新机场，加密至国内一、二线城市的航班密度，提升直航比例，不断完善国内航线网络；通过加密航线，强化对东北腹地及内蒙古东部地区的辐射作用；加强俄罗斯远东地区航线网络建设，开通定期航班，打造国内及日韩地区经大连前往俄罗斯远东地区的枢纽；在政策的支持下，开通欧洲定期直航航线，加快推进东北亚门户枢纽机场建设。

⑤综合交通枢纽建设。全力打造服务全球的海空"两港"枢纽，着力建设辐射东北区域的公铁"两路"枢纽，积极推动特色鲜明的物流园区建设，促进海陆互联互通，积极融入"一带一路"建设。重点建设港口核心功能区、铁路内陆物流节点、空港基础设施及相关物流园区等。

（2）信息基础设施。以提升城市综合竞争力为发展思路，以物联网、云计算、大数据等新一代信息技术应用体系和产业体系建设为主线，提升智慧城市基础功能。重点以信息技术支持和提升口岸查验单位的大通关协作机制运行，推进通关一体化，改进通关服务，推进通关无纸化。加快大连电子口岸网络建设，与"一带一路"电子口岸进行对接，积极推进大连口岸国际贸易"单一窗口"建设，实现口岸执法信息和数据信息共享。积极推动大连与"一带一路"沿线国家和地区"互联网＋"行动，促进电子商务、工业互联网和互联网金融健康发展，引导互联网企业拓展国际市场。

2. 扩大经贸投资

（1）积极参与对沿线国家的投资项目建设，促进大连在"一带一路"东北亚区域贸易投资一体化进行中的有利地位。大连应推动相应企业积极申请丝路基金、亚投行和金砖国家开发基金等专门针对"一带一路"的多个金融机构的项目资金，加强"一带一路"及北极航线相关基础设施的海外投资，并努力将贸易与投资有机结合，推动贸易与投资的良性互动；建议设立大连"一带一路"地区投资促进会，提高大连与"一带一路"及北极航线沿线国家贸易与投资的质量及水平，进一步发挥投资促进贸易的作用；借鉴上海与阿布扎比贸易协议的模式，积极与"一带一路"及北极航线沿线国家和城市签署经贸战略合作伙伴关系备忘录，加强双方的经贸、金融、文化交流合作，建立两地的长效沟通与合作机制。

（2）构建大连与沿线国家企业合作的运行机制，转变对外贸易发展方式，推进大连企业"走出去"战略实施。首先大连正处于产业转型的关键阶段，结合大连的产业基础，要重点培育新一代信息技术、智能装备制造、现代轨道交通、绿色化工与新材料、现代物流等重点出口行业，打造出口产业集群和出口基地建设，推动加工贸易转型升级和服务贸易发展。其次，大连企业要加快"走出去"的步伐，进一步创新境外投资方式，拓展境外投资领域，积极融入"一带一路"国家战略，在现有优势合作区域的基础上，加强与蒙古、中亚等资源型国家的合作。在鼓励中小企业"走出去"的同时，积极培育大连市境外投资"旗舰企业"，重点扶持大连市一批大型企业集团在国际市场进行资本扩张，将产业链延伸海外，增强区域内大连企业的国际竞争力。

（3）抓住中韩自贸区国家谈判的契机，申办建设面向东北亚的中外合作园区。主动对接中韩自贸区和中日韩自贸区，在航运物流、人才培训交流、科技合作等领域探索实践实施自由贸易区政策的措施和办法，在关税减让、人员往来和货币兑换等方面争取实质性突破，积极探索建立与国际投资和贸易规则体系相适应的行政管理体系，按照国际自由贸易区的规则和办法进行先行试验，为建立中日韩自贸区，推动东北亚地区的经济一体化做出有益探索。

3. 拓展金融合作

（1）推动金融领域市场开放，加快建设区域金融中心。深化金融对外开放，适应国际"一带一路"开放新格局下金融开放要求，研究融入丝路基金，加强东北亚金融合作。鼓励发展离岸金融业务，推进试点机构业务创新，支持保险机构开展离岸保险业务。加大金融对外招商力度，壮大外资金融机构队伍，加强金融国际交流与合作，创办金融国际论坛，吸纳国际金融理论成果，扩大大连金融知名度和影响力。

（2）鼓励发展权益类和大宗商品交易市场，探索期货市场与现货市场联动。加强合作，建立大宗商品的定价机制和交易机制，对能源矿产、玉米、大豆、油脂等沿线国家有优势的大宗商品，尝试通过大连商品交易所与纽约、伦敦直接交易，或与沿线国家商讨建立上述重要商品的定价机制和交易机制，提高规则的制定能力和掌控力。

（3）前提规划，建立重点投资项目储备库。推进"一带一路"和北极航线沿线国家的投资项目研究，制定重点区域项目战略合作规划，对基础设施、能源、经贸等重点领域进行专项规划，对自贸区、航运及区域产业分工产业体系等进行中长期规划，并在此基础上设立大连重点投资规划与项目储备库。

4. 促进文化交流

（1）开展旅游合作，促进文化交流。利用大连的旅游资源和国际服装业、沙滩文化节等平台，促进大连与"一带一路"和北极航线沿线国家的旅游交流合作，支持文化产品走向沿线国家，培养一批精品项目，扩大中国文化的影响力。

（2）提升对外交流水平，制定中长期国别城市交往规划，扩大大连友好城市范围。截至 2015 年 9 月，大连共有 9 个友好城市，25 个友好合作关系城市，大部分友好城市来自发达国家。大连要进一步加强与"一带一路"和北极航线沿线国家的交流合作，完善战略支点城市的交往布局，打造更为开放的交流网络。

（3）通过深化高层文化互访、双向开展文化交流、共同发展文化贸易、文化资源共享、合作举办文化活动等了解沿线国家文化，并做到尊重包容、和平共处，为对接"一带一路"战略建设大连路港经济圈打好友情牌。

5. 推进制度更新

搭建区域合作的多机制、多层次平台，提升大连在"一带一路"和北极航线建设中的能力和影响力。首先，积极推进区域合作机制的建设，参与区域合作机制活动；其次，加强与我国其他省份"一带一路"规划建设的联动机制，立足优势，互通有无，形成频繁互动的格局，促进地区繁荣；最后，完善整体工作协调机制，统筹大连市"一带一路"和北极航线建设规划，研究确立重点推进项目，协调解决重大问题。

七、"大连路港经济圈"战略的机制建设和保障措施

（一）"大连路港经济圈"战略的机制建设

1. 深化区域合作机制

深化与"一带一路"及北极航线沿线国家区域合作，建立合作共赢、包容和谐、取长补短、经济互利、互帮互助的合作机制。充分发挥中韩自贸区功能，加快建设中蒙俄经济走廊，积极推进东北亚区域合作机制的建立。积极参与"图们江经济开发区"等次区域合作机制的活动。继续扩大和推进项目合作，密切与沿线国家的经济联系。积极加强与沿线国家在新型能源、清洁技术、生物资源、海底勘探开发等新兴领域的交流和合作。

2. 构建区域安全机制

目前，部分沿线国家尤其是中东地区仍存在着地区矛盾和地区冲突等不稳定因素。但区域安全机制尚未建立，建设大连路港经济圈，需要构建有效的区域安全机制，保证路港经济圈建设的安全环境。区域安全机制的建立可从法律体系、信息网络体系、政府机构机制体系等方面入手，建立长效化的反恐机制，与其他沿线国家和地区建立安全合作，设置国际调解机构，弱化和缓解国际冲突，从而推动圈内经济合作顺利实施。

3. 推动区域市场标准化机制

大连路港经济圈要打破省区间及国家间的标准壁垒和规则壁垒，建设大连路港经济圈辐射区域统一大市场，推动区域市场标准化机制。在贸易合作方面，可建立各对口部门间的可协调合作的执行和反馈机制，促进国家及地区间寻求共同领域的多边合作，加强区域间贸易往来；在行业建设方面尤其是食品、服装、化工、医疗用品等行业，推进标准统一化和规范化，同时，强调上下游企业如港口与航运企业的行业标准化，保证产品高效衔接和企业之间协同合作。

4. 构建资源整合机制

结合国家建设新路线，围绕丝绸之路经济带和北极航线进行资源整合。积极开展与"一带一路"及北极航线沿线油气资源富集国家的合作，使油气资源开发进入新模式，协调经济增长与环境保护，加紧新能源开发项目的实施；吸引周边国家乃至世界范围内的人才资源，扩充储备成为建设的"智囊团"；大力引进和培育国内外知名和潜力较大的电子商务企业，占据信息产业的制高点。

5. 推动多层次市场开放

推动港口与海陆腹地城市建立起政府、行业协会、大型企业三个层面的市场衔接沟通机制，推动双多边合作。搭建好沿海港口与亚太、中东欧和国内中西部的经贸合作平台。加强地方政府间产业政策的沟通，逐步消除大宗生产资料、工业品、消费品和劳动力、技术、信息、金融市场的准入壁垒及歧视性政策，推动大连路港经济圈内市场进一步开放。完善港口和沿边、内陆无水港合作网络，进一步提升与内陆城市及丝绸之路经济带支点城市无水港的合作水平，丰富港口联盟合作内容，创新合作形式。支持大连港集团参与海上丝绸之路沿线国家和地区的港口码头投资建设和综合管理，加强大连港与相关国家和地区港口间的合作。

（二）"大连路港经济圈"战略的保障措施

1. 道路联通保障

打造"一带一路"和北极航线海陆联运枢纽，按照"一带一路"战略要求和北极航线的总体布局，重点谋划海公联运、海铁联运工程及基础设施对接项目。积极参与丝绸之路经济带支点城市西安、成都、昆明、乌鲁木齐等地无水港站建设，开辟北极新航线，完善大连市全球航线网络。

2. 贸易畅通保障

完善贸易合作网络，借鉴上海等地自贸区经验，推进国际贸易便利化与大连市各类贸易示范区建设的有机结合。推动大连市电子港航和跨境电子商务市场发展，申报"网上丝绸之路"试验区，启动中东欧及东北亚等国家的大连市境外产业园、科技园、经贸合作区等建设，创新与腹地产业合作新模式。

3. 资金融通保障

构建金融合作平台，积极配合人民币国际化国家战略实施，推动跨境人民币业务创新，依托跨境电子商务和港口优势，重点筹建跨境人民币支付结算平台。构建基金投融资体系，筹建海洋银行，创新融资模式，鼓励民间投资，培育多层次资本市场。加强金融基础设施建设的跨境合作，促进跨境贸易投资便利化。

4. 组织沟通保障

辽宁省和大连市人民政府要切实加强对大连路港经济圈建设的组织领导，明确思路、落实责任，完善工作机制，加大支持力度，在有关政策、资金、重大项目安排上重点向大连路港经济圈倾斜。探索建立与大连路港经济圈建设发展相适应的机构精简、职能综合、结构合理、运行高效的行政管理体制。

（刘正江　李振福）

第四章
增强城市创新发展永续动力

城市发展的规律就是创新驱动带动结构转换和产业升级。创新是一种能力，也是一种文化。让城市植入创新基因，蕴涵内生动力，焕发创新活力，最大限度地发挥科技作为第一生产力的巨大潜能，使创新真正成为城市灵魂和发展引擎。

第一节　创新的源泉与转化

创新的源泉在哪？从企业角度看，引进技术消化吸收后再创新，原始创新，集成创新，工艺及其流程的创新，还有用户需求与信息反馈引发创新。其实说到底，人才是创新的动力源泉。面对新一轮科技革命和产业变革浪潮，如何让创新源泉涌流？

一、几点认识和判断

科技革命是 16 世纪以来人类发展的一个历史现象。每隔一个世纪左右，兴起新一轮科技革命，似乎有了一定的规律性。新科技革命解决的是世界经济周期性增长的动力问题。产业变革与科技革命相伴而生，与能源革命又彼此关联。那么，如何把握新一轮科技革命和产业变革，这里有几点认识和判断：

（1）今后 20 年世界经济将进入新一轮增长周期，在我国所处的可以大有可为的重要战略机遇期，创新驱动将作为主导战略，同时必须依靠改革推动创新，充分释放改革红利、市场红利、制度创新红利、人才红利和技术创新红利。

（2）智能、绿色、可持续，将成为新一轮科技革命和产业变革的主要特征。信息网络技术将得到飞速发展和深度应用。资源配置全球化并且更加注重效率。人们更加关注健康生活方式和提高生活品质。

（3）新技术、新产品、新业态、新商业模式不断涌现，真正使我们认识到，企业作为创新的主体的内涵和价值。提高新技术成果转化率、提高劳动生产率、提高投资回报率，将成为城市创新发展面临的新的重要课题。

（4）面对新一轮科技革命和产业变革浪潮，创新活力迸发的城市是未来大有希望的城市。未来城市的发展将是一个这样的城市：一个让年轻人追逐梦想，让人才有未来的城市。

二、确立企业创新主体地位

最近，集中一段时间到几个典型企业进行了创新方面的专题调研。经过归纳发现，有以下几种创新的类型值得研究和思考。

（一）自主创新为主模式

大连瓦轴集团在自主创新方面的特点较为明显。多年来，瓦轴集团始终坚持走自主创新为主的发展道路，拥有研发人员 800 多人，研发投入占销售收入比例达 3.7%。通过多年的技术积累和不断研发攻关，已经掌握了重大技术装备配套的高端轴承的设计、制造与检测试验技术，开发出具有自主知识产权的轴承设计分析和计算机仿真试验系统，建立了国家级技术中心和轴承产品检测试验中心，建成了风力发电、轨道交通、大型装备、汽车、机床等五大产品试验平台，拥有中国轴承工业唯一的国家大型轴承工程技术研究中心，技术创新体系不断完善，初步掌握了轴承研发的核心关键技术。2013年，瓦轴集团又成功收购了德国百年的轴承企业莱比锡滚柱滚珠轴承生产有限公司（KRW），引进 KRW 技术和制造工艺，技术水平进一步提升。集团承担的"兆瓦级风电主轴轴承研究"和"兆瓦级风电轴承试验台建设"两个国家"863"计划项目取得重大进展，系列开发出 1.5 兆瓦、3.0 兆瓦、5.0 兆瓦风机的全部配套轴承，全面掌握了风力发电配套轴承的开发技术。累计研发出 2000 多种国外限制出口到中国的轴承产品，打破了国外技术封锁。2013年，在市场需求不足、销售价格下滑等因素影响下，集团仍保持了整体经营的平稳发展，实现工业总产值 65.8 亿元，营业收入 64.6 亿元，利润总额 9100 万元。2014 年，集团将以"突破高端产品、突破国际市场"为目标，力争实现工业总产值 75.8 亿元，营业收入 73.4 亿元，利润总额 1.4 亿元。

大连汉顿工业有限公司成立于 2008 年 9 月，位于花园口经济区，公司现已发展成为集矿山设备生产和销售，工程轮胎销售和回收翻新利用、钢丝绳销售及轮胎承包服务、自卸车维修大修服务、高科技 3D 打印项目以及中国科学院大连汉顿陶瓷工程中心等为一体的多元化公司。公司先后自主研发制造出轮胎拆装机、扒胎机、油脂加注车、启动加热车、氮气车、多功能维修车、移动灯塔、液压气动千斤顶等多种先进的矿山设备，并利用自主研发的设备和技术，开展修补大型工程轮和轮胎翻新业务。2012 年，公司与中国科学院、大连理工大学进行合作，成立了中国科学院大连汉顿陶瓷工程中心，进行 3D 打印机的开发，成功开发出世界上最大的 3D 打印设备以及世界上唯一的双金属耐磨材料。这些高科技成果将会促进企业进一步发展壮大。

（二）消化吸收再创新模式

大连光洋科技在这方面比较明显。光洋科技成立于 1993 年，是一家民营高科技企业。2002 年，光洋科技正式进入数控领域，先后与清华大学、哈尔滨工业大学、大连理工大学等组建了数控系统不同专业的联合实验室；设立博士后工作站、组建了中国工控技术转移中心；与大机床、大连造船厂、三洋制冷等企业建立了联合开发协作关系，整合国内外优势资源，建立了高效的数控研发创新平台。同时，为了迅速追赶国际数控先进技术，避免重复开发、技术起点低、研发周期长等问题，光洋科技决定走引进消化吸收再创新之路。"站在巨人的肩膀上博采众家之长"，快速吸收行业现有技术，横向整合传统的机械、电子技术与新兴的信息、材料技术，通过多专业融合，发现技术创新点，取得技术突破。为此，光洋科技斥巨资先后引进德国、日本、瑞士等数控技术先进国家的数控产品，依托逐步完善的研发、试验、中试、生产制造四大平台，一边消化吸收原有技术，一边应用先进的 IC 技术和芯片集成技术进行分析比对，实现数控系统的重新规划和设计，并迅速研制出具有更高性价比、更高集成度的新一代高档数控系统产品，产品性能完全达到国际标准。经过 10 多年的坚持不懈攻关，光洋科技已经由生产数控系统、数控关键功能部件，发展到数控机床整机生产，形成了完整的数控产品产业链。光洋科技已拥有自主知识产权 85 项，掌握了高端数控机床制造所需的全部关键技术，成为我国机床数控标准的主要制订单位。光洋科技研制的高速高精度五轴立式加工中心出口德国、日本等国家，开创了国产高档五轴数控机床出口发达国家的先河，打破了国外对数控技术的垄断，对提升我国装备制造业水平做出了重要贡献。未来，光洋科技将加速向规模化、产业化方向发展，其产品市场广阔、潜力无限，对带动大连市相关产业具有重要促进作用。

（三）集成创新模式

大连奥拓股份有限公司可以说是集成创新的代表。该公司成立于1990年，是一家从事汽车白车身装备规划、设计、制造及系统集成的高新技术企业。2013年，实现销售收入8亿元。奥拓起初的主要产品是客车生产装备，到2000年，随着我国汽车产业结构的调整，特别是轿车产业的快速发展，奥拓开始进行产品调整，主攻轿车焊装生产线设备的设计、制造。先后中标长安铃木、一汽迈腾、上海大众、北京奔驰、奥迪Q5、华晨宝马等白车身下部线和侧围等项目，奥拓的产品已经在国内数十家大型汽车企业得到应用，并且出口日本、巴西、越南、巴基斯坦、美国等国家，成为第一家将成套汽车工艺装备推向国际高端市场的国内企业，其技术水平处于国内领先地位。10余年来，奥拓之所以能够连续以30%以上的增速发展，关键在于集成创新。轿车焊装生产线主要由机器人、传输线、工装夹具和控制系统组成。奥拓的主要业务是生产线的设计、制造、安装，包括软件的开发。生产线的关键设备机器人需要从德国、日本进口，其他一些设备则需要配套厂家提供，奥拓承担集成商角色，根据客户对技术和工艺的要求，不断进行改进和创新，并聘请日本、德国专家进行技术指导，提供满足客户需求的解决方案，不断探索，走出一条适应市场需求的集成创新道路。目前，奥拓的竞争对手主要来自国外。未来，奥拓将不断调整产业结构向轿车总装、汽车发动机、3D打印领域发展。

（四）合资带动技术创新模式

大连辽无二电器有限公司、中国华录松下电子信息有限公司的共同特点是合资带动技术创新。大连辽无二电器有限公司建于1958年，现拥有员工5000多人，以生产船用导航雷达、示波器、音视频测试设备和汽车音响为主，产品技术水平、制造水平和质量水平均居国内同行业领先地位，不仅是我国唯一能够批量出口船用导航雷达的企业，也是国内规模最大的汽车音响生产企业。1995年，大连辽无二电器有限公司与松下电器合资成立了大连松下汽车电子系统有限公司，采用世界先进的自动插件、自动焊接、自动检验的生产方式，生产民用汽车音响，分别为大众、奥迪、日产、丰田、本田等品牌配套。此后，又与日立合资兴办了医疗器械生产企业，借助国外力量进行技术创新。大连辽无二电器有限公司在进行自主研发的同时，充分利用松下的研发优势和品牌优势，与松下设在天津的研发中心合作开发新产品、新技术，利用自身较强的生产制造能力转化为产品，迅速推向市场，并联合国内高校进行联合课题研究和技术攻关。为掌握国内外汽车电子发展的最新潮流，大连辽无二电器有限公司与清华大学、哈尔滨工业大学等国内外高校、研究机构联合进行课题研究，破解企业在技术开发过程中的难题。通过联合课题研究，掌握了大量业内最新成果，解决了一批产品开发的技术瓶颈，推动了总体技术升级和产品更新换代。2013年，大连辽无二电器有限公司实现销售收入66亿元，实现利润3.5亿元，产品出口占60%。企业的长远目标是，实现年销售收入超过100亿元，保持国内汽车音响和汽车电子领军企业的地位。

1992年，中国华录松下开工建设，1994年正式投产。1994～1998年主要利用松下技术，生产磁带录像机主要部件及录像机整机，由于国内录像机市场的下滑和VCD影碟机的兴起，企业刚投产就陷入极度困境。1999～2005年，华录利用自身技术和人才，进行了第一次技术升级和产业结构调整，开始研制生产DVD播放机、液晶投影机；1999年开始扭亏为盈。2006～2012年，华录进行了第二次技术升级和产业结构调整，主要生产高清3D播放/刻录机、投影机及游戏机。在松下的技术支持下，2005年成功开发出世界最薄的吸入式光碟机芯；2008年，利用自身实力研发出具有自主知识产权的蓝光高清DVD；2011年，华录出资与北京大学、中关村联合成立了北京博雅华录视听技术研究院有限公司，联合开发视频解码、高清摄像头等技术。回顾华录艰难的发展历程，其创新的路径也是通过合资合作，在引进松下技术的基础上，通过消化吸收逐步进行技术创新和产品创新。2013年，由于受互联网冲击，销售收入下滑到24亿元。未来，华录将积极适应市场需求变化，向高清监控系统、光盘库、车载电池等方向发展。

三、现阶段企业创新瓶颈问题

通过以上企业的调研看，发展在现阶段企业创新面临一些瓶颈制约问题，需要引起重视，这些问题带有一定的普遍性。概括起来看，主要集中在以下三个方面：

一是关于企业对核心技术研发能力问题。不论是大连奥拓，还是辽无二、中国华录，这些企业大部分核心技术还主要靠引进，企业自身还没有充分掌握技术创新的主动权。从企业目前情况看，仅靠自身难以突破，还有较长的路要走。而从大连市总体上看，"引进消化吸收再创新"主导企业发展，"集成创新"开始有所起色，而最能体现企业创新能力的"原始创新"还在孕育之中。这样企业在适应市场需求变化，进行技术创新、产品创新方面会不断面临瓶颈和挑战。

二是关于企业全产业链创新理念问题。企业全产业链创新，或者产业链核心技术创新，对产品创新有着极端的重要性。例如，光洋科技之所以能够成为数控行业的领军企业，打破国外技术垄断，占领数控机床产业的制高点，靠的就是全产业链创新，掌握数控机床的所有关键核心技术。辽无二、中国华录等则在半导体、集成电路等方面的核心技术还是受制于国外企业，就算企业有好的设想，如果没有国外技术的支持，很难在短时间内研制出适应市场需要的新产品，也很难在激烈的市场竞争中赢得主动。

三是关于企业协同创新体制机制问题。尽管建立了产学研协同创新联盟，但协同创新的组织模式和运行机制还不完善，创新联盟的作用发挥还不是很明显。企业间，特别是上下游企业间协同创新、集智攻关的机制尚未形成。有的企业只盯着眼前的市场，通过消化吸收，进行协同创新的投入力度不够，产品技术含量不高，利润也比较低，市场竞争力弱。经过消化吸收再创新，真正掌握核心关键技术，研发出具有自主知识产权产品的企业比较少，以企业为主体的协同创新能力亟待增强。

四、创新的关键在于形成现实的先进生产力

实施创新驱动，成为新一轮城市发展的主攻方向。城市是创新驱动的载体，企业是创新驱动的主体，创新人才是创新驱动的主力。开放式协同创新，丰富了城市的创新系统和创新功能。协同创新重在技术成果转化、形成新的产业和新的增长点。必须要充分发挥企业的主体作用。如果政府角色太重，而企业作用太轻，技术协同创新的成果就比较容易走空。

（一）看未来，城市创新驱动发展

城市创新驱动的内核是什么？是创新创业的驱动，包括创新型人才、企业和资金、信息、文化等相互的作用。

创业生态环境赋有旺盛的生命力，是创新持续迸发充分涌流的基础和前提。

这就是一个城市的文化，之所以提倡包容失败，就在于允许创新主体在频繁试错中创新成长，并在不断试错与应答中，持续汇集城市的创新能量。

注重创新创业生态，优化创新人才政策和创业环境，就显得十分重要。

未来，城市创新系统将会表现出新的特征：

一是，创新型中小企业的质量提升在城市创新发展中将变得越来越重要。

二是，开放包容的现代城市文化将成为城市特质和创新发展的内在要求。

三是，城市国际化水平和创新创业机会是人才流动和发展的决定性因素。

四是，打造国际化高水平的创新创业平台成为城市创新发展的战略举措。

（二）看现在，构建城市创新创业生态

构建城市创新创业生态，主要以发展实体经济和科技项目建设为重要载体，不断增强人才和技术的集聚效应，并使人才和技术的溢出效应不断得到释放。

一是，打造创新型经济战略高地。坚定不移地做好提升传统产业、培育发展战略性新兴产业。以推进产业高端化、集群化方向发展及重大项目布局和建设为抓手，加快提升产业能级，积蓄创新能量。

二是，集聚总部经济和高技术研发机构。抓住创新要素流动全球化、创新资源布局全球化有利契机，积极引进国际高水平的跨国公司总部和高技术研发机构，着力推进对全球创新资源的引进消化吸收和再创新。

三是，推进产学研用深度合作。以企业为主体，以攻克重大项目和关键技术为方向，深化科研院所与企业的协同合作，将研发优势及时转化为竞争优势，投放市场，将科技成果切实转化为经济效益，增强可持续发展能力。

四是，强化政府大协同服务。以重大专项和行业共性技术平台建设为抓手，深化政府体制机制改革，充分发挥市场资源配置和放大作用，整合全社会资源，推进跨产业、部门、职能、地域等综合协同创新，实现技术创新与项目对接有机协同，全面推动经济与科学技术紧密结合。

五是，营造全民创新创业良好氛围。坚持宣传和引导，让创新创业融入城市文化，使城市中更多的人特别是科技人才和年轻人形成团队，崇尚创新创业文化，追逐创新创业潮流，实现创新创业梦想，让创新创业成为城市创新发展中的一股主流文化，也让创新创业者成为城市未来发展的希望和骄傲。

（李正群）

第二节　推进科技成果产业化投融资模式创新

科学技术是第一生产力，是促进经济增长的原动力之一。在我国，科研院所依然是我国科学研究的重要力量，肩负着我国科技发展的重任。近些年虽然取得了显著的成绩，但是依然存在着许多的问题，科技成果转化率低是最突出的一个。在影响科技成果转化率的因素中，融资问题无疑是最需要迫切解决的问题之一。

大连是国家发展和改革委员会确定的 16 个创新型城市试点之一，注重创造力产业的培育与发展，具有良好的城市创新能力基础；拥有中国科学院大连化学物理研究所与大连理工大学等有雄厚实力的研究机构和大学。利用丰富的科技资源，创新大连科技成果产业化投融资模式，以科技创新和金融创新促进经济提质增效转型升级，并走集约化、内涵式发展之路，是大连实现转型发展的必然选择。中国科学院大连化学物理研究所作为大连市科技成果的重要来源单位之一，希望通过积极探索科技成果的产业化转化创新机制和投融资模式，提升我国科研院所科技成果转化率，同时立足于服务地方经济，促进大连经济的良性发展。

本节介绍大连的当前金融环境和大连市中小企业融资现况，以中国科学院大连化学物理研究所为例，分析科研院所科技成果和转化工作特点，介绍现有的融资渠道，并研究科研院所科技成果转化各阶段的特点与融资方式的选择。通过科技特点与金融性质的结合，归纳出科研院所在科技成果转化中的关键因素，进行创新融资体系探索，并通过实际的案例阐述实际融资组合模式。最后论述科技成果转化为区域有效投融资的带动作用。

一、研究背景

（一）大连市金融环境

近几年，大连市的宏观金融环境不断优化。依据《辽宁沿海经济带发展规划》对大连市的战略定位，"十一五"期间大连市启动了区域性金融中心的全面建设。2011 年，科技部联合其他部委下发《关于确定首批开展促进科技和金融结合试点地区的通知》，大连市成为首批促进科技和金融结合的 16 个试点地区之一。2013 年，大连高新区成为辽宁省首批科技金融试点园区之一，先行一步开展科技金融综合服务体系建设。

截至 2014 年年末，大连市共有各类金融和融资服务类机构 701 家。大连市金融业总资产 2.16 万亿元，金融中心指数排名保持全国副省级城市第 7 位、东北首位。

1. 银行

2014 年，大连市银行机构本外币各项存款年末余额 12 153 亿元，其中人民币各项存款余额 11 613.8 亿元。人民币各项贷款余额 9 926.4 亿元，比年初增加 799.1 亿元。不良贷款率 1.86%。

从近 3 年大连市的存款、贷款以及不良贷款数据（表 4-1）可以看出，银行各项存款余额保持着增长的态势，但是 2014 年因为经济下行的压力较大，仅同比增长 1.7%。而银行各项贷款余额的增长与存款余额的增长保持持平，但进入 2014 年，各项贷款余额的增长显著高于存款余额的增长，不良贷款率相比前两年也有较大的增加，说明企业的融资需求更加旺盛，而银行业也为大连市经济发展作出了更大的贡献。

表 4-1　近 3 年银行存贷款情况比较

年份	银行各项存款		银行各项贷款		不良贷款率
	余额 / 亿元	同比增长率	余额 / 亿元	同比增长率	
2012 年年末	10 767.8	14.6%	9 111.7	15.1%	1.2%
2013 年年末	11 953.6	11.7%	10 185	11.6%	1.07%
2014 年年末	12 153	1.7%	10 959.4	7.4%	1.86%

数据来源：大连市统计局，大连市国民经济和社会发展统计公报。

2. 保险

2014 年，保险业原保险保费收入 199.3 亿元。其中，财产险 71.9 亿元，增长 13%；支付财产险 32.1 亿元；大连市保险深度（保费收入占 GDP 比例）2.6%；保险密度（人均保费收入）2853 元 / 人。

3. 证券

全年证券交易所各类有价证券成交金额 26 182.4 亿元；债券现货及回购成交额 16 888.6 亿元；基金成交金额 404.3 亿元。截至 2014 年年末，共有证券资金账户数 159.95 万户。大连市共有上市企业 49 家，其中境内上市 26 家，境外上市 21 家，境内外同时上市 1 家；股票 50 只。境内上市企业中，有 A 股公司 23 家，B 股公司 2 家，发行 A+H 股两种股票公司 1 家，发行 A+B 股两种股票公司 1 家。

4. 其他金融服务

2014 年，新设基金等股权投资机构 14 家，新增股权投资规模 41.7 亿元，大连市 77 家股权投资机构总规模达到 421.7 亿元，完成投资 25.7 亿元，比上年增长 3 倍。在深市成功发行辽宁省首只中小企业私募债。全年 47 家次企业债券融资 665.3 亿元，增长 22.7%。新设东北亚石化交易中心。大连市 79 家小额贷款公司累计发放小额贷款 10 330 笔、152.6 亿元，年末贷款余额 78.3 亿元，增长 15.5%。大连市 122 家融资担保公司累计融资担保额 300.4 亿元，年末在保责任余额 281 亿元。新设典当机构 11 家，总数达到 83 家。新设第三方支付机构 5 家，总数达到 17 家。

从金融服务机构的资金规模和个数增长速度可以看出，大连的金融服务机构体系正逐渐趋于完善（表 4-2）。

表 4-2　金融服务机构近 3 年发展情况

年份	股权投资机构			小额贷款公司	
	总规模 / 亿元	个数	完成投资 / 亿元	贷款余额 / 亿元	个数
2012 年年末	60.9	53	无统计数据	58.5	79
2013 年年末	113.4	63	无统计数据	67.8	71
2014 年年末	421.7	77	25.7	78.3	23

数据来源：大连市统计局，大连市国民经济和社会发展统计公报。

（二）大连市中小微企业的融资现状

改革开放以来，我国的中小微企业得到了较好的发展，在科技创新、催生产业、增加就业及推动 GDP 增长等方面发挥了重要作用。在我国近一半的技术创新及新产品的开发是由中小微企业完成的，中小微企业是推动科技成果转化生产力的催化剂，是增强我国经济活力、加速我国经济增长的巨大推动力。基于中小微企业的社会重要性，我国专门出台了一系列促进中小微企业发展的政策法规，通过提供产业辅导，融资扶持、担保协助等逐渐形成一套促进中小微企业发展的政策体系。

大连市作为东北三省的重要工业基地，聚集了数十万的中小微企业，占大连企业总数的 99%，经济总量占大连 GDP 的 65%，吸纳就业人数达 100

多万，占就业职工数的 75%。因此中小微企业的发展状态是影响大连市经济健康发展的重要因素。

近年来，由于经济下行的压力，大连市区域经济发展也出现了一些问题，中小企业的融资问题显得尤为突出。中小微企业占有的金融资源与其在国民经济中所占有的比例十分不匹配，阻碍了中小微企业更好地发挥作用。因为中小微企业在经营中存在较高的风险，投资的盲目性较大，多数缺乏战略经营理念，很难集聚要素资源，财务制度不够健全，经营管理的相关信息透明程度不高，使得小微企业在融资过程中，很多决策不是根据企业实际情况作出的最优选择，从而在一定程度上导致选择融资方式的盲目性。银行贷款、股权投资等传统融资方式远远不能满足中小企业发展融资需求。目前，相关部门对专项资金政策宣传不够，导致财资金利用率偏低，多数科技型企业对发展专项资金政策知之甚少，只有 6% 的科技型中小企业获得过财政支持，且支持力度非常有限。

随着大连金融结构的不断完善，创业风险投资丰富了中小企业融资渠道，但真正用于企业风险期投资的力度非常有限，2013 年，大连市共有 8 家企业获得了创投机构 1269 万元的投资，仅占当年全市投资总额的 0.15%，投资对象主要是处于发展中后期的中小企业，只有其中 33.4% 的投资在高新技术企业，投资数量和投资规模都明显不足。

针对科技型中小企业的银行融资情况调查显示，在对 43 家银行金融机构所属大连市分行的调研中，总共收到 26 家银行所提供的对大连市科技型中小企业信贷情况的反馈，仅 16 家银行表示对科技型中小企业发生了业务往来，其余 10 家未对这类企业发放贷款。这说明银行对科技型中小企业这个客户群体所提供的信贷支持力度非常弱。另外，在银行所发放的贷款中，面向中型企业和小型企业的贷款分别占了总发放贷款的 58% 和 41%，微型企业占比仅为 1% 左右。这都说明科技型中小企业从银行获得信贷支持非常有限，尤其是微型企业。而针对 16 家银行发放的贷款所对应的担保方式，从高到低分别为抵押担保、担保公司担保、信用担保，最后才是质押担保。这说明为了控制风险，银行在对科技型中小企业发放贷款时，最青睐的方式仍然是最保险的抵押担保，而最适合科技型中小企业的创新担保方式——质押担保目前仍处于发展初期，是银行最后的选择。

分析可见，当前大连市的中小微企业，尤其是科技型中小企业的资金压力大，融资现状不容乐观。从企业自身角度分析，主要是由企业经营风险高、规模小、可抵押物少等造成的。从企业外部环境看，金融机构惜贷、资本市场融资门槛高、政策机制不完善等，这些都成为中小微企业的融资障碍。创新融资方式对于缓解大连市中小微企业的融资难、融资贵等问题具有重要的意义。

目前，中小企业尤其是科技型中小企业，创新融资方式成为越来越迫切的需求。大连市也正在进行积极的探索。2012 年，辽宁省内首家科技银行——民生银行高新园区科技支行在大连高新园区落户，该支行将以服务科技型、创新型企业为己任，组建专业团队，配备专项资源，推出"科融通"等专属融资产品，针对处在不同成长阶段科技企业的特点和资金需求，形成与政府部门、创业投资、融资担保等机构长期合作的业务模式。2015 年 4 月，大连市出台《关于支持企业创新和发展的政策措施》，明确提出全面实施"育龙计划"，由政府出资与社会资本、金融资本合作设立融资平台，为中小企业提供周转性贷款，切实降低企业融资成本。东北地区第一支为中小企业解决过桥融资问题的基金，"大连育龙中小企业发展基金"已正式成立，规模 50 亿元，用于解决中小企业融资难，培育一批创新型龙头企业。

二、融资在科技成果产业化项目中的重要性

科技成果转化是对处于一定研发阶段的科技成果进行后续的研究、试验、试制，使之转化为实用的、可以直接应用于生产实际的技术，即把科技成果转化成生产力的过程。金融是现代经济的核心，如何引导金融资源转向科技领域进行有效配置，是实现科技与金融结合的核心问题。科技成果转化需要科技成果研发—成果推介—投资人接洽—共同转化的过程，其中科研院所在研发和成果推介中是主角，分析科研院所知识产权特性和转化工作特点将有利于促进科技成果与金融资源的有效对接，加快金融和管理的改革创新，形成多元化、多层次、多渠道的科技投融资体系，为深入实施自主创新战略提供重要保障。

（一）高校、科研院所科技成果的特点

科技成果是指通过科学研究与技术开发所产生的具有实用价值的成果。职务科技成果，是指执行研究开发机构、高校和企业等单位的工作任务，或者主要是利用上述单位的资源条件所完成的科技成果。本节中提到的科技成果均专指来自高校、科研院所的职务科技成果。强调职务科技成果，一方面是因为目前高校和科研院所无疑是成果相对集中的高产区，我国的技术创新

源头更多来自高校和科研院所，即属于职务科技成果；另一方面，职务科技成果因产生于国家出资设立的高校、科研院所，均属于国有资产，有别于企业的技术发明。职务科技成果主要具有以下特点。

1. 技术开发周期长

单纯从技术角度来说，每一项成熟的应用型技术都需要经历研究开发、不断完善、技术成熟到更新换代的一个漫长而复杂的过程。

第一阶段，确定科研目标阶段：这个阶段是在已有科学原理的基础上，根据市场需求，提出新的构思，形成技术方案或者设计方案，是科学研究的基础阶段。

第二阶段，小试阶段：这个阶段是技术的研究开发阶段。该阶段通过方案论证或试验发展，进行实验室试验或预研，研制出试验性样件，形成新产品的样品、样机，或形成新配方或新工艺。

第三阶段，中试阶段：此阶段是从产品的雏形到完成小批量试制、试用，重点是解决生产过程或生产工艺的可行性，即在实验室研究成果的基础上，选择产业化前景比较明朗的项目，将其放大，进行工艺完善、产品定型、设备整合、流程规范、产品质量标准制订等。

第四阶段，工业性试验阶段：这一阶段是科技成果成熟完善的标志。该阶段将进一步验证工程设计放大的合理性、在生产工况条件下技术的可靠性，并实现初步的市场销售和推广应用，从而进行进一步的规模生产。

第五阶段，技术成熟后：仍需为产品的更新换代做好准备，即将市场和生产中提出的技术问题反馈到第一阶段。

科研院所产生的科技成果多处于第二阶段和第三阶段，即被认为完成科研使命。

2. 技术开发的高风险

科技成果的研发过程是复杂、漫长的，中间存在着较高的未知风险。实验室阶段的初期成果完成后，下一步进行的中试和工业化的项目不是实验室成果的简单放大，而是对实验室技术的补充、完善和提升，同时还需要打通技术工艺流程，获取工艺参数、设计反应装置等。出于高新技术开发的复杂性，很难预测实验室研究成果在技术放大过程中成功的概率，这是技术完善道路上的主要风险。越是综合性项目，技术风险就越大，可供转化的成果的各种性能指标也仅仅是建立在实验室基础上的预测，对于在现有知识技术条件下能否通过中试，打通流程，暴露和解决工程问题，仍然存在着相当大的不确定性。当进入放大试验阶段将是多个单元技术的集成，更加剧了整个项目的技术复杂性和风险。

3. 科技成果时效性

当今世界，科学技术发展之快是不以人的意志为转移的，科技成果的时效性越来越强，一旦被新的成果取代，其价值就会迅速降低甚至完全失去。另外，科技成果的研发直接面向市场需求，当今市场对技术及产品的需求瞬息万变，如果科技成果不能迅速进入市场，转化为生产力，甚至落后于市场对技术的需求，那么该项成果价值大打折扣。

4. 技术价值评估弹性大

科技成果属于典型的难以量化的知识产权，它只有进入市场之后才能实现价值。一项科技成果可能被认为"很值钱"，但它首先要实现市场价值才可能"很值钱"；而那种在先前评估中被认为"很值钱"的成果，可能后来在实际转化中被市场验证根本没那么"值钱"。科技成果是否有市场价值，能产生多少价值在实际转化中难以估算。对于科技成果的评估，通常有收益折现法和比较法。收益折现法的测算以对科技成果转化项目相对准确的未来盈利预测为基础，这一点评估人员、转化人员、投资人都很难做到；同时，科技成果的创新性使其没有同类参照物比照，因此比较法只限于某一更新换代技术，适用范围有限。

5. 科技成果的权属特性

职务科技成果从法律层面看，所有权人完全属于研发单位。但科技成果又是人通过脑力劳动创造出来的智力成果，在实际的成果的处置中，其转让、许可、转移、实施，严重依赖于成果的发明人团队，而非科研院所。科技成果的权属不清带来的结果是科技成果的处置权和收益权存在着争议的可能性，这一特性在某种程度上可能影响着科技成果转化的积极性，而在我们实际成果转化中，这一问题已经逐步突显。

（二）科研院所的成果转化工作的特点

国家作为投资主体的科研院所承担企业不愿投资的但对科技创新起基础作用的公共科研，或者虽然有应用价值但属于特殊需求的科研。由于对科研院所的定位以研究为主，其转化资源有限，加上转化工作的高度复杂性，使科研院所尽管积极推进成果转化工作，却难免遭遇"巧妇难为无米之炊"的尴尬，面临转化困境。

1. 资金匮乏

资金短缺、经费难问题一直是成果转化的"拦路虎"。一般而言，研究、开发、试验性生产的经费投入按几何级数增加，需要获得的资金支持越来越大。科研院所基本上没有能力独自实现成果的中试与产业化，从而造成了科研院所很多知识产权不能及时得到有效的转化；或者因不想放弃项目转化，只一味强调资金筹措而忽视了融资方案的选择，最后也同样可能导致项目转化不能最终完成。

2. 技术推广能力有限

成果的发布与推广就像股票即将上市融资需要路演一样重要并强调时效性，广泛而有效的推广有利于迅速与技术需求方或投资方进行接洽，从而促进成果的转化。由于科研院所科技成果具有较强的专业性和创新性，技术团队负责人与从事成果转移转化人员具有得天独厚的优势，但是缺少信息发布平台，推广的人力资源有限且缺乏激励机制，技术的推广远没有达到加速成果转化的效果，致使很多次技术方与企业都"相见恨晚"。

3. 存在政策瓶颈

政策瓶颈束缚科研科技成果转化的另一重要因素，主要体现在转化审批时间长、监管相对严苛、奖励措施难落实等，严重影响了科研院所、成果转化人员、技术发明人三个转化主要技术方的积极性和利益。

4. 整合资源能力有限

科研院所作为科技成果转化中的技术提供方，资源集成能力是非常有限的。科技成果转化是一种市场行为，需要有效集成技术、市场信息、人才和资金资源。科研院所在技术集成、成果转化这两种技术和市场衔接的专业人才队伍的培养上才刚刚起步，尚不能达到资源的有效整合。这给承接科技成果转化的一方提出了很高的要求，目前我国实际具备承接科技成果转化的企业有限。随着市场经济制度的日益完善，我国企业研发经费快速增长，研发经费总额仅低于美国和日本，居世界第3位。但是，我国企业研发投入质量不高，结构不优。一是研发投入强度（企业研发经费与主营业务收入之比）低，大中型工业企业研发经费投入强度仅为0.93%，而美国、日本、德国等发达国家则普遍在2%以上；二是科学研究和原始创新活动弱化，世界主要国家的企业研发支出中科学研究占比普遍在20%以上，如美国24%、俄罗斯17%、日本25%、韩国28%、德国高达56%，而我国仅为3%，这意味着我国企业原始创新严重不足；三是开展研发活动的企业比例低，我国仍有72%的大中型工业企业没有开展研发活动，整体没有进入内生增长、创新驱动发展阶段；四是企业能够承接高新技术的研发人才相对较少。

综合科研院所科技成果和成果转化的特点可以看出，科技成果的长期性、风险性、时效性是不可避免的，对金融中的风险投资、高风险产品及风险机制设计提出要求。科技成果转化过程中的特点体现出成果转化资源不足，人才匮乏，缺乏相应激励机制等问题，需要通过政府主导进行科技和金融体制改革，建立科技转化服务平台，共同促进成果的转化。

（三）融资是影响科技成果产业化效率的重要因素

金融是科学技术发展的催化剂。世界各国都在努力推动科技金融的发展，我国金融产业与科技的结合相对较晚，因此需要进行更多的实践和探索。成果转化具有风险高、投入大的特点，这要求科技产业与金融产业深度融合，金融发展支撑科技创新，科技创新推动金融发展。新形势下，经济发展依靠科技创新驱动，科技产业的健康发展离不开金融业的鼎力支持。因此，面向未来，进一步推动金融创新与科技创新的结合，实现经济社会可持续发展，是构建科技与资本深度结合的创新国家体系。

从狭义上讲，融资是一个项目或企业的资金筹集的行为与过程，公司或项目根据自身的生产经营状况、资金拥有的状况，以及公司未来经营发展的需要，通过科学的预测和决策，采用一定的方式，从一定的渠道向公司的投资者和债权人去筹集资金，组织资金的供应，以保证公司正常生产需要、经营管理活动需要的经济行为。影响融资决策的关键要素包括融资成本、融资时机、融资规模、融资风险。科技成果的转化是科技转化为现实生产力的过程，是一个十分复杂的技术经济行为。而在国有科研院所内诞生的技术成果要投入市场经济的浪潮中试水、检验、竞争，就更加需要政策、资金、人才和市场条件的支撑等多方面的保障措施。

目前，我国的科研现状是小试阶段的经费来源主要靠国家投入，下游的产品生产由市场承接；而从技术的中试到工业化到产业化公司种子期这一中间的转化阶段是一项高投入、高风险、高效益、周期长的活动。从资金需求总量上看，从小试到中试再到工业化投产所需资金的比例是 1 ∶ 10 ∶ 100。对于高校和科研院所来说，庞大的资金需求使其不具备自我完成转化的实力。融资就成为影响成果转化成功与否的关键，其中资金投入的时间、数量尤为重要。

三、科研院所科技成果转化融资方案选择与创新

科研院所的科技成果转化的特性在前面已经进行了较详细的论述，其价值的综合性、管理的复杂性等特征，需要金融通过资本形成机制、风险分散

机制、信息揭示机制和激励约束机制提高科技成果转化融资效率与规模。面对高新技术行业，我国传统的融资模式局限性凸现，特别是在金融结构不够发达地区，以东北三省为例，成果转化的融资渠道主要为自筹资金、政府投资性基金、银行贷款和极为有限的风险投资等，这些传统的融资方式远不能满足高新技术行业对资金的渴望。

（一）传统融资方式

1. 政府研发基金或创新基金支持有限

科研院所通常主要从国家和地方政府的相关部门申请科研经费，如国家的重点研发计划，省、市的科研计划等。科研经费自新中国成立以来一直是科研院所最直接和稳定的资金来源。近些年，随着国家在科技投入上的增加，尤其是在科技成果转化上投入的增加，科研经费不论从种类上还是从单笔的数额上都有了很大的增长。科研院所作为科研经费长久以来最直接的受益者，在科研经费的申请上具有先天的优势。但它也有很大的弊端，同样不能满足成果转化的资金需求。国家科技经费相对于产业化所需的资金规模而言相对数量有限，且多数只针对科研院所。为了促进成果转化、体现企业是科研的主体，国家科研经费也逐渐向企业倾斜，但通常需要企业进行同等资金的投入相匹配，并未缓解初创期高科技企业的资金压力。

2. 银行贷款门槛高

传统的银行贷款在注重收益的同时更关注资金安全，这一性质注定不能在科技成果转化期起到雪中送炭的作用。科技转化债权融资主要来自商业银行、小额贷款公司等机构的贷款。商业银行经营的原则是安全性、流动性、盈利性，那些能够提供足够抵押担保，或者信用评级较高的大型企业更受到银行的青睐，而成果转化项目和企业具有轻资产、高成长、高风险的特点，导致银行对其贷款存在天然屏障。对银行来讲，小微企业不仅资产少、信用低、抵押担保能力低，而且其融资频率高、数额小、周期短，这就会增加银行的信贷风险和操作成本。

3. 自筹资金不足

由于我国风险投资体系尚不完善，政府主导的扶持性基金不能完全按照市场化运作；同时，高科技项目的高风险性、长期性、信息的不对称性及退出难等问题，使得在成果转化期很难有大量的资金进入。通常，早期进入的是技术的发明人、发明人的同学朋友等其他个人投资者、产业链上下游小规模企业等，他们做了真正的天使投资人，但资金额度不大，并不能根本解决成果转化问题，也承担了很大的风险。

（二）科技成果转化不同阶段的融资方案选择

传统的思维认为融资就是筹措资金，而对于科技成果转化融资而言，提高成果转化效率的关键是融资方案的选择，而非仅为资金本身。融资设计，即融资方案，它的内涵涉及十分广泛。融资方案一般是在投资估算的基础上，研究拟建项目所需资金的获得渠道、融资形式、融资结构、融资成本、融资风险，比选推荐项目的融资方案。因此，我们的科技成果转化项目在融资时需要依次充分考虑：项目总的投资估算；各阶段的融资需求；不同融资方式的成本等特点对比；融资时机的选择和融资时间安排；选择债权融资、股权融资还是其他融资产品，哪些机构和个人属于潜在投资人；投资人除了资金，还能为科技成果转化带来哪些补偿性资源；根据投融资双方的角色确定融资结构和控制权归属；融资风险评估。

科研院所科技成果转化方式以知识产权收益分享或作价投资设立产业化公司为主；从技术发展阶段上看，绝大多数技术成果完成中试阶段即开始酝酿设立产业化公司，也有一部分技术选择完成工业化试验后设立公司，这一时机的选择差异使科技成果产业化融资主体或是科研院所或是技术成果转化公司。他们的融资阶段和融资方式不尽相同。科研院所主要经历的是小试、中试，也有少数工业化示范仍以科研院所为主体进行。由于国家对国有资产的管理相关规定要求，科研院所不允许以科研成果转化进行债权融资，所以科研院所为主体主要进行以知识产权、股权融资为主；而产业化公司的融资工作除了体现在中试、工业化技术研发以外，还需负责公司初创期的产品推广和销售的资金筹措工作。下面根据科技成果转化阶段分别分析各自的融资方案的选择。

1. 研发期

这一技术阶段，基本上在科研院所内部完成，根据研发期的资金需求小和高风险性使得其获得外部资金难度较大，与之相匹配的融资方式是国家科研经费和研究所自有资金。通常获得的单笔资金的数目较小，但是通常可以满足其种子期的资金需求。科研经费不需要资金形式的回报，自有资金也可以等待长期的回报，符合这一阶段资金回报的长期性的特点。科研经费对研发周期的调整具有较强的容忍度，自有资金也可以随时增加额外的补充，符合种子期资金需求灵活性的特点。而且最重要的是科研院所在科研经费的申请上比企业更具有优势，获得资金相对比较容易。所以在种子期应该选择这两种融资方式，特点是无成本，无退出时限要求，形成国有股权。目前，这一环节的运作是相对顺畅的。

2. 中试期

中试期阶段有的在科研院所内部完成，有的已经通过首轮融资与天使投资人合作将技术转移至产业化公司，但同样并未完成技术的转化和完善工作。该阶段融资要素具有以下特点：

（1）资金需求。中试期需要进行深入开发和对应的资金投入，技术风险仍然较高，存在着新产品生产要素组合和技术效果的不确定性，新产品能否满足社会的需求，市场定位是否准确往往需要通过较长时间的观察才能确定，与之匹配的资金投入也相应加大，如人力投入、各种测试、认证及试产和市场调研等投入，资金需求量较研发有明显增加。

（2）投资方。此阶段的投资人以个人投资者、产业链条上的企业为主。

（3）融资方式。因这一阶段的风险收益特性与第一阶段类似，仍然吸引不到稳健型资金的投入。有的项目选择依靠科研院所自有资金继续维持进一步的研发，酝酿工业化阶段的融资；有的项目选择通过共享知识产权收益或共同设立产业化公司两种形式启动外部融资工作，吸引投资者参与到成果转化中。

（4）融资风险。这一阶段的融资方案非常重要，涉及合作方的选择、融资额及控制权等方面的问题会在以后的成果转化阶段产生重大影响。在很多现实融资案例中，融资方经常因没有提前做好融资时间安排，待资金紧张时才启动融资工作，因对资金的迫切渴望而忽视了合作方的选择，为后续融资和产业化运作埋下隐患；有的融资方在融资时对融资规模预计不足，致使中试尚未完成，资金已经耗尽，遇到进退两难的融资困境；部分融资方由于定位不清楚，项目失去控制，出现技术方得不到有效激励等问题。

综合上述特点，这一阶段的第一次外部融资，融资方的融资方案应致力于首先寻找志同道合的合作伙伴，投资人充分了解高科技行业风险，与技术方一样对技术的市场前景充满信心，有创业热情；其次双方共同准确测算融资额，由技术方主导技术发展方向，资金供给方通过给技术方提出一定的指标要求来敦促技术进展。这一轮融资，通常体现为签订技术开发合同或者设立产业化公司。

3. 工业化示范期及公司初创期

工业化示范期和公司的初创期是分别从技术和公司运营角度区分阶段，通常这两者处于同一时间段同时进行。主要的表现为工业化示范及成果的量化生产和市场推广。该阶段主要的融资要素具有以下特征：

（1）资金需求。经过前两阶段的技术完善和市场调研工作，进入这个时期的项目产业化目标明确，技术风险较低，但仍存在较高的市场风险，需要大量的资金满足包括固定资产投资、原材料采购、人力资本投入、市场开拓等。无论是否已成立公司，此时取得外部融资仍然很困难。现金流主要依靠前期投资人投入来维持。

（2）投资方。处于该阶段的有的是第一次进行融资，有的项目已经成立了产业化公司，属于第二次融资。主要的投资方有长期跟踪项目或产业内合作过的上下游企业、风险投资机构、个人投资者、追加投资的原始投资人。

（3）融资方式。项目主要以股权融资为主，债权融资等方式为辅。在这一时期，银行贷款极少进入，除非依靠强大的原始投资人即原始股东以自己的信用或其他资产作为抵押，为企业提供银行贷款或者以股东自有资金为企业提供商业贷款。

（4）融资风险。

①融资方没有充分分析自己在产业化过程中的优劣势，明确在产业化公司中的定位，过高估计知识产权价值致使迟迟吸引不到投资人进入。

②降低融资额度以吸引投资者，使公司短期内再次陷入资金困境。

③饥不择食，选择纯粹追求快进快出的基金进入，签订对赌协议致使偏离公司正常的发展方向。

④选择只有资金而无其他补偿性资源的投资人，延误了技术推广和占领市场的最佳时机。

⑤融资方案需要充分考虑第一轮天使投资人的利益，否则融资工作无法顺利进行。

在项目工业化示范期及公司初创期，市场前景较好的技术成果，已经陆续有具备敏锐眼光的投资人和基金机构开始跟踪，并抛出橄榄枝；这时融资方需要根据项目的未来发展和资源需求确定融资方选择，并设计好股权结构和决策机制。部分受行业等因素影响，暂时没有显现出发展态势的项目，需要与产业上下游企业保持联系，适时进行市场推广，争取到融资机会。

4. 公司发展期

这一阶段，科技成果已经基本完成由科研院所向商品市场的转化。公司技术相对成熟，产品已经开始有收益，市场份额在稳步提升、技术和财务一级市场风险已大大降低。这一时期的融资已经可以按照市场经济规律进行，对应的融资方式也相对成熟，可以通过债权、引进战略投资者、进入资本市场等方式融资，面临着与所有企业同样的机遇和挑战，这里不赘述。要强调

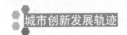

的是，前几个阶段融资方案的选择对企业的正负影响会一直持续下去。

在实际与资金提供方的接触中，投资人因投资目的不同，表现出不同的特性，融资人可根据项目需求选择合作伙伴（表4-3）。

表4-3 投资人特点比较

投资方	优势	劣势	风险
产业链上下游企业	资金、人才、市场资源充足	寻找、谈判时间长，一般要求控制权	融资时间长，合作的不确定性大
个人投资者	勇于吃螃蟹	资金等资源相对匮乏	容易发生股东间矛盾
风险投资机构	资金充裕，决策快，规范管理和资本运作经验丰富	追求短期收益，转化前期不会介入，无行业资源	逐利性的本质可能使企业管理者不能着眼于企业的自身发展
政府基金	成本低	决策慢；金额少	国有资产相关管理规定的束缚，提高企业管理成本
银行	无合作问题	融资难，成本高，多为短期贷款	偿债风险

（三）创新融资体系探索

显然，传统融资方式与科技成果特点的不匹配，可能使融资方饥不择食，做出了很多无可奈何的融资方案选择，这一点对科技成果转化的影响有时是致命的。科技创新和产业化需要金融支持，同时也为金融体系的创新发展拓展了空间。只有坚持金融和科创"双轮驱动"，科技才能更好地为国家经济发展服务。为此，国家、地方政府都在积极制定并出台相应的指导意见，旨在加快建立多元化、多层次、多渠道的科技投融资体系，引导金融资本和民间投资通过多种形式参与和支持科技创新创业，促进科技成果资本化、产业化，为建设国家创新体系提供资本支撑。

科技金融工作创新探索主要从地方政府参与、间接融资机构改革、引导直接投资进入、保险体系保障、加强和完善中介机构建设等几个层面着手，以期形成完整的科技金融服务体系，保障科技创新成果转化的顺利进行。由于科技成果转化的长期性、风险性，其金融创新的核心思想是分担直接投资机构或间接金融机构的风险，保障投资收益，投资机构和银行仍为主要融资方，政府政策支持与资金的引导是关键，其他关联体为降低风险和资金安全提供保障。创新融资体系的探索工作主要从以下几个方面着手。

1. 间接融资机构创新——提高承担风险能力，保障资金安全

（1）提倡银行业金融机构设立从事股权投资的全资子公司，开展投贷联动融资服务方式创新；引导民营企业发起设立股权分散的科技银行等民营银行。科技银行是指专门为高科技企业提供融资服务的银行行为，主要开展无形资产抵押贷款、企业股权抵押贷款、个人信誉担保贷款等。

（2）设立政策性融资担保机构（基金），与商业性融资担保机构合作，为科技型中小企业提供信用增进服务，打造中小微企业融资担保和再担保体系。

2. 股权投资机构创新——多层次参与，收益风险共担

（1）发挥政府引导基金的引导和放大作用，带动更多社会资本发起设立创业投资、股权投资和天使投资，缓解科技创新项目转化前期的资金来源问题；建设私募股权投资基金份额报价转让系统，丰富股权投资基金市场退出渠道。

（2）开发科技创新特点的保险产品和服务。建立和完善科技保险体系，创新科技保险产品，为科技企业提供贷款保障；创新保险资金运用方式，支持保险资金为科技创新提供长期、稳定的资金支持。鼓励保险机构开发首台（套）重大技术装备、关键研发设备的财产保险、产品责任保险、产品质量保证保险、专利保险等符合科技创新企业需求的保险产品等。

（3）引导、支持中介机构依法合规开展股权众筹业务，支持各类股权众筹融资平台创新业务模式、拓展业务领域，推动符合条件的科技创新企业通过股权众筹融资平台募集资金。

3. 科技转化中介机构创新——架起科技孵化和金融创新融合发展的桥梁

加强创新创业服务平台与金融机构加强合作。发挥创新创业服务平台的桥梁作用，支持孵化器与天使投资、创业投资、金融机构等开展合作，提供创新投融资服务；鼓励科研院所和科技园区利用熟悉成果转化项目和科技创新企业的优势，建立科技创新项目数据库，搭建科技孵化平台，积极推广科技孵化项目，并在技术评估、股权设计、融资方选择、创业辅导等方面提供专业的服务。

【案例】中国科学院大连化学物理研究所科技成果转化项目融资分析

全钒液流储能电池项目融资案例

中国科学院大连化学物理研究所（以下简称大连化物所）是国内较早从事液流储能电池技术研发的单位之一。早在 2000 年，张华民研究员的研究团队就开始筹措经费，布局大规模电化学储能技术研究。2005 年，在国家科技

部"863"计划项目的支持下，大连化物所成功研制出当时国内规模最大的10千瓦全钒液流电池储能系统，填补了国内液流电池储能系统技术的空白，迈出了全钒液流电池储能技术应用的第一步。2006年，作为国际四大高纯钒化学品生产商之一的博融（大连）产业投资有限公司来到大连化物所，对该项目产生浓厚兴趣，并预期未来化学储能在蓄电领域将有广阔的市场空间，同年，博融公司投资400万与大连化物所合作成立了"液流储能电池联合研发中心"，双方签订技术开发合同，约定形成知识产权收益的分享比例，大连化物所占近8成。2008年，研发团队成功开发出额定输出功率为10千瓦的电堆，并集成出当时国内首台最大规模的100千瓦时/200千瓦时全钒液流储能电池系统，该成果引起国内有关研究单位、企业和电网公司的兴趣和重视，并推动全钒液流电池进入示范应用的新阶段。2008年，博融公司投资近1400万元与大连化物所共同创立了大连融科储能技术发展有限公司，希望能以这种企业化的运作方式，加速推进全钒液流电池实验室技术的工程化和产业化。

储能产业成本高、投资大、前期市场认可程度低是实现大规模产业化的重要阻力之一。2012年，博融公司再次增资近2000万元，为融科公司购置工业化的厂房、设备，并以博融持有的股权和土地为抵押物在银行借款流动资金3000万，确保项目产业化顺利进行。2013年，全球最大规模的5兆瓦时/10兆瓦时全钒液流电池储能系统应用示范工程通过辽宁电力勘测设计院验收，并全面投入运行。年末，融科储能在大连市的普湾新区投资设立全钒液流电池储能装备产业化基地。截至2014年，公司总资产2.85亿，销售收入达4000万元，盈利400万元。目前公司仍处于产业化发展初期，且国家电网存在一定的进入壁垒，企业合理的利润空间无法得到保证，需要政府在市场开发前期，加大对储能用户在电价补税收、贷款贴息等方面的产业政策支持，将该项技术能够尽快推向市场。

持续的基础研究与创新是技术提升与领先的重要保证，在此基础上的有效工程化与产品化技术开发是科研成果转化的重要环节，两者缺一不可，必须紧密结合。大连化物所和融科储能的技术开发在统一协调下，发挥各自的优势，无论在任务执行还是团队建设上，既进行有效分工，又做到有机结合。大连化物所研发团队侧重全钒液流电池关键材料、核心技术以及新一代高性能全钒液流电池电堆技术的开发。融科储能团队侧重于全钒液流电池材料和电堆的批量化、产业化生产技术开发、大规模储能系统的设计和集成、电池管理系统、能量控制策略的开发以及为客户提供定制化的储能解决方案等。

另外，双方通过联合建设工程研究中心和国家能源局国家能源液流储能电池技术重点实验室，联合申报国家科研项目、培养人才等多种模式，实现了产、学、研、用（户）的有效结合，并建立起稳定、完善、长效的合作机制、协调机制和利益分配机制。

大连化物所全钒液流储能电池的融资过程是科研院所知识产权融资的成功典范。目前，国家能源局正在组织编写储能产业的"十三五"规划。目前储能产业在我国还处于初级阶段，技术成本高、运营模式不成熟、经济性难以衡量是阻碍其产业化的主要原因。不过，储能产业在迫切的终端实际应用需求、随成本下降逐渐体现的经济性、强力政策支持三大驱动力下，未来可能具有爆发式增长机会。电网储能应用领域广泛，市场空间巨大，潜在市场空间达数千亿元。

大连凯特利催化工程技术有限公司融资案例

大连凯特利催化工程技术有限公司是大连化物所催化剂领域科技成果转化的先行者。它的前身是大连普瑞特化工科技有限公司，成立于 2005 年 1 月，是大连化物所以具有自主知识产权的工业气体净化专利技术成果转化设立的产业化公司。主要从事超纯气体纯化技术的研制与开发，公司以大连化物所的催化技术为依托，研制了多种气体纯化催化剂、脱氧剂、吸附剂，并在此基础上开发了多个系列的氮、氩、氧超纯气体纯化装置和变压吸附制氢装置、制氮装置。目前产品已广泛应用于石油化工、电子、冶金、气体、分析、光伏太阳能等多个行业近千家单位。公司设立时注册资本 800 万，其中大连化物所技术作价 245 万，中国科学院国有资产经营有限责任公司投资 100 万现金，技术骨干人员出资 455 万现金，由此该技术完成了第一轮成果转化外部融资。

2008 年，为满足公司工业化规模化生产需要，公司开始筹措资金，向原股东进行内部融资，同时引进中国科技产业投资管理有限公司（股权投资类公司），共融资近 800 万元，公司注册资金增加至 1200 万元，完成了土地、厂房、工业设备以及生产材料的购置。随后，公司迅速发展壮大。2010 年，为整合优势资源，将催化剂产业做大做强，大连普瑞特化工科技有限公司吸收合并大连圣迈化学有限公司所有股权，同时更名为大连凯特利催化工程技术有限公司，公司注册资金增加至 3216 万元，完成了第三轮的股份结构优化调整。同时 2008 年以后，凯特利公司通过银行信用贷款，每年融资 1500 万～3000 万的流动资金。2013 年，公司开始启动新三板上市工作，以期借助资本市场的强大融资功能将国家催化工程技术中心、凯特利公司做大做强，树立科研促进产业、产业反哺科研的良性产业化运作机制的优秀典范。

四、促进科技成果产业化市场化改革建议

投资是经济增长的"三驾马车"之一。在当前我国经济面临较大下行压力的背景下，投资对"稳增长"发挥着关键性作用。有效投资是指经济体系中的投资资源能够得到合理地配置，投资所产生的产出能满足社会的需要而不是形成新增存货和积压。随着社会的发展，我们对有效投资概念的认识也在逐步加深，高污染、高能耗、高排放的粗放式的盲目投资已经大大减少。取而代之，增强人才、科技投资理念，加大对研发新技术、开发新产品、研制新材料的投入，加强对传统产业的改造提升，增强知识要素投入，弥补土地、环境容量、能源等资源要素的不足，加快从物质资本投入带动向人才技术和知识资本驱动转变，提升要素生产率，才能真正提高有效投融资能力，促进社会、经济、环境的协调发展。

（一）科技成果转化对社会有效投融资的带动效应

科技成果转化对社会有效投融资的带动效应体现在以下两个方面。

一方面，科技成果转化对金融体制改革的需求，促进区域投融资体系的不断完善，形成以融资带投资，以投资促发展，对推动经济社会的良性发展具有十分重要的现实意义。增强社会有效投融资能力的关键，是加快建立完善符合市场经济要求的投融资体系，使之真正在区域经济社会建设中发挥好配置资源、调节经济、服务发展的功能，从而带动区域投资和金融环境的整体优化，提高生产要素的整合运用效率，促进区域经济社会健康可持续发展。投融资体系是一个系统工程，是一个内部要素相互配合的有机体，涉及投融资主体、投融资方式、投融资渠道、投融资工具、投融资载体、投融资制度等要素。只有通过对投融资体系内的各个要素进行有效配置和科学集成，即投融资体系建设，才能充分发挥每个要素的积极作用，产生系统整体功能的最佳效果，形成有效发挥投资的源动力、融资的助动力、功能的推动力统一体，从而达到推动经济社会持续、健康发展的目的。科技成果转化过程漫长而复杂，客观上要求建立创新投资运营机制，扩大社会资本的投资途径；优化政府投资使用方向和方式，发挥引导带动作用；创新融资方式，拓

宽融资渠道。只有建立起完善的投融资体系才能保证科技成果转化的资金渠道畅通。因此，科技成果转化对投融资体系建设的客观要求，必须促进社会有效投融资能力的加强。

另一方面，科技成果转化促进区域经济发展，带动各项生产要素的投融资增长，形成高科技产业集群。根据经济学原理，决定经济增长的因素主要有劳动、生产资料和科技水平等。科技进步对经济增长的作用，在一定意义上是通过科技成果转化为现实生产力来实现。科技成果转化为现实生产力不仅促进经济的增长，而且引起产业结构的变化。科技产生高附加价值，高技术产业可看成是一种科技成果转化所形成的产业。我国近年来研发的超级计算机、北斗系统、智能电网、3D打印、智能机器人、先进生物制造这些先进科技成果无一不形成产业，带动社会各项生产要素的投融资发展。以大连化物所研发成功的甲醇制烯烃技术为例，它的成功工业化已经形成一个大的产业，涉及上下游产业链的资源利用、产能布局等诸多方面，甚至关系到我国的能源发展战略。甲醇制烯烃装置的建成，极大地推动了甲醇制烯烃产业的发展。预计目前许可的20套装置建成投产后，对上游企业，将形成3000万吨/年甲醇的消耗量，极大地缓解了我国甲醇过剩的局面；对下游企业，将形成1000万吨/年烯烃的生产规模，同时拉动聚烯烃、乙二醇、聚氯乙烯等相关产业的迅速发展，预计将拉动超过2500亿元的投资，形成1500亿元的工业年产值。正大材料公司采用大连化物所技术生产的甲醇制烯烃催化剂，2014年实现销售收入8亿元，为8套甲醇制烯烃装置提供催化剂，累计拉动投资超700亿元，实现销售收入近500亿元。2015年，为深化与地方政府的合作、促进科研成果转化、服务地方经济，大连化物所提出充分利用大连化物所和大连高校的研发能力和技术优势，共同打造大连"世界催化之都"。催化产业的发展将有效带动大连相关领域的投融资能力。届时，将大力推动催化产业的升级改造，拉动投资近1000亿元，实现新增工业产值约700亿元/年。据统计，催化剂产业可以撬动上下游近200倍的产值。由此可见，科学成果真实地带动着国家新兴产业的发展和传统产业的结构升级，有效带动区域投融资能力，促进经济发展。

（二）科技成果产业化促进社会有效投融资能力的改革建议

我们正处于一个大变革的时代，科学技术是这场大变革的关键。大数据、智能制造、无线网络等重要技术变革，如同20世纪初电气化、电话、汽车、不锈钢和无线电放大器的发明一样，正在引发新的产业革命，创造新一轮经济繁荣。面对这样一种形势，旧的观念、体制、法律法规、具体措施已经不再适用，需要重新梳理符合新经济特点的新理念、新秩序、新方法，才能在未来发展中占据制高点、赢得主动权。

1. 政府对科技成果需要转变监管观念

科技创新行为促进经济结构升级和社会良性发展，不违反人类道德伦理的科技创新均应该被鼓励、被引导，政府对待科技成果转化应该变监管角色为引导和扶持。主动搭建起符合科技成果转化的经济、政策、人才、服务的完整转化体系，使科技创造和成果的产生转化成为经济社会的新常态。科学技术成果就像新生命一样，可能它们的质量参差不齐，有的能够长成参天大树，有的可能会夭折。但它们都需要一个出生的权利、一个好的生存环境，它们是新时代的有机生命体，就像儿童是我们社会的未来，政府需要给予更多的是关爱和关注，而不是管理。

2. 推进科技成果转化体系建设

成熟的转化体系为科技成果转化为生产力提供了良好的生存环境。科技成果转化的主体是科技成果发明人、所有权人和承接科技成果转化的主体，保证成果转化的资源配置，充分考虑三者的风险收益问题，激励转化主体的积极性，是构建转化体系的基本出发点和根本前提。政府支持、金融改革、政策配套、服务平台的搭建是科技成果转化体系构建工作的核心。

3. 改革科研评价体系，加大科技投入

改革科技评价体系，加大科技投入是提升科技成果的产出率和质量的源头。科研机构对从事应用技术研究人员、从事科技产业和科技成果转化工作的绩效评价不尽合理。转变观念，健全人才考核评价和职称评定制度，将科技成果和产业化等指标作为评价的重要依据将有效促进科技成果的产出比率。提升科技成果的含金量，更加注重创新要素投入，关键在科技，核心在人才，基础在教育。因此，必须持续不断地加大教育投入、人才队伍建设投入及科技研发资金和设备的投入，从而提升研发实力，确保科技成果的质量。

五、研究结论与建议

国立科研院所是我国科学研究和开发的重要力量之一，和其他部门一样，科技成果转化率低是制约科学研究转化为现实生产力的主要原因之一。

融资问题是造成科研院所科技成果转化率低的重要因素之一,其表现形式有融资方式较少,融资结构不合理,以及缺乏整体的融资规划。各种融资方式都可以成为科研院所科技成果转化的资金来源,但是不同融资方式的融资成本和对风险的认识的不同适用于科技成果转化的不同阶段。科技成果转化是一个长期的过程,各个阶段目的的不同使得融资需求也各不相同,融资的整体规划和各阶段资金需求与融资方式的匹配是解决融资问题的关键,主要包括如下方面:①启动融资工作的时机和具体工作时间安排;②分析项目现有资源和发展所需补充的资源;③根据项目发展确定融资规模;④根据不同融资主体承受风险强弱确定投资人范围,从强至弱依次为上下游企业——政府基金——政府基金+风险投资——风险投资+政府担保(保险)——风险投资—个人投资者——政府担保+银行贷款——知识产权抵押贷款——其他小额贷款,同时兼顾其他补充资源的引进;⑤确定融资结构:大于还是小于50%,是否是第一大股东,是否具有一票否决权;⑥评估风险与成本。

社会投融资模式的创新将为科技成果转化提供宽松的投融资环境,为项目的投融资规划提供多元化选择,有效提高科技成果转化效率,从而提升社会投融资能力。所以,产业化投融资模式的创新就显得至关重要。针对科技成果转化需求,建议通过以下几方面的工作,不断创新、完善大连的产业化投融资模式。

(1)开展以提高承担风险能力、保障资金安全为目的间接融资机构创新。提倡银行业金融机构设立从事股权投资的全资子公司,开展投贷联动融资服务方式创新。引导民营企业发起设立股权分散的科技银行等民营银行。设立政策性融资担保机构(基金),与商业性融资担保机构合作,为科技型中小企业提供信用增进服务,打造中小微企业融资担保和再担保体系。

(2)开展以多层次参与、收益风险共担的股权投资机构创新。发挥政府引导基金的引导和放大作用,带动更多社会资本发起设立创业投资、股权投资和天使投资,缓解科技创新项目转化前期的资金来源问题。建设私募股权投资基金份额报价转让系统,丰富股权投资基金市场退出渠道。开发科技创新特点的保险产品和服务,建立和完善科技保险体系,创新科技保险产品,为科技企业提供贷款保障。引导、支持中介机构依法合规开展股权众筹业务,支持各类股权众筹融资平台创新业务模式、拓展业务领域,推动符合条件的科技创新企业通过股权众筹融资平台募集资金。

(3)开展科技转化中介机构创新,发挥科技孵化和金融创新融合发展的桥梁作用。加强创新创业服务平台与金融机构合作,支持孵化器与天使投资、创业投资、金融机构等开展合作，提供创新投融资服务。鼓励科研院所和科技园区利用熟悉成果转化项目和科技创新企业的优势，建立科技创新项目数据库，搭建科技孵化平台，积极推广科技孵化项目，并在技术评估、股权设计、融资方选择、创业辅导等方面提供专业的服务。

综上所述，融资是一个系统工程，针对科技成果转化不同阶段有针对性地制定组合融资方案解决融资瓶颈，是提高融资效率的有效途径。同时，区域投融资模式的完善、转化服务人才与机构的建设为科技成果融资提供政策和条件保障，二者缺一不可。积极开展投融资模式创新，可以打破科技成果产业化瓶颈，加快科技成果产业化的进程，提高产业化成功率，切实服务于经济发展。

（张　涛　冯埃生　徐　刚　徐　涛）

第五章
产业结构演进与城市功能提升

城市的创新发展最终是形成高水平的结构转换能力。结构转换的取向是城市功能定位和竞争力提升。大连产业结构演进的主攻方向是，增强大连东北亚国际航运中心、国际贸易中心、国际物流中心和区域性金融中心的带动作用。调整存量、优化增量并行推进，加快调整优化传统产业和培育发展战略性新兴产业，着力提升城市的产业能级和区域辐射带动能力。

第一节　如何看待和评价传统产业

从微观主体看，作为任何一个企业，在远景目标规划时都是要打造百年基业。那么，从历史发展空间中创新思维来看待和评价传统产业，显得非常重要。

一、结构的演进

工业化是各产业协调发展、产业结构逐步升级的过程，而不是单单工业经济的发展过程，一般要经过农业、轻工业、重工业、高科技产业发展等若干个阶段。重工业化是工业化进入中后期阶段工业内部结构演变的一般规律，也就是从生活资料生产到生产资料生产的工业化过程。

新型工业化道路的提出，有别于发达国家先行工业化所走过的道路，有别于我们国家过去所走过的工业化道路，走的是科技含量高、经济效益好、资源消耗低、环境污染少、人力资源优势得到充分发挥的工业化新路子。

从产业结构演进和大连产业基础构成看，城市经济的发展离不开传统产业的基础和演进发展。在大连工业发展史上，尤其是新中国成立后，国家工业化建设布局形成了以机械制造、钢铁、石化等产业为支撑的产业体系。改革开放特别是国家振兴东北地区等老工业基地以来，大连依托这些传统产业基础，逐步形成以石化、先进装备制造、造船等为支柱的传统优势产业。从中看到，一方面传统产业有升级发展和淘汰落后的过程；另一方面，伴随新技术开发和应用，新兴产业的培育发展也需要传统产业体系提供必要的人力、技术和制造加工等方面的支持和支撑。

大连工业发展经验表明，在产业结构演进中，传统优势产业在支撑经济增长中发挥了重要作用，特别是历经宏观环境条件下经济危机的冲击，依托传统优势产业基础、环境和影响力，培育发展新兴产业，进一步接续和形成新的增长动力。

二、关于产能过剩

对于产能过剩问题，现在说得不少。其实过剩和短缺是市场的产物，因为有短缺就有过剩。现在面临的过剩问题，已经成为转型升级需要解决的最棘手的问题。其中有的是结构性过剩，有的是周期性过剩。关于产能过剩问题，国际有个通行的标准，一般正常情况是产能利用率在80% ~ 85%。目前，我国一些产业的利用率在70% ~ 75%，处于比较严重的产能结构性过剩状态。例如，我国的造船能力有1.2亿吨左右，而全球需求总计只有8000万吨。再如，我国风电制造能力超过了3000万千瓦，已经超出了国内需求的一半以上。一方面，这种产能过剩是国际市场因金融危机导致长期萎缩和国内长期以来投资导向型发展模式叠加影响所致；另一方面，目前产能过剩的主要特点是产业发展中的结构性过剩。产能过剩的结果将会影响社会资本的流向，对金融业支持发展实体经济和下一轮结构调整会产生一些不利影响。同时还会引发行业恶性竞争，企业效益下滑，进一步导致企业间资金拖欠等问题发生，如果控制不好会引发经济的波动和危机。

要解决产能过剩的问题，从理论上讲，必须要进一步拓展新的市场空间和有效投资空间，加快消化一些产能过剩问题。而要从根本上解决问题，就必须依靠科技创新为根本动力，提升产品技术含量和产品质量，形成优质产能和新的优势产能，以解决新供需的平衡问题。

三、几点认识和结论

在产业结构优化升级中，一方面要优化存量，增强传统产业新的竞争优势；另一方面是调整增量，培育发展新兴产业。其中，这个新兴产业，一方面是新技术产业化的结果；另一方面是依托传统优势产业改造的升级版或培育的新兴产业，如造船业与海洋工程产业、先进装备制造业与航空产业之间的关系等。

如果在产业存量优化和增量调整中思路有所偏颇，政策没有及时跟进，可能会导致生产力提升速度放缓，其结果也将会影响产业竞争力提升甚至会出现新的产能过剩等问题。

面临经济下行压力加大情况下，既要消化产能过剩，又要加快解决增长动力接续问题。对此，一方面，必须立足当前，着眼长远，创新发展理念，适度调速，回归本位，并保持经济增速在合理区间；另一方面，要稳定社会投资预期，因企施策，把调存量、优增量并行推进。同时消化产能过剩要落到地区、落实到具体产业上。这是当前城市经济稳增长、化风险、调结构、增动力的重要任务。

深刻认识经济转型的客观规律和内在要求，把握城市经济现阶段的发展要求和政策需求，须注意有以下几个问题。

（一）关于驱动模式转换的背后

发达国家是在进入工业化阶段、制造业快速发展中，逐步确立了经济大国的主导地位。工业化经验表明，先进制造业是一个国家和地区经济进入创新驱动发展阶段的主导力量。

提升制造业新增长动力和新竞争力，一直是发达国家在工业化阶段实现产业转型升级的主攻方向和重点任务。

如果在这一阶段妥善处理好制造业与服务业发展的协调问题，逐步形成服务经济产业结构，就有利于实现经济转型。否则，容易跳入后工业化的陷阱，经济增长缺乏后续增长动力和可持续发展能力。

（二）关于老工业基地城市的转型

中国经济发展步入新常态，东北经济正面临寒冬的考验。

当跳出东北地区放眼全国去看就会发现：2008年国际金融危机爆发之时，国内主要是在广东等沿海经济比较发达的地区反应比较快、影响也比较明显。

当时，广东、上海开始纷纷"腾笼换鸟"、调低增速、加快转型。同时这些城市历史上形成发展的高新技术产业比例比较大。

东北地区传统产业比例大，对于投资驱动比较依赖，经济转型相对这些城市也较滞后一些。

如何把产业基础优势转化为新的发展和竞争优势？

对于东北经济基础在传统优势产业，今后转型的重点也在此，但必须要依靠而不依赖的思想，有破有立，加快构建现代产业体系。

靠深化改革开放，抓住倒逼的机遇，从传统优势产业中要新增长点、新动力，加快全产业链创新，促进二三产业融合，发展混合所有制经济，放活民营经济，加快传统优势产业升级和培育发展战略性新兴产业。

紧跟国家战略，深入落实中央提出的支持东北地区新振兴战略和政策，把握新的领域投资机会，主动承接国家重大基础设施项目建设，以及陆续推出的一批高科技产业项目，在新一轮振兴发展中，抓机遇、立潮头，加快转型发展和实现全面振兴步伐，使经济尽快步入良性发展轨道。

（三）关于确立创新效率型经济模式

面对中国经济发展进入新常态，城市转型发展必须注重创新、注重效率，"创新"和"效率"将成为驱动经济顺利转型的"两个核心要素"。总的思路是，加快推动先进制造业和现代服务业融合发展，逐步形成以服务经济为主的产业结构，打造具有国际竞争力的现代产业体系。

第一，加快发展先导型产业。抓住智能、绿色、低碳、可持续为主要特征科技革命和产业变革带来的机遇，重点发展以新一代信息技术应用及其产业融合为引领的互联网经济、智能制造、软件与信息服务、健康服务等产业。加快发展壮大业已形成产业布局的新能源、新材料、节能环保、文化创意等产业。

第二，夯实提升功能型产业。以增强大连东北亚国际航运中心、国际贸易中心、国际物流中心和区域性金融中心服务功能和辐射带动作用，优先发展金融、物流、研发设计等生产性服务业。加快国际国内知名企业总部、研发机构集聚。抓住健康旅游、网络平台升级有利契机，推进旅游休闲、新型消费、便利商业等新业态、新方式的生活性服务业发展。

第三，发展壮大支柱型产业。要改造提升传统优势产业、加快培育发展战略性新兴产业，支持企业向产业链两端延伸、向新兴产业领域进军，推进制造业向智能化、服务化发展，创新全产业链，做大产业规模，做强产业实力和竞争力，着力向打造千亿级产业集群方向发展。

（李正群）

第二节 装备制造业的转型发展

随着信息技术与先进制造技术的高速发展，我国智能装备制造业发展的广度和深度日益提升。我国自 2009 年 5 月《装备制造业调整和振兴规划》（国发〔2009〕11 号）出台以来，国家对智能装备制造业的政策支持力度不断加大。2010 年 10 月，《国务院关于加快培育和发展战略性新兴产业的决定》（国发〔2010〕32 号）明确提出要加大培育和发展高端装备制造业等七大战略性新兴产业，并将智能装备制造业列为高端装备制造产业的重点方向之一。2012 年，国家有关部委集中出台了一系列规划和专项政策，使得我国智能装备制造业的发展轮廓进一步明晰，明确把智能装备制造业作为高端装备制造业的发展重点领域，以实现制造过程智能化为目标，以突破九大关键智能基础共性技术为支撑，以推进八项智能测控装置与部件的研发和产业化为核心，以提升八类重大智能制造装备集成创新能力为重点，促进在国民经济六大重点领域的示范应用推广。2015 年 5 月 8 日，国务院印发《中国制造2025》发展规划，进一步要求：加快推动新一代信息技术与制造技术融合发展，把智能制造作为两化深度融合的主攻方向；着力发展智能装备和智能产品，推进生产过程智能化，培育新型生产方式，全面提升企业研发、生产、管理和服务的智能化水平。

作为我国东北老工业基地的重要城市之一，大连市自新中国成立以来形成了雄厚的装备制造业基础，总体规模在东北地区处于领先的地位。近年来，大连市依托装备制造产业集群优势，通过自主创新，不断调整产品结构，推动传统产业升级，促进装备制造业向智能化发展。同时，大连市智能装备制造业发展也存在一些现实问题，例如，大连市智能装备制造业技术创新体系有待完善，自主研发能力有待提高；大连市智能装备制造产业集群缺乏规模优势和协同效应，没有形成完整的产业链；大连市智能装备制造业行业发展不均衡，在机床、智能生产线等领域优势较强，但在其他领域发展较弱等。

本节以智能装备制造产业背景为基础，借鉴和参考发达国家相关产业经验，从我国智能装备制造业发展现状分析入手，通过文献研究梳理我国发展智能装备制造业的历史沿革、政策导向、发展现状，明确我国智能制造业发展的主要方向和行业领域；进而，通过政府调研、企业走访，对大连市发展智能装备制造业的基础进行研究，分析大连市智能装备制造业发展的现实要求、基础条件、发展机遇与挑战；最后，提出大连市智能装备制造业发展的对策和建议。

一、智能制造装备产业概述

（一）智能制造的提出及其背景

制造业的发展先后经历了手工制作、流水线制造、自动化制造、柔性自动化和集成化制造、并行规划设计及敏捷化制造等阶段。就自动化制造（也称工业自动化）阶段而言，大致每十年上一个台阶：20世纪50～60年代是单机数控；70年代以后则是数控（CNC）机床及由它们组成的自动化孤岛；80年代出现了世界性的柔性自动化热潮（表5-1）。与此同时，出现了计算机集成制造，但与实用化相距甚远。

表 5-1　自动化制造发展进程表

时间	内容
20世纪60年代	单机数控
20世纪70年代	CNC机床及组成的自动化"孤岛"
20世纪80年代	世界性的柔性自动化热潮

20世纪80年代以来，先进的制造技术和计算机技术广泛应用于现代制造业，传统的设计方法和管理手段不能有效、迅速地解决现代制造系统中出现的新问题。于是，人们开始借助现代的工具和方法，利用各学科最新研究成果，通过将传统制造技术、人工智能科学、计算机技术与科学等有机集成，发展出一种新型的制造技术与系统，这便是智能制造技术（Intelligent Manufacturing Technology，IMT）与智能制造系统（Intelligent Manufacturing System，IMS），它们总称智能制造（Intelligent Manufacturing，IM）。

（二）智能制造发展历程及政策推进概述

智能制造在国际上尚无公认的定义，目前通常认为它是智能制造技术和智能制造系统的总称。智能制造的概念始于 20 世纪 80 年代末，首先由美国提出。1988 年，美国 New York 大学的 P.K.Wright 教授和 Carnegie-Mellon 大学的 D.A.Bourne 教授出版了 *Manufacturing Intelligence*（《智能制造》）一书，首次提出了智能制造的概念，并指出智能制造的目的是通过集成知识工程、制造软件系统、机器人视觉和机器控制对制造技工的技能和专家知识进行建模，以使智能机器人在没有人工干预的情况下进行小批量生产。1989 年，D.A.Bournne 组织完成了首台智能加工工作站（IMW）的样机，被认为是智能制造机器发展史的一个重要里程碑。

自美国提出智能制造的概念后，智能制造系统（IMS）一直受到众多国家的重视和关注，各国纷纷将 IMS 列为国家级计划并着力发展。例如，美国先进制造技术（Advanced Manufacturing Technology, AMT）发展战略（1991年）、美国先进制造技术计划（AMTP）（1993 年）、美国敏捷制造使能技术战略发展计划（Technologies Enabling Agile Manufacturing Strategic plan, TEAM）（1995 年）、韩国"高级先进技术国家计划"（简称 G-7 计划）（1991年）、德国"制造 2000 计划"、欧共体"ESPRIT"计划和"BRITE-EURAM"计划、日本 IMS 国际合作计划等。其中，最具影响力和代表性的当属日本的 IMS 国际合作计划，它是迄今已启动的制造领域内最大的一项国际合作计划。1991 年 1 月，日本、美国、加拿大、澳大利亚、瑞士、韩国和欧盟联合开展了 IMS 国际合作计划，总投资达 40 亿美元，计划的出台是为了克服柔性制造系统（FMS）、集成制造系统（CIMS）的局限性，把日本工厂和车间的专业技术与欧盟的精密工程技术、美国的系统技术充分地结合起来，开发出能使人和智能设备都不受生产操作和国界限制、彼此合作的高技术生产系统，该计划鼓励工业界、学术界和政府在现代制造技术领域进行广泛的研究与合作。IMS 的目标是要全面展望 21 世纪制造技术的发展趋势，先行开发下一代的制造技术，同时致力于全球制造信息、制造技术的体系化、标准化。进入 21 世纪以来，日本、美国、欧洲都将智能制造视为 21 世纪的制造技术和尖端科学，并认为其是国际制造业科技竞争的制高点，且有着巨大的利益，所以它们在该领域的科技协作频繁，投入庞大制造业力量参与研究计划。例如，2011 年，美国提出"先进制造业伙伴计划"（Advanced Manufacturing Partnership，AMP），2012 年发布"先进制造业国家战略计划"（National

Strategic Plan for Advanced Manufacturing）。

我国于 20 世纪 80 年代末将"智能模拟"列入国家科技发展规划的主要课题，已在专家系统、模式识别、机器人、汉语机器理解方面取得了一批成果。1993 年起，国家自然科学基金委员会每年适度资助智能制造方面的有关研究项目；国家制定的"九五"计划也将先进制造技术（包括 IMT 和 IMS）作为重点发展领域之一。在强调先进制造振兴战略的今天，我国非常重视智能制造的发展，特别是自 2009 年 5 月《装备制造业调整和振兴规划》出台以来，国家政策支持力度不断加大。2012 年 3 月 27 日，我国科技部组织编制了《智能制造科技发展"十二五"专项规划》，规划指出：智能制造是面向产品全生命周期，实现泛在感知条件下的信息化制造；智能制造技术是世界制造业未来发展的重要方向之一，是推动我国传统制造产业的结构转型升级的重要途径，全面开展智能制造技术研究将是发展高端装备制造业的核心内容和促进我国从制造大国向制造强国转变的必然。专项规划将结合世界发展的趋势和未来前沿制高点，研究智能制造基础理论，攻克一批前沿核心技术和共性关键技术，研制一批智能化高端装备，并进行示范应用和产业化，为实现我国从制造大国向制造强国转变奠定技术基础。

（三）智能装备制造的定义和产业范围界定

目前，世界其他国家包括国际组织并没有提出"智能装备制造"或者"智能制造装备"的概念，"智能装备制造"的概念可以说是我国所独有。虽然欧洲、美国、日本等发达国家和地区没有这一提法，但有相对应的产业归属范畴，其基本归属于 2007 版北美产业分类标准（NAICS）中的"金属加工机械制造（3335）"、"导航、测量、医学和控制仪器制造（3345）"、"电气设备及组成制造（335）"等，相当于 2007 版欧盟产业分类体系中的"测量、测试、导航仪器和设备制造（26.51）"、"光学仪器及摄影器材制造（26.70）"、"电气设备制造（27）"、"金属成型机械和机床制造（28.4）"、"医疗和牙科仪器及用品制造（32.50）"等，以及 2007 版日本产业分类体系中的"金属加工机械及设备制造（266）"、"各种生产机器及机械零部件制造（269）[其中，机器人（2694）]"、"测量仪器、分析仪器、检测机械、测量仪器、物理和化学仪器制造（273）"、"医学仪器及零部件制造（274）"、"光学仪器（275）"、"电气机械设备及用品制造（29）"等。

在我国，智能制造装备的定义是：具有感知、决策、执行功能的各类制造装备的统称；而智能装备制造就是上述装备的制造。它是先进制造技术、信息技术和智能技术的集成和深度融合。智能装备制造业是传统产业升级改造、实现生产过程自动化、智能化、精密化、绿色化的基本工具，是培育和发展战略性新兴产业的支撑，是实现生产过程和产品使用过程节能减排的重要手段。智能装备制造业的发展水平已成为当今衡量一个国家工业化水平的重要标志。

智能装备制造业是《国务院关于加快培育和发展战略性新兴产业的决定》（2010年10月）和《中华人民共和国国民经济和社会发展第十二个五年规划纲要》（2011年3月）中明确的高端装备制造业领域中的重点方向，关系到国家的经济发展潜力和未来发展空间。考虑到智能装备制造业的战略地位，以及在推动制造业产业结构调整和升级中的重要作用，"十二五"期间国家不断加大对智能装备制造业研发的财政支持力度。2012年5月，我国工业和信息化部印发了《高端装备制造业"十二五"发展规划》，作为子规划的《智能制造装备产业"十二五"发展规划》也同时发布，该子规划重点围绕关键智能基础共性技术、核心智能测控装置与部件、重大智能制造成套装备等智能制造装备产业核心环节提出了重点发展方向。

根据我国工业和信息化部发布的相关规划，可以明确智能装备制造业主要包括：高档数控机床与基础制造装备，智能控制系统，智能专用装备，自动化成套生产线，精密和智能仪器仪表与试验设备，关键基础零部件、元器件及通用部件等内容，详见表5-2。

表5-2 我国智能制造装备产业范畴

智能装备制造业	重点发展
高档数控机床与基础制造装备	高速、精密、复合数控切削机床，重型数控金切机床，数控特种加工机床，大型数控成形冲压设备，重型锻压设备，清洁高效铸造设备，新型焊接设备；大型清洁热处理与表面处理设备，非金属成型设备，新材料制备装备，高档数控系统，数控机床功能部件，数字化工具系统及量仪
智能控制系统	集散控制系统（DCS），现场总线控制系统（FCS），可编程控制系统（PLC），先进高效发动机及其智能控制系统，新能源、新材料、节能环保等新兴产业所需要的专用控制系统
智能专用装备	机器人产业，矿山用智能自卸电铲、智能化全断面掘进机、快速集成柔性施工装备为代表的智能化大型施工机械，数字化、智能化、高速多功能印刷机械，大型先进高效智能化农业机械
自动化成套生产线	大型煤化工自动化关键装备，大型液化天然气生产储能自动化关键装备、大型天然气长距离输送系统，高效棉纺、短流程染整自动化生产线，大型煤炭井下自动化综合采掘成套设备及大型露天矿自动化成套设备

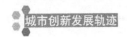

续表

智能装备制造业	重点发展
精密和智能仪器仪表与试验设备	高精度、高稳定性、智能化压力、流量、物位、成分仪表与高可靠执行器，智能电网先进量测仪器仪表（AMI），材料分析精密测试仪器与力学性能测试设备，新型无损检测及环境、安全检测仪器，国防特种测试仪器等各类试验设备
关键基础零部件、元器件及通用部件	高可靠性力敏、磁敏等传感器，新型复合、光纤、MEMS、生物传感器，仪表专用芯片、色谱、光谱、质谱检测器件；高参数、高精密和高可靠性轴承、液压/气动/密封元件、齿轮传动装置及大型、精密、复杂、长寿命模具；电力电子器件及变频调速装置

二、国际智能装备制造业发展现状分析

由于国际上没有严格意义的"智能装备制造业"提法，本研究通过对与之概念相关的核心行业，如工业机器人、数控机床、智能控制系统、自动化仪器仪表和 3D 打印设备等行业进行观察分析，总结世界智能制造装备产业的总体发展态势。

（一）发达国家智能装备制造业优势明显

目前，美国、德国、日本等工业发达国家虽然没有"智能装备制造产业"这个大产业的提法，但其在我国"智能装备制造产业"所包含的数控机床、工业机器人、智能控制系统、自动化仪器仪表和 3D 打印设备等子领域具有多年的技术积累，优势明显。

例如，在数控机床领域，美国、德国、日本三国是当前世界数控机床生产、使用实力最强的国家，是世界数控机床技术发展、开拓的先驱。当前，世界四大国际机床展上数控机床技术方面的创新，主要来自美国、德国、日本；美国、德国、日本等国的厂商在四大国际机床展上竞相展出高精、高速、复合化、直线电机、并联机床、五轴联动、智能化、网络化、环保化机床。美国政府高度重视数控机床的发展。美国国防部等部门不断提出机床的发展方向、科研任务并提供充足的经费，且网罗世界人才，特别讲求"效率"和"创新"，注重基础科研，因而在数控机床技术上不断产出创新成果。美国以宇航尖端、汽车生产为重点，因此需求较多高性能、高档数控机床，几家著名机床公司如辛辛那提（Cincinnati，现为 MAG 下属企业）、Giddings & Lewis（MAG 下属企业）、哈挺（Hardinge）、格里森（Gleason）、哈斯（Haas）等长期以来均生产高精、高效、高自动化数控机床供应美国市场需求。德国政府一贯重视机床工业的重要战略地位，认为机床工业是整个机器制造业中最重要、最活跃、最具创造力的部门，特别注重"实际"与"实效"。德国的数控机床质量及性能良好，先进实用，出口遍及世界，尤其是大型、重型、精密数控机床；此外，德国还重视数控机床主机配套件的先进实用性，其机、电、液、气、光、刀具、测量、数控系统等各种功能部件在质量、性能上居世界前列。例如，西门子公司的数控系统，世界闻名，被竞相采用。日本十分重视数控机床技术的研究和开发。经过长达数十年的努力，日本已经成为世界上最大的数控机床生产和供应国。日本生产的数控机床部分满足本国汽车工业和机械工业各部门市场需求，绝大多数用于出口，占领广大世界市场，获取最大利润。目前日本的数控机床几乎已遍及世界各个国家和地区，成为不可缺少的机械加工工具。

在工业机器人领域，日本、美国、德国和韩国是工业机器人强国。日本号称"机器人王国"，在工业机器人的生产、出口和使用方面都居世界榜首；日本工业机器人的装备量约占世界工业机器人装备量的 60%。美国是机器人的发源地，早在 1962 年就研制出世界上第一台工业机器人，尽管在机器人发展史上走过一条重视理论研究、忽视应用开发研究的曲折道路，但是其机器人技术在国际上仍一直处于领先地位，其技术全面、先进，适应性也很强。德国工业机器人的总数占世界第三位，仅次于日本和美国，工业机器人的研究和应用在世界上处于领先地位。韩国是工业机器人的后起之秀，于 20 世纪 80 年代末开始大力发展工业机器人技术，在政府的资助和引导下，韩国近几年来已跻身机器人强国之列。与此同时，工业机器人领域的全球知名生产厂商也主要集中在以日本、美国、德国等为代表的发达国家，如瑞典 ABB，日本的发那科（FANUC）、安川电机（YASKAWA），德国的库卡（KUKA）、美国 American Robot 和意大利柯马（COMAU）等，这些厂商生产的工业机器人已成为一种工业标准，在全球得到广泛应用。

在智能控制系统领域，欧洲、美国、日本等发达国家和地区技术领先，厂商云集。以集散控制系统（DCS）为例，全球主要生产厂家有：瑞典 ABB 公司，美国艾默生（Emerson）、霍尼韦尔（Honeywell）、福克斯波罗（Foxboro）、西屋（Westinghouse），日本横河电机（Yokogawa）、日立（Hitachi），德国西门子（Siemens）等；ABB 公司持续多年保持全球 DCS 市场规模第一的位置。在可编程控制系统（PLC）领域，PLC 产品按地域分成三大流派：一是美国产品，二是欧洲产品，三是日本产品。美国和欧洲以大中型 PLC 而闻名，日本的主推产品定位在小型 PLC 上。全球著名的厂商主要有：美国的 A-B 公司、通用电气（GE）公司、莫迪康（Modicon）公司（现为法国施耐德电气下属子公司）、德州仪器（Texas Instruments，TI）公司，其中 A-B 公司是美国最大的 PLC 制造商，其产品约占美国 PLC 市场的一半；德国的西门子（Siemens）公司、AEG 公司，法国的 TE 公司；日本的三菱、欧姆龙、松下、富士、日立、东芝等，在世界小型 PLC 市场上，日本产品约占有 70% 的份额。

在自动化仪器仪表领域，生产厂家主要集中在欧洲、美国、日本等发达国家和地区。例如，美国、欧洲和亚洲（包括日本）的传感器市场占全世界传感器市场的 90% 左右。全球变送器和执行器市场被以美国为代表的北美经济体，以德国、英国、法国为代表的欧盟地区，以及以日本为代表的亚太地区三个经济体瓜分。不管是压力变送器，还是温度变送器，占全球生产和销售市场份额最多的都是在自动化仪器仪表行业中处于领先地位的欧洲、美国、日本跨国巨头，如美国艾默生（Emerson）、霍尼韦尔（Honeywell）、瑞士 ABB、恩德斯豪斯（E+H）、德国西门子（Siemens）、日本横河电机（Yokogawa）等。变频器行业市场集中度较高，技术门槛也比较高，市场占有率较高的国外企业主要有：日本的三菱、富士、三垦力达、安川，美国的罗克韦尔、爱默生，欧洲的西门子、ABB、斯耐德、丹佛斯。在控制阀领域，美国是全球最大的阀门供应商，有超过 110 家企业；德国的阀门生产企业有 170 多家，多数属于专业性很强的公司；日本的阀门企业共有 706 家，其中 15 家的产值占到了整个市场的 70%。

在 3D 打印设备领域，欧美等西方发达国家在 3D 打印技术应用方面总体居于领先地位。3D 打印产业排名前 4 位的企业分别是美国 3D Systems 公司、Stratasys 公司，以色列 Object 公司和德国 EOS 公司，它们占据全世界近 70% 的市场份额，形成了寡头垄断的市场竞争格局。

（二）发达国家产业集中度高

智能制造装备的发展，从市场驱动力看，高度依赖于高端、精密、技术密集、集成制造发展需求，这种需求根本上源自有效缩短产品生产周期、大大提高产量的需求，国际规模劳动分工让消费品利润减小而需使用智能自动化技术来弥补的需求，以及消费者在使用材料微型化、触感和多功能性等方面的持续增加的要求及更加严格的生产安全与可追溯性要求；从内在支撑力看，高度依赖于工程制造科学、技术基础与发展经验的积累，由此导致行业垄断性普通很强，垄断力量主要来自发达国家领先跨国企业。

智能制造装备跨国企业主要集中在美国、德国及日本等工业化发达国家中，且产业集中度高。以智能控制系统为例，全球前 50 家企业排行榜中 74% 为美国、德国、日本企业，入榜企业最多的是美国和德国，各有 13 家，其次是日本，有 11 家企业，其后相对居多的国家是英国和瑞士，其中，排名前 10 位企业中有半数是美国企业，其企业竞争力可见一斑；在 50 家企业收入总额中，44% 为前 5 家企业据有，第 1 位企业的收入是第 10 位的 4 倍、第 50 位的 51 倍，50 位企业的收入中位是第 14 位企业，可见行业巨头企业垄断之势。

从企业战略发展来看，基于智能制造装备领域成熟性与垄断性，差异化、系统化、垂直并购是该领域企业追求技术优势增长及市场规模扩张最常见的模式。领先的制造商着眼于全球市场网络，基本形成了全球化的创新研发、生产制造、销售服务布局。在技术战略方面，企业更加重视依托其核心技术产品的、针对于特定应用领域的解决方案，以适应用户更个性化、高效能、低耗能等需求。

（三）市场竞争激烈

从目前智能制造装备的销量数据看，亚太地区已成为智能制造装备制造商争夺市场的主战场，这是因为亚太等新兴市场地区工业化进程加快，资本投入和大型基础建设项目大幅增加，对智能制造装备需求量相应增加。

近年来，日本、中国、韩国、东南亚等地在数控机床、工业机器人、智能控制系统等领域的销量显著上升。2011 年，亚太地区工业机器人的销量是欧洲的 2 倍、美洲的 3.4 倍。在数控机床领域，2011 年亚洲地区机床总产值为 573.5 亿美元，大大超过西欧地区 [欧洲机床工业合作委员会（CECIMO）下属的 15 个成员国] 的 285.9 亿美元和美洲地区的 58.3 亿美元，居世界第一位；2012 年亚太地区继续保持领先优势。Marketline 公司数据显示亚太地区是智能控制系统增长最快的市场，预测 2011 ～ 2016 年，亚太地区市场年复合增长率为 6.4%，比欧美市场高 2 个百分点，即是欧美市场增速的 1.45 倍。

虽然未来几年亚太地区依然是机器人、数控机床和智能控制系统等行业的主要出口市场，但同时欧美市场也有发展空间，原因一方面是包括德国在内的发达国家的自动化程度并没有想象中的高，依然有待加强；另一方面是来自现有控制系统的更新改造。

（四）备受政府关注，发展前景广阔

当今，工业发达国家始终致力于以技术创新引领产业升级，更加注重资源节约、环境友好、可持续发展，智能化、绿色化已成为制造业发展的必然趋势，智能制造装备的发展将成为世界各国竞争的焦点。后金融危机时代，美国、英国等发达国家推行"再工业化"战略，重新重视发展高技术的制造业；德国、日本竭力保持在智能制造装备领域的优势和垄断地位；韩国也力求跻身世界制造强国之列。目前，欧美发达国家已出台了若干推进智能制造装备发展的政策和计划。例如，为了应对金融危机对机床工业发展的冲击，促进机床工业复苏，欧洲机床工业合作委员会提出了欧盟机床新的产业发展政策；美国分别于 2011 年和 2012 年提出了"先进制造业伙伴计划"和"先进制造业国家战略计划"，这两大计划中均涉及智能制造装备产业方面的内容。各发达国家推出的智能装备制造业战略规划如表 5-3 所示。

表 5-3　各发达国家相关政策

国家	战略规划
美国	1992 年美国执行新技术政策，大力支持被总统称为的关键重大技术（Critical Technology），包括信息技术和新的制造工艺，智能制造技术自在其中，美国政府希望借助此举改造传统工业并启动新产业
加拿大	加拿大制定的 1994～1998 年发展战略计划，认为未来知识密集型产业是驱动全球经济和加拿大经济发展的基础，认为发展和应用智能系统至关重要，并将具体研究项目选择为智能计算机、人机界面、机械传感器、机器人控制、新装置、动态环境下系统集成
日本	日本于 1989 年提出智能制造系统，且于 1994 年启动了先进制造国际合作研究项目，包括公司集成和全球制造、制造知识体系、分布智能系统控制、快速产品实现的分布智能系统技术等
欧盟	欧洲联盟的信息技术相关研究有 ESPRIT 项目，该项目大力资助有市场潜力的信息技术。1994 年又启动了新的 R&D 项目，选择了 39 项核心技术，其中三项（信息技术、分子生物学和先进制造技术）均突出了智能制造的位置

三、我国智能装备制造业发展现状分析

我国高度重视智能制造装备产业的发展。智能制造装备是《国务院关于加快培育和发展战略性新兴产业的决定》（2010 年 10 月）和《中华人民共和国国民经济和社会发展第十二个五年规划纲要》（2011 年 3 月）中明确的高端装备制造业领域中的重点方向，关系到国家的经济发展潜力和未来发展空间。考虑到智能制造装备的战略地位，以及在推动制造业产业结构调整和

升级中的重要作用,"十二五"期间国家将持续加大对智能制造装备研发的财政支持力度。2012 年 5 月,我国工业和信息化部印发了《高端装备制造业"十二五"发展规划》,作为子规划的《智能制造装备产业"十二五"发展规划》也同时发布。

(一)我国智能制造装备产业的宏观规划

1.《智能制造装备产业"十二五"发展规划》

《智能制造装备产业"十二五"发展规划》已明确我国智能制造装备产业 2015 年和 2020 年的发展目标,即,到 2015 年,我国智能制造装备产业销售收入将超过 10 000 亿元,年均增长率超过 25%,工业增加值率达到 35%,智能制造装备满足国民经济重点领域需求(该目标已经在 2012 年底提前实现);到 2020 年,我国将建立完善的智能制造装备产业体系,产业销售收入超过 30 000 亿元,实现装备的智能化及制造过程的自动化。"十二五"期间,我国国民经济重点产业的发展、重大工程建设、传统产业的升级改造、战略性新兴产业的培育壮大和能源资源环境的约束,对智能制造装备产业提出了更高的要求,并提供了巨大的市场空间。在未来一段时间里,我国智能制造装备产业将迎来发展的重要战略机遇期。

《规划》总体目标是:经过 10 年的努力,形成完整的智能制造装备产业体系,总体技术水平迈入国际先进行列,部分产品取得原始创新突破,基本满足国民经济重点领域和国防建设的需求。与此同时,《规划》还提出了四个具体目标:

一是产业规模快速增长。产业销售收入超过 1 万亿元,年均增长率超过 25%,工业增加值率达到 35%。本土化智能制造装备满足国民经济重点领域需求,国内市场占有率超过 30%。

二是重点领域取得突破。传感器、自动控制系统、工业机器人、伺服和执行部件为代表的智能装置实现突破并达到国际先进水平,重大成套装备及生产线系统集成水平大幅度提升。

三是组织结构优化升级。培育若干具有国际竞争力的大型企业集团,打造一批"专、精、特、新"的专业化企业,建设一批特色鲜明、优势突出的产业集聚区。

四是创新能力显著提升。基本建成完善的产学研用相结合的产业创新体系,骨干企业研究开发经费占销售收入的比例超过 5%。培养一大批知识复合型、具有国际视野的领军人才。

我国产业结构面临升级转型，智能装备业在产业结构优化调整中起到非常突出的作用。随着国际金融危机的荡涤，美国、欧洲等地遭受不同程度的打击，制造业国际格局也发生很大变化。如何临"危"乘"机"，兴利除弊，加快推进我国制造业转型升级，尽快从"中国制造"转变为"中国智造"，已经成为我国面临的最重要任务之一。《规划》有力促进了我国智能装备制造产业的发展，对于各产业提升生产效率、技术水平和产品质量，降低能源资源消耗，实现智能化和绿色化发展具有重要意义。

2.《中国制造 2025》规划

《中国制造 2025》规划于 2015 年 5 月 8 日正式发布，规划中明确提出：加快推动新一代信息技术与制造技术融合发展，把智能制造作为两化深度融合的主攻方向；着力发展智能装备和智能产品，推进生产过程智能化，培育新型生产方式，全面提升企业研发、生产、管理和服务的智能化水平。

研究制定智能制造发展战略。编制智能制造发展规划，明确发展目标、重点任务和重大布局。加快制定智能制造技术标准，建立完善智能制造和两化融合管理标准体系。强化应用牵引，建立智能制造产业联盟，协同推动智能装备和产品研发、系统集成创新与产业化。促进工业互联网、云计算、大数据在企业研发设计、生产制造、经营管理、销售服务等全流程和全产业链的综合集成应用。加强智能制造工业控制系统网络安全保障能力建设，健全综合保障体系。

加快发展智能制造装备和产品。组织研发具有深度感知、智慧决策、自动执行功能的高档数控机床、工业机器人、增材制造装备等智能制造装备以及智能化生产线，突破新型传感器、智能测量仪表、工业控制系统、伺服电机及驱动器和减速器等智能核心装置，推进工程化和产业化。加快机械、航空、船舶、汽车、轻工、纺织、食品、电子等行业生产设备的智能化改造，提高精准制造、敏捷制造能力。统筹布局和推动智能交通工具、智能工程机械、服务机器人、智能家电、智能照明电器、可穿戴设备等产品研发和产业化。

组织实施大型飞机、航空发动机及燃气轮机、民用航天、智能绿色列车、节能与新能源汽车、海洋工程装备及高技术船舶、智能电网成套装备、高档数控机床、核电装备、高端诊疗设备等一批创新和产业化专项、重大工程。开发一批标志性、带动性强的重点产品和重大装备，提升自主设计水平和系统集成能力，突破共性关键技术与工程化、产业化瓶颈，组织开展应用试点和示范，提高创新发展能力和国际竞争力，抢占竞争制高点。到 2020 年，上述领域实现自主研制及应用。到 2025 年，自主知识产权高端装备市场占有率大幅提升，核心技术对外依存度明显下降，基础配套能力显著增强，重要领域装备达到国际领先水平。

（二）我国智能制造装备产业的发展现状

1. 智能制造装备产业规模提前完成规划目标

2012 年，我国智能制造装备产业主营业务收入约 11 052.9 亿元，年均增长率为 30.6%。其中，核心智能测控装置与部件主营业务收入约 2 871.8 亿元，年均增长率为 24.3%；重大智能制造成套装备主营业务收入约 5 296.9 亿元，年均增长率为 25.8%；示范应用领域主营业务收入约 2884.2 亿元，年均增长率为 48.5%。总之，我国智能制造装备产业已提前完成"至 2015 年，产业销售收入超过 10 000 亿元"的《智能制造装备产业"十二五"发展规划》目标。

2. 核心智能测控装置与部件进入产业化阶段

目前，我国智能测控装置和部件在仪器仪表、包装和食品机械、工程机械、环保机械、重机、印机等智能制造装备产业重点领域已取得突破性进展，核心智能测控装置与部件进入产业化阶段。其中，仪器仪表领域、包装和食品机械领域发展较为突出，但智能测控装置与部件整体技术水平依然较低，关键核心部件亟待突破。以工业机器人为例，我国工业机器人产业发展尚处于起步阶段，因缺少核心技术，使之仍处于单件小批量的生产状态，产品性价比较低。

3. 智能制造装备产业正积极寻求创新发展

近年来，智能制造装备产业重点领域已初步建立了产学研用相结合的产业创新体系。电工电器、液压气动密封件、工程机械和重机等重点领域已建立六个公共服务平台。同时，江苏、上海、广东、洛阳等一些省市相继成立工业机器人产业技术创新联盟。2013 年 4 月，由中国机械工业联合会牵头的"中国机器人产业联盟"成立。另外，骨干企业的研发经费逐年提升，重点企业研发经费占销售收入的比例已超过 5%。

4. 智能制造装备产业组织结构加快调整

近几年，国家积极推进企业兼并重组，智能制造装备产业已拥有一批具有专业化、社会化配套能力和国际竞争力的龙头企业。以济南二机床为例，它成功研制出机器人自动化冲压生产线，并与德国、日本等国际机床巨头同台竞标，最终获得福特汽车美国两个工厂全部五条大型快速智能冲压生产线订货合同，并于 2013 年 6 月再次赢得福特汽车美国本土肯塔基工厂的第六条大型快速冲压线订单，实现了进军国际高端市场的连续突破。我国智能制造装备产业的发展，使智能制造装备产业具有更明晰的市场战略、产品战略和竞争战略，缩小了与发达国家的差距。

5. 智能制造装备产业空间布局不断优化

目前，我国智能制造装备产业虽尚未形成明显的产业集聚区，但集聚特征已基本呈现。例如，长江三角洲、环渤海地区和珠江三角洲的智能制造装备产业集群化分布格局初步显现。长三角地区的智能制造装备产业主要以江苏、上海和浙江为核心区域，目前三省市根据各自的产业和科技基础优势，已培育了一批优势突出、特色鲜明的智能制造装备产业集群。环渤海地区的智能制造装备产业主要以辽东半岛和山东半岛为核心区域，目前两个重点区域均已通过强化区域优势产业和培育特色鲜明企业方式，培育了一批智能制造装备产业集群，大连市也处于这个产业集群内。珠江三角洲的智能制造装备产业已在人力资源、科技、资本等生产要素市场、产业配套能力和政策支撑等方面具备较为雄厚的发展基础，已初步显现智能制造装备产业集聚发展特征。

6. 智能专项的引导性作用初显

2011 年以来，国家有关部门连续多年组织实施了《智能制造装备发展专项》。通过该专项的实施，加强了装备的应用与工艺流程需求间的契合度，发挥了财政资金在推进智能制造装备研发和推广中的引导作用，带动了一批装备制造企业的升级和改造，促进了装备制造业在工艺流程、物流流程、信息化流程等方面的深度融合。同时，智能制造装备发展专项的实施除对装备制造业具有极大的指导和带动作用外，对消费品工业、原材料工业和采掘业等相关领域也起到了较强的引导和辐射作用。

7. 智能制造装备示范应用取得积极进展

目前，我国智能制造装备在重大成套技术装备领域，示范应用效果较为显著。以煤炭综采成套装备智能系统为例，该系统是国内首套综采工作面智能化成套装备，打破了国外公司在该领域的垄断，建立了工作面智能化控制、远程控制、地面一键启停的三层控制架构，实现了以工作面智能化控制为主、监控中心远程干预控制为辅的自动化生产控制模式，为煤矿"无人化"开采奠定了基础。

（三）我国智能制造装备产业的政策环境

我国对于智能制造装备产业陆续出台了大量政策，如表 5-4 所示。

表 5-4　我国有关智能制造装备行业的主要政策法规

政策 / 文件	相关内容
《中国制造 2025》发展规划（2015 年）	加快推动新一代信息技术与制造技术融合发展，把智能制造作为两化深度融合的主攻方向；着力发展智能装备和智能产品，推进生产过程智能化，培育新型生产方式，全面提升企业研发、生产、管理和服务的智能化水平
《"十二五"国家战略性新兴产业发展规划》（2012 年）	提出我国战略性新兴产业发展的目标是：到 2020 年，力争使战略性新兴产业成为国民经济和社会发展的重要推动力量，增加值占国内生产总值比例达到 15%，部分产业和关键技术跻身国际先进水平，节能环保、新一代信息技术、生物、高端装备制造产业成为国民经济支柱产业
《智能制造装备产业"十二五"发展规划》（2012 年）	提出要大力培育和发展智能制造装备产业。提出了智能装备产业发展的目标是：到 2015 年，产业规模快速增长。产业销售收入超过 10 000 亿元，年均增长率超过 25%，工业增加值率达到 35%；到 2020 年，产业销售收入超过 30 000 亿元
《高端装备制造业"十二五"发展规划》（2012 年）	目标指出，到 2015 年，高端装备制造业销售收入超过 6 万亿元，在装备制造业中的占比提高到 15%，工业增加值率达到 28%，国际市场份额大幅度增加。按照《规划》，现阶段的高端装备制造业将重点发展航空装备、卫星及应用、轨道交通装备、海洋工程装备和智能制造装备
《产业结构调整指导目录》（2011 年）	新增了重大装备自动化控制系统、高速精密轴承、轨道车辆交流牵引传动系统、新能源汽车关键零部件以及海洋工程专用作业船和海洋工程装备的条目
《"高档数控机床与基础制造装备"科技重大专项2012 年度课题申报指南》（2011 年）	明确了重大研发及产业化项目投入方向：包括高档数控系统、功能部件、数字化工具系统及量仪、关键部件、重型数控金切机床等 13 个项目，细分为 55 个子课题。与前两年重大专项相比，首次将高档数控系统作为独立项目，同时将功能部件和数字化工具系统、关键部件的研发位置提前。高档数控机床、数控系统和功能部件核心技术成为近两年财政支持的主要方向
《"十二五"机械工业发展总体规划》（2011 年）	提出"十二五"期间机械工业将主攻五个重点领域，实施五大发展战略。其中，高端智能装备和新兴产业装备被列为五大重点领域前两位，高端战略和创新驱动战略被列为五大发展战略前两位
《关于加快培育和发展战略性新兴产业的决定》（2010 年）	明确提出加大培育高端装备制造产业等七大战略性新兴产业，并要求强化基础配套能力，积极发展以数字化、柔性化及系统集成技术为核心的智能制造装备，将智能装备制造列为高端装备制造产业的重点方向
《装备制造业调整和振兴规划》（2009 年）	将工业自动化控制系统及检测设备等高端、智能化装备作为技术进步和改造的重点之一

（四）国内先进省市的智能制造装备产业发展

面对国家政策给智能制造装备产业带来的良好发展条件和目前国内加快产业转型升级的历史机遇，以及市场对智能制造装备的巨大需求，不少地方政府纷纷加大对该产业的招商和投资力度，通过构建完整的智能制造装备上下游产业链，及建立为该产业服务的现代服务体系，引领智能制造装备走向规模化、集群化发展道路。

1. 产业集群分布

智能制造装备产业已初步形成七大产业集聚区，其中环渤海地区和长三角地区是该产业的核心区。以数控机床为核心的智能制造装备产业的研发和生产企业主要分布在环渤海地区、长三角地区及西北地区，其中以辽、鲁、京、沪、苏、浙和陕等地区最为集中。此外，关键基础零部件及通用部件、智能专用装备产业在豫、鄂、粤等地区也都呈现较快的发展态势，其中以洛阳、襄樊、深圳最为突出。同时，工业机器人将是未来智能装备发展的一个新热点，京、沪、粤、苏将是国内工业机器人应用的主要市场。

2. 各相关省份智能制造装备产业规划及促进措施

目前，国内的智能装备制造产业主要以广东、浙江等东南沿海省份较为发达，这些省份也都分别对接《中国制造2025》发展规划，推出了自己的智能装备制造产业发展规划。

2015年7月27日，广东省政府印发《广东省智能制造发展规划（2015—2025）》。广东是中国制造大省和全球重要的制造业基地，2014年广东规模以上制造业增加值26 375亿元，以单独经济体计算，排名位列世界第5位。然而，广东制造业在创新能力、产品质量和品牌、产业结构等方面与世界先进水平仍有较大差距。关键技术、核心部件对外依存度高，缺乏核心竞争力。在劳动力成本上涨、土地和环境约束日益加剧的情况下，由"制造"转向"智造"迫在眉睫。根据《广东省智能制造发展规划（2015—2025）》，广东未来10年将完成智能制造六大主要任务，到2020年智能装备产业增加值达4000亿元，到2025年涌现一批掌握核心关键技术、拥有自主品牌、开展高层次分工的国际化企业。到2025年，广东要建成全国智能制造发展示范引领区和具有国际竞争力的智能制造产业集聚区。

2015年10月13日，浙江省经信委发布了《加快推进智能制造发展行动方案（2015—2017）》，力求推动智能制造核心技术攻关和产品装备研发，加快制造业转型升级。在这份智能制造发展的三年计划中，浙江省提出要加快培育发展智能制造产业，到2017年，浙江省规模以上智能装备产业总产值达到2000亿元，年均增长18%左右，占高端装备总产值比例达到25%；加快提升智能化水平，企业数字化研发设计工具普及率达到70%，重点企业装备数控化率达到45%以上，机器设备联网率达到32%，制造业使用机器人密度达到150台/万人以上；龙头企业引领作用凸显，培育50家年主营业务收入超10亿元智能制造骨干企业，50家专业特色明显、辐射带动力强的省级工程技术服务公司，50家省级智能制造重点示范企业；建成一批具有国内先进水平的智能制造平台，培育50个智能制造特色小镇，10个在全国范围内具有较大影响力的智能制造示范基地，力争把浙江省打造成为对接"中国制造2025"的国家智能制造示范区。除了比拼技术外，掌握标准才是核心创新。浙江省的智能制造行动方案还指出，要加快智能制造标准体系建设，编制浙江省智能制造标准体系，组织制修订引领产业发展的国际和国家、行业标准，制定满足市场和创新需要的团体标准。建立智能制造标准化与科技创新、产业化协同发展的工作机制。

3. 大连市可参照城市智能装备制造产业规划及促进措施

目前，深圳市是国内智能装备制造产业产值最高的城市，与大连市同省的沈阳市，也在智能装备制造产业中处于领先地位。大连市发展智能制造装备产业，可以考虑与深圳、沈阳进行对标定位。

早在 2014 年 11 月 27 日，深圳市政府就印发了《深圳市机器人、可穿戴设备和智能装备产业发展规划（2014—2020 年）》，其产业规划布局在《中国制造 2025》规划发布之前，可见其城市的创新活力。深圳市按照国家的部署要求，坚持质量引领、创新驱动，加快发展战略性新兴产业和现代服务业，初步形成了结构优化的现代产业体系。作为全球重要的电子信息产业基地，深圳市产业基础雄厚，2013 年该市电子信息产业实现规模以上工业增加值 3159.5 亿元，居全国大中城市首位，其中大数据、云计算、物联网等技术水平全国领先；作为国内首个联合国教科文组织认定的"设计之都"，深圳创意设计业优势明显，其中工业设计占全国份额的 60%；作为全球最大的通信设备生产制造基地和国内最大的医疗器械、微电机集聚地，深圳先进制造业已实现规模化发展，2013 年产业增加值达 4163 亿元，为机器人、可穿戴设备和智能装备产业发展提供了强大的设计开发能力和技术支撑。深圳市依托良好的产业基础支撑，在机器人、可穿戴设备、智能装备等领域率先发力，2013 年产业增加值达 200 亿元，总体水平位居全国前列。《深圳市机器人、可穿戴设备和智能装备产业发展规划（2014—2020 年）》指出，到 2020 年，初步形成创新活跃、结构优化、规模领先、配套完善、服务发达的产业体系，培育一批技术引领型国际知名企业和研究机构，打破国外技术垄断，取得一批自主知识产权，培育若干具有国际竞争力的大型企业集团，打造一批"专、精、特、新"的专业化企业，形成一批国际品牌企业，产业增加值超过 2000 亿元，成为新时期促进产业转型升级和加快转变发展方式的重要引擎，将深圳打造成为国内领先、世界知名的机器人、可穿戴设备和智能装备产业制造基地、创新基地、服务基地和国际合作基地。该规划在分析发展基础和面临形势、指导思想和发展目标的基础上，提出了"强化自主创新能力"、"提升产业发展水平"、"促进产业高端集聚"、"拓展现代制造服务"、"优化产业生态环境"等五大主要任务；确定了"工业机器人跨越、服务机器人孵化、可穿戴设备创新、智能检测仪器培育、智能测控装置与部件支撑、智能制造成套装备提升、重大应用示范推广、传统产业智能化升级"等八项重大工程；从组织、政策、资金、人才和空间等五个方面提出了相应的保障措施。

2015 年 8 月 20 日，沈阳市召开部署推动沈阳制造业智能升级工作专题会议，会上专门讨论了《沈阳制造业智能升级行动方案（2015—2017）》。沈阳市提出，在未来两年里，将以企业为主体、以创新为核心、以应用为主导，坚持创新驱动，加快智能升级步伐，提高沈阳制造业核心竞争力。到2017 年，沈阳市计划培育 3～5 个旗舰企业，形成 10 个以上走在国家前列的骨干企业，建成 30 个具有行业示范效应的智能化工厂和 100 个数字化车间，实现智能制造产业销售收入突破 350 亿元，基本形成产学研用协同创新的产业体系。沈阳市提出，要按照《中国制造 2025》规划要求，加快实施沈阳制造业智能化升级行动方案，聘请国际知名智能制造咨询机构，对沈阳市制造业企业逐一进行诊断分析，量身订制解决方案，实现研发、设计、生产、销售全流程再造，推动传统制造企业向智能化、数字化、网络化转型升级。要进一步加强创新体系建设，充分发挥产业引导基金作用，大力引进高端项目、领军企业，促进沈阳产业结构优化升级。

四、大连市智能装备制造业发展现状分析

通过政府调研、企业走访，课题组认真领会大连市政府对发展智能装备制造业的有关要求，深入研究了大连市发展智能装备制造业的基础条件，并总结出目前大连市在智能装备制造业发展方面存在的问题。

（一）基础条件

大连是我国东北重要的经济中心城市，拥有得天独厚的装备产业基础，目前，智能装备制造产业已成为大连市重要的核心产业之一。依托大连百年来形成门类齐全的完善工业体系，大连的智能装备制造产业，经过多年的调整结构、技术创新，已形成智能化、绿色化的优势，并且逐渐呈现出技术水平高、装备力量强、集聚程度高的产业特征，逐步形成了以高端数控机床、交通装备、制冷设备、大型电梯、风力发电机、大型化工设备、冶金装备、船舶装备、轴承、液压、泵阀等基础部件为核心的装备制造产业集群。2014年，大连金州新区装备制造产业集聚区以智能装备制造优势入选工业和信息

化部第五批"国家新型工业化产业示范基地"。

经过多年的努力,大连市在智能装备制造研发领域也取得了大量的重大科研成果,十几个国家级的技术中心和研发机构落户于此,有效发明专利数达到数千项。包括德国大众、道依茨、博格华纳、斯凯孚、苏尔寿、格劳博、山崎马扎克、三菱、三洋、星玛等在内的大量国际知名品牌相继进入,也涌现出大连机床、大连电瓷、大连光洋科技等一大批国内知名品牌。例如,大连机床集团始建于 1948 年,是新中国成立初期中国机床行业"十八罗汉"之一,现已成为中国大型的组合机床、柔性制造系统及自动化成套技术与装备、数控机床研发制造基地,数控功能部件研发制造基地和中国机床行业的排头兵企业,其主导产品居于行业领先地位,已经跻身世界机床行业前5 强。大连光洋科技成功研制出当今中国第二代全数字总线开放式高档数控系统及高档数控机床关键功能部件,被科技部授予国家自主创新产品,成功应用于国产大飞机总装的串并混联控制,为国内首创。

(二)存在问题

1. 产业集聚度偏低,产业链不完善

(1)缺乏产业链的配套和延伸。目前大连智能装备制造产业集群化程度不高,仅是地理空间上的简单集聚,产业之间、产业链上、下游企业之间实际上并没有形成较为紧密的关系,导致资源、资金、人才和技术等资源的整合程度较低,这就不可避免地造成人力、物力、财力方面的浪费和一定程度的恶性竞争。

(2)分工协作和专业化水平较低。企业不够重视整体统筹协调能力,没有形成良好且有效的配合,多数企业更加关注自身利益,而不关注长远利益和整体利益。低水平重复建设现象严重且外包意识差,从而不能充分带动周边地区相关产业、企业的发展,使产业集群的竞争优势并没有充分凸显出来。

(3)产业组织结构不合理。大连智能装备制造产业集群内存在技术落后、产品质量低下、浪费资源的现象,产业自身发展的内在机制不完善,产业结构比较落后。

2. 技术创新能力不强,对外依存度高

(1)创新制度环境有所欠缺。制度环境是产业集群发展的支撑之一,若制度创新体制不完善就会影响其对高新技术引进利用的程度。目前,大连在智能装备制造创新领域还没有推出相应的制度体系,一缺规划、二缺产业促

进政策、三缺产业的系统化引导及管理。

（2）自主品牌竞争力较低。目前多数的大连智能装备制造产业集群除了大连机床等少数几家大型企业外，主要是以中小企业为主，这些中小企业在技术和科研方面并不是十分重视，大多数企业处于模仿开发阶段，以模仿和应用别人的技术为主，创新产品相对较少，核心产业不突出，产业之间的关联度较低，主导产业、特色产业和名牌产品较少，且没有形成具有鲜明特色的自主品牌产品。即使是大连机床、光洋等知名度较高的企业，在智能装备制造领域与欧洲、美国、日本国际知名品牌相比，也缺乏品牌竞争力。

（3）企业技术创新机制不完善。大连智能装备制造产业更多注重技术引进，在消化、吸收和自主创新上缺乏主动性和实效性。绝大多数企业依靠低成本战略来获取竞争优势，导致产业层次处于智能装备制造产业价值链相对低端位置，因此企业获得的整个盈利附加价值就会很低。

（4）重要基础技术和关键零部件对外依存度高。构成智能制造装备或实现制造过程智能化的重要基础技术和关键零部件主要依赖进口，如新型传感器等感知和在线分析技术、典型控制系统与工业网络技术、高性能液压件与气动元件、高速精密轴承、大功率变频技术等；伺服电机、精密减速器、伺服驱动器、控制器等关键核心部件技术难题尚未攻克，在上述领域的多数核心零部件均未实现国产化。

3. 人才队伍建设滞后

目前，大连市智能装备制造产业急需雄厚的人才后备力量。首先，高端数控机床、智能生产线等智能制造装备重点领域急需专业人才和统筹装备制造的经营管理人才。其次，对智能装备制造领域的海外高层次人才和国外智力的引进工作力度不够，高端人才引进政策不够灵活且较难落实到位。再次，高等院校、科研院所和企业对充分掌握机械、自动化、信息计划等复合人才的培养投入不足。并且，大连市尚未在智能装备制造领域建立起完备的校企联合培养人才长效机制。

4. 政策支持不够，产业发展动力不足

（1）政府缺乏对智能装备制造产业的整体规划。智能装备制造产业集群的发展程度之所以不均衡，是因为缺乏整体统筹发展观及合理的规划布局，职能定位不准确，特色不突出，部分领域的产业集群存在趋同性和重复性，市场机制所发挥的作用欠佳，因此政府在促进智能装备制造集群的发展时必须要加快制定合适的政策。

（2）公共服务设施不完善。忽略软环境的培育，缺乏与硬件设施相匹配的公共服务措施，在一定程度上阻碍了智能装备制造产业的发展，社会保障功能不健全，缺乏融资信贷和相关的政策支持，很难为智能装备制造产业集群发展提供应有的服务功能。

五、大连市智能装备制造业发展对策研究

针对大连市智能装备制造业的发展现状，结合国家《中国制造2025》中长期发展规划，下面从产业集群建设、促进创新、政府配套政策等方面为大连市智能装备制造业发展提出政策建议。

（一）增强集群效应，完善产业链建设

产业集群因其具有内生增长机制和知识溢出效应，对于推动企业的科技创新进步具有不可替代的作用。大连市应在宏观上合理规划布局，优化升级集群的产业结构，避免产业结构趋同化。统一制定产业布局政策，引导各个集群和集群内的企业合理分工，提高专业化程度，使其逐渐发展成为技术性、创造性的集群。产业链的构建是避免趋同化和实现这一过渡的必要条件，一个集群只有拥有强大的、完善的产业链才能称之为真正意义上的集群，否则只能称其为企业集聚。应从战略高度上来合理构建产业链，使集群中的企业实现专业化的分工细化，以利于企业进行技术创新。

完整的产业集群链条不仅可以避免信息不对称，降低交易成本、提高效率、防范经营风险，而且，通过集群式的协同创新，可降低技术创新成本，增强核心竞争力，因此，必须要加快智能装备制造产业集群链条的建设。建议通过以下几个方面来实现。

1. 完善和延伸产业链

加快形成集"智能装备设计研发—零部件生产配套—智能装备生产—智能装备销售服务"为一体的完整产业链条，在此基础上构造大连智能装备制造产业集群，培育延伸相关产业链条，充分利用周边资源来提高竞争优势。增加智能装备产品的附加值，加快完善硬件配套设施，增强核心产业的主导地位，加强向产业链上下游的延伸拓展和规模扩张，从而推动整个产业链的发展，进一步增强产业发展的核心竞争力。

2. 加强分工与协作

强化分工与协作价值链，可以使集群呈现规模经济效应。建立高效的区域合作协调机制，促使企业围绕核心产品形成比较完善的产业链；促进集群

龙头企业与其他企业间形成合作关系，并通过辐射作用带动周边地区发展，以增强区域的竞争优势。

3. 促进企业优化整合

积极培育集群内的龙头企业，并以龙头企业为轴心，支持中小企业与龙头企业建立配套关系，围绕核心产业，建设特色鲜明的产品；加快中小企业兼并及联合，促进资源合理分配，形成产供销一体化的产业集群。

（二）提高自主创新能力，推动产业技术进步

自主创新能力是推动智能装备制造产业发展和转型升级的强大动力，因此，必须要实现智能装备制造产业的自主化。建议通过以下几个方面来实现。

1. 制度创新引导技术创新

产业集群中的企业必须建立现代化的管理制度，推进一体化经营，发挥集群的协同效应，以激发企业活力，引导高新技术对企业进行改造。大连智能装备制造企业可以通过投资、收购海外企业的方式获得高端技术，并对其进行消化吸收、集成创新、自主创新，以实现产业的跨越式发展及从模仿到创新的转变。同时，应在技术创新和研发上加大资金投入，来提高技术研发能力、基础配套水平和资金使用效益，并将不同的资源优势进行有机整合，实现技术创新在产业链上、中、下游的合理对接，促使产业集群变制造为创造。

2. 抢占技术制高点

紧盯产业与科技制高点，充分应用嵌入式软件、工业软件和微电子装备，提升装备自动化、智能化水平，在数控机床、风力发电机、核电设备等具有传统技术优势的领域，不断突破核心关键技术，向产业链高端探索，发展高技术含量、高附加值产品，力争跻身世界前列。

3. 加快发展自主品牌

支持智能装备制造企业加快自主品牌建设，积极开拓国内外市场，提高自主品牌智能装备产品市场占有率。加强横向和纵向的技术联合，提高产品技术含量、性能，以差异化、高附加值的产品引领发展，提高智能装备制造产业的品牌含金量。

4. 完善技术创新体系

产业革命的方向取决于多学科、多技术的交叉和融合的广度和深度，应以企业为主导力量，依托高校、科研院所等，构建完善的产学研联合机制，推进企业技术建设。同时，应进一步改进革新智能装备制造企业技术，

从设计、研发、生产、销售和管理各个方面出发，在装备行业的关键和核心技术领域加大研发力度：一是制定实施重点技术创新路线图。围绕关键智能技术领域，制定和实施重点技术创新路线图，在明确战略目标和主要手段的基础上，构建关键智能技术创新总体蓝图。二是实施智能核心装置与成套设备创新发展和应用示范工程。集中力量突破新型传感器及系统等核心智能测控装置与部件，组织实施应用示范工程。三是支持发展国际合作交流。支持大连市企业和研究机构与国际接轨，实施国际合作项目。建立与港、澳、台智能化制造领域的合作机制，进一步加强沟通与交流。扩大智能化制造技术及其产品的出口，鼓励企业在海外设立研究开发机构或产业化基地。

5. 提高信息化水平

建立信息共享平台，促进智能装备制造产业集群内上、中、下游企业信息交流，实现信息的无缝对接。加快推进生产过程信息处理、资源管理等环节，推动企业发展模式创新，大幅度提高制造过程信息化水平。

（三）完善政府政策，促进产业跨越式发展

1. 完善集群区的功能布局

充分发挥政府的导向性作用，在集群的功能规划布局上给予一定的帮助和指导。政府主要负责制定区域布局规划及龙头企业发展规划并组织实施，明确发展的重点领域和重点企业，充分提高其竞争力。

2. 健全相应公共配套服务设施

完善的公共配套服务设施，可以促进产业集群跨越发展，形成"价值竞争优势"。应建立产业公共服务平台，通过搭建融资平台、物流平台，盘活土地存量，集约利用土地等资源，完善服务体系建设，污染集中治理等，释放产业发展的活力，为智能装备制造产业集群提供有力的环境支持。同时，应基于产学研联盟创建高效的信息交流平台。信息的不对称容易造成高校、科研机构所进行的研究与企业所面临的问题脱节，该平台可使技术创新的需求和信息有效传播，并为校、企提供更多互动交流和互访学习机会。

3. 建立科技人才引进、培养和激励机制

一是加强创新型人才队伍建设。依托国家相关人才工程、计划，通过建立创新型人才基地重点培养紧缺专业人才、创新型科技人才和经济管理人才等。二是加强海外高层次人才引进。加速数字化、智能化、网络化制造装备产业人才国际化进程，采取持股、技术入股、提高薪酬等更加灵活的政策措施，为智能装备制造产业长远发展造就雄厚的后备力量。三是优化人才培养机制。鼓励企业创新人才培养模式，激励高校和科研院所与企业联合培养智能制造装备重点领域的专业型人才、创新型人才和复合型人才。四是完善科技人才激励机制，引导科技人才积极主动参与企业内部竞争，建立创新研发奖励制度，从物质、精神、环境等方面，全方位激发科技人才的工作热情。

4. 完善金融体系

一是积极推进智能装备制造产业融资环境建设，在企业和银行之间建立融资信贷双向信息服务平台，为企业提供真实有效的融资信贷信息。二是政企联合设立智能装备制造产业引导基金，采取市场化运作模式，集中投向智能装备制造领域中具有高成长性、处于起步期的高新技术企业，推动境内外智能制造产业集聚。三是积极探索创新融资方式，采取银行融资、合作开发等方式筹集资金投入产业园区建设。

5. 加大财政税收支持力度

一是要加强专项资金扶持力度，在基础设施、技术改造与中小企业贷款担保和风险投资等方面给予一定的资金支持。二是要为智能装备制造科技创新提供相关的产业税收优惠政策措施，如推进智能装备制造企业固定资产的加速折旧政策，对企业使用的先进设备或专供研究开发所用的设备、建筑等可实行加速折旧，以加快企业资金的周转速度，增加企业用于更新设备和技术进步的可支配资金，并减少企业的应税所得额。三是多方面鼓励社会投入，建立相应机制，将社会各类资金引导至相关产业领域。

6. 加强产学研技术联盟的协同创新

以大连理工大学为技术研发核心力量，整合大连交通大学、大连大学等高校优质研究资源，协同大连机床集团、大连光洋科技集团等企业，成立智能装备制造科研联合体"大连智能装备制造工程研究中心"，充分运用产学研联盟的协同创新作用，形成良性互动机制，并积极为产学研联盟提供发展创新的政策环境。

（董大海）

第三节　建立智能绿色可持续发展产业新体系

为落实《中国制造2025》战略部署，适应全球新一轮科技革命与产业变革的新形势，推动大连制造业转型升级、提质增效，提高大连制造业核心竞争力和可持续发展能力，必须加快构建智能绿色可持续发展产业新体系。

一、研究背景与战略指向

制造业是国民经济的主体，是立国之本、兴国之器、强国之基。18 世纪中叶开启工业文明以来，世界强国的兴衰史和中华民族的奋斗史一再证明，没有强大的制造业，就没有国家和民族的强盛。新中国成立 60 多年来，中国制造起步于一穷二白，筚路蓝缕、从小到大，建立了门类齐全的现代工业体系，规模跃居世界第一，支撑我国实现了从贫穷落后的农业国到现代化工业国，再到具有全球影响力的经济大国的转变。在未来发展中，打造具有国际竞争力的制造业，仍是我国提升综合国力、保障国家安全、建设世界强国的必由之路。

制造业历来是大连的支柱产业，具有举足轻重的地位，其发展程度决定了城市的发展水平。改革开放以来大连市发展的历程一再证明，制造业兴，则产业兴；产业兴，则城市兴。建设制造强市，实现大连制造向大连创造转变，是大连市提升城市综合竞争力、加快建设产业结构优化的先导区和经济社会发展的先行区的关键环节。我们必须把制造业作为发展的重中之重，举全市之力，探索出一条沿海开放城市和老工业基地振兴发展制造业的新路。

大连具有发展制造业的雄厚基础和条件。新中国成立以来，大连市制造业为国家作出了突出贡献。国内第一艘万吨巨轮、第一艘导弹驱逐舰、第一座海上钻井平台、第一台大功率内燃机车、第一套工业轴承、第一艘航空母舰，都是由大连制造，这成为这座城市的光荣。近年来，大连市制造业持续快速发展，建成了门类比较齐全的制造体系，在高档数控机床、海洋工程装备和高技术船舶、先进轨道交通设备、汽车及零部件、新材料、生物医药、电力装备等方面取得了重要突破，形成了若干具有国际竞争力的优势产业和骨干企业。我们坚持工业化与信息化融合，在制造业数字化等方面掌握了一批关键技术，在制造业人才队伍建设方面形成了独特的人力资源优势。制造业作为大连市第一大支柱产业，全面带动了产业结构优化升级，有力推动了大连市工业化和现代化进程，显著增强了城市综合实力。总的来看，大连市已经具备了建设制造业强市的基础和|条件。

但是，我们也要清醒地看到，与世界上先进国家和国内先进城市相比，大连市制造业发展水平仍有较大差距。大连市制造业发展方式还比较粗放，资源和环境约束不断强化，劳动力等生产要素成本不断上升；产业结构不合理，传统产业产能过剩和新兴产业供给能力不足并存；自主创新能力不足，核心技术受制于人；质量效益还不够好，缺少世界知名品牌和跨国企业；产业国际化程度不高，全球化经营能力不足；企业经营管理还存在缺板，普遍缺乏大型投资管理和大型资本运作管理方面的经验。总体来看，大连市还处于工业化中后期，与发达国家在工业 3.0 基础上迈向 4.0 不同，大连市制造业还有相当一部分停留在工业 3.0 甚至 2.0，只有少数领先行业可比肩工业 4.0。我们必须处理好工业 2.0 普及、3.0 补课和 4.0 赶超的关系，加大力度调整结构、转型升级、提质增效，努力形成制造业增长新动力，塑造国际竞争新优势。

当前，发达国家纷纷实施"再工业化"战略，重塑制造业竞争新优势，加速推进新一轮全球贸易投资新格局。一些发展中国家也在加快谋划和布局，积极参与全球产业再分工，承接产业及资本转移，拓展国际市场空间。我国制造业面临发达国家和其他发展中国家"双向挤压"的严峻挑战，需要我们趋利避害，在大格局下重新审视大连市制造业创新发展。同时，我们也要看到，全球制造业格局的重大调整为大连市制造业提升国际竞争力提供了重大机遇。新一代信息技术与制造业深度融合，正在引发影响深远的产业变革，形成新的经济形态、商业模式和经济增长点。各国都在加大科技创新力度，推动三维（3D）打印、移动互联网、云计算、大数据、生物工程、新能源、新材料等领域取得新突破。基于信息物理系统的智能装备、智能工厂等智能制造正在引领制造方式变革；网络众包、协同设计、大规模个性化定制、精准供应链管理、全生命周期管理、电子商务等正在重塑产业价值链体系；可穿戴智能产品、智能家电、智能汽车等智能终端产品不断拓展制造业新领域。新一轮科技革命和产业变革与大连市加快建设产业结构优化的先导区、经济社会发展的先行区形成历史性交汇，国内超大规模内需潜力不断释放，为大连市制造业发展提供了广阔空间。

大连市必须牢牢把握制造业作为立市之本的战略地位，紧紧抓住当前难得的战略机遇，积极应对挑战，加强统筹规划，深入实施制造强市战略，落实好《中国制造 2025》发展愿景，实现大连制造向大连创造转变、大连速度向大连质量转变、大连产品向大连品牌转变，为建设产业结构优化的先导区、经济社会发展的先行区提供强有力的战略支撑。

二、发展思路和总体要求

（一）行动思路

全面贯彻党的十八大和十八届二中、三中、四中全会精神，坚持走中国特色新型工业化道路，充分利用国内国外两种资源、两个市场，顺应"互联网+"发展趋势，以加快建设"两先区"为引领，以构建现代产业体系和实现新型工业化为目标，以切实转变发展理念为内生动力，以促进制造业创新发展为主题，以提质增效为中心，以信息化与工业化深度融合为主线，以智能制造为主攻方向，持续壮大主导产业，改造提升传统优势产业，大力培育战略性新兴产业和生产性服务业，推动制造业网络化、智能化、绿色化和服务化，打造制造业竞争新优势，使先进制造业成为推动大连市经济转型升级的重要引擎。

（二）基本原则

1. 坚持市场主导与政府引导相结合

充分发挥市场在资源配置中的决定性作用，强化企业主体地位，激发企业内生动力和创新活力。创新政府管理方式，推动政府职能向创造良好发展环境、提供优质公共服务转变，营造公平竞争的市场环境。

2. 坚持基础提升与融合发展相结合

坚持问题导向、产需结合、协同创新、重点突破，着力破解制约重点产业发展的瓶颈，夯实制造基础，促进信息化和工业化深度融合、制造业与生产性服务业有机融合，加快军民融合产业发展。

3. 坚持创新引领与开放合作相结合

充分利用和整合科技创新资源，完善制造业创新体系，推动跨领域、跨行业协同创新，加快制造业向数字化、网络化、智能化转变。始终把开放合作作为建设制造业强市的重要动力，加大对外产业合作力度，实现与全球产业链、创新链和价值链的高位嫁接。

4. 坚持绿色发展与质量效益相结合

把可持续发展作为建设制造业强市的重要着力点，发展生态友好型工业，坚持节约集约发展，推动资源利用方式的根本转变，促进制造业规模、质量和效益协调发展，实现绿色发展与质量效益的有机统一。

5. 坚持整体优化与重点突破相结合

彻底打破传统产业发展格局，大力发展先进制造业，加快改造提升传统产业步伐，推动产业结构持续优化，促进产业向中高端发展。大力培育战略性新兴产业，突破重点领域和关键环节，抢占产业发展制高点。

（三）发展目标

到 2020 年，大连市制造业向高端、智能和绿色方向的转型升级取得明显成效，基本建成国内领先、有国际影响力的制造强市。自主创新能力明显增强，以企业为主体的技术创新体系进一步健全，掌握一批重点领域关键核心技术，优势领域竞争力显著增强，产品质量有较大提高；顺应国际产业向高端化、智能化、数字化、精细化和绿色低碳方向发展的新趋势，"两化"深度融合，新一代信息技术在制造业重点领域应用取得明显进展，制造业信息化水平大幅提升。重点行业单位工业增加值能耗、物耗及污染物排放明显下降。

到 2025 年，大连市制造业国际竞争力大幅提升，制造业整体素质全面提升，创新引领能力全面增强。制造业整体能力大幅提升，自主创新能力显著增强，质量效益水平位居全国先进行列；制造业数字化、网络化、智能化取得显著成效，两化深度融合迈上新台阶；拥有一批国际公认的技术标准，形成一批具有较强国际竞争力的跨国公司和产业集群，在全球产业分工和价值链中的地位明显提升。重点行业单位工业增加值能耗、物耗及污染物排放达到世界先进水平。

三、重点工程的支撑体系

（一）制造业创新中心建设工程

围绕造船、轴承、机床等领域创新发展的共性需求，建设一批制造业创新中心。重点开展行业基础和共性关键技术研发、成果转化、人才培训等工作。鼓励企业建设省级以上技术中心、工程（技术）研究中心、重点实验室、院士工作站等，加快建立以企业为主体的创新体系，提高企业研发实力。充分发挥各类协同创新联盟的作用，开展重点产品研发，攻克一批对提升产业竞争力具有重要影响和带动性强的关键技术。加快以企业为主体，政产学研用相结合的创新体系建设。充分发挥企业在创新活动中的主体地位，采取以龙头企业、科研院所、高等院校为核心，多家单位入股，成立股份制公司或产业联盟的形式，将从事共性技术研究的部分力量分离出来，构建共性技术研发平台和创新基地，重点开展行业基础和共性关键技术研发、成果产业化、人才培训等工作。根据大连市工业基础和产业比较优势，依托大船等骨干企业，到 2020 年，争取创建"高技术船舶和海洋工程" 1 个国家创新中心；依托瓦轴、大机床、中国华录、大连重工、大杨、大连维德等骨干企业，建设高速重载精密大型轴承、智能制造、光存储、风电、服装、集成电路等 10 个市级创新中心。

（二）智能制造工程

加快推动新一代信息技术与制造技术融合发展，着力发展智能装备和智能产品，推进生产过程智能化，培育新型生产方式，提升企业整体水平和核心竞争力。

根据国家智能制造发展规划及明确的发展目标、重点任务，围绕国家明确的重点制造领域关键环节和大连市基础优势，确定大连市攻关方向和目标任务，支持政产学研用联合攻关，在智能制造装备和相关产品的开发和产业化方面取得突破；促进工业互联网、云计算、大数据在研发设计、生产制造、经营管理、销售服务等全流程和全产业链的集成应用；优选基础条件好、需求迫切的企业开展国家智能制造试点示范建设工程。

加快发展智能装备和产品，提升智能化水平。支持工业制造、信息技术领域的企业联合，研发产品，推动智能元器件和装置在工业产品中的应用；支持企业进行飞机柔性装配生产线、飞机大部件运输车等数字化制造装备的产品研发。支持研发高档数控机床、工业机器人等智能制造装备及智能化生产线，推进其产业化和示范应用；分步推进机械、汽车、电子、食品、医药、轻工、纺织、民爆和危险化学品等行业生产设备的智能化改造。

推进制造过程智能化。强化应用引领，依托具有优势的产学研企业（机构），构建专项联盟，紧扣关键工序智能化、关键岗位机器人替代、生产过程智能化控制、供应链优化，本着先试点示范后推广、先易后难的原则，在大连市制造业重点领域逐步建设数字化车间和智能工厂，以全面提升制造业产品、装备、生产、管理和服务的智能化水平。

（三）工业强基工程

着力提升"四基"研发能力，充分发挥大连高校和科研院所的研发支撑作用，着力解决核心基础零部件（元器件）的产品性能和稳定性问题。组织开展先进成型、加工等关键制造工艺及高端装备的联合攻关，引领企业开展生产系统改进和工艺创新。落实首台（套）政策，支持核心基础零部件（元器件）、先进基础工艺、关键基础材料推广应用。针对重大工程和重点装备的关键技术和产品亟需，突破关键基础材料、核心基础零部件的工程化、产业化瓶颈。提升新材料产业整体能力。提高轴承钢、高温耐蚀合金、大规格铝合金板带材、高纯钒合金和高性能硬质合金等高端金属材料的生产及深加工技术水平，巩固在特种金属材料领域优势；提高膜材料、先进工程塑料、碳纤维及复合材料等先进高分子材料的技术水平和产业化水平，壮大化工新材料产业的规模和实力；突破核用高纯硼材料规模生产关键技术，推动核用硼材料及先进陶瓷等产品规模化建设。继续做强汽车和轨道交通及高精密特种领域的轴承、石化和核电及 LNG 领域的泵阀、风电和重大装备领域的齿轮及变速箱、轨道交通和核电领域的弹簧等领域的零部件。

（四）质量品牌提升工程

坚持以技术标准引领质量提升，搭建"技术专利化、专利标准化、标准产业化"链式平台，鼓励企业、行业协会积极参与行业标准、国家标准和国际标准的制定与修订。积极实施品牌战略，培育形成一批叫得响的品牌。加大支持企业制定或参与制定重大技术标准力度。鼓励、引导制造业企业制定或参与制定具有自主知识产权的地方标准、行业标准、国家标准和国际标准，推进企业采用国际标准，提升标准水平。建立完善标准化促进机制，加快与国际标准对接，强化制造业标准信息服务平台和预警信息平台建设，培育发展技术标准服务业。强化检测认证、计量技术服务基础建设，推动检测认证业创新发展。发挥龙头企事业单位、行业协会、第三方检验检测认证机构作用，加强与国外知名认证机构合作，实现多边互认、一证通全球，降低企业检测认证成本。实施品牌培育工程，推进区域品牌、行业品牌、企业品牌建设，塑造"大连品牌"新形象。鼓励有条件的产业集群打造区域品牌，设计品牌名称、品牌形象识别系统等，建成一批区域品牌培育示范区。全面推行质量管理，积极推广精益制造，增强产品质量竞争力，形成具有创新和定制化的质量管理模式。加强产品质量信息的采集、分析和处理，提高企业质量控制和质量管理的信息化水平。建立企业质量信用分级分类监管制度和失信企业投诉举报平台，完善质量诚信体系，对失信企业实行社会联惩联防与末位淘汰。

（五）绿色制造工程

以产业政策助推绿色制造。发挥政策监管扶持引领作用，支持和引导企业、科研机构围绕传统制造业能效提升、清洁生产、节水治污、循环利用等共性技术、关键技术开展研发和应用。从严控制高耗能产业和产能过剩行业项目，加快淘汰落后产能，突出抓好传统产业绿色改造升级、资源高效循环利用项目。加强绿色制造节能标准工作，严格工业固定资产投资项目节能审查，努力构建高效、清洁、低碳、循环的绿色制造体系。

加快制造业绿色化改造。围绕冶金、电力、石油化工、建材等重点行业和重点耗能企业，全面开展余热余压利用、能量系统优化、电机系统节能、工业锅炉（窑炉）改造、工业废水深度处理回用等节能技术改造工作，推进企业绿色数据中心、能源管理中心和能耗在线监测系统建设，优化能源配置，提高能源利用效率。加大先进节能环保技术、工艺和装备的研制和推广力度，鼓励企业采用PPP或合同能源管理模式加快制造业绿色化改造。鼓励企业在生产过程中应用新材料、新能源和高端智能装备，推进制造业绿色低碳发展。

大力发展绿色制造产业。大力发展绿色技术、绿色设计、绿色产品，实现产品全生命周期绿色管理。鼓励节能环保技术和信息技术的集成创新，提升节能环保装备的智能化水平。以全钒液流储能关键材料制备技术和电池系统制造集成技术、锂离子电池技术、电动机用铸铜转子技术、高压变频调速技术、汽油固定床超深度催化吸附脱硫组合技术、燃煤烟气脱硫脱硝技术、生活垃圾及污泥资源化处理等技术，发展储能装备、膜装备、锂离子电池、机电装备、大气污染治理技术装备、污水处理技术装备等绿色产业。发展资源循环利用，提高大宗工业固体废弃物、废旧电子电器、废旧金属、废塑料等资源综合利用，推进发动机、机床、轴承、阀门等机电产品再制造，实现再制造规模化、产业化发展。

到2020年，工业固体废物综合利用率达88%以上；建成20家绿色示范工厂、5家绿色示范园区。到2025年，制造业绿色发展和主要产品单耗达到世界先进水平，绿色制造体系基本建立。

（六）高端装备创新工程

瞄准高端制造领域和新兴产业，充分发挥科技创新的支撑引领作用，在船用大型曲轴、电力牵引机车、新能源汽车、海洋工程装备及高技术船舶、高档数控机床和机器人、风电核电机组关键设备、新型储能设备等领域实施一批创新工程，开发一批带动性强、具有核心竞争力的重点产品和重大装备，突破一批共性关键技术，提升企业自主创新能力和系统集成水平，抢占行业制高点，塑造新的竞争优势。着力解决创新能力薄弱、核心技术和核心关键部件受制于人、基础配套能力发展滞后、产品可靠性低、产业链高端缺位、产业体系不健全、服务体系建设明显滞后问题。

四、重点领域的主攻方向

今后一个时期，大连市要围绕新一代信息技术、高档数控机床和机器人、海洋工程装备及高技术船舶、先进轨道交通装备、新能源汽车等重点领域，引导集聚各类资源要素，推进制造业快速发展。

（一）新一代信息技术产业

1.集成电路及专用设备

提升集成电路设计能力和水平，围绕移动互联、信息终端、物联网、智能装备以及两化融合等应用领域，重点开发网络通信芯片、智能终端芯片、工业控制芯片、传感器芯片、射频识别芯片、信息安全和图像识别芯片、汽车电子芯片等高性能的集成电路产品。继续扩大发展芯片制造和封装测试业，大力发展模拟及数模混合集成电路、微机电系统（MEMS）器件、新型电力电子芯片及器件等特色工艺生产线。加快基于倒装、芯片级封装等先进封装技术的设备开发和产业化进程，支持半导体晶圆切割设备、芯片绑定、焊接装备自主创新；加快发展新一代超纯半导体特种气体，支持光刻胶、衬底绝缘硅、高纯度清洗液、引线框架、封装树脂等关键材料的开发和生产。强化芯片、软件、整机、系统和信息服务协同创新和发展，打造集成电路设计、制造、封测、配套、应用完整产业链条。

2.信息通信设备

跟踪研究第五代（5G）移动通信技术、核心路由交换技术、超高速大容量智能光传输技术、量子通信技术、未来网络核心技术和体系架构，积极研发大容量存储、新型路由交换、新型智能终端、网络安全产品等新一代信息通信和网络设备，重点发展基于4G、5G技术的移动通信专网设备，新型光纤光缆、高速光通信器件等光通信设备，大容量蓝光存储设备，车（船）载智能终端、穿戴式智能终端、行业应用智能终端等新一代信息终端设备，以及自主可控的网络安全硬件产品。

3. 新型元器件

面向物联网、新一代宽带通信、新型视听等新兴产业需求，研究和掌握片式化、微型化、集成化、智能化、绿色化技术，重点发展激光显示、新型电子纸显示、三维显示、AMOLED 显示等新型显示器件，发展高密度互连印制电路板、挠性印制电路板、刚柔结合板等新型印制电路板，以及片式容阻感元件、微机电器件、高频器件和高精度、高可靠性传感器、控制器等新型元器件，加快电子元器件产业结构调整优化，提升对电子整机发展的基础支撑能力。

4. 工业软件

重点发展面向制造业的工业嵌入式软件、研发设计、生产管理和协同管理软件，支持利用工业互联网、云计算、大数据技术研发自主可控的高端工业平台软件、应用软件及营销管理服务网络平台建设。推动有自主核心技术的工业嵌入式操作系统及其应用、安全技术和大数据管理与分析技术的研发与应用，在制造业智能设计、仿真及工具开发领域取得突破。在装备制造业构建"互联网+"制造生态，形成产品生命周期管理、企业资源规划、供应链管理和客户关系管理等核心软件的技术支撑能力和竞争优势。在石化、机械、冶金、轨道交通、汽车、造船等领域形成涵盖从设计研发、生产制造到产品服务的行业应用软件及集成能力。搭建智慧工业云平台，结合本地工业优势构建工业资源库，鼓励工业软件公共关键技术研发和标准制定。集聚一批有核心技术和竞争力的工业软件企业队伍。

（二）高档数控机床和机器人

1. 高档数控机床

保持大连市在中高端数控机床、柔性制造系统、自动化成套装备及关键功能部件等方面的优势，以数字化、智能化、网络化为发展方向，重点支持研发具有深度感知、智慧决策、自动执行功能的高速高精复合类数控机床、专用组合机床、柔性加工生产线、基于机器人的集成制造装备和特种机床等装备，加快实现产业化和规模化。重点开发精密、高效、复合、智能化的立/卧式加工中心、龙门五轴加工中心等高精度工作母机；20 000 转/分钟以上高速钻攻中心、五轴联动高速加工中心等电子信息设备加工装备；航空发动机制造所需精加工卧式加工中心、车铣中心等关键装备；汽车发动机/变速箱等高效加工/近净成形装备及成组工艺生产线等汽车关键零部件加工成套装备及生产线。重点开发多轴、多通道，高精度插补、动态补偿和智能化编程、具有自监控、维护、优化、重组等功能的智能型数控系统及 20 000 转 / 分钟以上高速电主轴、1~2 级滚珠丝杠导轨等高性能功能部件，提升效率、精度以及可靠性、稳定性。培育和推动增材制造前沿技术和装备的研发。

2. 机器人

重点支持围绕汽车、船舶、机械、食品、电子、医药、民爆和危险化学品等行业的应用需求，开展机器人及其集成制造装备的研发和产业化，支持其在本地轴承、互感器、汽车零部件等产业先行示范应用，逐步实现规模化应用，以点带面推动运用工业机器人来改造提升大连市传统制造业；鼓励企业坚持差异化发展的原则，开展机器人系统集成设计、控制系统等研发和关键零部件自主化，为其装备集成制造创造条件。鼓励和支持企业根据装备集成制造需求，开发除锈、喷涂、焊接、搬运等多关节机械手或多自由度的机器人，重点支持有条件企业开展服务机器人以及下一代机器人（智能机器人）的研发，掌握核心技术，抢占下一代机器人国际、国内制高点。

（三）海洋工程装备及高技术船舶

1. 海洋工程装备

在海洋油气资源开发主力装备领域，重点发展大型自升式钻井平台品牌工程、第七代超深水半潜式钻井平台（钻井船）、半潜式生产平台、半潜式多功能支持平台、深水浮式生产储卸装置（FPSO）。在海洋油气资源开发新型装备领域，重点发展浮式钻井生产储卸装置（FDPSO）、深吃水立柱式平台（SPAR）、张力腿平台（TLP）、液化天然气浮式生产储卸装置（LNG-FPSO）、液化天然气浮式存储和再气化装置（LNG-FSRU）。在海上作业保障装备领域，重点发展大马力多用途工作船、中深水风电装置安装船（平台）、深水起重铺管船、大型海底工程安装船、深远海多功能综合救助船。在海洋大型浮式结构物领域，重点发展海洋空间资源开发用的能源供应、物资存储补给、生产生活、资源开发保障等不同功能的深远海大型浮式结构物。在前瞻性海洋工程装备领域，重点发展极地冰区型海洋油气资源开发装备、可燃冰等新型海洋资源开发装备。

2. 高技术船舶

在高技术高附加值船舶领域，重点发展 20 000TEU 级以上超大型集装箱船、大型 LNG、LPG 运输船高端品牌、北极航线船舶、LNG 燃料等清洁能源船舶。在超级节能环保船舶领域，重点发展超级节能环保型散货船、油船、集装箱船（采用风帆助推、气泡和涂料减阻等新技术、LNG 和太阳能等清洁燃料）。在前瞻性船舶领域，重点发展信息技术高度集成的智能船舶。

（四）先进轨道交通装备

开发 30 ～ 33 吨轴重的大功率重载交流传动机车；3000 马力节能环保型调车机车研发设计；开发适合国内外、路内外市场需求的，不同功率等级的交流传动客货运内燃机车。加快时速 200 公里电力机车、时速 160 公里客运内燃机车、大轴重货运电力机车、客货通用高原内燃机车等新产品的研制步伐。加快 160 公里城际（市域）电动车组、国产化现代有轨电车及地面供电系统和各种城轨车辆的研制步伐。

重点发展干线铁路重载机车车辆、快捷运输装备、高速铁路装备、城市轨道交通车辆的牵引与控制系统；发展内燃机车高效高压比增压器、列车智能操纵系统、机车远程监测与诊断系统、机车微机网络控制系统、机车与动车组高端轴承、内燃动车组动力包、机车与动车组换热系统及部件、轨道交通装备新型空调系统、永磁同步牵引系统等轨道交通装备核心系统和部件。加大适应快运货车的车体、转向架、制动、钩缓技术及相应标准研究。

（五）新能源汽车

加快建设共性技术平台，推进关键共性技术研发，建立行业共享的测试平台。加快发展纯电动汽车、插电式混合动力汽车、燃料电池汽车等整车系列和电池、电机、电子控制系统集成等核心零部件，掌握汽车低碳化、信息化、智能化核心技术，提升动力电池、驱动电机、高效内燃机、先进变速器、轻量化材料、智能控制等核心技术的工程化和产业化能力，形成具有大连市特色的新能源汽车生产体系。制定充电设施发展规划和技术标准，鼓励公共单位加快内部停车场充电设施建设，积极利用城市中现有的场地和设施，完善充电设施布局。抓住"互联网＋汽车"机遇，加强互联网智能汽车的研发。

（六）电力装备

重点支持发展百万千瓦级核电一回路主设备及关键部（零）件，培育常规岛设备的研发和制造。继续做大做强二代改进型和以 CAP1400、"华龙一号"为代表三代核电技术的反应堆压力容器、核环吊、人员/设备闸门、核级泵（余热泵等）、核级阀（爆破阀、直流电动闸阀等）等装备，推进蒸汽发生器、稳压器、堆内构件、主管道、核级泵（上冲泵、应急给水泵、中低压安注泵等）、核级阀（安全事故阀等）实现产业化和规模化；争取国家第四代核电技术国产化任务，开展快堆、高温气冷堆等堆型反应堆压力容器、主泵、主蒸汽隔离阀、电动球阀、控制棒组件用芯块等关键设备和部件的研制，建设国内实力最强的核岛关键设备生产基地。继续保持和提升兆瓦级风电机组齿轮箱、轮毂、偏航系统、电机、轴承、电控系统、变浆系统等关键部件生产水平，实现产品的系列化和规模化，建设国内最大的兆瓦级风电核心零部件研制基地，同时要充分利用发展海上风电的机遇，适时培育和发展兆瓦级风电整机产业，提高集成能力和水平。推进智能电网用设备及相关部件的制造，加快实现产业化。加强大容量、低成本储能技术的开发研制，发展储能设备相关产品。提升全钒液流电池、锂电池研制水平，发展大型电力储能、家庭储能、后备电源储能等产品，加快储能技术和产业发展。

（七）新材料

1. 高品质特殊钢材料

该领域发展方向主要以满足装备制造和重大工程需求为目标，发展高性能和专用特种优质钢材为主线。重点发展不锈钢、轴承钢、工模具钢、汽车用特殊钢和高温合金、精密合金等特殊钢材材料及制品，研发高温耐蚀合金、特种奥氏体耐热不锈气门钢、大型船用内燃机50级以上气阀和航天航空用超高强钢材料及高性能弹簧钢等材料的生产和加工技术。

2. 新型轻合金材料

该领域主要以轻质、高强、大规格、耐高温、耐腐蚀为发展方向，发展高性能铝合金、钛合金材料产品为主，重点满足航空航天、高铁、轨道列车、汽车等交通运输装备等领域的需求。研发以高性能铝合金、大规格铝合金板带材的生产技术及深加工技术。

3. 稀有金属材料

该领域主要发展重点为钒和钨两种稀有金属材料，以硬质合金材料和高纯度金属及化合物材料为主，加快促进航空级钒合金和高性能硬质合金的产业化。发展和提升高纯度五氧化二钒、钒电解液、航空航天级中间合金钒材料等产品及生产技术。力争在高性能碳化钨硬质合金块棒材、数控刀片、刀具等产品质量上达到国际先进水平，替代进口并实现自主化。

4. 先进高分子材料

以大连市石化产业基础和比较优势为依托，以发展高性能膜材料、先进工程塑料、高性能防腐材料、碳纤维及复合材料等先进高分子材料为主攻方向，壮大和丰富大连市精细化工产业链条，提升大连市化工新材料行业技术创新和产业化水平。重点发展富氧膜、氮氢等气体分离膜、PEEK 材料、高性能聚脲防腐防水材料、碳纤维耐腐蚀泵等碳纤维复合材料制品等产品。

5. 先进陶瓷材料

该领域重点突破陶瓷产品制备和精密加工等关键技术，重点发展核用硼材料、碳化硼陶瓷制品、碳化硅陶瓷制品和氮化硅陶瓷材料制品等，形成先进陶瓷高端产品的产业化。重点发展快堆控制棒组件用高丰度硼 10 碳化硼粉末、芯块、核用硼酸、碳化硼粉体、核用碳化硼芯块，以及碳化硅陶瓷制品、超精密高精度氮化硅（Si_3N_4）陶瓷球和精密陶瓷轴承等高端陶瓷材料及其制品。

（八）生物医药及高性能医疗器械

优先发展单克隆抗体药物、全新结构蛋白及多肽药物、生物工程疫苗等新型生物技术药物，研发疗效显著的基因工程药物和小分子药物，加快多联多价疫苗、治疗型疫苗、人畜共患病疫苗等研发及产业化。提高原创、仿创药物研发能力。发挥国内中药材资源和大连海洋资源优势，加强传统中药（民族药）名医名方的开发应用，加快名优中成药产品的二次开发和现代剂型的产业化；推进海洋生物药用成分提取、分离与结构改性以及微囊稳态化等新的共性技术研究及产业化，培育发展现代中药、海洋药物特色产业。加快发展先进医疗设备和新型生物医学材料，重点发展临床需求大、应用面广的医学成像、体外诊断仪器、人体功能状态监测、急救及外科手术设备等先进医疗设备，加快核心部件、关键技术的开发和产业化。发展社区和农村基层应用的普及型医疗设备和家庭用医疗器械，大力发展微创介入、外科植入、人工器官和组织工程产品。加快推进药物冠脉支架、可降解支架、新型骨科产品等新型植（介）入材料，可穿戴、远程诊疗等移动医疗产品研制生产。

（九）节能环保装备

紧紧围绕资源节约型、环境友好型社会建设需要，加大节能环保关键共性技术攻关力度，重点培育具有自主知识产权的核心技术和品牌产品，大力发展高效节能锅炉、电机及拖动设备、余热余压利用设备、高效储能装备、大气和水污染防治技术与装备、垃圾和危险废弃物处理技术与装备等节能环保技术与装备。以冶金、电力、石油化工、建材等企业废弃烟气排放治理为重点，加快脱硫、脱销、粉尘排放、二噁英处理、生活垃圾、污泥资源化处理等专业治理技术与装备的研发和设计制造，推动治理装备规模化、产业化发展。

（十）海洋功能食品和生物制品

重点发展基于现代生物技术、从海洋生物中获取海洋功能食品和生物制品。包括类胡萝卜素如虾青素、叶黄素等，多元不饱和脂肪酸如二十二碳六烯酸、二十碳五烯酸、蛋白酶、脂肪酶、纤维素酶等海洋新型酶类，海洋生物功能活性蛋白、肽和寡糖类等。推进海洋生物提取、纯化、合成技术，大型藻类生物酿造、生物能源技术开发，海洋药用生物资源及活性产物的挖掘与利用技术，海洋动植物生物大规模培养及反应器技术，岩藻聚糖硫酸酯提取技术等关键技术研发。充分挖掘大连市海参、海带、裙带菜等优势海产品功能，研发具有辅助降血脂、预防心脑血管病、动脉硬化、糖尿病、骨质疏松、贫血等病症及益智延寿、促进生长发育等功能的活性物质或新型食品。

五、保障措施和政策建议

（一）切实加强组织领导

成立由市政府领导牵头，市有关部门和科研机构、高校院所、企业等单位主要负责同志参加的大连市制造强市建设领导小组，领导小组办公室设在市经信委，负责领导小组日常工作。领导小组的主要职责是统筹协调大连市制造业强市建设工作，推动落实国家、省重大政策措施，研究部署大连市制造业发展的产业规划、扶持政策、工程专项和重要工作安排，指导各地区、各部门开展工作，协调跨区域、跨部门重要事项，加强对任务落实情况的督促检查。成立制造强市专家咨询委员会，研究制造业发展前沿性、战略性课题，对制造业发展重要决策提供咨询。建立任务落实情况督促检查机制和第三方评估机制。实施中期评估，对照国家、省两级要求和大连实际情况，对目标任务进行适时调整。

（二）深化体制机制改革

进一步简政放权、优化服务、提高效率，完善权力清单、责任清单制度。加快推进政府职能转变，科学界定政府职能，深化行政审批制度改革，加快建立权力清单和责任制度清单，加强事中事后监管。完善市场准入"一个窗口"制度，推行"四证一章"改革。加快国有企业改革，完善公司治理结构，推进企业并购重组和上市，引导国有资本向优势特色产业集中，优化国有资本布局，提高国有资本使用效率，增强国有经济的活力、控制力和影响力。有序发展混合所有制经济，破除限制民营经济发展的体制机制障碍，营造公平竞争市场环境。推进军民融合深度发展。制定和完善制造业节能节地节水、环保、技术、安全等准入标准，加强对国家强制性标准实施的监督检查。加强安全生产，推进隐患排查治理体系建设。

（三）加大财政扶持力度

贯彻落实国家支持东北老工业基地振兴各项优惠政策，积极争取国家支持政策。加大财政资金对制造业的支持力度，重点投向智能制造、"四基"发展、高端装备等制造业转型升级关键领域。以国家自主创新示范区和"质量强市"示范城市创建工作为契机，着力在人才引进、高新技术企业认定、专利申请、知识产权转让与交易、设立大连基金和争取国家基金给予金融支持等方面打造良好创新环境。同时，确定一批重点项目、重点产品和重点企业纳入"育龙"计划中予以重点扶持。设立新一代信息技术产业、储能产业发展基金，支持新兴产业发展。设立市本级机器人及智能装备产业发展专项资金，支持本地机器人及智能装备产业研发、集成及示范应用补助。运用PPP模式，引导社会资本参与制造业重大项目建设、企业技术改造和关键基础设施建设。实施政府采购预算管理，预留一定比例采购预算专门面向中小企业进行采购。对项目建设过程中的收费项目进行全面清理，制定项目收费标准不高于国内同类城市水平。对重点工业园区动迁和基础设施建设，加大财政支持力度。分阶段、分步骤妥善解决市国资委出资企业办社会职能和历史遗留问题。

（四）完善金融扶持政策

制定创新发展产业金融实施意见。鼓励产业资本和社会资本投资，发展直接服务产业的金融机构，促进产融结合，加大对制造业重点领域支持力度。由政府出资与金融资金合作设立周转性融资贷款平台，为中小企业提供周转性贷款，降低企业融资成本。推动建立政策性担保机制，启动小额贷款保证保险试点，通过银政担、银政保合作，帮助企业增信。推进股权交易市场和中小企业投融资服务中心建设，满足不同企业的多种融资需求。依托股权交易中心，指导推动企业挂牌、上市，发展多层次资本市场，提高直接融资比例。促进企业与风险投资、私募股权投资等机构进行战略合作，拓展融资渠道。

（五）强化科技支撑作用

实施大连市科技突破计划，针对重点产业关键技术环节，推进重大科技专项和重点技术攻关。加大支持企业制定或参与制定重大技术标准力度。完善检验检测公共服务平台建设。大力促进高校和科研院所成果转化。以产业与技术创新联盟为重点，推进创新链整合。支持装备制造协同创新中心、洁净能源国家实验室和大连先进光源等区域性创新基础平台建设。加快构建众创空间，支持特色产业孵化器建设。完善"大连科技指南针"综合服务平台。实施科技创新券制度。深入实施"育龙计划"，加快培育壮大一批创新型龙头企业和创新型中小企业集群。

（六）促进制造业与服务业融合发展

实施服务型制造促进计划，引导和支持有条件的企业由提供设备向提供系统集成总承包转变，由提供产品向提供整体解决方案转变。鼓励制造业企业以增加服务环节投入、再造业务流程等形式培育新型业务形态与商业模式，发展个性化定制服务、融资租赁、网络营销、全生命周期管理以及在线支持服务、整体解决方案、工程总承包和供应链管理、服务外包等商业模式。鼓励优势制造企业"裂变"专业优势，通过业务流程再造，面向行业提供社会化、专业化服务。

（七）提高对外开放水平

创新开放型经济发展模式，推进涉外投资管理体制改革，加快实施投资便利化改革，发挥大连市石油化工、装备制造、电子信息等产业的比较优势，结合产业结构调整和转型升级需要，推动企业走出去、富余产能转出去、技术标准输出去。支持企业并购境外科技企业，鼓励企业利用现有设备和技术到境外建立生产基地、营销网络和售后服务中心。构建对接"一带一路"战略开放新格局，鼓励大连市制造业企业积极参与互联互通基础设施建设。支持大连中日韩循环经济示范基地、大连中以高技术产业合作重点区域建设。加快大连跨境电商综合实验区暨中韩贸易合作区建设。

（八）完善健全人才体系

实施制造业人才培养计划，实行统筹规划、校企联合、分类培养，加大经营管理人才、专业技术人才和技能人才的培养力度，完善从研发、生产到管理的多元人才培养体系。多种渠道引进人才，坚持产业导向、适度超前和市场配置相结合的原则，建立大连市重点产业紧缺人才需求目录年度发布制度，实施大连市重点产业紧缺人才引进计划和海外优秀专家集聚计划。把留住人才放在重要位置。建立人才激励机制，落实大连市新一轮人才政策，使人才充分享受到创新创业、住房保障、子女就学、配偶就业、医疗保障等配套服务。

各区市县、开放先导区、各部门要充分认识实施《中国制造2025》大连行动计划的重大意义，加强组织领导，健全工作机制，强化部门协同和上下联动，结合各自实际，研究制定具体实施方案，分解任务，制定措施，落实责任，确保各项任务扎实推进。

（李正群　田　军　赵子彪　赵以振　殷玉欣）

第六章

新业态新商业模式：
创新发展的重要载体和动力

商业模式就是企业利用外部资源，进行产业链重组，形成新的价值链，并与合作伙伴分享利益的过程。管理学大师德鲁克认为，当今企业间的竞争，不仅是产品的竞争，更是商业模式的竞争。商业模式是市场经济中企业价值创造的核心逻辑，是连接科技和市场的桥梁。

第一节　认识商业模式创新

商业模式创新是通过商业创意，即"人脑＋电脑"，对企业全部价值活动的有效整合，它贯穿于企业资源开发、研发模式、制造方式、营销体系、流通体系等各个环节，每个环节的创新都可能塑造一种崭新的、成功的商业模式。

在科技创新孕育新突破的新经济时代，企业转型升级依赖于技术创新，而技术创新要真正为市场所接受，需要商业模式创新相匹配。

一、商业模式创新在企业转型升级中的地位作用

当前国际国内经济环境日趋复杂，传统商业准则不断被颠覆。企业要想立足不败之地，商业模式创新至关重要。特别是国内制造业产能趋于过剩，企业仅以劳动力和资本作为竞争资源、靠规模经济制胜的老路再难奏效。百度、阿里巴巴等依靠商业模式创新迅速扩张的案例，提示我们要借助商业模式创新寻找商业和市场的"蓝海"。

商业模式创新可归结为四种方式：一是企业利用科技与商业创意，整合外部资源，为自己和产业伙伴创造新的盈利分享价值；二是通过对产业经济的商业运作环节进行创新重组，形成新的产业链；三是用电子信息技术和平台改造原有营销模式，形成新的价值链；四是新的科技手段、创意营销与资本的结合，开发潜在的需求，创造新的需求实现模式，形成市场与科技对接、创意与经济对接。

世界高技术产业发展的历程表明，重大技术创新往往伴随商业模式创新。调查显示：当今美国企业占60%的创新是商业模式创新，40%的创新是技术创新。成功的商业模式是知识经济与创业创新的结合。在互联网技术、IT、新能源、生物、材料等技术革命不断勃发、新商业模式不断颠覆传统商业准则的今天，科学技术是第一生产力，好的商业模式释放生产力。

二、将商业模式创新纳入政府科技政策扶持范畴

美国政府对商业模式创新通过授予专利等给予鼓励和保护。我国政府也应出台政策，将商业模式创新纳入科技资金扶持范围，鼓励企业结合技术产业化开展商业模式创新。特别是鼓励企业结合三网融合、智能电网建设、绿色消费、物联网应用、软件产业发展等，积极开展商业模式的研发和应用，切实发挥商业模式连接技术和市场的桥梁作用。

将商业模式创新作为科技项目创新性评价的一项重要指标，在考核科技项目的"技术创新点"的同时，也应考察项目的"盈利模式"，引导科技型创业企业实施有技术含量、商业模式可行的项目。避免技术先进但市场不接受甚至无法市场化的现象。

推动官产学研结合设立商业模式研发机构。总结成功企业商业模式案例，发掘、扶持、剖析、推广有生命力的健康的商业模式。以典型引路推动商业模式创新，为企业进行商业模式创新提供路径、引导和示范。鼓励企业组织起来设立商业模式创新联盟。

对于具有较大发展潜力的商业模式创新，可纳入科技企业孵化器加以培育。对于初创期的企业可考虑通过减免税费、资金扶持等方式帮助企业逐步做大。

三、鼓励企业依托新的商业模式创业

围绕国家战略性新兴产业的重点领域，帮助企业在努力突破核心和关键技术的同时，积极探索相配合的新型商业模式。对于国家鼓励并在产业发展

上已相对成熟的商业模式，如合同能源管理、IPTV 手机电视、电信产业链分账模式、SaaS 模式（Software-as-a-Service 软件即服务）等，要扶持企业结合转型升级积极介入有关领域，占领新的产业高地。

围绕现代服务业的发展，鼓励绿色消费、循环消费、信息消费，组织实施一批消费模式创新示范工程，引导消费模式转变，培育新兴市场。大力发展电子商务、网络销售、总部经济、金融后台服务、连锁经营等新兴服务业态。

围绕大学生创业扶持、海外学子归国创业奖励、企业上市补助等环节，加强对商业模式创新类项目的培育。尤其要关注那些虽不在技术尖端，但因商业模式创新而具有广阔成长前景的项目。

四、将鼓励商业模式与扶持风险投资业发展结合起来

企业创业要经过从创业激情到商业计划再到成熟的商业模式一个不短的过程，创业初期的科技型中小型企业，得到风险投资的青睐，不仅能解决资金的短缺，更能得到提升商业模式的指导，提高创业成功率。技术是有时效的，商机也稍纵即逝，借助专业投资机构的资本及商业模式创新的帮助，迅速做大做强。

树立"好的投资项目 = 好的商业模式 + 优秀的团队"理念，发挥风险投资家发现新商业模式的"慧眼"作用，挖掘和认可新商业模式，推动知识和技术向资本和市场的转化。

（刘　立）

第二节　大数据引领经济业态、商业模式创新和形成新的增长点

大数据带来的信息风暴在变革着我们的生活、工作和思维，由此开启了一次重大的时代转型。大数据、云计算、移动互联网应用等面向服务的商业模式创新，正在开辟新的产业增长点，大数据产业生态环境在加速构建。基于"硬件 + 软件 + 终端 + 内容 + 服务"的产业链垂直整合，推动着信息产业组织方式深刻变革。随着用户对大数据价值认可程度的增加，市场需求将出现井喷，巨大商机也将吸引更多企业加入，面向大数据市场的新技术、新产品、新服务、新业态和新商业模式会不断涌现。

一、国内外大数据产业发展态势与机遇

（一）当今世界正处在一个数据爆发增长的时代

据统计，2013 年全球产生的数据达到 3.5ZB，到 2020 年产生的数量将增至 44ZB。全球大数据市场规模也呈现出爆发式增长态势。2014 年，全球大数据市场规模达到约 285 亿美元，增长 53.23%。2015 年，全球大数据市场规模将达到 421 亿美元，预计 2020 年全球大数据市场规模将达到 1263.21 亿美元，同比增长 17.51%。大数据成为全球 IT 支出新的增长点，目前 70% 的大企业和 56% 的中小企业已经部署或者正在计划部署与大数据有关的项目和计划。2014 年，全球大数据市场中，行业解决方案、计算分析服务、存储服务、数据库服务和大数据应用为市场份额排名最靠前的细分市场，分别占据 35.4%、17.3%、14.7%、12.5% 和 7.9% 的市场份额。云服务的市场份额为 6.3%，基础软件占据 3.9% 的市场份额，网络服务仅占据 2% 的市场份额。

大数据巨大的发展前景与广阔市场空间，已吸引众多 IT 巨头的抢先布局，以抢占产业制高点。2010 年以来，欧美 IT 巨头疯狂展开与大数据相关的并购案，IBM 通过并购数据仓库厂商 Netezza 来增强自己在海量数据处理上的实力；EMC 利用收购的 Greenplum、Isilon 和 VMware 展开大数据和云计算的布局；HP 通过并购 3PAR、Autonomy、Vertica 实现了大数据产业链的全覆盖。从各 IT 巨头如 Google、IBM、EMC、Oracle、Microsoft、HP、SAP 纷纷推出的大数据产品可以看出，这些 IT 巨头几乎抢占搜索服务、数据库、服务器、存储设备、数据挖掘等价值核心环节。国内企业快速跟进，国内相对强势的互联网企业、电信运营商、电信设备供应商已经开始启动产业布局，以互联网应用服务为切入点抢占大数据制高点。

（二）中国信息消费市场规模量级巨大，增长迅速

2014 年，中国大数据市场规模达到 767 亿元，同比增长 27.83%。其中大数据应用市场规模为 80.54 亿元，同比增长 3.23%，与全球 1768.45 亿元的大数据应用市场规模相比差距巨大。预计到 2020 年，中国大数据产业市场规模将达到 8228.81 亿元，而大数据应用市场规模将增至 5019.58 亿元。目前，应用大数据进行分析预测和辅助决策较多的领域包括政府公共服务、商业分析、企业管理、金融、娱乐和个人服务等。中国大数据典型应用行业主要有

政府公共服务、金融、电子商务、电信、医疗、物流、交通和教育，应用相对成熟的行业主要是电子商务、电信和金融。未来，政府、互联网和金融等领域市场规模占据近一半的市场份额。

国家出台政策文件支持大数据产业发展。大数据蕴藏近乎无限的潜在价值，我国日益认识到大数据在推动经济发展、改善公共服务和保障信息安全等方面的重大意义。2012年5月，国家发展和改革委员会发布《"十二五"国家政务信息化建设工程规划》(发改高技〔2012〕1202号)，提出投资几百亿元建设人口、法人单位、空间地理、宏观经济和文化等五大信息资源库。2013年8月，国务院发布《关于促进信息消费扩大内需的若干意见》(国发〔2013〕32号)，提出推动商业企业加快信息基础设施演进升级，增强信息产品供给能力，构建大数据产业链，促进创新链与产业链有效嫁接。2014年1月，国家发展和改革委员会发布《关于加快实施信息惠民工程有关工作的通知》(发改高技〔2014〕46号)，提出信息惠民工程实施的重点是解决社保、医疗、教育、养老、就业、公共安全、食品药品安全、社区服务、家庭服务等九大领域突出问题，要以推动跨层级、跨部门信息共享和业务协同为抓手，促进公共服务的多方协同合作、资源共享、制度对接。2014年7月至今，国务院常务会议中6次提到"大数据"，大数据成为事关经济社会全局发展的战略性新兴产业。2015年3月5日，李克强总理在政府工作报告中提出制定"互联网+"行动计划，鼓励大数据、云计算融入现代制造业中，自上而下推进和重视大数据产业发展。2015年8月19日，李克强总理主持召开国务院常务会议，通过《关于促进大数据发展的行动纲要》，强调要顺应潮流引导支持大数据产业发展，以企业为主体、以市场为导向，加大政策支持，着力营造宽松公平环境，建立市场化应用机制，深化大数据在各行业创新应用，催生新业态、新模式，形成与需求紧密结合的大数据产品体系，使开放的大数据成为促进创业创新的新动力。

各地抢占大数据产业发展制高点。目前，全国各地都在积极探索促进大数据产业发展，通过采取有力措施抢占发展制高点。贵阳市率先成立了全国第一家大数据交易所，并成为国内工信部批准的唯一一个大数据试点城市；北京中关村成立了大数据交易产业联盟，建立了国内首个大数据交易平台，制定了国内首个大数据交易行业规范；上海、重庆、武汉等地也都在积极制订行动计划，深入推进大数据产业应用发展。面对大数据发展带来的变革浪潮，大连迎来了前所未有的发展机遇，同时也面临着巨大的挑战，加快发展大数据产业是一个十分紧迫的课题。

（三）大连市大数据产业发展机遇与挑战

大连市大数据基础设施、行业应用、软件人才等方面在国内起步较早，具备大数据产业发展的基础优势。大连市高度重视大数据产业发展，相继出台《关于加快推进城市智慧化建设的意见》（大委发〔2014〕14号）和《大连市城市智慧化建设总体规划（2014—2020）》（大政发〔2014〕31号），均提出重点突破海量数据管理、大数据挖掘、大数据管理与服务等关键技术，推进大数据产业快速发展。大连城市信息化建设基础良好，成为原国家信息产业部批准的信息化综合试点示范城市和电子商务示范城市，也成功入选科技部和国家标准委确定的国家智慧城市试点示范城市以及工业和信息化部确定的首批国家信息消费试点城市，城市信息化总体水平位列全国前十，为大数据产业发展奠定了坚实基础。

同时，大连市大数据产业建设起步相对较晚，缺乏统筹管理意识，信息资源整合任务艰巨，协同服务能力较弱，城市运行管理信息化水平与现代化国际城市定位不匹配，信息产业自主创新能力不强，信息化管理体制、协调机制、标准体系和法律法规亟待完善，专业复合型人才紧缺等问题突出，成为制约大连市大数据产业发展的瓶颈，加快推进大连市大数据产业发展势在必行。

二、推进大数据产业应用工程

重点建设大连小窑湾、高新园区大数据产业园等大数据产业基地，围绕智慧政府和经济发展重点推进智慧政府建设、文献多媒体大数据产业集群建设、征信大数据产业集群建设、金融大数据产业集群建设、智库大数据产业集群建设、电商大数据产业集群建设、智慧物流产业集群建设以及智慧医疗产业集群建设等8个大数据产业应用工程，并选择若干条件成熟、具有大数据市场前景的领域，建立多个大数据应用和交易平台，形成"2+8+X"的大数据应用产业发展格局（图6-1）。

（一）推进智慧政府建设

1. 经济状况即时查看及预警平台

在经济状况即时查看及预警平台上，政府不再需要像以往对经济运行状况进行取样分析，而是依托企业经营大数据对经济情况进行即时统计计算、分析，方便政府直观掌握大连真实的经济运行状况。更可以主动预警大连各县市区经济运行中可能出现问题。如通过对产业税收同比环比的分

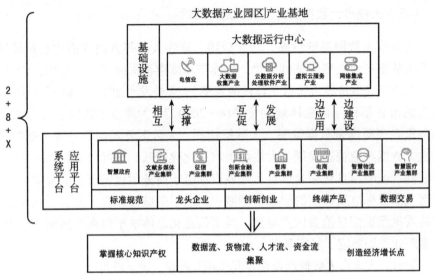

图 6-1　大连大数据应用产业发展格局

析比较，企业数量增减量等信息结合预先设置的预警参数即时生成预警报告等（图 6-2）。

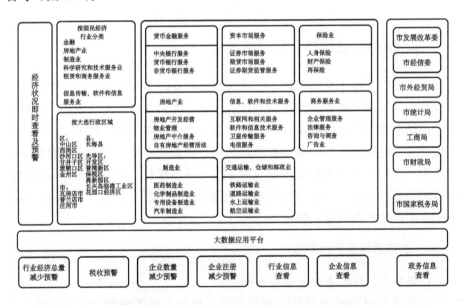

图 6-2　经济状况即时查看及预警平台

数据采用真实发生的数据。数据安全采用分类、分级开放

数据来源：通过大连市43个委办局提供的可开放的数据接口收集基础数据。

数据处理：通过智库对可以反映经济运行情况的大数据进行建模，再由云数据分析处理软件公司根据建立的数据模型进行编程开发供最终用户使用。

2. 政府 OA 系统

以政令更通达，办公更高效为目标设计的大连市政府43个委办局共用的OA系统，既保留了43个委办局各自已有的办公方式与办公流程，又增强了各委办局之间的联系，有效避免重复开发，节省了信息资源成本。OA系统主要包括政令发布和协同办公两方面功能（图6-3）。

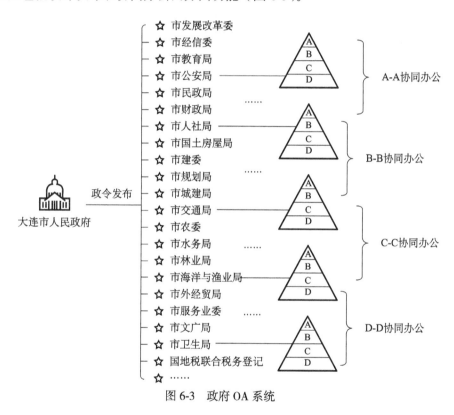

图 6-3　政府 OA 系统

数据来源：大连市政府43个委办局对公务员进行角色及权限分配。

数据处理：政府政令发布后，根据政令的阅读权限，向拥有权限人员主动推送。

政令使工作人员可以及时了解政令内容，避免政令下达后，出现政令接收盲区。不同的委办局之间，当需要协同办公时，在权限范围内利用跳板原理，直接找到其他委办局同级工作人员协同工作，可以有效减少业务流程，提高办事效率。

3. 智慧办事窗口

在企业办理各项审批事项时，如果不熟悉各政府各部门分管事项及办事流程往往会无从入手，造成浪费办事时间，延长办事周期。

智慧办事窗口的设计思路是只需在系统中输入所办事项的关键字，就可以检索到涉及该关键字的委办局列表。选择相应的委办局及审批事项后，可以查看该事项审批流程和操作步骤，并快速进入委办局子系统进行审批事项办理。国务院于 2015 年 1 月 19 日发布的《国务院关于规范国务院部门行政审批行为改进行政审批有关工作的通知》中也提到"全面实行'一个窗口'受理。承担行政审批职能的部门要将审批事项集中到'一个窗口'受理，申请量大的要安排专门场所，积极推行网上集中预受理和预审查，创造条件推进网上审批。探索改进跨部门审批等工作（图 6-4）。对于多部门共同审批事项，进行流程再造，明确一个牵头部门，实行'一个窗口'受理、'一站式'审批"。

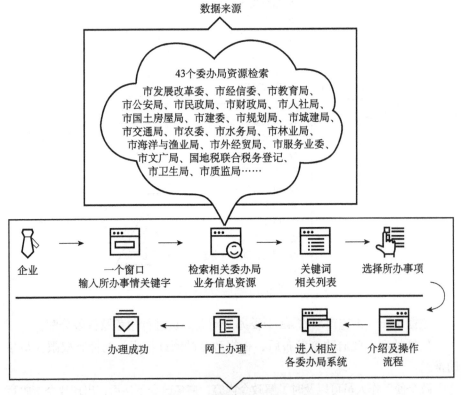

图 6-4　智慧办事窗口

智慧办事窗口的设计可以基本实现"一个窗口"受理、"一站式"审批。

数据来源：大连市43个委办局录入各自的业务范围、办事前置条件以及办事流程。

数据处理：使用大数据检索技术，可在复杂的政务服务内容和操作流程中智能匹配，即时准确显示企业办理审批事项时的所需要的帮助信息，解决企业办理审批事项时无从入手的困难。

4. 行业分析报告

通过行业相关分析性报告可以了解各个行业所处的发展阶段及其在国民经济中的地位，可以分析影响行业发展的各种因素以及判断对行业的影响度，可以预测并引导行业的未来发展趋势，可以判断行业投资价值，可以揭示行业投资风险等信息（图6-5）。

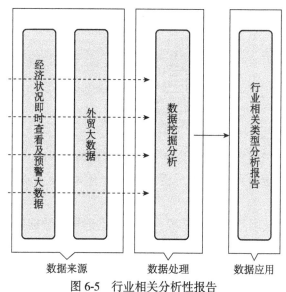

| 数据来源 | 数据处理 | 数据应用 |

图6-5　行业相关分析性报告

数据来源：采用经济状况即时查看及预警平台相同的数据源与外贸大数据相结合。

数据处理：采用数据挖掘技术使用商业智能系统建模分析后可以形成行业相关性分析报告。对政府经济决策及产业部署起到一定的参考作用。

5. 政策舆情

舆情信息调查指政府可以通过舆情信息调查系统调查公民对政府发布

的法规政策，如《汽车购置税》、《落户政策》等的满意度。政府可以按类别、按关键词、按地区等统计方法对法规政策的满意度等进行统计分析（图6-6）。

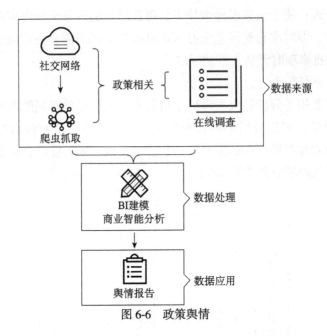

图6-6 政策舆情

数据来源：舆情信息来源为使用网络爬虫技术从一些社交网站、舆情网站、论坛、博客等网站爬取，还包括从政府网站上发布的调查问卷的统计数据。

数据处理：采用商业智能手段，进行数据建模、数据分析、数据挖掘最终获得舆情指标。

6. 企业私有云

虚拟企业集群应用依托线上 ERP 云平台，由多条产业链中的上下游企业共同参与使用，参与其中的企业使用同一套数据字典。虚拟企业集群的良好运行可以进一步完善产业链薄弱环节的建设，增强上下游企业的连接度，增强社会分工的专业化程度，引导企业规范化管理，同时也极大地减少企业信息化重复建设中造成的资源浪费。目前中国商务部也已经开始提供 ERP 云平台服务，并取得了良好的反响。企业私有云建设包括企业知识库建设、ERP 云平台建设、产业链供需平台建设（图6-7）。

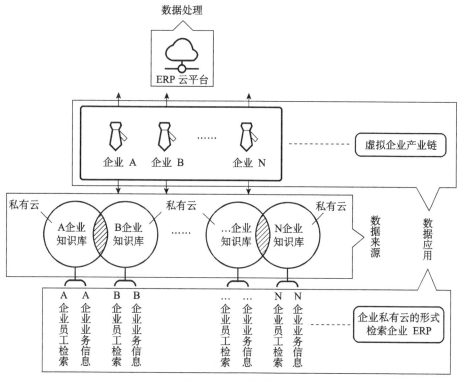

图 6-7　企业私有云

数据来源：数据来源包括企业知识库和 EPR 信息两个方面。企业知识库包括企业产品名录、企业产品性能指标、企业产品操作手册、企业生产流程操作手册、企业服务标准、企业售后服务标准等，采用 NOSQL 非关系型数据库进行非结构化存储。

企业 ERP 信息包括企业日常生产经营活动中录入的所有信息。产业链供需平台数据来源同样来源于 ERP 产生的信息。

数据处理：由政府提供数据中心进行数据存储服务，实现高级别的数据安全管理机制以及数据冗余存储及灾备服务、防范网络攻击服务等以保证数据安全和社会公信度。

允许企业在各自的私有云中制作符合各自业务特点的业务流程。充分实现"敏捷处理"、"快捷服务"和"协同作业"，进而打造企业自身核心价值链。各种单据的审批工作流也可以按照岗位进行自定义。并且，企业可以根据实际情况增加岗位角色，并调整岗位角色所具有的权限。企业私有云应用依托于大数据平台，庞大的数据量和业

务流同时也依赖于电信业、云数据分析处理软件产业、网络集成产业
的均衡发展。

（二）推进文献多媒体大数据产业集群建设

文献及多媒体大数据检索可以方便用户在浩瀚的文献资料中快速，
准确找到自己想要的材料（图 6-8）。例如，湖南某从事人民日报过刊电
子化检索业务的某个公司仅从事这一项业务每年就可以创造上百万的产
值。在实现文本文献学术出版物检索的过程中因为涉及的数据量巨大，
所收集的数据结构也是多种多样，客观的带动了有关涉及数据收集、模
糊控制、数据采集程序开发的软件公司等相关产业的发展。而超大型非
结构化数据的存储更依赖于电信产业群，虚拟云服务产业群等相关产业
的发展。

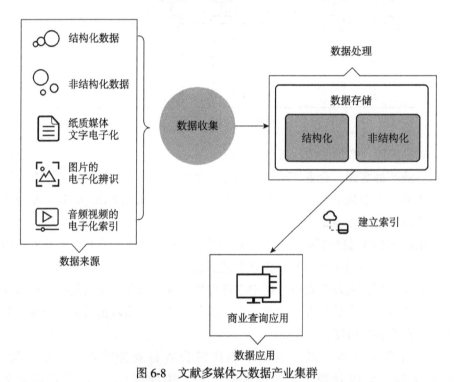

图 6-8　文献多媒体大数据产业集群

数据来源：数据的收集方向为以下五个方面：

（1）文本文献学术出版物检索主要包含自结束第二次世界大战以来世界

各国之间签订的国际条约，包含双边多边条约，涉及方面包含政治、经济、法律。数据来源为中国外交部条法司公开发行的《中华人民共和国条约集》及《海牙国际司法会议公约集》、《国际条约集》（图6-9）。

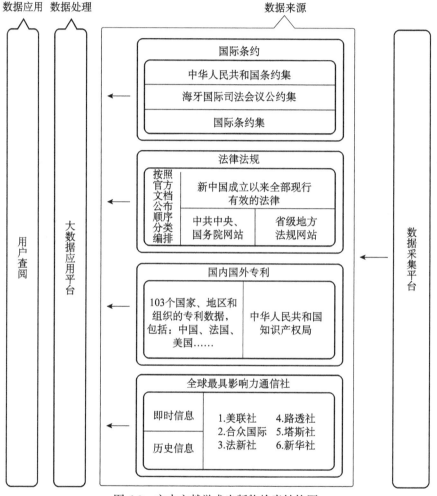

图6-9　文本文献学术出版物检索结构图

（2）国内、国外专利检索。数据来源为中国国家知识产权局。数据范围：收录了103个国家、地区和组织的专利数据，其中涵盖了中国、美国、日本、韩国、英国、法国、德国、瑞士、俄罗斯、欧洲专利局和世界知识产权组织。

（3）法律法规检索包括了新中国成立以来法律及有关问题的决定、部委规章及文件、中共中央、国务院法规及文件、司法解释及文件、地方性法规规章中各种法律。收录全面，编排科学。

（4）收录新中国成立以来全部现行有效的法律，并按照官方文档公布的顺序分类编排，法律文档以首次公布的时间排列。法律文本条目出自中共中央、国务院网站和省级地方法规网站，即时发布信息采用即时数据采集系统及时从中共中央、国务院网站和省级地方法规网站获得。

（5）最有影响力全球通讯社发布信息检索。用以检索全球最具影响力通讯社发布的权威信息，包括美联社、合众国际社、法新社、路透社、塔斯社、新华社。采用数据采集系统进行历史信息搜集入库和即时信息的及时抓取入库。

从数据结构上来说，除了传统的结构化数据和非结构化数据外，还涉及纸质媒体文字的电子化收集、图片的电子化辨识、音频视频的电子化索引以及数据自动更新系统的实现。

数据处理：将收集到结构化数据及非结构化数据以分布式存储的方式存储于数据云服务器中。大数据的检索的要求是快而准，所以采取倒排索引的方式对数据进行索引建立。快速匹配用户查找的关键字到索引，找到用户需要的信息。

（三）推进征信大数据产业集群建设

征信是指依法收集、整理、保存、加工自然人、法人及其他组织的信用信息，并对外提供信用报告、信用评估、信用信息咨询等服务，帮助客户判断、控制信用风险，进行信用管理工作的活动。《国务院关于印发社会信用体系建设规划纲要（2014—2020年）的通知》中明确提出要深入推进商务诚信建设，其中包括生产领域信用建设，流通领域信用建设，税务领域信用建设，价格领域信用建设，工程建设领域信用建设，政府采购领域信用建设，招标投标领域信用建设，交通运输领域信用建设，电子商务领域信用建设，统计领域信用建设，中介服务业信用建设，会展、广告领域信用建设，企业诚信管理制度建设等。

在企业的进行商务活动中，诚信无疑是一块金字招牌，怎样判断一个企业是否诚信？对这个企业的征信工作怎样开展？对于大多数企业来说都是陌生的。征信产业就是在企业的这种需求下产生的。截至2014年年底，我国有各类征信机构150余家，征信行业年收入20多亿元。其中政府征信机构20多家，社会征信机构50多家，信用评级机构70多家。依托企业信用大数据，通过待查询企业的有关信用历史的查询、比对、分析可以使征信工作更加透明，从多个角度立体地、全面地了解企业的信用情况。

例如，A 企业要选择 B 或 C 一家企业进行合作，A 企业登录企业资信平台，查看企业资信查询相关规定，按规定填写 A 企业资料及要查询的 B 企业和 C 企业资料并提交申请到资信平台，企业资信平台自动筛选，把符合提交要求的申请即时生成一个申请列表，自动把生成的申请列表推送到政府管理终端，政府管理终端提交的 A 企业进行审核，审核通过后调用企业信用大数据为 B 企业和 C 企业生成企业资信报告，最后把生成的报告发送给 A 企业，A 企业根据报告作出最终决策（图 6-10）。

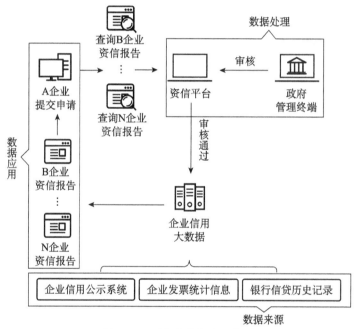

图 6-10　征信大数据产业集群

数据来源：主要来源于企业信用大数据。

数据处理：企业资信平台采用云计算、大数据等新一代技术，根据企业信用大数据自动生成企业的资信报告，为企业间合作、竞争提供权威的保证。

（四）推进金融大数据产业集群建设

围绕大数据开展金融创新用来服务于实体经济，促进转型升级。定位于满足客户实际的金融需求，在传统的金融运作模式下，受金融风险和交易成本的制约，金融服务的深度和广度很难满足客户的要求。而在大数据时代下，金融机构可以有条件对客户进行全方位的评估，进行精准的定价、营销，使更多不同收入群体享受到合适的、合理的金融服务。基于大数据的创新金融产业的发展，可以给银行客户及银行决策带来极大的便利，减少了金融机构的运营成本，提高了透明度，也为金融机构客户带来了极大的便利。而金融机构的大数据应用更是带动了其所依托的电信产业群、虚拟云服务产业群、智库及学术机构产业群。

1. 创新金融产业群的应用

创新金融产业群的应用分为以下三个方面：

（1）精准分析和营销。金融机构传统的信息资金流是完善的，同时网上银行也需要用户实名注册，可以获取用户的部分真实信息，这样一种情况下，通过对大数据的分析获取各阶层用户消费习惯等信息，实现对不同客户的精准分析和营销。存储、建模及数据挖掘同时将带动大数据收集产业的发展。对大数据的分析建模及商业智能的研究同时又促进了智库及学术机构产业的蓬勃发展（图6-11）。

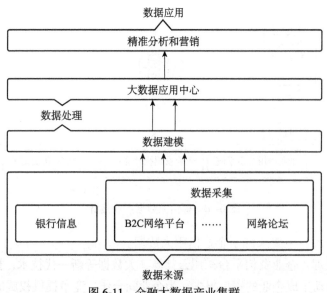

图 6-11　金融大数据产业集群

（2）银行布局决策。从银行对市场定位和客户选择来看，往往很可能会出现拍脑袋的情况，年度规划时，到底在哪个行业进行选择，定位在哪个行业上，在这个行业上布局大概有多大，准备做多大的份额，怎么做这个决策，依据是什么，目前做出这些决策是很困难的。大数据无疑会给我们解决这个问题，选择哪些行业，这些行业的过去是什么样，现在是什么样，未来将会有怎么样的发展，行业在整个经济周期里现在应该在什么点上？基于经济大数据的行业分析数据建模，分析处理将帮助我们作出分析、判断，同时也可以有效避免银行倾向性行业趋同的问题（图6-12）。

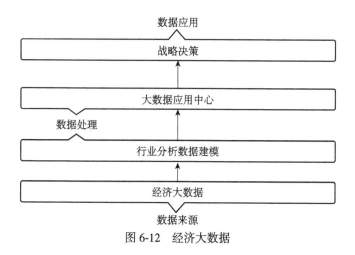

图6-12　经济大数据

（3）金融信贷。金融信贷平台依据企业信用大数据，将企业与银行的业务数据相结合。依据银行贷款审核的参数设置建立数据模型，自动生成企业资信报告（图6-13）。为企业信贷申请减少繁琐的申报流程，同时为金融机构提高了工作效率，减少工作成本，有效规避信贷风险。

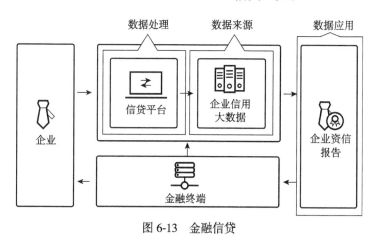

图6-13　金融信贷

例如：A 企业向 B 银行申请金融信贷，A 企业登录金融信贷平台，查看金融信贷申请相关规定，按规定要求填写金融信贷申请资料并提交申请到金融信贷平台，金融信贷平台自动筛选，把符合提交要求的申请即时生成一个申请列表，自动把生成的申请列表推送到 B 银行管理终端，银行管理终端实时获取申请列表，并调用企业信用大数据为申请列表中的 A 企业生成一份企业资信报告，B 银行信贷部门通过生成的企业资信报告做出最终决策。

2. 数据来源

（1）精准分析和营销。金融机构传统的信息资金流是完善的，同时网上银行也需要用户实名注册，可以获取用户的部分真实信息，除此之外可以在 B2C 网络平台、网络论坛、百度贴吧、QQ 群等目标客户聚集区，获取各阶层用户消费习惯等信息。对数据的爬取、存储、建模及数据挖掘将带动大数据收集产业的发展。对大数据的分析建模及商业智能的研究又促进了智库及学术机构产业的蓬勃发展。

（2）银行布局决策。主要是基于经济大数据的行业分析数据。

（3）金融信贷。数据主要依赖企业信用大数据，及企业与银行的业务数据相结合。

数据处理：通过对大数据的处理帮助银行制定精准分析和营销计划，完成行业布局，完善便利的金融信贷。

（五）推进智库大数据产业集群建设

智库是指专门从事开发性研究的咨询研究机构（图 6-14）。它将各学科的专家学者聚集起来，运用他们的智慧和才能，为社会经济等领域的发展提供满意方案或优化方案，是现代领导管理体制中一个不可缺少的重要组成部分。其主要任务是预测未来，从不同的角度运用各种方法，提出各种预测方案供决策者选用。

建设一批一流智库是国家"软实力"强大的重要象征，也是中国特色社会主义建设的重要支撑。智库是国家"软实力"强大的重要象征。目前，中国各类智库机构将近 2500 家，其中官办智库的数量占据 95%，而民营智库仅占 5%，后者还包括隶属于官办智库的人员在民营智库兼职的情况。

不可否认，我国智库已进入一个快速发展期，有力推动了我国公共决策的科学化与民主化进程。但是快速发展的同时存在的问题也不容忽视。

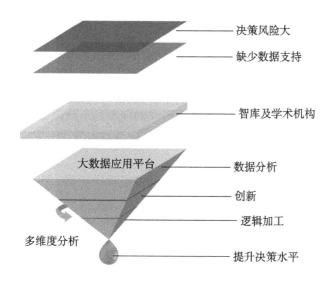

决策风险大

缺少数据支持

智库及学术机构

大数据应用平台

数据分析

创新

逻辑加工

多维度分析

提升决策水平

图 6-14　智库大数据产业集群

一是"近"与"远"问题。当今中国，活跃度高、影响力强的智库以官方或半官方为主。这些智库与决策机构距离"近"，成果能快速被应用到公共政策中。但走得太近，就存在缺乏公信力、难以形成"独到见解和意见"的危险，很难保证其独立性、客观性、社会性和创新性，因此，如何保持"近"与"远"的平衡，是我国智库发展要严肃对待的问题。

二是"阐释"与"创新"问题。智库要走在决策的前面。但是，"在现有体制下，决策咨询往往会出现'专家秀'等情况，即专家为政府决策的科学性、合理性'背书'，从而出现专家决策咨询的'空洞化'和'符号化'。"国内智库有许多还属于阐释性智库而非创新性智库。官方智库大多集中在政策的解读而缺少研究关口前移的意识，高校智库的专家学者在政策咨询的针对性和可操作性上有所欠缺。这些都影响了"智"与"政"的结合水平。

三是"谱系长"与"频道多"问题。纵向上，从中央到地方，不同层次的智库形成长长的链条。所以，"谱系长"是我国智库的特色之一。横向上，党政军智库可区分为发展研究中心、党校、行政学院、各部委研究机构以及军方智库等不同类别，再加上社会科学院智库、高校智库以及民间智库等，使我国智库呈现出门类庞杂、形态各异、"频道多"的特点。"长"与"多"使我国智库发展既分散又重叠，条块分割，各个条块封闭运行，相互间交流乏力，进而产生资源浪费和重复建设。

面对智库目前存在的问题，积极采用大数据思维和技术对智库进行积极创新的重要性就凸显了出来。依托大数据的智库依靠的不再是离决策机构的"远近"距离，而是依托对大数据的"加工能力"的强弱来做出预测方案。

更多依托对大数据的分析而不是对政策的单纯的解读，"阐释"与"创新"问题也将迎刃而解。以大数据为研究的根本而不是以政策为根本，依托大数据做出合理的预测方案，赋以政策解读得到的预测方案必然是更准确，更脚踏实地。

依托大数据运行中心的新型智库及学术机构产业群，将进一步解决"谱系长"与"频道多"的问题。不同的数据统一源汇集到大数据运行中心的节点上，经过大数据运行中心的进一步梳理梳理，除了自己掌握的私有数据外，智库对公用以及公开交易的大数据也有了相当的了解，互相交流也更加顺畅，智库之间更能取长补短协调科学发展。

大数据时代无疑将为我国的经济智库建设带来巨大机遇。庞大的数据资源通过数学方法和信息技术进行处理，从而在茫茫数据中，按照数据本身的规律，挖掘出最本质的信息及其潜在价值，将有助于我们更好地把握经济热点和市场动态，预测经济领域的重大发展趋势。

随着依托大数据的智慧及学术机构产业群的逐步建立，不仅提升了大连的综合竞争能力，更留住了大批尖端的研究型人才，同时也带动了相关的电信产业、大数据收集产业、虚拟云服务产业等的进一步发展。

数据来源：贸易大数据，上市公司公开资料，企业信用大数据。

数据处理：主要是智库利用大数据建立分析预测的数学模型，再依托云数据分析处理软件产业为用户提供预测，判断建议。

（六）推进电商大数据产业集群建设

电商大数据产业集群如图 6-15 所示。

1. 金融创新

平台引入银行及融资机构，结合大数据创新金融产业集群可以帮助企业快速处理信贷业务。

2. 物流创新

物流创新方案结合大数据智慧物流，可以协助的外贸企业用最短的时间找到最优物流方案包括航线，提供运输工具、拼箱、价格等要素供企业参考。

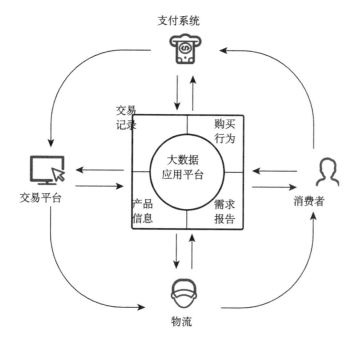

图 6-15　电商大数据产业集群

3. 贸易大数据应用创新

结合贸易大数据可以智能地分析出产品的目标市场、出口统计、进口统计、月度走势、量价统计、港口统计、运输方式统计等。帮助外贸企业在贸易、投资中分析市场、了解淡旺季、通过全球大多数国家的进口量价比对来掌握最新行情，使我们的企业不至于盲目投资或生产，在贸易谈判中掌握对方进口市场的大致情况，做到知己知彼，百战不殆。

4. 终端消费者智能购物创新

大数据在 B2C 零售业为主的电商平台的创业应用主要体现在通过对国内外著名 B2C 网站的信息及主要物流企业价格，运输周期等相关信息的爬取，通过分析比较帮助用户在众多 B2C 网站中找符合自己要求的产品，为用户购物节约了大量的时间，提供了良好的购物体验（图 6-16）。

5. 电商数据智能分析精准营销

分析的方向分为网站流量分析，商品销售分析，定期数据分析，异常指标分析，用户行为习惯分析等（图 6-17）。

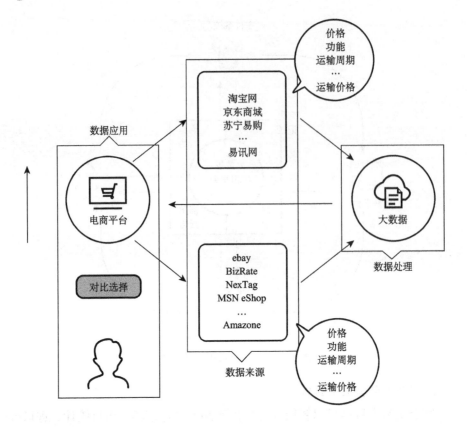

图 6-16　终端消费者智能购物创新

数据来源：主要数据来源为智慧物流，企业信用大数据，电商产生的数据。

数据处理：电商通过收集电商交易平台产生的大数据进一步分析购买行为，做出正确的营销计划。

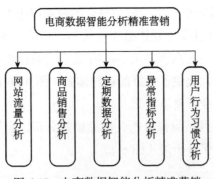

图 6-17　电商数据智能分析精准营销

（七）推进智慧物流产业集群建设

大连作为辽宁沿海经济带的核心和龙头，在东北亚区域经济中的地位和影响力越来越凸显。凭借良好的区位优势，大连正逐步成为东北亚国际物流中心。目前，随着信息技术的飞速发展，特别是云计算、物联网技术的成熟，推动了以大数据应用为标志的智慧物流产业的兴起（图 6-18）。

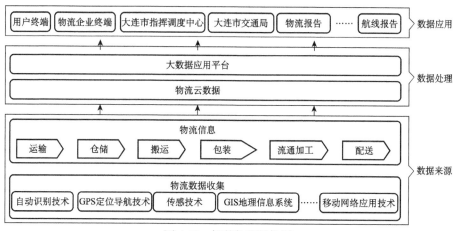

图 6-18　智慧物流架构图

智慧物流产业群的建设，将加速当地物流产业的发展，集仓储、运输、配送、信息服务等多功能于一体，打破行业限制，协调部门利益，实现集约化高效经营，优化社会物流资源配置。同时，将物流企业整合在一起，将过去分散于多处的物流资源进行集中处理，发挥整体优势和规模优势，实现传统物流企业的现代化、专业化和互补性。此外，这些企业还可以共享电信基础设施、虚拟云服务产业等配套服务和信息，降低运营成本和费用支出，获得规模效益（图 6-19）。

数据来源：物流公司录入运输工具、运力、线路、仓位、可运载货物属性、GPS 自动上传位置等相关信息。

数据处理：通过对物流大数据进行处理，智慧物流平台将促进物流产业优化和管理的透明度，实现物流产业各个环节信息共享和协同运作，以及社会资源的高效配置。

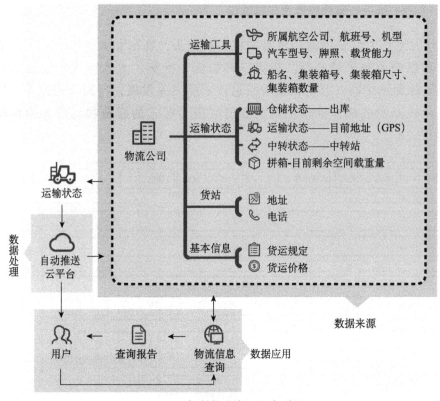

图 6-19　智慧物流资源整合利用

（八）推进智慧医疗产业集群建设

大数据支持的智慧医疗是智慧城市的一个重要组成部分，是综合应用医疗物联网、数据融合传输交换、云计算、城域网等技术，通过信息技术将医疗基础设施与 IT 基础设施进行融合，以"医疗云数据中心"为核心，跨越原有医疗系统的时空限制，并在此基础上进行智能决策，实现医疗服务最优化的医疗体系（图 6-20）。

1. 比较效果研究

通过全面分析患者特征数据和疗效数据，然后比较多种干预措施的有效性，可以找到针对特定患者的最佳治疗途径。

基于疗效的研究包括比较效果研究（Comparative Effectiveness Research，CER）。研究表明，对同一患者来说，医疗服务提供方不同，医疗护理方法和效果不同，成本上也存在着很大的差异。精准分析包括患者体征数据、费用数据和疗效数据在内的大型数据集，可以帮助医生确定临床上最有效和最具有成本效益的治疗方法。医疗护理系统实现 CER，将有可能减少过度治疗（如避免那些副作用比疗效明显的治疗方式），以及治疗不足。从长远来看，不管是过度治疗还是治疗不足都将给患者身体带来负面影响，以及产生更高的医疗费用。

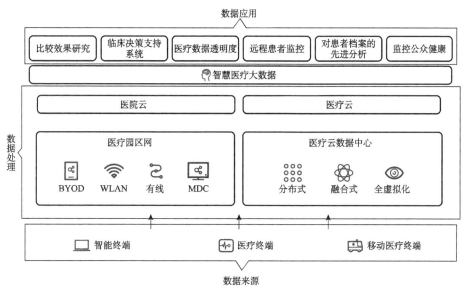

图 6-20　大数据医疗方案基础框架

BYOD（Bring Your Own Device）是携带自己的设备办公；MDC 是一套用来实时采集、并报表化和图表化工作的详细数据和过程的软硬件解决方案；WLAN 是无线局域网

世界各地的很多医疗机构（如英国的 NICE，德国 IQWIG，加拿大普通药品检查机构等）已经开始了 CER 项目并取得了初步成功。2009 年，美国通过的复苏与再投资法案，就是向这个方向迈出的第一步。在这一法案下，设立的比较效果研究联邦协调委员会协调整个联邦政府的比较效果的研究，并对 4 亿美元投入资金进行分配。

2. 临床决策支持系统

临床决策支持系统可以提高工作效率和诊疗质量。目前的临床决策支持系统分析医生输入的条目，比较其与医学指引不同的地方，从而提醒医生防止潜在的错误，如药物不良反应。通过部署这些系统，医疗服务提供方可以降低医疗事故率和索赔数，尤其是那些临床错误引起的医疗事故。在美国 Metropolitan 儿科重症病房的研究中，两个月内，临床决策支持系统就削减了 40% 的药品不良反应事件数量。

大数据分析技术将使临床决策支持系统更智能，这得益于对非结构化数据的分析能力的日益加强。例如，可以使用图像分析和识别技术，识别医疗影像（X 射线、CT、MRI）数据，或者挖掘医疗文献数据建立医疗专家数据库，从而给医生提出诊疗建议。此外，临床决策支持系统还可以使医疗流程中大部分的工作流流向护理人员和助理医生，使医生从耗时过长的简单咨询工作中解脱出来，从而提高治疗效率。

3. 医疗数据透明度

提高医疗过程数据的透明度，可以使医疗从业者、医疗机构的绩效更透明，间接促进医疗服务质量的提高。根据医疗服务提供方设置的操作和绩效数据集，可以进行数据分析并创建可视化的流程图。

数据分析可以带来业务流程的精简，通过精益生产降低成本，从而提高护理质量并给患者带来更好的体验。公开发布医疗质量和绩效数据还可以帮助患者做出更明智的健康护理决定，这也将帮助医疗服务提供方提高总体绩效，从而更具竞争力。

4. 远程患者监控

从对慢性患者的远程监控系统收集数据，并将分析结果反馈给监控设备（查看患者是否正在遵从医嘱），从而确定今后的用药和治疗方案。

中国有 2.6 亿慢性病患者，如糖尿病、充血性心脏衰竭、高血压患者，慢性病给个人、家庭及社会造成了沉重的经济负担。远程患者监护系统对治疗慢性病患者是非常有用的。远程患者监护系统包括家用心脏监测设备、血糖仪，甚至还包括芯片药片，芯片药片被患者摄入后，实时传送数据到电子病历数据库。更多的好处是，通过对远程监控系统产生的数据的分析，可以减少患者住院时间，减少急诊量，使医疗资源的分配更加合理化。

5. 对患者档案的先进分析

在患者档案方面，应用高级分析可以确定哪些人是某类疾病的易感人群。例如，应用高级分析可以帮助识别哪些患者有患糖尿病的高风险，使他们尽早接受预防性保健方案。这些方法也可以帮患者从已经存在的疾病管理方案中找到最好的治疗方案。

6. 监控公众健康

大数据的使用可以改善公众健康监控。公共卫生部门可以通过覆盖全国的患者电子病历数据库，快速检测传染病，进行全面的疫情监测，并通过集成疾病监测和响应程序，快速进行响应。这将带来很多好处，包括医疗索赔支出减少、传染病感染率降低，卫生部门可以更快地检测出新的传染病和疫情。通过提供准确和及时的公众健康咨询，将会大幅提高公众健康风险意识，同时也将降低传染病感染风险。所有的这些都将帮助人们创造更好的生活。

数据来源：主要涉及患者特征数据，疗效数据，干预措施的有效性数据，医疗影像（X射线、CT、MRI）数据，医疗文献数据建立医疗专家数据库，医疗过程数据，电子病历数据库等。

数据处理：以"医疗云数据中心"为核心，跨越原有医疗系统的时空限制，并在此基础上进行智能决策，实现医疗服务最优化的医疗体系。

三、推进智慧城市建设

加快"智慧大连"建设，集成运用大数据、云计算、物联网、移动互联网技术，构建集约化的城市综合信息平台，服务智慧城市建设。高水平规划建设智慧口岸、智慧交通、智慧旅游、智慧生态、智慧工业、智慧城管、智慧卫生、智慧教育、智慧社区等重点工程。推进公用设备设施的智慧化改造升级，加快城市管理智慧化建设，加强政府信息公开和部门业务协同。鼓励各类市场主体共同参与智慧城市建设。

（一）智慧口岸

发挥大连口岸优势，建立完善口岸智能化管理系统，对港区管理部件全面感知和监测，实现车辆信息、货物信息共享，打造物联化、互联化、智能化的智慧口岸。围绕大连口岸"大通关"工程建设，积极探索口岸大数据技术开发和综合应用，加快推进面向"大通关"服务的应用系统集成与整合，加强口岸信息互联互通，深入推进口岸信息资源共享和业务协同，简化通关流程，提高通关效率。

（二）智慧交通

强化城市交通综合管理，加强城市交通信息综合服务。在道路、桥梁、隧道、公交、铁路、航空、航海等交通运输设施应用物联网技术，加强对交通运输设施的在线实时感知和控制能力。加快推进公安、交通、城建、地铁、公交、铁路、航空、港口等部门与行业的交通信息资源共享与大数据开发利用，构建城市综合交通运输管理体系。借助于网络智能终端系统，实现市民购票、值机等业务的便捷办理。

（三）智慧旅游

加强重点景区全天候无线网络和视频监控建设，提升城市旅游基础设施的智慧化水平。健全旅游诚信评价信息化管理系统和涉旅企业诚信数据库，提升对涉旅企业有效监管能力。建立旅游应急管理系统，对各类突发事件实现可视化跟踪与处理。建设旅游综合信息服务平台，实现集旅游咨询、应急救援、旅游投诉、目的地营销与电子商务等于一体的多语种、全流程旅游综合信息服务。完善移动旅游服务系统建设，为游客提供基于位置服务的智能导览、定位导航、自助导游、导购功能等。加强重点景区气象自动观测站等设施建设，加强对影响公众旅游出行不利天气的监测和预报。

（四）智慧生态

构建全域智慧生态环保体系，健全生态保护监管体系，完善监测业务管理与环境质量分析预警预报及污染源排放智能化监测体系，推进智能传感、射频识别、激光扫描、影像识别、卫星定位、遥感遥测等技术在环境保护中应用，进一步加强国控、省控重点污染源的监控，完善水资源、空气质量（含 PM2.5）、机动车尾气、固废、噪声、危化品、地质环境与地质灾害、海洋环境等监控系统建设，建立健全环境监管、执法监督和辅助决策系统，实现环境管理决策的智能化。

（五）智慧工业

支持和鼓励典型行业骨干企业在工业生产经营过程中应用大数据技术，提升生产制造、供应链管理、产品营销及服务等环节的智能决策水平和经营效率。支持建设第三方大数据平台，面向中小制造企业提供精准营销、互联网金融、售后服务等生产性服务。推动大数据在工业行业管理和经济运行中的应用，形成行业大数据平台，促进信息共享和数据开放，实现产品、市场和经济运行的动态监控、预测预警，提高行业管理、决策与服务水平。

（六）智慧城管

充分运用现代信息技术，构建智慧化城市管理体系。加强对城市管理基础数据的有效采集，推动交通、城管、安保等领域视频资源整合共享。建设城市综合管理服务系统，实现与应急指挥、安监安防、交通监控、联合执法、市容环境管理等相关系统的互联互通，全面提升城市规划、建设、监管、执法和决策分析的一体化管理水平。建设城市管理信息交互平台，借助短信、微信等新媒体工具，形成城市管理"人人参与"的创新模式。

（七）智慧卫生

建设大连市电子病历与健康档案库，推进居民健康卡应用，实现居民健康卡、健康档案及电子病历的信息整合与利用。加强区域医疗卫生信息平台建设，提供医保互通、社区服务、双向转诊、居民健康档案管理、远程医疗、网络健康教育与咨询等服务。建设虚拟医院智慧管理和应用系统，实现基于云计算平台的医院综合业务管理。完善公共卫生信息应用，建设妇幼保健、疾病防控、卫生执法监督等信息系统，提高免疫接种、疫情、慢性病等的信息采集、网络监测和管理决策能力。建立大连市卫生突发事件调度指挥平台，实现与市政府、省卫生计生委及市政、交通、公安等部门的互联互通。

（八）智慧教育

优化教育城域网建设，实现各级各类学校高速宽带网络全覆盖。推进智慧化校园建设，开展"智慧教室"试点示范工程建设并逐步推广。推进教育资源服务和教育管理服务公共平台建设，依托已有数据中心基础，建设衔接各级各类教育管理信息系统与基础数据库的教育云数据中心。建设优质数字教育资源库，推进基础教育、职业教育、高等教育资源的共建共享。推进网络学习空间"人人通"，为学生和教师建立实名网上学习环境，推动以学习者为中心的教学模式应用。

（九）智慧社区

构建社区公共服务综合信息平台，为社区居民提供一站式公共服务，实现社区公共服务的跨部门业务协同。建设社区电子商城，面向社区居民提供有针对性、线上线下相结合的产品预定、支付和安全、取送货服务，实现社区信息通知公告等功能，提供各种公共事业项目的在线缴费服务，实现社区周边生活性服务整合等。积极推动数字家庭建设，推进家庭安防、智能家居、家庭健康等各类智能化系统建设与应用。以新建小区为重点推广智能楼宇、小区智能停车场、小区多功能自助服务终端等智慧应用。

四、推进信息惠民工程建设

加快实施信息惠民工程，充分发挥信息化对保障和改善民生的支撑性和带动性作用，积极促进信息技术在公共服务、社会保障、就业服务、健康医疗、教育、养老服务、社区服务、家庭服务、食品药品安全等民生领域的综合应用。鼓励企业及科研机构利用民生领域大数据开展研究，优化民生服务的解决方案，开发个性化便民服务应用，提升民生服务质量和水平。

（一）公共服务信息惠民工程

进一步完善大连市统一的网络、数据等基础资源和公共服务平台，以推进互联互通、信息共享和业务协同为抓手，建设信息惠民综合服务平台，全面提升政府对国计民生重大事务的宏观决策能力、对经济社会运行秩序的监测规范能力、对社会公众的公共服务能力，为大连市信息惠民工程提供基础支撑。

（二）社会保障信息惠民工程

依托大连市公共服务平台，整合大连市人力资源和社会保障局社会保障信息系统资源，提供实用便捷、优质高效的服务，将人社服务覆盖面扩展到社区、村级业务单位。全方位、多方式实现个人养老、医疗等社保个人权益信息查询。实现窗口办理、传统网络和移动通信等多模式办理人社相关业务。加强部门间信息共享，为信息惠民工程提供社会保障相关信息数据，提升大连市社会保障智慧化和信息惠民水平。

（三）就业服务信息惠民工程

充分利用大连市政务外网和就业四级平台网络资源，升级改造高校毕业生就业网及系统平台，开发建设大学生创业"智慧化e服务"平台，不断拓宽就业信息获取渠道，为就业创业提供便捷、实时的信息服务，为市民提供全面、准确的就业指导及就业服务。

（四）健康医疗信息惠民工程

依托大连市电子政务外网资源和公共服务平台，建立实用、共享、高效、安全的人口健康信息系统，建设大连市人口健康综合信息管理平台，实现公共卫生、基本医疗、医疗保障、药品管理、综合管理等多种应用，整合医疗卫生资源，围绕深化医改、解决看病就医难题，提升人口健康信息化和信息惠民水平。

（五）教育信息惠民工程

依托大连市电子政务外网资源和公共服务平台，以惠民工程为契机，整合优质教育资源，破解教育资源共建共享难题，探索公益性、市场化互补的教育服务模式。促进教育公平，提高教育质量，推进教育创新，提供新环境，探索新机制。

（六）养老服务信息惠民工程

通过整合各部门现有数据信息，依托大连市电子政务外网资源和公共服务平台，实现医疗、服务、养老机构间网络互联、信息共享，拓展医疗机构专业化服务的惠及面，最终形成"一网、二库、三平台"的大连市养老服务信息化体系，建设"以居家为基础、社区为依托、机构为支撑"覆盖城乡的养老服务体系，以满足养老服务需求，释放养老消费潜力，促进养老服务业发展。

（七）社区服务信息惠民工程

依托大连市电子政务外网资源、公共服务平台和相关社会资源，集聚各种信息化服务，整合社区服务网络和信息资源，实现社区服务的跨部门业务协同，提升社区事务处理的便捷性和透明度，为社区居民提供政务、商务、金融、物业、资讯等一站式信息化综合服务和高效、质优、价廉的全方位社区服务。

（八）家庭服务信息惠民工程

将智慧家庭网关通过互联网、有线电视网接入家庭，实现支持可视对讲、远程监控和自动报警的家庭安防，实现家电和灯光、窗帘等家居智能控制，以及服务老人与特殊人群健康监护等各类智能化系统建设与应用，推进水、电、气的远程抄表建设和应用，通过智能家居建设，建设支持手机、电视、计算机等终端多屏互动的智慧化应用，提供智慧旅游、在线教育、在线文娱、在线缴费、在线政务等服务。

（九）食品药品安全信息惠民工程

依托大连市电子政务外网资源，采用物联网技术和云计算服务，使各流通节点信息互联互通，以"正向跟踪、逆向溯源"为核心，形成来源可追溯、去向可查证、责任可追究的质量安全追溯链条，以期实现区域内食品药品质量安全的全过程、无缝隙监管，促进食品药品安全科学管理和监督。

（童友俊　王　博）

第三节　加快跨境电子商务产业发展

一、跨境电子商务产业发展态势

（一）国家一系列政策文件陆续出台

2013 年以来，国务院办公厅、国家商务部、国家海关总署、国家发改委等部门多次制定下发文件，对发展跨境电子商务做出总体部署，相关政策密集出台，有力推动我国跨境贸易发展。

2013 年，商务部等九部门出台了《关于实施支持跨境电子商务零售出口有关政策的意见》（国办发 [2013]89 号），财政部、国家税务总局发布了《关于跨境电子商务零售出口税收政策的通知》（财税 [2013]96 号）。2014 年，海关总署先后三次发布《关于增列海关监管方式代码的公告》（总署公告 [2014]12 号、57 号和 54 号），同时出台《关于跨境贸易电子商务服务试点网购保税进口模式有关问题的通知》（加急署科函 [2013]59 号）。2015 年 1 月，国家外汇管理局综合司出台了《支付机构跨境电子商务外汇支付业务试点指导意见》，2015 年 4 月 28 日，李克强总理主持召开国务院常务会议，部署完善消费品进出口相关政策。

（二）国内跨境电商发展迅速

在中国进出口外贸需求趋紧的背景下，跨境电子商务正在蓬勃兴起。

2014 年，全国跨境电子商务交易额达到 3.75 万亿，同比增长 39%，零售增长 44%。目前，我国跨境电子商务平台超过 5000 家，企业超过 20 万家。

狭义的跨境电商指 B2C 跨境电商或零售跨境电商，广义的跨境电商包含整个跨境贸易范畴。跨境电子商务作为国际贸易新的方式和手段，对克服国际市场萎缩趋势、部分化解国内产能过剩、促进外贸发展方式转变、培育产业转型升级、提升国际分工地位有重要作用。

（三）跨境电商试点城市工作快速推进

上海、重庆、杭州、宁波、郑州、广州和深圳 7 家跨境电商试点城市纷纷制定发展规划、出台扶持政策、打造跨境电商平台，先行先试，探索创新发展模式。

2015 年 3 月，杭州获批全国首个跨境电子商务综合试验区。着力在跨境电子商务交易、支付、物流、通关、退税、结汇等环节的技术标准、业务流程、监管模式和信息化建设等方面先行先试，实现制度创新、管理创新、服务创新和协同发展，打造全国跨境电子商务创业创新中心、服务中心和大数据中心。

此外，义乌市场采购贸易迅速开展。2014 年年底，成立义乌跨境电子商务监管中心，小商品通过跨境电子商务出口的属地监管通道基本打通，跨境电子商务成为义乌外贸新增长点。

（四）大连周边城市纷纷抢滩跨境电商

青岛率先探索海运跨境电商直购进口模式，搭建海空邮跨境直购平台。截至 2015 年 2 月，已有 28 家企业开展跨境电商零售出口业务，累计出口清单 27.2 万票，货值 984.3 万美元。烟台面向韩国和东北亚，打造跨境电商平台。积极发展海关邮运、空运跨境贸易电子商务一般出口模式。威海率先启动中韩海运跨境电商出口的城市，一批有实力的本地企业开通海运出口跨境电商业务。

沈阳积极打造东北地区电子商务运营及服务中心、电商总部基地、物流配送基地、创业孵化基地、东北亚电商枢纽。目前已有京东商城东北运营中心、苏宁易购、菜鸟网络电商产业城，以及普洛斯、安博、嘉民、拉卡拉支付等近 200 家知名电子商务及相关服务型企业入驻。2014 年，浑南电商基地实现电子商务交易额超过 120 亿元。营口打通营满欧跨境大通道，开通直达莫斯科集装箱班列。葫芦岛积极发展泳装跨境电商。

二、跨境电子商务产业发展形势研判

(一)试点城市尚处于探索阶段,并未取得实质性突破

1. 尚未走向全方位的在线跨境贸易

(1)突破集中在小口径的跨境电商范畴。目前南方试点城市在跨境电商领域的突破,主要是围绕海关监管代码和监管模式等政策性小步突破开展,如保税直购、展销等。

(2)交易品种以生活资料为主。生产资料、装备、大宗贸易、投资贸易、海外工程项下等交易尚未开展。贸易企业电商转型潜力巨大。

(3)交易方式以进口为主。政策驱动下,进口增速快,与"海外购物回流"大背景有关,但是交易总额并不大。出口仍主要是线上信息+线下交易方式。

2. 各地跨境电商产业发展处于初级阶段

首先,客户体验环节缺失,跨境电商进口项目有待完善。其次,跨境电商商业性平台较多,但是影响力都不大,产业成熟度不足,切入产业机会很多。

3. 政策性瓶颈尚未突破

"单一窗口"等落地方面,各地都遇到瓶颈。公共服务平台服务缺失,以自由化、便利化为核心的跨境通路尚需"打通"。

(二)大连发展跨境电商产业机遇与挑战并存

1. 新一轮跨境电商发展迎来新机遇

(1)我国跨境电商产业发展迎来新阶段。基于国内生活消费品的传统电商市场基本饱和,新的国际贸易形式下,电商产业重新洗牌,新一轮跨境电商业格局有待确立,创新创业势头刚刚兴起。

(2)新的贸易增量正在形成。随着中韩自贸区、中澳自贸区等自贸协定的落地,带来巨大贸易流量。我国"一带一路"战略制定,2015年3月,国家发展和改革委员会、外交部、商务部联合发布《推动共建丝绸之路经济带和21世纪海上丝绸之路的愿景与行动》,新一轮高水平对外开放带来新的贸易增增长点。

同时,跨境电商产业发展潜力巨大,大批国际贸易企业有待"触网"。

2. 发展跨境电商产业,大连优势得天独厚

大连市发展跨境电子商务产业优势明显,区域特点突出,金普新区的成

立，更为今后的发展提供了充足动力和发展空间。大连市拥有雄厚的建工制造业基础、旅游和文化资源丰富、良好的中日韩贸易基础、3.82 平方公里保税港区优势、口岸和物流体系优势、进出口流量优势等，为跨境电商产业做大做强奠定坚实基础。

3. 大连发展跨境电商产业面临挑战

（1）周边群雄四起，贸易便利化政策尚未真正落地。青岛、烟台、威海等地积极发展对韩跨境贸易。沈阳、营口、鞍山、葫芦岛纷纷积极抢滩跨境电子商务。同时，国家"单一窗口""大互通"等便利化政策尚未落地，如各地尚未打通海关、商检与国税间的"通"，大连需要先行先试的勇气。

（2）大连电子商务产业基础薄弱，营商环境差。大连目前尚未列入国家试点城市，开展跨境进口贸易尚有压力。同时，大连市电子商务产业基础薄弱、营商环境差、创业氛围不足、跨境电子商务人才缺乏。

（三）大连发展跨境电子商务的突破口与关键点

1. 突破口

围绕生产资料、装备制造业，大力发展跨境电商出口，围绕中韩（日）、中澳自贸协定，紧抓中日韩、中澳进出口贸易增量。同时，打造公共服务平台，推进"单一窗口"，实现关、税、汇、检、商、物、融一体化。大力引入平台型跨境电商，培育新业态。

2. 关键点

创造良好营商环境，吸引跨境电商在大连结算、支付；吸引物流、数据流在大连汇集；通过线上布局吸引线下产业链在大连落地；大力发展体验经济，向服务要竞争力；同时引进、培养电商综合型人才。

三、大连跨境电子商务产业发展总体思路与发展定位

（一）总体思路

抢抓机遇、突出特色，以建设国家跨境电子商务综合试验区、东北亚跨境电子商务核心区为目标，以改革创新为动力，推动"关、税、汇、检、商、物、融"一体化，在跨境电子商务的自由化、便利化、规范化方面力求突破，大力建设跨境电商公共服务平台、大力吸引平台型跨境电商，着力推进跨境电商产业园区建设，积极鼓励传统企业"触网"和"电商化"，鼓励

大众电商创业。实现线上线下、进口出口、实体虚拟、网内网外、内需外需相结合的完整的跨境电子商务产业链和生态链，使跨境电商成为大连市对外开放的"新增长点"、产业升级的"新动力"。

（二）发展定位

1. 总体定位
（1）国家跨境电子商务综合试验区。
（2）东北亚跨境电子商务核心区。

2. 细分定位
（1）对接"一带一路"走出去跨境电商中心。
（2）承接中（日）韩自贸区跨境电商中心。
（3）中国北方境外购物回流体验展销中心。
（4）东北跨境电商创新创业基地。

（三）总体框架

1. 两大平台
打造两大跨境电子商务平台，包括线上跨境电商公共服务平台和线下跨境电商产业园。跨境电商公共服务平台通过"单一窗口"与跨境电子商务企业对接，实现关、税、汇、检、商、物、融一体化。

2. 三大领域
围绕生产资料出口、生活资料进出口、旅游贸易进出口三大领域开展电子商务活动。实现传统国际贸易企业"触网"走出去（B2B）、市场采购出口（B2B）、传统制造企业借船出海（B2C、M2C）、大众创业触网出口（B2C）、海外直销进口（B2C）、保税展示展销（B2B2C）、海外仓出口（B2B2C）等多种业态协同发展。

3. 七大功能
实现金融、物流、仓储、结汇与支付、展示体验、商检、通关与退税七大功能。

四、大连跨境电子商务产业发展主要任务与政策建议

（一）任务一：跨境电商公共服务平台建设

目前各试点城市"单一窗口"并未取得实质性突破，落实"三互"推进迟

缓，大连若能超前一步，服务便利化将与南方城市迅速拉平，甚至领先发展。

围绕"一个窗口三个中心"打造跨境电子商务"一站式"公共服务平台。建设统一认证中心、数据交换中心和大数据中心，实现关、检、汇、税、商、物、融一体化，打造"单一窗口"平台；突破海关数据和国税数据交换，实现退税便利化；通过提高换汇额度、BPO结算，提高结汇能力和支付便利化水平。

（二）任务二：引进平台型跨境电商——"产业链招商"

通过公共服务平台与平台型电商对接，立足于平台型电商吸引更多的电商企业创业。同时，以服务便利化、先行先试、政策洼地吸引平台型电商在本地结算、支付。充分发挥平台型电商的招商价值、集聚价值和税收价值。

（三）任务三：人才培养与企业孵化

大力引进跨境电商龙头企业，充分发挥企业龙头作用、向上下游释放新业务。同时大力发展跨境电商培训和孵化机构，营造跨境电商产业创新、创业氛围，打造跨境电商产业创新、创业生态圈，创造新岗位、培育新业态。

（四）任务四：跨境电商产业投资基金

加速出台《大连市实施"一带一路"战略专项资金政策》、《大连市支持外贸稳定增长的若干意见》、《大连市开拓国际市场专项资金使用管理办法》。采用众筹、众包的资金运营模式，支持跨境电商产业人才培养和创业孵化，加速跨境电商产业群式发展。

（五）任务五：跨境电商产业园建设

1.跨境电商产业园组成

跨境电商产业园核心区包括：海关、国检、国税、外管、进出口电商企业、跨境平台型企业、第三方服务型企业的集聚区，包括跨境电商公共服务平台、平台型跨境电商大厦、跨境电商服务中心和跨境电商大数据中心等载体。为跨境交易提供完善的一站式公共服务、信息服务、企业注册服务、物流供应链服务、法律法规服务、创新创业孵化等园区配套服务。

此外，跨境电商产业园还包括线下展示、体验、展销区，保税仓储物流区和产城联动服务区。

2.跨境电商产业园建设重点项目

重点项目1：跨境贸易运营中心

采用PPP模式，成立跨境贸易运营中心，快速形成跨境电商产业全球资源整合能力。成立大连运营中心全面负责大连市跨境贸易产业的规划以及招商、引商、留商工作。借助合作方产业基金资源、教育资源、资本市场运作经验和人才优势，整合国内外合作伙伴、所投资企业，通过投资、招商引资和本地孵化等模式帮助大连市快速建立和发展跨境电商产业。

重点项目2："中国方舟"走出去平台

围绕中国方舟的中国走出去产业O2O互联网平台、中小企业走出去公共服务平台，带动大连市生产资料、工程、企业"走出去"。通过中国方舟对外投资服务、中国方舟走出去财税服务、中国方舟走出去融资服务、中国方舟线下服务和中国方舟政策咨询服务，为企业走向"一带一路"市场提供全套O2O解决方案。

重点项目3：中韩贸易新城

围绕保税城区和旅游贸易电商城区，打造旅游文化数字引导平台（数字秀场），进口商品保税体验展销中心，商品展销暨旅游贸易（出口）采购中心，"一带一路"所涉及周边国家的产品体验展销专区，机械设备等重装备电商平台专区，为游客集中提供服装定制、特色文化展示、餐饮配套、休闲娱乐为一体的高端旅游文化长廊，以及海关监管、物流通关、线上线下平台服务等一站式服务中心七大板块。

重点项目4：邮政跨境电子商务园区

重点打造金渤海岸经济区跨境电子商务邮政产业园区建设项目。由金渤海岸园区管委会牵头，大连邮政公司运营管理，海关、检验检疫等职能部门提供落地跟踪服务，大力开展跨境小件包裹（2000克以下）寄递业务，形成集保税仓储、邮政收寄、分拣封发、海关查验、行政办公等功能于一体的综合跨境电子商务作业区。通过通关便捷、成本低廉、手续简便等其他快递公司不可比拟的优势，吸引跨境电商平台企业和包装、配送等服务性企业，各类加工业、商贸类企业在周边迅速形成产业集群。

重点项目5：跨境电商空港园区

围绕新机场，打造集"线上线下、园内园外、多式联运"于一体的跨境电商生态链。培育航空运输、口岸服务、分拨转运、保税仓储、线下展示、支付金融、快递派送等服务和功能体系。

重点项目 6：东航产地直达——水果、生鲜跨境电商

充分发挥大连空港北方市场重要的进口水果集散地优势，借鉴东方航空产地集采、航空快运、自营配送、实时信息跟踪的产地直达运营模式，大力发展大连市水果、生鲜跨境进口贸易。

重点项目 7：东北亚义乌电商城——从供应链到产业链

充分发挥大连市更贴近终端消费者、更接近体验地的优势，拥抱互联网，增加线下消费者的体验感和黏性。通过跨境电子商务线上功能对于线下制造业的集聚作用，实现从供应链到产业链落地。

（六）任务六：打造跨境电商物流新优势

1. 互联、互通大通道建设

将大连市打造成东北亚"一带一路"多式联运中心。推进大连市国际航运中心和国际物流中心建设，实现大连机场、空港、邮政、铁路、公路等综合交通体系的无缝对接，疏通水水中转、海铁联运、公路运输等多式协调的集疏运模式，加速打造东北亚多式联运中心。

推进以连满欧、连蒙俄、连新欧等国际海铁联运通道项目建设。争取开通大连至旧金山、班加罗尔空中航线，建设大连 - 仁川空中走廊。鼓励中远公司以大连为起点开辟北冰洋航线。

2. 海外仓建设

鼓励传统加工行业"触网"，建设海外仓，充分发挥海外仓仓储、配送、体验、维修、退换服务功能，实现企业从 OEM 到 OBM 转型升级。

（七）任务七：跨境电子商务协会

成立跨境电商产业联盟，鼓励跨境电商企业抱团走出去，打造跨境电商领域的大连板块。

（八）任务八：跨境电商智库建设

充分发挥大连市现有官、产、学、研、用共建的跨境电商创业微信群的协同创新作用，成立跨境电商研究院，围绕跨境电商产业链开展研究。

（刘　立　杨兴凯　王　博）

第七章
全面有效发挥政府的作用

推进全面深化改革，有两个问题应搞清楚，一个是如何抓住改革的牛鼻子、找好改革突破口；另一个是摆布好改革的优先次序，风险可控。这次在深水区进行的改革，触及更多深层次的矛盾问题和利益关系，其复杂程度、敏感程度、艰巨程度前所未有。

第一节　从改革推出的清单看到什么

清单管理模式是一个比较成熟的管理方式。例如，投资负面清单，规定了不该干什么，负面清单之外，一律放开投资经营，企业可以作为。政府权力清单，规定应该干什么，权力清单之外，一律不实施审批，政府不许作为。那么，从中我们看到了什么呢？

一、转变政府职能的核心

转变政府职能，这是一个问题两个方面，一是政府现在干什么；二是将来是什么。政府管什么、不管什么？哪些政府要管，哪些是需要交给市场去管的？这归结到一个问题上，就是如何转变政府职能，全面正确有效履行政府职能。

首先，必须要界定政府与市场的边界。这里，既要明确同时还要公开。明确什么、公开什么？就是政府管理权限，政府公共资金使用，政府讲服务，更要讲效率。

改革需要摸着石头过河的，可采取负面清单模式，非禁即可；改革需要顶层设计的，可采取权力清单模式，规范管理。也就是对市场投资主体来说，法不禁止即为自由，要体现效率和市场规则。对政府来说，法不授权即为禁止，要体现服务和依法行政。其实，政府法律规章也是属于清单管理模式，令行禁止，非禁即可。

如何发挥市场和政府这两只手的积极作用，一个是放开市场的手，一个是管住政府的手。政府管好该管的，让市场充分释放活力。对于政府来说，不是一放了之，换句话说，就是政府的责任不是轻了，而是重了，对于能力的要求更强了。这是一项改革，更是一个挑战。

二、简政放权重在规范和效率

如何全面正确履行政府职能？就是进一步简政放权，深化行政审批制度改革，最大限度地减少对微观事务的管理，对于市场机制能够有效调节的经济活动，一律取消审批，对保留的行政审批事项要规范管理、提高效率。

这里，需要指出的是，政府简政放权，有权力清单也不够。例如，深化审批制度改革，程序减少了，流程不变，审批时限和效率也不能改变。让政府放权，是政府用自己的刀割自己的刀柄。这是比较难的。怎么办呢？这就要用"倒推法"来进行，从缩减时限承诺做起，公开办事程序和办事流程。

政府做什么？政府要加强发展战略、规划、政策、标准等制定和实施，加强市场活动监管，提供各类公共服务。政府要购买服务，对于事务性管理服务，原则上都要引入竞争机制，通过合同、委托等方式向社会购买，同时要积极发展社会组织。政府要把握宏观政策及其导向，做好形势预判，稳定和提振投资市场、消费市场，鼓励和支持创新创业，保持和推进就业稳定、社会安定等。

改革在操作层面如何去做？中央明确，政府要取消和下放的行政审批事项必须做到位。深化投资审批制度改革，取消或简化前置性审批，充分落实企业投资自主权，推进投资创业便利化。例如，在全国实施工商登记制度改革，落实认缴登记制，由先证后照，改为先照后证，由企业年检制度，改为年报公示制度。究竟实施后的反应如何，则体现了一个地区的市场化程度和水平。作为地方在这方面还是有足够的探索和创新空间的。例如，在工商登记注册资本认缴登记制度改革方面，能否为企业创造一个宽松和便利的市场准入环境，下一步是降门槛，还是去门槛，认缴方式和期限如何划定，等等。同时，又如何保证宽进严管，鼓励创新、宽容失败体现在哪？这方面的探索和创新，需要我们研究如何与国际接轨，逐步建立与国际投资和贸易体系相适应的市场主体监管方式、企业征信体系和信息公示制度，以营造良好的市场环境。

关于推动重要领域改革取得新突破方面，包括行政体制改革、事业单位改革、财税体制改革、金融体制改革、所有制改革等，主要集中在这些内容。这说明中央关于改革的思路已经明确了。所以，按照中央要求，抓好落实，积极作为。目前，一些地方已经推出一些改革举措。例如，上海自贸区改革，虽然具有试点意义，其中也谈到方案政策的可复制性。关键是在国家总体改革大框架下，对于已经明确的改革思路如何去干，需要积极探索、有所作为。

三、关于国资国企改革

一方面，明确政府与市场的边界，主要是解决好企业主体、公平竞争问题，按照市场化改革的方向，加快转变政府职能，充分发挥市场资源配置的决定性作用和更好地发挥政府的作用。另一方面，明确政府与国企的边界，解决好政企不分、政资不分问题，准确界定国有企业功能，完善国有资产管理体制。

前面已经谈到政府与市场的边界问题。那么，如何明确政府与国有企业的边界？十八届三中全会《决定》指出，准确界定不同国有企业功能。国有资本加大对公益性企业的投入，在提供公共服务方面作出更大贡献。国有资本继续控股经营的自然垄断行业，实行政企分开、政资分开、特许经营、政府监管为主要内容的改革，根据不同行业特点实行网运分开、放开竞争性业务，推进公共资源配置市场化。其中明确了非竞争类国有企业改革方向。那么，如何对国有企业进行功能界定？可以说，一个是竞争类，一个是非竞争类。而非竞争类国有企业又如何进一步划分呢？一个核心尺度是对经济效益、社会效益如何兼顾的问题。对于以市场为导向，为实现经济效益最大化，就是属于完全竞争类；以战略为导向，为提升地区竞争力为目的，就是属于战略保障类；以公益为导向，实现社会效益最大化，就是属于公共服务类。完全市场竞争类的，可国有参股；战略保障类的，国有或国有控股；公共服务类的，允许社会资本介入。无论是哪一类，深化改革的目的，都是降低企业运营成本、提高企业运营效率和增强企业可持续发展能力。

十八届三中全会《决定》指出，完善国有资产管理体制，以管资本为主加强国有资产监管，改革国有资本授权经营体制，组建若干国有资本运营公司，支持有条件的国有企业改组为国有资本投资公司。这是两个，一个是运营公司，一个是投资公司，就是资本运作平台，即解决如何进行国有股权布局和国有资本投向。国有资本投资运营要服务于国家战略目标，更多投向关系国家安全、国民经济命脉的行业和关键领域，重点提供公共服务，发展重要前瞻性战略性产业，保护生态环境，支持科技进步，保障国家安全。这个战略目标就界定了战略保障类和公共事业类企业的行业和领域。

改革是推动发展的动力。这次全面深化改革的逻辑看，是倒逼形成的，主要解决发展活力和动力。十八届三中全会《决定》指出，国有企业属于全民所有，是推进国家现代化、保障人民共同利益的重要力量。由此可以看出改革的路径和取向。

（李正群）

第二节　社会治理重在基层

一、研究背景与研究意义

1986 年，民政部提出在城市开展社区服务的设想，1987 年在武汉市召开"全国城市社区服务工作座谈会"。20 世纪 80 年代后期 90 年代初，"社区服务"发展为"社区建设"，各地开始社区建设活动。2000 年，中共中央办公厅、国务院办公厅转发《民政部关于在全国推进城市社区建设的意见》，文件中首次明确定义社区和社区建设。2010 年，中共中央办公厅、国务院办公厅《关于加强和改进城市社区居民委员会建设工作的意见》，要求在全国范围内积极推进城市社区建设，并将居民委员会更名为社区居民委员会，对其规模作了调整。2011 年国务院办公厅印发了《社区服务体系建设规划（2011—2015 年）》，提出了加强社区服务体系建设各项目标任务。2015 年中共中央又印发了《关于加强城乡社区协商的意见》，对加强城乡社区协商的总体要求、主要任务、组织领导等作了系统的规定。

2013 年年底，我国有 9.4 万个社区居委会。在中央的统一部署下，各地从实际出发开展了形式多样的社区建设和服务的探索，形成了不同特点的社区治理模式。从治理主体及其相互关系的维度看，主要有政府管制型社区、政府主导型社区、合作共治型社区以及自治型社区四种类型，总的趋势是以政府为主导的行政力量逐步减弱，而社区居民自治的力量相应增加，体现了社区居委会作为居民自治组织的性质。

正是在强调社区居民自治的背景下，一些地方开始探索包括社区治理方式创新在内的基层治理体制改革。

一是实行"居站分设"，把居委会承担的诸多上级政府部门分派的行政任务移交给"社区工作站"承担。这一模式最早由深圳市盐田区首创，后来逐步在北京等地推广，有的实行"一站多居"模式，有的实行"一居多站"模式，有的实行"合署办公"模式，有的实行"接受委托任务"模式。

二是减少管理层级，撤销街道办事处，扩大社区区划范围，把街道办事处的人财物等资源一部分上收到区政府，更多的下沉到社区居委会，增加社区居委会服务管理能力。2012年以来，贵州省贵阳市、安徽省铜陵市、黑龙江省大庆市等地先后撤销了街道办事处，调整改革社区范围、整合社区资源、增强社区功能。

三是部分地方通过整合社区居委会，减少社区居委会数量，扩大社区居委会管辖幅度。例如，安徽省合肥市庐阳区双岗街道通过街居管理体制改革，从原来的14个社区整合为6个社区，按照每400户1人原则配备社区工作人员。

四是新的社区治理形式不断涌现，"网格化管理"、"门栋自治"、"院落自治"、"楼宇自治"、"业主自治"、"社团自治"等多种形式在许多地方推行。

五是探索政府行政管理与社区居民自治有效衔接和良性互动的运行机制。一些地方采取编制公共服务目录、建立准入制度、下放人权财权事权等方式，为社区"定责、还权、赋能"。例如，江苏省建立社区职责清单和社区协助政府职责清单制度为社区减负，推动基层政府和社区自治组织双向评估；北京市建立对社区工作第三方评估机制；南京市建立了居民参与评议政府制度。

社区是社会的基本单元，社区治理是社会治理的重要基础，也是国家治理的重要基础。党的十八大首次将推进"城乡社区治理"写入党的纲领性文献以后，各地以中央精神为指导、以居民需求为导向、以改革创新为动力，着力培育社区治理主体、完善社区治理结构、增强社区治理能力、提高社区治理水平，共同书写了社区治理创新的精彩篇章。

"社区治理创新"作为社会体制改革的基础工程、全面深化改革的配套工程和群众感受改革的民心工程，被提到了更高层面、赋予了更多内涵、注入了更大动能。习近平总书记强调指出："社区虽小，但连着千家万户，做好社区工作十分重要"，"加强和创新社会治理，关键在体制创新，核心是人，社会治理的重心必须落到城乡社区"，"人民对美好生活的向往，就是我们的奋斗目标"。党的十八届三中全会把完善中国特色社会主义制度、推进国家治理体系和治理能力现代化作为全面深化改革的总目标，同时提出"创新社会治理体制"、"改进社会治理方式"和推进"城乡社区治理"的改革任务，形成了从国家治理、社会治理到社区治理一体贯通、一脉相承的治理体系，为推进社区治理创新指明了方向。社区治理创新以其事关执政基础的重要性、顺应改革走势的前瞻性和紧贴民生需求的实效性，在全面深化改革中发挥着日益重要的作用。推进社区治理创新既要求有更精巧的顶层设计、更精细的整体规划、更精确的政策指导，也要求有更丰富的实践探索、更深厚的经验积累、更广泛的群众认同。加强社区治理创新，推进社区治理体系和治理能力现代化，是贯彻落实中央决策精神的必然要求，也是全面深化改革的必然要求。社区治理的效果和水平，事关社会和谐稳定和国家长治久安，事关全面深化改革总目标的顺利实现。

《基于街道社区的基层社会治理模式创新研究》这一课题正是基于以上背景，准确厘清政府、社会与居民三者关系，研究如何在社区层面搭建起连接政府、居民、社会组织、不同利益群体共同参与的平台，构建起社区自治、居民共同参与、不同群体深度融合的基层社会治理模式，最终实现基层善治。

二、借鉴国内外经验

国外社区建设的主旨是培养社区成员的民主意识和居民自治、互助的能力，鼓励社区居民解决社区内问题，促进居民广泛参与，提高居民的综合素质和生活质量。

国外社区建设的功能定位主要集中在以下三个方面：第一，社区服务和生活支持。服务和支持的对象主要包括老年人、残疾人、妇女、学龄前儿童、无家可归者、低收入家庭、单亲家庭、移民、难民、失业人员等。服务的提供者主要是社区自治组织、社会中介组织、非营利机构和私人机构等。第二，社区文化和体育设施。社区文化和体育是国外社区建设的普遍功能，主要是利用社区中心、展览馆、音乐厅、图书馆、咖啡屋等社区场地和社区内的各种文化、体育设施组织开展文艺、教育、科普、娱乐、健身等活动。各种设施的标准很详细。第三，社区治安和警务。社区治安是全社区成员协同所具有的功能。社区警务是职业性功能，其功能发挥具有专业性：一是预防和打击犯罪；二是向处于危难中的人提供快速援助。

近年来，特别是党的十八大做出推进"城乡社区治理"的重大部署以来，各地认真贯彻落实中央决策精神，以居民需求为导向、以改革创新为动力、以试验试点为载体，推动社区治理创新取得了初步成果。为发现、总结和推广各地社区治理创新的实践经验，民政部组织了"2014年度中国社区治理十大创新成果"遴选推介活动，评选出南京市民政局"'六个一'街道中心化改革"、广东省深圳市罗湖区区委、区政府"活化赋权"社区治理法治化建设、浙江省杭州市上城区区委、区政府社区需求发现助推社区社会组织成长、辽宁省大连市西岗区区委、区政府"365"社区工作体系、四川省成都市武侯区区委、区政府"三社联动"社会化参与机制建设等11项创新经验为"2014年度中国社区治理十大创新成果"，深圳市光明新区党工委、管委会"社区基金会助推社区治理创新"等9项创新经验为"2014年度中国社区治理十大创新成果"提名成果。

概括一下，国内街道社区基层社会治理模式创新的主要经验有：

（1）成都武侯区实施"三社联动"新机制，社区服务迈进"社会化"新常态。以社区为平台、以社会组织为支撑、以专业社工服务为提升的"三社联动"治理新机制成为社区治理"新常态"。武侯区通过厘清政社边界，明确职责分工，社区、社会组织和专业社工既各归其位、各司其职，解决了政府职能"越位"、"错位"，也实现了社区"还权"、"赋能"、"归位"，社区得以将工作重心转移到依法开展自治，为"三社联动"社会化参与机制建设奠定了坚实的基础。

（2）成都新都街道的"系统治理法"。系统治理法始终坚持以系统理论为依据，以系统思想为指导，以系统思维聚合力，以系统方法作工具，将社区社会治理看成是一项复杂的社会系统工程，坚持多元主体的系统治理、多类资源的系统整合、多种技术方法的系统集成以及多项公共服务的系统供给，形成了"八大体系、八个治理"的"系统治理"模式。

（3）包头市青山区"四网互通、三方联动、两翼一体"的社会治理创新模式。把党的建设和社区建设有机结合起来，认真贯彻"民生优先、服务为先、基础在先"的原则，将深入推进街道社区社会治理体制改革作为社会治理创新的突破口，以信息化建设为支撑，按照"精街道、强社区、促服务"的整体工作思路，积极推进街道社区社会治理体制创新工作。通过精简街道机构、分流工作人员、下沉服务职能、划分网格管理、运行一站式服务等措施，实现公共资源向社区聚集，公共财政向社区倾斜，公共服务向社区延伸，将更多的人、财、物等资源投入到社区建设，着力构建了街道党工委统一领导、街道办事处协调指导的社区"一委一站一居"（社区党委、社区管理服务站、社区居委会）三方联动、统一协调的社区工作格局，形成了"四网互通、三方联动、两翼一体"的社会治理创新模式，建立了"社区党委领导、社区管理服务站承载、社区居委会自治"的强有力城市社区治理体制。

（4）上海静安推35条创新措施，力求形成"基层社会治理静安模式"。静安区在上海市率先推出《关于进一步创新社会治理加强基层建设的实施方案（试行）》，力求拓展形成"基层社会治理的静安模式"。

（5）无锡金星街道"三聚焦三服务"创新基层社区管理模式。即：聚焦服务方法，"引导型服务"多元化；聚焦服务理念，"组织型服务"精细化；聚焦服务队伍，"示范型服务"长效化。

三、大连市社区治理的主要经验

自 2000 年《中共中央办公厅、国务院办公厅关于转发〈民政部关于在全国推进城市社区建设的意见〉的通知》下发以来，大连市委市政府高度重视社区建设工作，在不断借鉴其他城市社区治理优秀经验的基础上，提出建设"学习型城市，服务型政府"，努力推动"两个文明"建设，并逐步在社区治理上有了自己的特色经验。

（一）改革创新社区管理体制

自 1999 年大连市在科学划分社区的基础上，强化了社区的各项功能，并对各个社区的建设工作进行了规范。对社区的科学划分基于更加有效的开发社区资源，提高社区工作效率，给予每个社区 1500 户左右的科学管辖规模，将原有的 1862 个居委会调整为 548 个社区居委会。大连市政府按照有关法律规定和政策，对各个社区制定了更加规范的工作制度，以此规范化辖区事务的管理和服务，将各项工作规范化、制度化。各社区根据《城市居民委员会组织法》，对各政府部门、街道以及社区居委会的职责进行了更加明确的划分，使各个部门各司其职，改变了以往部门之间权责重叠混乱，工作效率低

下的问题。

（二）优化健全新型社区组织机构

大连市政府积极优化和改善社区委员会的干部队伍结构，选聘优秀人才充实到社区居委会班子，提高了社区的活力。与此同时，大连市更加全面地开展社区居民自治工作，真正实现了社区居民的"四个民主"，促进社区居民在重大事项的表达和决策方面发挥实质性的作用。

（三）完善社区设施提升社区服务

大连市政府加强对各个社区的基础设施和老年服务设施的建设和完善。大连市"社区老年福利服务星光计划"的实施以及对此资金力度的投入，都促进了社区老年服务的建设，让老人感受到了社区所带来的温暖和便利。在提升社区服务方面，大连市实现了服务上的"四化"，即服务对象社会化、服务内容多样化、服务手段网络化和服务效益最佳化。与此同时，社区也开展了广泛的创建无待业活动，在全国率先实施了"军嫂无待业工程"，大连市军嫂就业率达96%。

（四）整治社区环境

大连一直以优美宜人的环境著称，有"东北之窗"、"北方明珠"以及"浪漫之都"之称，先后获得国际花园城市、中国最佳旅游城市、国家环保模范城市等荣誉。社区环境不仅包括自然环境，也包括社会环境。在自然环境的建设方面，大连市社区委员会一直坚持以人为本，保持良好的生态环境，实现社区环境的净化、绿化、美化，建立了广泛的社区成员环保监督机制，使保护社区自然环境落实到每一家、每一户。在社会环境方面，各社区广泛推行社区警务战略，坚持卫生服务走社区，以促进社区居民的生活更加安全、健康。

四、大连市社区治理存在的主要问题及其成因

街道办事处作为政府的派出机关，承担着区政府赋予的各种职权，履行了各种任务，但部分权力、资源又不到街道。随着"单位人"变为"社区人"，社会问题逐渐社区化，本该为自治组织的社区居委会变成了政府部门的"一条腿"，越来越使社区组织带有行政化的色彩，政府和社区的职

责功能划分不清，制度和技术监督不力，社区成了各种社会问题的仓储域，导致居委会负担尤显沉重，居民对政府和社区的公共管理和公共服务满意度偏低。

目前，社区治理创新与全面深化改革的目标要求，与居民群众的殷切期盼相比还有一定差距，社区治理领域还存在一些亟待解决的问题，如政府在社区治理中定位不准、社会在社区治理中作用不彰、居民在社区治理中参与不足等。

（一）社区管理模式以及体制的不健全

管理在我国的现代化建设中一直不被重视，管理模式的混乱在一定程度上也造成了社区组织体制的不健全，引发了一些问题。首先，现有的街道办事处在行政管理职能方面，存在着政社不分的矛盾。在身份上，街道办事处既是区政府的代表机构，又是社区代表，它一方面代表区政府行使各项行政管理职能，另一方面也担着社区的自治管理功能，这种政社不分的矛盾造成了街道职能和工作量的大大增加。这种管理模式和体制不仅使社区委员会不堪重负，同时，这种对政府部门的过分依赖，也使社区自治缺乏一定的自我行动力，不利于社区委员会自治组织的进一步发展。其次，现有的居委会并未充分发挥其自治作用，而是处于被街道办事处领导的被动和接受地位，受理了大量不属于本部门的，而是应由政府职能部门或其他如中介部门承担的事务。最后，没有充分认识到社区非政府、非营利组织或民间组织的重要作用。这种意识的淡薄，导致这些组织出现和发展的缓慢，进而难以承担一些基本的社会职能和服务职能。管理模式的落后、组织体制的不健全，使得大量工作堆积于社区委员会，从而在一定程度上削弱了它的自治功能。

功能上的削弱一部分缘于管理模式和体制的不健全，另一部分也缘于社区建设中资金的不足。社区委员会是城市居民的自治机构，它的主要资金来源是政府的财政收入，但是目前社区建设尚未正式列入政府的社会经济发展规划之中，这也就意味着其资金来源的不稳定性。政府的预算中并没有专门用于社区建设的专项资金，这成为社区在基础设施或人才培养方面的阻力。另一个重要的原因则是社区自我筹资能力不足。社区委员会并不以盈利为主要目的，也不发展工业或其他产业，这就使得社区的资金来源不足、筹资渠道狭窄。单方面依靠政府的资金来源，且管理模式的混乱，势必难以实现社区自我管理和自我行动的长足发展。

（二）社区治理理念的陈旧

社区的管理模式和治理理念是相互影响的，理念的陈旧必然导致管理模式的落后，反之亦然。在社区治理中，一些社区工作者对治理工作的认识不到位，仍然认为社区委员会只是政府职能部门的附属，只听从政府部门的指示和命令，而忽略了自治的重要性，同时也不能在自治的基础上进行管理和体制上的创新。除政府外，一些驻社区的企事业单位对社区工作性质的认识也存在误区，他们认为社区的治理以及一些相关工作仅仅是街道办事处或者是社区委员会的工作，而对社区工作不过问、不支持、不关心、不配合。殊不知，企事业单位所在地本身就属于社区，而他们也应当是社区的一员。在这种情况下，社区工作人员承担了大量的工作，不堪重负，当然没有更多的时间来实现本该去完成的自我管理、教育和服务。政府和企事业单位的做法，迫使社区成为一种所谓的"全能型社区"，从而违背了建设民主协商型社区的理念，社区自主性不明显，自治权利得不到保障。

（三）社区工作者队伍的薄弱

人才的缺失和不足是大连市社区治理中又一重要的问题。管理模式的创新，管理理念的进步，其开创者和主体都是人，因此人才是否能够适应社会发展的步伐，是否具有创新和活力是至关重要的。但目前的现实情况是，在街道或者社区居委会一线工作的职工和干部，大多未经过专业的社区工作培训，很多都是退休工人或其他下岗工人，特别是居委会层面的工作人员，普遍存在年龄偏大，学历、能力和工作效率偏低的状况，这样带来的一个问题就是行政管理手段的陈旧，不利于社区工作的创新。因此，培养一支年轻的、有活力以及创造力的社区治理队伍，让他们与有经验的工作者相互配合、协调工作，在工作中不断取得进步，也是今后的重要任务之一。

（四）社区治理过程中法制的不完善

在当代中国，依法治国是我国的重要制度，也是我们实现现代化目标不可缺少的手段，而法制是法治的基础，是社区自治顺利开展的前提。自改革开放以来，社区的经济、文化得到了迅速的发展，但是在法制建设方面还存在着一些问题。首先在社区治理的主体关系，具有一定的模糊性。长期以来的单一的行政命令式的社区运营管理，将社区委员会当作了政府部门的附属，而忽视了其自治。这样是不能够完全代表居民的利益的，同时也增加了社区法制建设的难度。其次是法律制度模糊，城市社区组织之间的权力与职责关系模糊。最后，所颁布的相关法律、法规不完善。大连市政府颁布的地方性法规并不多，主要有《大连市人民政府关于印发大连市社区建设发展规划（2001—2005）的通知》，之后大连市并未制定有关社区治理的地方性法律法规。

近年来，房地产市场迅速发展，新型商业小区的建立和物业公司大量出现，为明确其相应的权利和义务，我国颁布了《物业管理条例》和《物权法》，但是法律还未明确出台规定界定业主委员会的根本性质和地位，这种无法可依的情况常使业主委员会在日常的工作中处于一种尴尬的地位，其权威性得不到认可，并且不具有任何法律主体资格。这样，一旦业主与开发商之间产生了纠纷，业主委员会并不能以自己的名义提起诉讼，而只能以业主个人的名义进行，这样就会减小业主胜诉的可能性，使业主委员会在维护业主权利方面的工作受到限制，社区居民自治也不能得到充分发挥。

我国的社区治理大致可分为四种模式。一是沈阳模式，即社区自治主体由社区成员代表大会、社区协商议事委员会和社区居民委员会组成；二是上海模式，这是一种行政型的管理模式；三是青岛模式，社区建设市、区、街、居四个层次，一级向一级负责；四是江汉模式，即主动转变政府职能，实现社区的自治，大连市的社区管理模式基本归于这一类，这也是一种自治型模式。这种模式同上海模式，即行政模式是很不同的。上海作为我国的经济中心，自1996年就开始开展社区建设与管理，并逐渐形成了城市"两级政府、三级管理"的管理体制，之后又创建了"两级政府、三级管理、四级网络"的城市管理模式，在社区治理方面也取得了积极的成效。这种模式在很大程度上依赖于政府，有关部门根据需要将部分城市管理权限下移到驻街道的派出机构，并向街道派出机构或人员，这样在一定程度上可以解决人才不足和缺失的问题，同时街道办事处作为区政府的派出机构，依法对辖区内的经济和社会事务行使组织领导、综合协调、监督检查的政府管理职能，对城市管理职能部门派出机构的工作拥有统筹协调权。城市管理职能部门派出机构的业务管理纳入街道办事处总体工作部署，实行双重领导，其主要任务是加强对社区的建设指导和协调。但是由此带来的问题就是街道办事处事务的堆积以及权责的混乱。由于过分依赖政府部门，显然就不能发挥自治能力。

当然上述几种模式各有利弊，但同时也是殊途同归，都是为了促进社区的建设和管理。目前，社区治理创新的关键在于如何让政府、社会以及居民

在社区治理的过程中寻求共识、加强协作，以促进社区治理的创新性发展。

五、基于街道社区的基层社会治理模式创新的评价标准

（一）创新性

创新性是一个基层社会治理模式是否有效的关键，这就要求确定街道社区的基层社会治理模式时要因地制宜，具有独创性，而不是模仿他人或简单地执行上级机关的指示。只有在治理模式上有所突破、有所创新，才能满足人民群众日益增多、不断变化和丰富的需求，优化管理层级，降低行政成本，提高行政效能，有效培育出社会自治能力，从而促进社会体制可持续发展。

（二）参与性

有助于提高群众的政治参与，增加政治的透明度，使群众对地方事务拥有更大的发言权。服务是社区治理的主题，让居民安居乐业，促进家庭和社区的和谐是社区工作的主要任务。社区是城市的"细胞"，"细胞"稳定了，社会才会稳定。群众积极参与到社区治理中，以服务促管理，才能够从群众的切身利益出发，更好地搞好管理，做好服务。社区稳定了，大家才能把更多的精力投入到加快科学发展、建设美丽大连的目标上。提高群众的政治参与，有助于增加政治的透明度，使群众对地方事务拥有更大的发言权。治理模式不是空对空，而是落在每一个市民肩上的实实在在的责任和目标，是每一个居民都积极参与的模式，居民各司其职、各尽其力，共同把社区治理好、维护好。一个好的社区治理模式理应让群众唱主角。

（三）效益性

具有明显的社会效益，这种效益已被事实充分证明，或被受益者广泛承认。社区服务是由若干要素组成的完整体系，各要素之间相互关联，形成有规律的服务行动，社区治理的任务就是对各要素实行有效控制，实现良好的协调化综合效应，保证服务机构运行有序，服务工作顺利展开。管理的生命在于效益，包括社会效益和经济效益，经济效益较好衡量，社会效益较难衡量，基层社会治理模式应当具有明显的社会效益，这种效益已被事实充分证明，或者被受益者广泛承认。社会效益可以从服务对象满意度来衡量，服务对象满意了，也就达到了社区管理的目的。

（四）重要性

在推动人民群众参与社会建设、实现社会公正、促进社会善治等方面具有重要作用。社区是社会和谐稳定的基本单元，具有范围小、功能全等特点，加强和创新社区治理，是一条距离群众最近、易于操作、政治风险较小的加强和创新社会治理的路子。要充分发挥社区在社会治理中的基础作用，从社区起步，从基层抓起，以公共服务促进社区建设，以社区建设促进社区治理，以社区治理促进社会治理，加快建立健全城乡社区治理和服务体制的步伐，把社会治理的基础平台打造好、构建好，在社会治理创新中发挥积极作用，在推动人民群众参与社会建设、实现社会公正、促进社会善治等方面发挥重要作用。

（五）推广性

具有一定的示范和推广意义，能为其他地方所效仿和借鉴。基层社会治理模式创新成果应从软硬件设施、文化环境、法制、资金等方面来考虑其是否具有一定的示范和推广意义，是否能为其他地方所效仿和借鉴，从而达到一定的经济和社会效益。软硬件方面应当有计算机、电话等相关的信息传送设备和明晰的组织机构、简洁有效的活动载体；文化环境方面要求提供多样化、个性化的服务，以满足居民精神生活需求的增长；法制方面应当有明确的法律来确定社区自治的目标，防止社区自治流于形式；资金方面应当制定良好的计划，采取有效的方式，既节约资金，又提高服务质量。

（六）实效性

产生实际效果。创新管理模式，规范管理，提高社区治理水平，在稳步推进社区治理的同时，对工作人员统一培训，提高业务素质，规范工作规程，从而真正做到人性化服务社区发展，服务全社区居民，基层社会治理模式才能获得真才实效。要建立一个完整的数据库，对社区人口、公共资源等管理对象和社区党建、社会保障、城市建设、安全稳定、社区经济等城市治理基本内容形成台账，实行动态管理，提高办事效率。畅通信息渠道，利用计算机对数据进行管理，上下协同，邻里互通，信息共享，充分知民情、涉民意、解民难，把社区工作延伸到每一角落、每一户家庭，最终保证社区治理落到实处，产生实际效果。

六、解决方案

（一）总体思路

以邓小平理论、"三个代表"重要思想、科学发展观为指导，深入贯彻习近平总书记系列重要讲话精神，坚持党的领导、人民当家做主、依法治国有机统一，充分发挥社会主义制度的优越性，把社区治理放到国家治理体系和治理能力现代化的大战略中去深化，放到我国历史上的统治到管理再到治理的发展转变过程中去考量，以世界眼光、各地创新实践为借鉴，以建设美丽大连、平安大连为目标，力争在社区治理的理论和实践结合上取得突破，形成新成果，为推动全国城乡社区治理提供新经验、新模式。

（二）具体思路

围绕政府治理和社会自我调节、居民自治良性互动的改革目标，在街道管理体制改革、社区社会组织培育、微观治理机制建构等多重层次，社区治理法治化、社区协商制度化、社区服务专业化等多元领域，完善政府购买服务、引导社会力量介入、扩大居民有序参与等多个方面进行开创性探索，从而开创以法治精神丰富创新思路、以法治框架规范创新实践，以法治建设固化创新经验，着力构建深化改革与厉行法治"双轮驱动"的社区治理创新格局。

1.更加注重协同创新

将社区治理创新放在党和国家事业长远发展中谋划，放在全面深化改革大局中认识，充分考虑社会建设与经济建设、基层实践与顶层设计间的关联性、偶合性，使社区治理创新在各项改革的协同配合中有序推进。

发展社区内部非营利性组织和团体。非营利性的第三方组织主要是一些非正式组织，是社区居民在共同的工作、生活中自然形成的以感情、喜好等情绪为基础的，没有正式规定的群体。目前在大连社区中主要有广场舞队、老年合唱队以及乒乓球队等。这些团体和群体的内部成员有共同的爱好，因此内部交流会更简单，同时它能够将社区居民更大程度地组织起来，多方予以协调，使社区内种种资源得以充分运用。在社区治理中应该充分发挥这些群体的力量，认识其价值，通过内部沟通和协调尽力解决群众生活中的问题，促进社区居民的自治。

重视第三部门的作用。一些欧美发达国家在社区治理过程中，非常重视

第三部门的服务功能。他们认为，第三部门具有强大的社区服务功能，不仅可以为城市社区治理提供系列公共物品，而且可以降低社区服务成本，减轻政府的财政负担。服务外包和产品民营化等手段为社区组织生产和服务提供了保障，促进了政府、社区和第二部门之间的相互合作和利益共赢。政府通过多种途径将一部分公共物品和服务让渡给第三部门承担，第三部门以其成本、技术等优势为公众提供更有效率、品质更高的物品和服务，这样不仅可以大大降低政府的财政支出，也同时为第三部门的发展提供了有利的发展契机，带动第三产业的发展，增加城市就业人口。

2. 更加注重集成创新

积极借鉴其他地区社会体制改革的创新要素、创新载体和创新举措，统筹推动行政管理方式、社会治理方式和群众参与方式转型，着力形成科学集成、一体布局、综合推进的社区治理创新模式。

随着经济迅速发展，科技水平的不断提高，居民不再满足于传统媒体构建起来的社区交流平台，因此信息化和网络化的管理方式逐渐走进了人们的生活。目前大连市每个社区都创建了自己的社区论坛和网站，不仅如此，更新型的网络媒介，如微博、微信的流行，也使网络深刻地影响社区居民生活的方方面面。这些新兴的网络媒介在信息的传播上具有极大的优势，如速度的即时性、内容的自主性以及方式的互动性等，这种现代化的科学管理方式使社区事务管理更加高效快捷，实现了社区信息资源共享，拓宽了管理者获得信息的渠道，是建设现代化社区的要求。但是同时，我们也要正视它的不利影响，有效规范网络的使用，保证新技术有效地运用和发展。与此同时，在运用数字和网络媒体时，不能只做表面文章，更不能使这种新型的管理方式流于形式，而是要认真贯彻执行，坚持公开透明化的办公，切实保障社区和群众的利益。这种依靠数字化和网络化的治理方式，社区治理就可以朝着民主、平等的方向发展。

倡导政府和公众广泛参与。在社区治理中，政府承担着自上而下的推动和引导作用，而社区居民和群众则是自下而上的拥护者和支持者，因此，在这里倡导政府的参与同促进社区居委会自治并不矛盾，不仅如此，只有这两种力量的有机结合才能更好地推动社区法治化建设，促进社区的自治。具体来说，政府在社区治理过程中发挥了重要作用，首先它为社区提供了资金来源和保障。社区居委会或社区组织并非营利性组织，它们本身没有经济来源，需要政府的支持。其次，政府为社区提供了法律上的援助，甚至是人才上的支持。因此，社区不可能脱离政府而完全实现自治。无论是国家的经济、政治、文化建设，其主体都是人，支持和促进社区建设，也是为了促进国家自身的发展。政府为社区提供法律保障，能够增强对法律的宣传和公众对法制建设的广泛参与，进而推进法律的普及，提高国家的法律化水平。因此政府也不能脱离群众来搞建设。

3. 更加注重制度创新

在着力解决居民群众最关心、最直接、最现实利益问题的同时，着力突破长期制约社区建设和发展的体制机制瓶颈，用制度建设强基固本、调和鼎鼐、行稳致远，为社会主体成长和社会活力迸发提供制度支撑。

对社区治理模式的创新以及完善社区组织机制的关键在于明确一个主体地位，并进一步制定相关的法律来保证这一主体的主导作用。即行政型的管理模式其主体应是政府，而自治型的管理模式则应以群众自治为主导。目前大连市虽然在社区治理的方式方法上进行了创新，也对社区组织的功能进行了升级，但是并未在整体的层面上建立一个高效的、有序的社区治理模式和体制。2010年，中共中央办公厅、国务院办公厅正式颁发了《关于加强和改进城市社区居民委员会建设工作的意见》，其中也明确指出，居民委员会是我国城市社区治理的基本单位，并强调在由区县、街道和居委会组成的三级管理中，应重视居委会这一最基层的作用，抓大放小，保障社区建设的基本环节。

无可否认的是，传统的"政府包办"型的管理模式有其优势，它以政府的名义促进了治理过程中的控制力和快速高效。但是在经济文化迅速发展的今天，面对越来越复杂和多样的事务，若是一再要求政府事无巨细的负责，那么也会导致资源浪费以及效率低下。因此，在这种情况下，应促进原来的由政府包办到政府统筹和指导，深化社区居民自治。这里仅以社区选举以及社区民主管理工作为例来说明。

民主选举是社区民主程度的一个重要表现。社区委员会的选举直接面对符合选举条件的每一位居民，是最基层的民主选举，也最能直接地反映社区居民的意见，因此完善社区的选举制度对于社区的民主建设来说是重要和必要的。但是目前大连市社区居民的选举热情并不高，究其主要原因大部分在于社区居委会并没有高度重视民主选举的程序，致使很多居民认为自己所拥有这一票的选举权无足轻重，而这恰恰导致了民主的缺失。因此，促进社区居民的选举热情，提高社区的民主程度，首先应该规范民主选举程序，扩大社区直接选举的范围。从选举委员会的成立，到组织程序的确认，再到选举候选人提名和居民代表的产生方式以及最后投票、唱票和监票的流程每一个环节都应该明确标准，本着公平、公正、公开的原则，最大程度地满足社区居民的利益需求，保障居民的基本权利。民主选举在社区规范而广泛的进行，也是社区居民进行自治的基础和保障。

规范社区民主管理工作。无论是社区治理的行政模式还是自治模式都要求对社区居民管理工作的规范，这样不仅能提高工作效率，节省大量资源，也是社会主义民主发展的必经之路。促进社区民主管理工作的规范化，首先要保障居民群众在社区事务中的知情权、参与权、决策权和监督权，这就要求居民委员会在日常工作中按照有关规定依法公开社区事务，保证居民的知情权和参与权等。同时，居委会还应积极开展居民会议、居民代表会议和居务公决等民主议事程序，对社区事务进行商议，不能自己独断地决定。其次，在财务管理方面，要建立健全社区财务管理制度，建立民主理财制度，保护社区居民的财务安全。居委会是深入群众中工作的基层组织，在社区居民沟通过程中应该采取民主的方法，用和平、和谐的方式解决问题和纠纷，用疏导的方式对居民进行社区教育。只有与群众更好地沟通和协调，才能得到群众的配合，并在此基础上深化社区自治。

4. 更加注重依法创新

以法治思维和法治方式推进社区治理创新，加强改革决策与法治建设的有效衔接，依靠法治手段解决改革过程中的各种矛盾和问题，切实做到重大改革于法有据、于民有利，使社区治理创新始终在法治轨道上有序前进。

党的十八大明确指出要全面推进依法治国。法治是治国理政的基本方式。要推进科学立法、严格执法、公正司法、全民守法，坚持法律面前人人平等。而法制是法治的基础，因此推进法制化建设是十分重要和必要的。值得注意的是，推进法治化建设并不是一味的固守传统，还应该在原来的基础上，以法治思维和法治方式推进社区法制的创新，以适应当下日新月异的发展从而满足社区群众的切实利益。

第一，提高社区群众的法律意识。法律意识是人们关于法和法律的现象的思想、观点、知识和心理的总称，是社会法律现实的组成因素。法律的实施主体是我们实实在在的人，因此，提高社区群众的法律意识，让他们懂得用法律来保护自身的权益，是法治化的基础。然而中国几千年封建意识以及新中国成立后极"左"思想的影响，使居民的法律意识还存在着与时代精神相冲突的状况，法律在中国大部分社区中的地位并不高，作用也有限。

提高群众法律意识的途径有很多，首先可以开展一些法律进行社区活动，通过对法律的宣传，使群众更加了解法律。通过号召和动员社区内具有一定法律知识和热爱公益事业的法官、检察官、律师、警察、大学生等建立一支法律服务志愿者队伍，为社区群众提供义务法律咨询和法律帮助，从而提高居民的法律意识。其次，要进一步健全和完善各项规章制度，增强群众的法律意识和权利意识。居委会要认真履行其职责，保证居民自治组织的自治作用，保障居民依法行使自己的权利。最后，要加强法制教育，加大普法力度，进一步提高群众的法律意识。

第二，明确社区的主体地位。建设法治化社区的基本目标是要明确社区的法律地位，这样才能使社区的发展有法律的保障。但目前的实际情况是，虽然社区已经成为城市的基本单位，与人们的日常生活密切相关，但是正是与人们生活息息相关的主体，却基本处于无法可依的尴尬局面，在我国的法律中，只有从《物权法》中能查到一些相关的法律规定。因此，呼吁尽快针对社区制订专门的地方性法规，其重要性、必要性和紧迫性是显而易见的。其次，由于地方性差异，仅仅制定笼统的法规还是不够的，地方政府要制定符合城市发展需要的社区自治条例，并且应该明确规定社区组织的性质和地位，指出社区组织不是地方政府的行政机构。最后，法律还应该赋予社区组织独立法人的资格，使其在解决居民的问题和纠纷时，能够以自身的名义提起上诉，以此来保障和维护居民的权益。

第三，以法制建设深化社区治理格局改革。对社区治理格局的改革需要以法制化建设为指导，在着力解决居民群众最关心的权益问题时，要努力突破长期制约社区建设和发展的体制机制瓶颈，用制度建设强基固本。社区建设需要综合运用经济、教育、行政等必要手段，但是这些手段都离不开用法律手段来规范，如果没有这种规范，社区建设就有可能走向歧途。因此，应该让法制建设来引导、规范和保障社区建设。采取切实有效的措施把社区法制建设真正落到实处，提高社区法制建设队伍的素质，加强社区警务室的建设，同时也要加强社区法制建设的财力支持。

在具体开展工作时，要把握以下重点内容：①创新党的群众工作方式；②转变基层政府职能作风；③推进社区基层民主协商；④激发社会组织活力；⑤拓宽居民群众参与渠道。为此，必须切实增强责任感和使命感，以改革创新精神推动城市社区治理向深度和广度发展，加快形成中国特色社区治理体系，努力把社区建设成为服务完善、管理民主、充满活力、和谐幸福的社会生活共同体。

（三）具体对策

1. 充分发挥多元主体积极作用，完善社区治理结构

社区治理是全社区主体的共同治理，这就要求充分调动各方面力量，发挥多元主体在社区治理中的协同协作、互联互补、相辅相成的作用。①培育社区治理主体。促进基层政府以及社区范围内的党组织、自治组织、社会组织、驻区单位及居民个人等各类主体平等参与社区公共事务。社区治理的主体不应该仅仅是政府，而是要充分发挥各个主体的积极作用。事实证明，在社区利益多元、需求多样、矛盾多发的背景下，实行多元主体共治，是实现思想引领、整合协调资源、化解社区矛盾的重要平台，也是满足居民群众社会参与需求、有效激发社会活力的基本途径。只有来自多元主体的共同参与，才能建立起"机制共建、义务共担、资源共享"的高效模式。具体措施如政社合作，优化基层社会服务；扶持发展社区生活性服务类和公益事业类、慈善互助类、专业调处类社会组织；制定政府购买服务指导目录和承接社区服务的社会组织指导目录。②创新社区治理方式。加强社区治理主体之间的平等合作与协商，构建纵向互动和横向联合交错的合作网络，对社区事务进行共同管理。③完善社区治理目标。一方面加大物质层面的社区公共产品供给，完善社区基础设施和公共服务，另一方面增强价值层面的社区归属感和认同感培育，涵养社区风尚和公共价值。④丰富社区治理内容。最大限度地整合社区内外资源，包括人力资源、物力资源、财力资源和政策资源，为社区治理与善治奠定坚实基础。

2. 深入推进社区居民自治，强化社区自治功能

社区居民自治是社区治理的关键环节，社区自治程度的高低直接体现治理水平的高低。推动政府社会管理和公共服务职能依法下沉社区，使基层有职有权有物，更好为群众提供精准有效的服务和管理。推进社区减负增效专项行动，精简和规范面向社区的委托事项、评比表彰、示范创建，提升社区自治意识和能力。贯彻落实《关于加强城乡社区协商的意见》，健全基层党组织领导下充满活力的基层群众自治机制，大力促进社区民主协商制度化。①明确社区民主协商的内容。加强对社区公共事务的民主协商，加强对政府公共政策的民主协商，将公益事业、物业权益、志愿服务等涉及多数居民共同利益的内容纳入基层民主协商范围。②确立社会民主协商的主体。基层政府及其派出机关、社区党组织、居民委员会、居务监督委员会、居民小组、驻社区单位、社区社会组织、业主委员会、物业服务企业和当地户籍居民、

非户籍居民代表以及其他利益相关方可以作为协商主体。涉及社区公共事务和居民切身利益的事项，由社区党组织、居民委员会牵头，组织利益相关方进行协商。涉及两个以上社区的重要事项，单靠某一社区无法开展协商时，由街道党委（党工委）牵头组织开展协商。专业性、技术性较强的事项，可以邀请相关专家学者、专业技术人员、第三方机构等进行论证评估。协商中应当重视吸纳威望高、办事公道的老党员、老干部、群众代表，党代表、人大代表、政协委员，以及基层群团组织负责人、社会工作者参与。③创新社区民主协商的载体。坚持居民会议、居民代表会议制度，规范议事规程。结合参与主体情况和具体协商事项，可以采取居民议事会、居民理事会、小区协商、业主协商、居民决策听证、民主评议等形式，以民情恳谈日、社区警务室开放日、居民论坛、妇女之家等为平台，积极拓宽社区媒体、互联网络、移动设备等协商渠道，多领域、多层次、多渠道广泛开展平等对话、相互协商、彼此谈判、规劝疏导等灵活多样的协商活动。推进城乡社区信息化建设，开辟社情民意网络征集渠道，为城乡居民搭建网络协商平台。④规范社区民主协商的程序。社区党组织、居民委员会在充分征求意见的基础上研究提出协商议题，确定参与协商的各类主体；通过多种方式，向参与协商的各类主体提前通报协商内容和相关信息；组织开展协商，确保各类主体充分发表意见建议，形成协商意见；组织实施协商成果，向协商主体、利益相关方和居民反馈落实情况等。对于涉及面广、关注度高的事项，要经过专题议事会、民主听证会等程序进行协商。通过协商无法解决或存在较大争议的问题或事项，应当提交居民会议或居民代表会议决定。跨社区协商的协商程序，由街道党委（党工委）研究确定。⑤运用社区民主协商的成果。建立协商成果采纳、落实和反馈机制。需要社区落实的事项，社区党组织、居民委员会应当及时组织实施，落实情况要在规定期限内通过居务公开栏、社区刊物、社区网络论坛等渠道公开，接受群众监督。受政府或有关部门委托的协商事项，协商结果要及时向基层政府或有关部门报告，基层政府和有关部门要认真研究吸纳，并以适当方式反馈。对协商过程中持不同意见的群众，协商组织者要及时做好解释说明工作。协商结果违反法律法规的，基层政府应当依法纠正，并做好法治宣传教育工作。为此，建议大连市委、市政府制定出台一系列强化社区建设的文件和管理条例，如修订《关于加强街道和社区居委会建设的意见》，科学总结大连市社区"十二五"建设经验，制定《大连市社区建设发展规划（2016—2020）》等，促进社区治理科学化、规范化。

3. 完善社区服务体系，提高社区服务水平

在服务中实施治理、在治理中体现服务，通过发展社区服务来提高社区治理实效，从源头上、根本上、基础上实现治理。积极构建行政机制、市场机制和志愿机制有效衔接的社区服务体系，不断拓展服务领域和功能，广泛吸纳社区社会组织、社区服务企业信息资源，促进社区公共服务、便民利民服务、志愿互助服务共同发展。积极推进公共服务向社区延伸，加快社区公共服务综合信息平台建设，促进社区基本公共服务均等化。积极探索"社区、社团、社工"三社联动，积极引入社会工作专业力量，提高社区服务的专业化水平，推动建立以社区为平台、社会组织为载体、社会工作专业人才队伍为支撑的社区服务新机制。

（1）激发社会组织活力。完善社区社会组织发展扶持政策，建立社区公益创投机制和社区社会组织孵化基地，重点培育公益慈善类和居民服务类社区社会组织。打破基层政府包揽社区公共事务的格局，建立健全社区社会组织承接基层政府公共服务机制，采取财政直接资助、政府购买服务和税收减免优惠等方式，鼓励社会组织发展为老、托幼、助残、帮困等社区居民最亟需的服务项目，重点培育和优先发展一批服务能力强、作用发挥好、公信力高的品牌社会组织。积极向社会组织开放公共空间、拓宽社会资源、社会力量参与社区治理的制度化通道。

（2）增加社区服务设施。社区服务设施是指开展社区服务时所需的场地、房屋和各类设备的总和，是社区服务能力的物质基础和社区服务体系建设的重要内容。力争"十三五"期末，社区综合服务设施覆盖率达到100%，以切实促进社区服务体系的建设。

（3）壮大社会工作队伍。拓宽社区班子选任渠道、优化班子结构，真正把优秀人才充实到社区班子中。加强选人、用人、育人和留人等机制建设，着力提高社区工作者的专业化程度和技能水平，打造一支较为稳定、专业的社区工作者队伍，建立一套较为完备的社区社会工作职业体系。鼓励兴办各类民办社会工作机构，通过购买服务吸引优秀社会工作机构和人才参与指导社区活动。建立健全社区社会工作专业人才引领志愿者服务机制，探索在社区志愿服务组织中配备社会工作专业人才，引导和带领志愿者协助实施社区服务项目。

（4）提高社区基本公共服务。开展面向全体社区居民的劳动就业、社会保险、社会服务、医疗卫生、计划生育、文体教育、社区安全、法制宣传、法律服务等服务项目。进一步贯彻落实民政部关于"社区老年福利服务星光

计划"，结合大连市的实际情况，为社区内的老年人建设社区老年服务设施，各级党委、政府要高度重视星光计划的落实情况，不断增加资金投入，保障社区内的老年人真正做到"老有所养，老有所依"。

（5）扎实推进社区公共服务信息化建设，建设阳光社区。政府履职能力是衡量国家治理的核心指标，社区公共服务信息化是增强基层政府公共服务能力的有效途径。

（6）抓紧制定建设方案。主动学习借鉴先进地区建设经验，结合大连市社区信息化建设已有基础和未来需求，科学制定社区公共服务信息化建设方案。

（7）多方筹措建设资金。广泛吸纳市场主体和社会力量参与，畅通社区信息化建设资金多元投入渠道，为综合信息平台建设提供经费支持。

（8）切实提高建设质量。加快推进综合信息平台配套设施改造和设备部署，重点研究解决平台集成、系统联通和信息共享等体制机制难题，使信息平台在整合公共服务资源、提升公共服务效能方面发挥最大效用。

4. 大力培育社区精神，涵养社区公共文化

培育社区精神，涵养社区公共文化，既是加强社区建设、提升社会文明的重要内容，也是提升社区治理软实力的必然要求。大连是一座有着深厚的人文底蕴的城市，互帮互助、邻里团结、和谐发展等精神时时都能体现在社区里。在此基础上，进一步把践行社会主义核心价值观作为社区治理的重要内容，融入制度建设和治理工作中，形成科学有效的诉求表达机制、利益协调机制、矛盾调处机制、权益保障机制，最大限度增进社区和谐。完善社区公约，强化规章制度实施力度，在日常社区治理中鲜明彰显社会主流价值，实现家庭和谐幸福，邻里团结互助，人际关系融洽。建立健全社区志愿服务制度，完善激励机制和政策法规保障机制，组织开展各类形式的志愿服务活动，推动形成"我为人人、人人为我"的社会风气。

5. 强化社区党组织的领导核心作用，切实增强社区党组织的凝聚力和战斗力

党的建设制度和执政能力是国家治理的内生要素，社区党组织建设关系到社区治理机制创新的基本方向、运转方式和总体效能。

（1）将创新社区治理纳入党委政府的重要日程。同时采用多种有效方式，加强对社区建设和社区治理创新的宣传力度，积极营造全社会关心、支持、参与社区治理创新的良好氛围。

（2）加强服务型社区党组织建设。健全社区党的组织体系，在片区、

楼宇、流动党员集中点和社区居民群体中组建党组织，引导社区党组织围绕建设文明和谐社区开展服务，定期开展民情恳谈，开展群众喜闻乐见的文化活动。

（3）完善党员干部直接联系社区居民制度。推动县区党政领导班子成员到社区建立基层联系点，选派党员干部到社区挂职任职、驻点包户，组织在职党员向居住地社区报到，开展社区党员广泛参与"承诺践诺"和"设岗定责"活动。

（4）深化社区党风廉政建设。加强居务监督机构建设，推进社区居务公开，推动基层政务、居务和党务公开联动，培育风清气正的社区廉政文化。

（洪晓楠）

第三节　赴美在政府考察的印记与启示

2011年3月25日，大连起航赴美，参加了为期近三周的境外考察学习培训。赴美期间，先后走访了美国中央联邦政府人事管理部、华盛顿特区政府人力资源管理局、弗吉尼亚州政府人力资源管理厅、宾夕法尼亚州政府人力资源管理厅、新泽西州议会立法事务办公厅、纽约州政府公务员制度管理厅、马里兰州廉政委员会、马里兰州蒙哥马利县政府人力资源管理局、马里兰州霍华德县政府人力资源管理局、马里兰大学、美国企业人力资源政策协会、国际人事管理和人力资源协会等部门和机构，包括政府官员、大学教授和企业高管等共有36人，非常专业地讲解了美国公共行政管理方面的一些经验做法。时值后危机时代世界政治经济秩序和格局发生深刻变化大背景下，有机会亲身感受世界第一大经济体美国的政治文化和经济复苏的脉动，无论是培训的时机还是专题都很难得。

一、政府管理的一个缩影

灿烂的笑容、快捷程序化接待、无纸化办公，以及在培训专题必讲政府管理成本、严格程序和办事公开公平，效率目标管理的理念深入人心，在工作中体现得淋漓尽致。

华盛顿特区政府人力资源管理局的官员在接待时开场就谈到"政府管理目标就是效率。政府开支控制得很紧。比如说采购，能不买的就尽量不买，能用的要尽量用。"马里兰州霍华德县人力资源管理局也提及，"下级对上级汇报要讲效率，多少人花了多少钱做了多少事。尽量找到最有效的工作措施和解决问题的办法就是效率。"

这或许是美国公务员制度建设成就的一个缩影和标志，确切地说，是这次赴美专题培训留给我们最深刻的印象。在一个接一个耐人寻味的专题讲授中，我们好像在寻找所要的答案。

二、关于公务员管理制度

在美国法制化规范化的公共行政管理体系中，历经百年来改革发展的公务员管理制度建设基本成熟，概括起来说，具备了公开公平、竞争择优、程序化人性化且不失刚性的特点。

美国公务员的招录走上制度化轨道已历史久远。目前公务员人事管理实现向人才管理转变的过程中，一个首要的任务就是实行严格公务员招录制度。

"凡进必考，挑选最好的。"弗吉尼亚州阿灵顿县人力资源管理局局长兼教育学院院长 J. Arthur Rodgers 说，"根据职位空缺，通过报纸、网络等发布公务员招录信息，对申报的履历进行过滤、分类，经过一系列严格的考试，然后用人单位审核、面试后，由专门委员会进行考核，其中挑选出最优的接受用人单位负责人面谈，在双方对工资待遇都接受后进入录用程序并接受培训。"

弗吉尼亚州人力资源管理厅厅长 Sara Redding Wilson 也讲到，"一般从职位申请到录用结束要用 87 天，目的就是注重效率。"整个招录工作在规定的严格的法律和程序中进行，确保了招录工作从起点到终点全过程的公开公平。其中不允许种族歧视、不允许歧视残疾人等非歧视人人平等原则体现得非常明显。

（一）战略性推进培训管理

美国政府为实现效率目标管理预期，另一个重要环节是战略性推进培训管理。公务员培训管理基本分两个层面，一个是对新招录公务员的任职前培训，另一个是对在岗的根据绩效要求的分类培训。培训机构分为两种，一是政府教育机构，二是社会中介机构，包括非营利性协会。走访中的国际人事管理和人力资源协会，是有着 105 年历史的国际性非营利性组织，严格以会费为主要经费来源管理运作和参与美国政府公务员的培训。这是美国政府战略性推进培训管理的重要力量。该协会总裁 Rauschenberg Neil 谈到，"目前，协会在培训管理布局上进行了战略规划，以契合政府效率目标管理要求，提高公务员培训战略性管理的地位。"弗吉尼亚州阿灵顿县人力资源管理局局长兼教育学院院长 J. Arthur Rodgers 谈到，"阿灵顿教育学院作为政府财政拨款的教育机构，目前已与美国几家知名大学建立了网络化教育体系，形成了比较成熟的教学运作模式。"其目的是更好地满足公务员分类培训的要求，增强公务员的培训效果。

（二）考评重表现不失刚性

无论是美国联邦政府还是州、县政府对公务员的考评模式基本一致，主要包括计划、管理成功、评价表现等三个阶段。主要特点是：①系统性。考评工作为事前控制，在每个人做工作计划的阶段就开始了。②互动性。一方面下级做计划需要与上级沟通，另一方面在管理成功阶段，上级及时了解下级的计划进展情况，同时也及时与服务的客户沟通，发现问题及时处理解决。考评的过程中双方要协商达成一致意见，在整个环节中有 E-System 软件记录。③目标性。考评以完成阶段性和总体目标任务的质量为标准。工作对谁负责、向谁服务则由谁评价。被考核人自己也有自我评价，最后上级、自身和客户等三个评价意见必须协调匹配。在整个阶段性和总体评价过程中，被考评人必须要签字认可。"对于考评好的，发奖金、休假或晋升。"华盛顿特区人力资源管理局绩效管理处的负责人介绍说，"对于考评差的，规定改进时限，一般为 60 天，达不到要求的，给予警告甚至辞退。"弗吉尼亚州人力资源管理厅厅长 Sara Redding Wilson 谈到，"据 2010 年统计，晋升的占 12.7%，降级的占 1.5%，辞退的占 10.8%。"绩效考评的实际工作中，往往多是以上下互动协商改进工作为主，体现出较强的人性化，且又不失刚性的约束，收到了良好的效果。

（三）竞争择优和善用人才

"对新招录的公务员晋级是自动的，而职位晋升是竞争性的。晋升重点看表现，要进行非常严格的考核。"弗吉尼亚州人力资源管理厅厅长 Sara Redding Wilson 谈到，"州长 4 年竞选一次，州长任命厅长、副厅长以下的职位全部公开面向社会竞争择优。"弗吉尼亚州阿灵顿县人力资源管理局局长兼教育学院院长 J. Arthur Rodgers 也谈到，"公务员的职位等级标准共有 24

级 18 个台阶。每年晋升一次，比例是固定的。晋升与表现紧密相连，可越级晋升。"对招录公务员在履历和专业方面的要求比较高，管理层要有丰富的工作经验。公务员对职位的竞争是可以跨州跨部门自由流动。政府在职务晋升、奖金发放和保险费税前扣除、医保种类选择等福利待遇方面，想方设法吸引住激励和善用人才。

（四）完善的权力制约监督

美国现行公务员管理制度也无法完全规避人情和官员腐败，但在体制和机制的设置上还是有一套比较完善的权力制约监督体系。例如，在对公务员考评环节，如果下级对上级的考评意见不认同，在双方协商未果的情况下，可有申述通道。"主管之外还有主管。公务员对考评有异议，可据实越级上报，同时还有第三方机构参与协调处理，对不公平包括打击报复的有渠道帮助解决。"华盛顿特区人力资源管理局绩效管理处的负责人谈到。马里兰州廉政委员会的主要职能是监督政府公务员，防止利用职权谋取个人利益。该委员会组成人员的提名和工作人员的产生及对人员持不同政见的要求，本身就形成了内部制约和监督机制。据该委员会执行董事 Robert A. Hahn 说，"实行一年一次公务员财产登记制度。法律上规定，对虚报瞒报者视为犯罪，惩罚严厉。""对政府职能部门公务员工作中涉及与其亲属利益相关问题等处理，都设置了严格的规避制度，违者重罚。"

三、给予的几点启示

这次赴美的公共行政管理专题培训，虽然时间较短，但是收获颇丰，超出了预想和培训专题本身，给予的启示是多方面的。

从国家宏观战略思维上看，国际金融危机后，世界政治经济格局发生了重大深刻的变化。一方面中国在国际的影响力和地位正在发生着新的变化，另一方面，美国的大国地位仍没有改变，今后 5 ～ 10 年是世界大国和利益集团博弈和新格局形成最为关键的时期。

从城市发展战略角度上看，必须紧紧抓住难得的历史机遇，有所为有所不为，以更加积极主动的姿态，参与全球产业分工体系价值链的高端竞争，站在一个更高的起点上，整合一切有利于创新和发展的资源要素，加快提升城市在区域经济竞争中的优势地位。

当前和今后一个时期，国内将处于一个社会矛盾凸显期。经验表明，社会的进步文明是以社会公平正义为基础。实践中，必须准确把握社会管理规律，着力推进社会公平正义，完善保障和改善民生的制度建设，核心是切实让市民共享经济社会发展成果，全面提高社会管理科学化水平。

从这次培训专题感到，即使我们彼此国情和地区发展的阶段存在差异，然而，规律使然，因果相依，结合实际，加以思考，从无形到有形，效率政府建设，成为贯穿这次赴美公共行政管理专题培训值得提起和收获的一条重要主线。

（一）强化效率目标管理的理念

在市场经济条件下，政府的职能是服务，衡量服务优劣的一个重要标准是效率。因此，面对体制转型，作为地方政府职能转变的方向，应着眼加强建立在服务基础之上的效率政府建设，着力强化政府以成本管理、质量管理为主要内容的效率目标管理理念，把节约型政府、服务型政府作为效率型政府建设的重要内容。改革的核心是建立法治政府的制度环境和治理模式，途径是实现信息公开和公众参与，建立公众参与政府决策的制度框架，确保政府决策的民意基础，完善法治政府的权力制约体系，形成公众监督的运作机制，进一步强化效率政府的目标管理。

（二）重视和加强绩效考评制度建设

政绩考评不是一种形式和过场，而是工作必经的程序和手段。实行动态性的考评和互动，及时发现问题改进工作，能够有效实现政府的目标管理。目前我们现行的绩效评价体系还不够科学，应"自上而下"建立一套贯彻科学发展观要求的绩效考评指标体系，针对地区、部门及领导干部履行的职责和岗位要求的不同，分层次设置不同的考评指标。把考评作为一个整体去把握，注重过程考评与年度考评相结合，采取对谁负责由谁考评，为谁服务由谁评议，有效扩大民主评议范围。针对机关建设普遍存在的一些影响工作的作风陋习，"上下并进"阶段性督察集中整治，以集中整治完善制度建设，以承诺制、问责制推进建立长效机制。

（三）公务员管理严格"进出"程序非常重要

把好"进口"，实行严格的公务员招录制度，以严密的程序予以保证。如果程序上的任何一个环节规则被人为地强制打破，则结果无疑也就失去了公平性。公务员"进口"保证要"严"，程序制定和实施则最为重要，而程序的实施必须是具有相互制约的专门机构。另外就是要打开"出口"。虽然公务员因考核不合格被辞退极少出现，但作为管理的"强行退出通道"必须打开。这既是惩戒也是保护的需要。例如，明确规定对问责失职渎职的和带有普遍性的工作作风问题，必须工作调离、停职检查或强行辞退，形成有效的用人纠错机制，并通过阶段性督察集中整治和严厉惩处予以警示。

（四）完善权力制约和监督体系

加强对公务员特别是领导干部的监督，要从建立在法律基础之上的制度制约机制建设入手，并与之相适应地完善体制内制度制约的监督体系，实现监督的应有效力。监督体系与机制的建立必须形成有效的制约，这样才能维护公平。另外公务员管理制度建设的一项重要内容，就是保护公务员应有的权利，特别是个人权利申诉渠道的建设。应完善机构设置，强化维权职能，通过必要的渠道为个人权利的申诉和监督权的行使提供现实平台。同时主动面向社会服务民众，重视网络媒体监督作用，形成体现公民利益诉求的维权监督与网络等媒体舆论监督为补充比较完善的制约监督体系。

（李正群）

第八章

在统筹协调推进中加快提升城市综合竞争力

坚持全域城市化、新型工业化、城市智慧化、农业现代化"四化"统筹和协调推进，进一步提升城市综合竞争力，这是立足当前、着眼长远发展的一项艰巨任务，也是需要认真研究的重要课题。

第一节　全域城市化：大连新型城镇化发展之路

一、城市化的基本内涵和原理

（一）城市化

不同学科依据各自的研究角度对城市化有不同的理解。人口学认为城市化是农村人口转变为城市人口的过程；地理学认为城市化是农村地区转变为城市地区的过程；社会学认为城市化是由农村生活方式转化为城市生活方式的过程；经济学则认为城市化是由农村自然经济转化为城市社会化大生产的过程。

综合来看，城市化是由非农产业优势及其相伴随的要素集聚与扩散导致的劳动力及其人口的非农化引起的土地、空间和居民由乡村变为城镇的历史过程。

实际上，城市化是由"城"与"市"两方面的交织发展推动的。"城"在古代是军事防御和政治统治设施，在现代则是构成城市功能的整个基础设施体系及其全部公共服务，是城市化的"公共产品"部分；而"市"在古代是指集市，在现代则是保证竞争性的"私人产品"高效率产出而需要的完善的产品、要素和产权的现代市场体系。城市化过程要求"城"与"市"协调发展，"城"大于"市"或"市"大于"城"都不合理。为此，使"城"供求、"市"供求和"城"与"市"之间的供求都相互适应，是城市化高质量发展的基本要求。

需要指出的是："城市"与"城市化"不是一个等质概念，"城市"更多指它的物质和空间特征，而"城市化"更多指人口社会经济环境的结构转变过程。"城市化"的本质是通过创造一系列发展条件推动社会经济结构的巨大变革。城市和城市化的综合构成现代"城市化经济"。

在我国城市化进程中，存在着对城市化的误解，例如：

（1）认为城市化就是简单把农村人口户籍变为城市人口户籍。这使某些地方政府把城市郊区农民的农业户口盲目地改成城市户口。由于生产和生活方式没变，农民的宅基地、免税等优惠政策却没有了，遭到农民反对，要求把户口再改回来。这种"户籍式"城市化完全忽视了劳动者职业非农化的核心要求，因而不是真正的城市化。

（2）认为城市化就是扩展城区，建设高水平的城市建筑物，形成繁华景观。这种误解使一些地方政府盲目"圈地"扩城，大搞"尖、精、洋"建筑物和所谓城市标志景观。这种"景观式"城市化，脱离了城市产业和居民生活的实际需要，耗费大量资金，又远离城市化劳动者职业转移目标，甚至还造成城市化障碍，也不是真正的城市化。

（3）认为城市化就是要把农村地区变成城市地区。这种误解使得一些城市政府在不具备城市功能的情况下，盲目申请"县改市"和"城市升级"，使得一些"小城市"尽管名称是某某"市"，然而城与市的功能都极端缺乏。这种"行政式"城市化，没有解决城市功能和形成吸纳农业剩余劳动力的城市能力，实际上会拖延城市化发展。

可见，只变户口不变职业、只变景观不变产业、只变名称不变功能，都不是真正的城市化。"人口转移和集中"只是城市化的表现形式，而"经济和社会活动的集聚和结构递升"才是城市化的主要内容。

衡量城市化发展水平的测度方法有主要指标法和复合指标法。人口城市化率、土地城市化率等均为主要指标法。该方法简单明了，通用性强，是目前的主要方法，但是不能准确反映城市化的发展质量。复合指标法选用与城市化有关的多种指标进行分析，如城市成长力系数、城市度、城市魅力度等。该指标法能对城市化的内涵进行较为全面的概括，目前尚没有大家普遍接受的指标体系。

（二）推动城市化的主要动力机制

1.城市化产生的动力机制

农业剩余、非农产业比较优势、集聚经济、外溢效应。

2.城市化发展的动力机制

（1）农业生产率提高是城市化的基础动力。

（2）工业化是城市化的发动机。

（3）服务业是促进多样城市化的推动力（图8-1）。

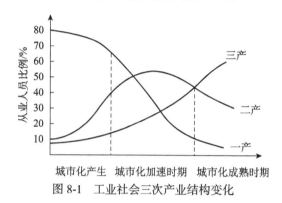

图8-1 工业社会三次产业结构变化

3.农村剩余劳动力向城市转移的动因

城乡收入对比、居住成本对比、社会福利（公共服务）对比。

（三）城市化的一般规律

1.一般规律

时间维度的城市化：是由S型曲线表达的城市人口随工业化进程有序变化的阶段性特征（图8-2）。

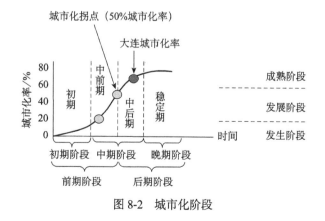

图8-2 城市化阶段

空间维度的城市化：由集聚与扩散机制决定的集中型与扩散型城市化交织的运行规律（图8-3）。

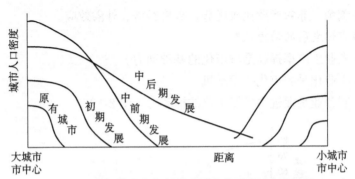

图 8-3　集中型城市化与扩散型城市化形成城市化区域

质态维度的城市化：表现在城市性状和城市职能、产业结构及规模演变的动态趋势上。

量态维度的城市化：城市人口规模与城市正相关性和人口迁移与流动的规律。

2. 城市运行规律

（1）城市增长规律：输出产业。

（2）城市变迁规律：从专业化到综合化。

（3）城市扩张规律：从单中心到多中心。

（4）城市体系规律：大都市和小城镇连绵区。

（四）城市化的模式和类型

同步城市化：城市化率随工业化率基本同比率上升状态。一般是发达国家由市场机制有序作用的城市化过程。

过度城市化：指城市化率超过工业化率上升，并出现一系列城市病的运行状态。主要表现为第二次世界大战后拉美国家由于实施债务工业化和大土地主模式造成失地农民过度涌入城市的过程。

滞后城市化：指城市化率低于工业化率，损失规模效益的运行状态。主要表现为以中国为代表的发展中国家严格限制城市人口而形成的城市发展滞后于工业化水平的非均衡现象。

此外，由城市空间发展策略不同形成了一些特殊的城市化过程。例如，"外延型城市化"是"摊大饼"式的城市化，除个别城市外不是合适的城市化过程;"飞地型城市化"是出现了空间上与建成区断开、职能上与城市保持联系的城区扩展方式,是适合于特殊城市的现象;"景观型城市化"是注重城市形态和景观建设的城市化策略,应当与产业和城市功能相结合,否则不是合适的城市化策略;"职能型城市化"也称功能型城市化,注重城市功能的建设,若与城市产业发展和吸纳转移劳动者能力紧密结合是一种较好的城市化策略。

二、世界城市化的历史进程

(一)发达国家城市化历程和特点

1. 发达国家城市化的起步阶段和特点

起步于18世纪产业革命的城市化,主要在欧洲出现了经济型城市。产业革命造就了最初的工业、交通和贸易城市,其共性特点是:沿海沿江、交通便利的地方最先形成中小城镇;手工业发达和集市贸易区最先发展为商业性城市;封建统治中心城市没有产业的都走向了衰落;都是市场机制推动的城市化过程。其不同特点是:以美国、英国和日本为代表,走的是大城市集聚的集中城市化道路,以德国、法国为代表走了中小城镇的城市化道路,以比利时、荷兰等北欧福利国家为代表注重交通和空间的城市化水平。

2. 发达国家的逆城市化和再城市化

逆城市化:第二次世界大战后,随着欧洲复兴计划的成功,具有福利国家传统的北欧和西欧一些国家,出现了富人们纷纷逃离城市,在郊区建设居民区,形成郊区化。1968～1970年,多数发达国家出现城市人口的持续下降。1970～1980年,西欧城市人口增长比预测值降低了5个百分点,只有原联邦德国免遭这种趋势影响;而北美城市人口增长比预测下降了10个百分点。表现比较明显的有美国、英国、瑞士和荷兰。表8-1表明:1950～1990年美国郊区城市人口增长超过了大都市区、中心城市和非大都市区。其主要形成原因:①城市工业高速发展造成了城市环境污染,导致生活质量下降;②城市人口密度上升导致拥挤和生活效率下降;③收入差距拉大,不同社会阶层形成不同的居住区。造成的影响是:①富人逃离市中心,城区税收下降,城市空心化,市中心衰落;②郊区建成富人区,形成城区的外延和扩散。

表 8-1　1950 ～ 1990 年美国各类城市区域的人口增长速度（%）

城市区域类型	1950 ～ 1960 年	1960 ～ 1970 年	1970 ～ 1980 年	1980 ～ 1990 年
总人口	1.8	1.3	1.1	1.0
非大都市区	0.7	0.7	1.4	0.4
大都市区	2.6	1.6	1.0	1.2
中心城市	2.2	0.6	0.1	0.6
郊区	4.7	2.3	1.7	1.3

再城市化：20 世纪末 21 世纪初，一方面，由于世界能源和土地价格持续上升，政府努力改善城市环境和进行生态保护，使人们开始重新审视城市中心，主张回归市中心，出现了"新城市主义"；另一方面，随着经济全球化、企业跨国化和信息革命，城市中心商务区替代了制造业区，使财富和资源又开始重新向市中心集聚。美国出现了"邻里运动"，形成了巨大的城市化区域，现有 43 个 100 万人口以上的都市区，居住着总人口的 54.4%。其中 300 万人口以上的都市区有 13 座，即纽约、洛杉矶、芝加哥、华盛顿、旧金山、费城、波士顿、底特律、达拉斯、休斯敦、迈阿密、亚特兰大和西雅图。而日本则形成了东京、大阪和京都三个巨大的城市圈，强调"紧凑型"城市化，人们称其为"再城市化"。

（二）发展中国家的城市化历程和特点

发展中国家的城市化是从第二次世界大战后世界性的和平与发展的潮流中兴起的。其共性特点是：实施工业化战略，形成工业化城市；收回殖民者的土地权和开放贸易形成商贸型城市；农业剩余劳动者大量涌入城市；农村非农产业发展形成小城镇；其推动机制是政府主导和市场自发作用的结果。

政府主导的城市化以亚洲的韩国、新加坡和中国为代表，表现为政府对城市人口、城市产业、城市环境及公共服务等一系列城市化内容实施控制，但其控制程度各有差异，共同特点是城市化进程稳妥。

市场自发作用的城市化进程以拉美、非洲国家和印度为代表，表现为对市场机制的过度利用。共同特点是：城市化速度快，超过经济能力，20 世纪 40 ～ 60 年代，拉美城市化速度世界领先，70 ～ 80 年代，非洲城市化速度最快；城市首位度高，城市贫民比例大，收入差距很大，经济发展相对停滞。拉美国家出现了"中等收入陷阱"，即一个经济体从"中等收入"向"高收入"迈进的过程中，人均国民收入长期停留在中等水平，经济增长回落或陷入停滞，各种社会经济矛盾集中爆发。其原因：第二次世界大战后拉美国家实施了由发达国家建议的向国际资本借债作为资本金的融资工业化，由于工业建设效果不佳，债务不能及时偿还，造成20世纪60～80年代的债务危机。而拉美历史上形成的大地产制度，使大土地主不断兼并小土地者的土地，形成大量失地农民涌入城市的现象。对移民潮，政府认为恰好缓解了农村社会的激烈冲突，就既不考虑保护农民土地利益，也不考虑对移民潮的调控，任其自由发展。目前，虽然平均收入已达世界中等收入水平，但是贫民比例在20%～35%以上。结果：经济停滞、社会矛盾频发。

以墨西哥为例：工业化进程缓慢，收入差距极大，城市贫民比例超过30%，城市基础设施严重缺乏，城市公共服务远落后于市民需要，生活健康水平低下；社会秩序和市场秩序混乱，犯罪活动猖獗，出现了有增长而无发展的状况。墨西哥城市贫民窟的数量约为2400个，分布在全国人口最多的121个城市中。其中，600个为条件极度恶劣的贫民窟。居住在贫民窟中的人口约占总城市人口的20%。仅首都墨西哥城贫民窟数量就有500多个，居住人口约400万。

再如印度，土地改革很不彻底，农村家庭农场平均规模很小，存在大量无地农民向城市转移。城市人口约占总人口的30%，而城市人口中约35%居住在贫民窟中。

（三）当今世界城市化的主要特征

1. 城市化进程大大加速

城市化进程大大加速，发展中国家城市化速度尤其引人注目，成为牵引世界经济增长的一个主要力量。1950年，世界城市化水平为29.2%，1980年上升到39.6%，增加10.4个百分点。预计2020年达到57.4%，即在世界范围内，居住在城市中的人口超过居住在乡村中的人口。其中，发展中国家的城市化贡献约占80%以上。

2. 大都市化趋势日益明显

大都市化趋势日益明显，成为国家发展的核心区域和当今世界城市化的重要特征。人口向大城市迅速集中，大城市的地域空间不断扩展，形成大都市区、大都市带。例如，美国东部大都市带（以纽约为中心的波士顿、费城、巴尔的摩、华盛顿等大城市贯穿的几十个中小城市）、五大湖沿岸大都市带（以美国的芝加哥为中心，位于素有"北美地中海"之称的苏必利尔湖、密歇根湖、休伦湖、伊利湖和安大略湖沿岸。其间分布着匹兹堡、克利夫兰、托莱多、底特律等中心城市及众多小城市，并一直延伸到加拿大的多伦多、蒙特利尔，集中了 20 多个人口达 100 万以上的大都市，是美国、加拿大工业化程度最高、城市化水平最高的地区）、日本东海岸太平洋沿岸大都市带（东京、京都、大阪都市圈）、英格兰大都市带（包括伦敦、曼彻斯特、利物浦等大城市化区）、欧洲西北部大都市带（以巴黎为中心）等，成为引领各国和世界经济发展的核心地区。

3. 发展中国家城市化仍以乡村向城市移民为主

1980 年，发展中国家人口百万以上的大城市有 119 个，400 万人口以上的超级城市有 22 个，其数量均超过发达国家。在乡村向城市移民的过程中，城市体系形成很高的城市首位度。1980 年，阿根廷的城市首位度为 9.57，秘鲁为 8.61，墨西哥为 6.13，委内瑞拉为 3.54，埃及为 2.67 等。一般来说，城市首位度大，反映了城市发展水平的区域差异很大。因此，很多发展中国家面临协调本国城市规模体系的任务，希望通过发展中小城市，促进区域经济平衡发展。

4. 发达国家城市化呈现后现代特点

发达国家城市化主要有三个特点：

（1）信息技术成为大都市发展的主要动力。以工业为动力的城市化，致命弱点是过分消耗物质资源，不可避免产生能源危机和环境危机。信息革命逐步取代工业成为城市发展主要动力，城市也随之由产品制造中心向信息中心、商务中心转变。

（2）分散化与集聚化并存。一方面，现代交通运输网络和信息网络，大大拓宽城市活动空间，使城市功能向周边地域延伸，引导城市产业和人口的疏散，城市外围出现了新的制造中心；另一方面，信息像磁石一样吸引经济特别是各类高水平管理机构、跨国公司云集，使城市通过信息集聚成为智能和控制中心。中心城市高度集聚并向外连续性地扩展，是大都市区、都市带形成和发展的主要原因。

（3）城市从生产型转向生态型、个性化、特色化城市。21 世纪城市将按生产型城市—消费型城市—生态型城市发展，形成"生态循环型绿色经济"的城市。

（四）当今现代城市的发展趋势

各历史阶段城市发展的主要特征见表 8-2。

表 8-2　各历史阶段城市发展的主要特征

城市阶段	发展状况	城市建设	经济功能	城乡关系
古代城市	城市规模很小，数量很少	市政设施简陋，生活条件落后	手工业集中地、农产品集散地	城市相对封闭、城乡分离
近代城市	城市规模扩张，数量猛增	市政设施完备，生活条件改善	机器大工业、商贸物流中心	城乡对立、差距拉大
现代城市	城市规模相对稳定，数量持续增加	市政设施优越，生活条件完善	第三产业中心、城市功能多元化	城乡差距缩小、逐渐融合
未来城市	形成大都市和新兴小城市连绵区	城市信息化、园林化、生态化	信息流通、管理和服务中心	城乡一体化

1. 智慧城市

智慧城市指充分借助物联网、传感网等现代信息技术，通过建设智能楼宇、智能家居、路网监控、智能医院、城市生命线管理、食品药品管理、票证管理、家庭护理、个人健康与数字生活等诸多信息的互联化、智能化和 ICT 基础设施等，形成城市发展的总体智慧环境，具备对海量信息处理和智能过滤能力的新的生活、产业发展和社会管理模式。其本质是更加透彻的感知、更加广泛的联接、更加集中和更有深度的计算，为城市肌理植入智慧基因。城市中各个功能彼此能够协调运作，是智慧技术高度集成，智慧产业高端发展，智慧服务高效便民地面向未来的全新城市形态。

2. 生态城市

生态城市，广义讲是按照生态学原则建立起来的社会、经济、自然协调发展的新型社会系统，是有效利用自然环境和建设合理人工环境、实现可持续发展的新的生产和生活方式。狭义讲，就是按照生态学原理进行城市设计规划，建立高效、和谐、健康、可持续发展的人类聚居环境。从德国的弗赖堡到瑞典的马尔默，再到美国、巴西等国家的一些城市，可以看到各具特色的生态城市发展模式，为克服以人口膨胀、资源紧张、交通拥挤、环境恶化等主要特征的"城市病"提供了思路。

3. 健康城市

健康城市即从城市规划、建设到管理各个方面都以人的健康为中心，保障广大市民健康生活和工作，形成人群健康、环境健康和社会健康有机结合的社会发展系统。是一个不断开发自然和社会环境，并不断扩大社会资源，使人们在享受生命和充分发挥潜能方面能够互相支持的城市。

三、新中国成立以来我国城市化的发展历程

（一）我国城市化发展总体概况

1. 新中国成立初期（1949～1957 年）

中国城镇人口为 5765 万人，城市化水平为 10.64%，也即 90% 左右的人口居住于农村。一五计划时期的工业化进程市场使城市化率提升到 15.39%，年均提升 0.6 个百分点，城镇人口增加到 9185 万。新建 6 座城市，扩建 94 座城市。这是一段正常发展的城市化。

2. 大跃进时期（1958～1960 年）

跃进使城市人口增加到 13 073 万人，年均增长率为 7.31%；新增 19 座城市，年均增加 6 座。城市化率达到 19.29% 的历史最高点。城市在没有充分准备情况下人口过度膨胀，造成一些潜在的城市病和城市经济的困难。

3. 城市化停滞时期（1961～1978 年）

鉴于城市基础设施极其短缺和商品粮供不应求，开展了知识青年和城市居民"上山下乡"运动。18 年间总人口年递增 2.26%，而城镇人口年递增 1.81%，使城市化率降至 17.92%，城市数量减少 20 个。1961～1965 年间，年均城市人口迁入率为 35.9%，迁出率为 53.5%，净迁移率为 –17.6%，成为城市化停滞或反城市化时期，损失了规模经济和集聚经济效应。

4. 改革开放前期（1979～1996 年）

改革开放战略和市场机制的作用，中国出现了非农化、小城镇化和大量农业剩余劳动力向城市的移动，城市化进入城市空间扩展和城市人口稳步上升阶段。18 年间中国城市数量由 193 个猛增到 666 个，其中中小城市新增 436 个，1996 年城市化率达到 30.48%，年均提升 0.7 个百分点，城镇人口以年均 6.46% 的速度增加。

5. 进入中期城市化阶段（1997 年～至今）

快速城镇化使一些地区出现了与"城市病"并存的"农村病"、"小城镇病"，主要表现为"城"与"市"的脱节，基础设施滞后、环境污染严重，"城中村"与"空壳村"并存造成大量社会问题。为此，国家鼓励以开发区为标志的产业空间集聚和结构升级政策，强调民生和加强社会建设，城市化进入居民生活环境改善的城市化效率和质量提升的新阶段。这时期城市数量由 666 个减少到 661 个，城镇人口年均增长 2116.4 万人，城市化率猛增到 2011 年的 51.27%，年均增加 1.38 个百分点，大中城市大规模扩张，城市化步入中期快速发展阶段。

（二）目前我国在推进城市化过程中面临的主要挑战

当前中国城市化发展存在五大战略性弊端：一是在世界格局中，中国城市化滞后于工业化所对应的非匹配；二是中国城市化进程中明显出现的土地城市化快于人口城市化的非规整；三是中国城市化亟须克服"城市和农村、户籍人口与常住人口"的非公平；四是中国城市化偏重于城市发展数量和规模，忽略资源和环境代价呈现出的粗放式非集约；五是中国城市化面临如何建立现代管理制度、消除城市病的非成熟。由此，我国城市化面临着城市发展可持续性、城市化空间布局、城市公共服务供给及城市治理能力等方面的挑战。

1. 城市化总体水平滞后造成城市功能建设任务艰巨

城镇化水平总体来看滞后，主要是工业化与城镇化的总量比较和中国同国际经验的比较，但是同时也存在隐形的超城市化。主要表现在包括进城农民工在内的城市总就业岗位不足和城市基础设施及公共服务供给不足；此外还有已经"村改镇"的小城镇城市功能滞后。因此，城市完善其功能（包括公共设施功能和社会服务功能）建设是我国城市化进程的公共环境建设的挑战。

2. 城市化滞后于工业化导致农民非农化任务艰巨

我国城镇化滞后于工业化，主要是因为我国实行重工业化优先发展战略和户籍制度限制农村劳动力向城镇流动。重工业吸纳劳动力就业较少，户籍制度阻碍了劳动力向非农产业转移。这样，工业化进程没有带来相应的农民非农业和城镇化。因此，农业剩余劳动者的非农职业化形成我国城市化中的劳动要素挑战。

3. 土地城市化快于人口城市化造成土地集约利用任务艰巨

城市化本应是随着工业化、市场化，二元社会结构逐步转向一元社会结构、农村人口逐步转向非农产业、需要土地用途变迁与农民职业变迁同步的发展过程。然而我国快速城市化进程中，很多地方出现了土地城市化快于人口城市化的趋势。土地利用和城市空间扩展存在失控现象，粗放蔓延，造成大量失地农民，是形成"中等收入陷阱"的潜在威胁。避免这一威胁，形成我国城市化的土地要素挑战。

4. "不完全城市化"形成城市社会服务建设的任务艰巨

我国目前来自农村的转移劳动者（农民工）占城市全部劳动者数量的20%～50%。然而受中国城乡分割及户口制度约束，大量农村产业工人虽然居住在城市并被计算为城镇人口，但其并不能同等享受城市（镇）各类公共服务。这是农村人口向城市人口转化中的一种不完整状态。具体表现为农民工在劳动报酬、子女教育、社会保障、住房等多方面不能与城市居民享有同等待遇，没有选举权和被选举权等政治权利，不能真正融入城市社会。这种以"常住的流动人口"为主要推动力的现行城市化模式，是一种城市的人口红利和社会不公平现象。为此，逐步完善进城农民工及其家庭的城市社会福利权利，成为我国城市化进程中的公共服务建设挑战。

5. 城市化的资源消耗使生态环境保护的任务艰巨

城市化快速发展给自然环境带来了巨大压力。主要是由于城镇的工业生产、交通运输和日常生活所消耗的自然资源以及排放的废弃物数量超过了自然环境的净化能力。首先是土地和淡水两大资源的直接占用或消耗；其次是对能源和矿产两类资源的开发和利用；再次是三废的污染量不断增加。这些直接形成城市化的资源环境利用的挑战。

6. 城市化快速发展中出现的"城市病"治理任务艰巨

城市集聚经济带来正外部性效益，但是超过最佳规模，会产生严重的拥挤现象，形成负外部性，出现拥挤性的"城市病"。"生活在大城市还有多少幸福感"，已经成为北京、上海等城市居民的热门话题，因为大城市生活中的种种不便造成了城市居民欲罢不能的心结。由此，带来了城市社会管理成本上升和综合治理的挑战。

（三）我国推进城市化进程中的主要实践探索形式

城市化是转变发展方式、扩大国内需求的战略重点，是推动区域协调发展的重要动力，也是解决农业、农村、农民问题的重要途径。进入新世纪以来，我国进行不同形式的探索实践，概括起来主要有以下形式。

1. 城乡统筹

城乡统筹是以城市和农村一体发展思维为指导，以打破历史和制度设计形成的城乡二元结构为出发点，立足城市发展，着眼农村建设，以最终实现城乡差距最小化、城市和农村共同富裕文明为目的的一项系统工程。核心是城市带农村。这一提法侧重于政策角度。

2. 城乡一体

城乡一体就是要把工业与农业、城市与乡村、城镇居民与农村居民整体规划，实现其产业发展、市场信息、政策措施、生态环境保护、社会事业发展的一体化；改变城乡二元经济结构，使城乡在政策上平等、在产业上互补、在就业、收入分配和国民待遇上准则一致。这一提法侧重于目标角度。

3. 新型城镇化

新型城镇化也称新型城市化。突出特色是坚持以人为本，以新型工业化（工信一体化）为动力，以统筹兼顾为原则，以民生幸福为方向，遵循农村与城市、人口与产业、经济与社会环境全面协调可持续发展的城市化规律。表现为城乡统筹、城乡一体、产城互动、节约集约、生态宜居的和谐发展过程。是大中小城市、小城镇、新型农村社区互促共进的城镇化。其核心在于不以牺牲农业和粮食、生态和环境为代价，着眼农民，涵盖农村，实现城乡基础设施一体化和公共服务均等化，促进经济社会发展，实现共同富裕。这一提法侧重于模式角度。

（四）国内发达城市实践探索新型城市化的主要做法

1. 案例一

【案例 8-2】广州模式：其发展路径是要走一条经济低碳、城市智慧、社会文明、生态优美、城乡一体、生活幸福的新型城市化发展道路。提出了"12338"的发展目标。一个目标任务：围绕建设国家中心城市和率先转型升级建设幸福广州；两个战略重点：国际商贸中心，建设世界文化名城；三个发展理念：低碳经济、智慧城市、幸福生活三位一体的城市发展理念；三个重大突破：战略性基础建设、战略性主导产业、战略性发展平台建设实现重大突破；八项工程：产业提升工程、科技创新工程、城乡一体工程、生态环保工程、文化引领工程、人才集聚工程、民生幸福工程、党建创新工程。

发展结果要实现五大转型：即从城市到区域、从制造到创造、从实力到魅力、从安居到宜居、从二元到一体。广州新型城市化建设过程的经验在于，从 GDP 增长到民生福利转变，从经济到社会与文化，从硬件条件到幸福感等软实力。已经实现的转变：从城乡分立、城乡分割向以城带乡、城乡融合发展转变；从强调城市中心区集中建设向主张城乡都市带协调发展转变；从重城抑乡、重工轻农向城乡公平发展、均衡发展转变；从资源要素往城市集聚到向农村扩散、渗透和辐射发展转变。

经验启示：从增长模式的转变到发展模式的转变，核心是从 GDP 转向民生福利发展。

2. 案例二

成都模式：从 2007 年被批准为全国统筹城乡综合配套改革试验区始，成都就以"三个集中"联动推进新型工业化、新型城镇化和农业现代化，避免片面城镇化、无序城镇化，走出一条城乡一体、协调发展的新型城镇化道路：工业向集中发展区集中，带动城镇和二三产业发展，为农村富余劳动力转移创造条件；农民向城镇和农村新型社区集中，聚集人气和创造商机，也为土地规模经营创造条件；土地向适度规模经营集中，转变农业生产方式，推动现代农业发展。在"三个集中"增强城市带动能力的基础上，成都大刀阔斧破除城乡二元体制，建立和完善了城乡规划、城乡产业发展、城乡市场体制、城乡基础设施、城乡公共服务、城乡管理体制"六个一体化"。

经验启示：从城乡居民收入差距缩小的角度来观察成都经验，成都的做法不单是将财政性资源向农村和农民倾斜，而且启动了土地制度方面的改革，通过重新界定权利，使经济资源的集聚和集中所带来的土地级差收益，在分配上更好地兼顾城乡人民的共同利益。

四、大连全域城市化的推进策略

（一）全域城市化

1. 起源

2009 年市委十届七次全会，着眼于辽宁沿海经济带战略的实施，从优化空间布局角度，认为要发挥大连的"核心城市"作用，必须进行全域谋划城市化。依据大连地理位置特点，宜于通过推动城市组团发展，来实现城市从"单中心"向"多中心"的战略转型。这就是"全域城市化"战略首次提出的发展背景。2012 年 7 月，在大连市召开的加快推进全域城市化工作会议上，市委印发的《关于加快推进全域城市化的指导意见》（大委发 [2012]20 号），进一步丰富了"全域城市化"的内涵，涵盖了城乡统筹、城乡一体、产城互动、公共服务均等的核心内容，体现了以人为本的理念，与党的十八大报告提出的新型城镇化一脉相承。2012 年 8 月，市委十一届三次全会，进一步提出了坚持在全域城市化、新型工业化、城市智慧化和农业现代化的"四化"统筹的协调推进中，提升城市综合竞争力，来努力建设富庶、美丽、文明的现代化国际城市。

2. 概念

全域城市化是在大连全域以扩张城镇化为基础，推进产业化为依托，以实现城乡一体化为核心的统筹城乡规划建设、统筹城乡产业发展、统筹城乡社会管理、统筹城乡收入分配的全面转型发展过程，从而逐步实现全域基础设施网络化、全域基本公共服务均等化、全域城区现代化、全域村镇社区化、全域农业都市化和全域农民市民化。

3. 内涵

全域城市化突出在"化"的过程。这种"化"就是指人们的社会生活方式由乡村的变为城市的。这种改变是城市社会经济功能和现代市场组织方式覆盖全域而实现城乡一体化的过程。就是说，全域城市化要使全域居民的生活方式和生产组织方式都变成城市的，而不是单纯要把土地空间全部变成城区。农村地区仍以农业为主，然而是产业化和市场化了的现代都市农业。由此，城市"化"就是由现代产业发展导致的"城市功能化"而使全体居民的社会生活现代化的过程。

4. 基本特征

全域城市化是新时期大连加快推进城市化发展的实践探索，具有典型的区域特色。其主要特征是：城乡一体化、公共服务均等化、基础设施网络化、产业与城市互动发展、城市建设与生态环境保护协调发展。

5. 发展意义

全域城市化战略，是新形势下大连市探索实践城市化发展道路的一次伟大的创新举措。作为贯彻辽宁沿海经济带和振兴东北的国家战略的实施策略，全域城市化战略实施三年以来的实践证明，全域城市化对大连调整产业结构、扩大内需效应、加快转变经济发展方式起到了巨大牵动作用；为推进国家城镇化战略，奠定了发展基础，也将对大连未来的经济社会发展起到更加明显的拉动作用。

全域城市化在实现上述实践意义的同时，也有理论建树意义。全域城市化作为一种战略理论，更为直观地表达了现代化进程。十八大报告中的新"四化"，在全域城市化的内涵中都有体现。全域城市化就是新型城镇化，它是以新型工业化为基础、信息化为动力，通过农业现代化而实现城乡一体化的历史过程。

6. 主要着力点

优化全域空间布局，推动区域协调发展；打造集约发展平台，促进现代产业集聚；着力配套基础设施，增强城市承载能力；加快建设"三个中心"，拓展完善城市功能；推进重点城镇开发，夯实城市发展基础；改善基本公共服务，统筹城乡均衡发展；深化改革扩大开放，增强城市发展动力；积极拓宽融资渠道，保障建设资金需求；注重促进环境友好，提升生态文明水平；统筹城乡创新驱动，引领经济内生增长。

7. 发展目标

到 2015 年，城镇人口比例达 75%，转移农村人口 15 万人，地区生产总值突破 1 万亿元，第三产业从业人数比例达 56%，新增劳动力受教育年限达 14.7 年，每千人拥有医生数达 3 人，健全覆盖城乡的社会保障体系，农村自来水普及率达 80% 以上，城镇居民人均可支配收入达 4.3 万元，农村居民人均纯收入达 2.4 万元，城乡居民恩格尔系数分别低于 34.1% 和 35.6%。

到 2020 年，城镇人口比例达 80%，转移农村人口 45 万人，地区生产总值达到 2 万亿元左右，第三产业从业人数比例达 60% 以上，新增劳动力受教育年限达 15 年以上，每千人拥有医生数达 3.2 人以上，覆盖城乡的社会保障体系进一步健全，农村自来水普及率达 90% 以上，城乡居民收入与经济增长保持同步，城乡居民恩格尔系数分别低于 31.0% 和 32.6%。

（二）大连加快推进全域城市化面临的主要挑战

从城市化的一般规律看，大连处于城市化快速发展的中后期阶段，在推动农村人口转变为城市人口的同时，要更加注重城市化质量的提升。因此，未来加快推进全域城市化面临着以下方面的挑战。

1. 来自公共服务均衡供给的挑战

在推进全域城市化过程中，如何使城乡之间、区域之间、群体之间享有基本均等的教育、医疗、社保、保障性住房等公共服务，是当前面临的重要挑战之一。

2. 来自社会管理方面的挑战

尤其是村镇社区的管理创新、城区综合交通的管理、环境污染的防治、基础设施建设管理等城市治理方面的问题亟待解决。

3. 来自产业发展的挑战

产业是推动城镇化的主要动力。受世界金融危机的影响，世界经济仍处于漫长的复苏之路，主要经济体的增速放缓，国内大部分产业产能面临过剩、出口乏力，如何实现以产业的快速发展推动全域城市化的加快推进难度大。

4. 来自重点城镇建设的挑战

重点城镇一方面承担吸纳农村富余劳动力转移的重要使命，同时，又面临着城镇基础设施建设滞后、城镇功能不强、产业发展迟缓等诸多现实问题亟待解决。

5. 来自惠民富民的挑战

全域城市化的过程，不仅仅是城镇建设和功能提升的过程，更重要的是公共服务提升和惠民富民的过程，如何让广大的市民在全域城市化的进程中能够获得公平的摄取财富的机会，实现真正的富民强市，也是面临的重大挑战。

6. 来自生态环境保护的挑战

全域城市化推进过程，应该是高效集约、可持续发展的过程，在推进过程中，能够尽量减少对土地、水、能源等资源的消耗和占有，尽量减少对滨海岸线资源的使用和破坏，保护青山、绿水、蓝天成为紧迫的任务。

（三）按照国家提出的新型城镇化"八字"方针要求，结合大连特点今后需要继续深化的方向和重点

1. 大连的城市特点

大连作为辽东半岛的南端，三面环海。从空间上看，与营口、鞍山、丹东等地级市的距离均在 100 公里以上，由于与周边城市的空间距离较远，不利于大连作为辽宁沿海经济带核心城市的作用发挥。为此，依托中心城区，构建以南部主城区为中心，由北三市以及重点发展区域组成的区域内"城市群"非常必要。通过建设北三市重点区域，发展成为大连与营口、鞍山、丹东等地级城市的"联接市"，加强与辽宁沿海经济带和沈阳经济区的融合发展，发挥大连城市的辐射带动作用。

地理位置和地质条件是一个完整的生态区，在自然环境上不能分割考虑，而需要从整体的大生态圈来考虑发展问题。

大连主城区首位度高，其市场域半径较长，若通过逐渐成长的中小城市来延伸其市场域半径，会在更大空间内实现更高水平的集聚经济、规模经济和关联经济效益。

大连地区六山一水三分田，没有大面积平原型的粮食种植业，所种植的粮食、经济作物和蔬菜大部分都是设施农业，需要与技术指导和加工过程紧密相连。因而农业发展必然要和工业、服务业紧密结合，这就需要在产业布局上将农业和非农业统一规划。

2. 学习广州模式，避免墨西哥模式，做强全域城市化模式

大连与广州比较，区域的全域性特点十分突出。广州陆域和农村地区十分广阔，乡镇企业十分发达，但农村地区差异较大，有一定的空间分割性。因此，可以在城市发展到一定程度后再"以城带乡"，实行城乡不同步的城镇化过程。而大连陆域比较狭窄，成片耕地不多，全域基础设施功能较强，具备城乡一体化的城乡同步化发展的环境和社会条件；加之城市化率传统上就比较高，未来发展需要借鉴发达国家的"后现代"城市化道路，即以信息化和高新技术在全域统筹产业发展和空间利用。因而学习广州模式，主要应在政府招商引资、发展大项目的同时，积极拓展民营企业的市场发展空间，支持小微企业和居民个人创业，争取在不长时间内，向广州那样，中小企业发展迅速，使小企业成为吸纳就业、稳定市场和实现创新的市场主体。

大连与墨西哥城相比，城市化率水平差不多，但是发展结构完全不同。即大连的社会经济结构，工业化水平、市场秩序和农村社会公平度，都远高于墨西哥。但是，也要高度重视产业化推动，警惕人口城市化进程中某些社会不公平可能形成的发展陷阱现象。为此，要避免墨西哥类的"中等收入陷阱"，要广泛实施社会公平建设，在大连已有的基础设施逐渐形成城乡一体化的基础上，再实现城乡社会一体化，即公共服务、社会保障均等和收入分配公平。这样，大连就会步入高质量的全域城市化进程。

3. 按照中央经济工作会议的"集约、智能、绿色、低碳"的新型城镇化道路，要做好的重点工作

（1）坚持高效集约，推动城镇转型发展。按照"两核七区九节点"的城市发展格局，合理控制主城区人口规模，有序引导人口向新市区和七区以及重点镇聚集。加快重点城镇基础设施建设，完善城镇功能，积极引导城镇经济转型升级，提高就业吸纳能力和人口经济聚集能力，建立集约高效的城镇体系。

（2）坚持绿色低碳，构建新型产业体系。按照新型工业化与全域城市化互动发展的要求，强化信息化对传统产业优化升级的带动作用，深入发挥创新驱动的引领作用，构建以先进装备制造、现代服务业、战略性新兴产业为主的新型产业体系。深入贯彻落实《大连市绿色经济发展规划》。

（3）坚持城乡一体，加快建设幸福大连。从大连全域统筹规划布局城乡一体化的经济发展、公共服务体系、基础设施建设、社会管理以及收入分配机制。尤其要加大公共事业投入，建立统一、规范的社会保障体系，使农业转移人口以及外来务工人员在劳动报酬、劳动保护、子女教育、医疗服务、就业、住房租购等方面与城市居民享有同等待遇。

（4）坚持信息引领，努力打造智慧城市。按照未来城市向智慧化发展的方向，加快编制《大连建设智慧城市总体规划》，进一步明确智慧城市建设的重点任务和阶段性目标。统筹协调推进智慧化公共基础设施建设、智慧城

市应用体系和智慧产业应用体系建设，有重点地培育发展智慧产业。

（5）坚持环境优先，加快构建生态文明。加强陆域生态系统和海洋生态系统保护力度，强化大气治理，打造山更青、水更绿、天更蓝的绿色环境体系。加快环保设施建设，积极发展绿色交通，大力推广绿色建筑，提升绿色能源生产和消费比例。重点加强生态文明的制度建设。探索实践建立科学有序的国土开发制度、耕地保护制度、水资源管理制度和生态环境保护制度。建立健全实施生态环境保护责任追究制度和环境损害赔偿制度。

（四）加快推进全域城市化的相关建议

积极稳妥推进城镇化将成为我国未来发展的重要战略之一。目前，全国各地高度重视城镇化发展，围绕城镇化的机构建设、制度建设、项目建设等开展一些实践探索，多个省份设立了单独机构推进城镇化。对于大连市来说，建议在以下方面加强：

一是建议在推进全域城市化过程中处理好经济、社会和环境之间的关系。全域城市化的核心是在提升经济总量、壮大城市综合实力的基础上，努力提升城乡居民的公共服务水平、生活质量，缩小城乡之间、区域之间的差距，为此，在推进全域城市化过程中，要一手抓经济建设，一手抓社会民生建设，还要保护好生态环境，协调推进经济建设、社会建设和生态环境保护。

二是建议加强加快推进全域城市化的日常性管理协调机制建设。全域城市化作为一项涵盖经济社会生态的系统工程，迫切需要有一个强力的部门来牵头、协调和推进，及时掌握全域城市化的动态，为领导决策提供科学的依据。

三是建议加强推进全域城市化的体制机制和政策措施建设。体制机制创新和政策上的突破是加快推进全域城市化的最大驱动力。围绕全域城市化确定的目标和任务，市相关职能部门需要制定本领域、本行业的政策措施，需要积极借鉴外地先进经验，打破体制机制的制约，结合大连实际，创新性地提出一系列的操作性强的政策措施。

四是建议围绕全域城市化积极谋划储备推进工程项目建设。项目建设是加快推进全域城市化的重要支撑。要根据加快推进全域城市化的指导意义，围绕社会民生、基础设施、环境保护、体制机制创新等领域，积极谋划项目、包装项目、储备项目、推进项目，以项目为抓手，加快推进全域城市化进程。

（王雅莉）

第二节　走新型工业化道路是大连的战略选择

一、世界工业化演化历程及其启示

（一）世界工业化的产生与演化历程

1. 第一次工业革命

众多的技术发明奠定了第一次工业革命基础，按其科学原理和在生产中的应用，可分成若干技术发明群：主要有纺织机械技术群、蒸汽动力技术群、冶金采（煤）矿技术群、交通运输航海技术群、机械加工金属制造技术群。它们的发明发展和广泛应用引起、推动、造就了工业革命。第一次工业革命的核心是以蒸汽为代表的动力革命，第一次工业革命的本质是技术创新。第一次工业革命带来了深远的历史影响：首先是生产力的飞跃。通过在世界范围内有效地利用人力资源和自然资源，工业革命史无前例地提高了生产率。其次是城市化浪潮。工业革命引起了世界各地前所未有的城市化浪潮，随着工业革命的展开和工厂制度的建立，大量人口涌入新的工业中心；农业生产技术的改进和农产品产量的提高，为城市化提供了物质保障；机器的广泛使用，不仅使生产规模不断扩大，还促使城镇的范围不断拓展。

2. 第二次工业革命

第二次工业革命以电力的广泛应用为主要标志。1870 年以后，科学技术的发展突飞猛进，各种新技术、新发明层出不穷，并被迅速应用于工业生产，大大促进了经济的发展。第二次工业革命中科学技术的突出发展主要表现在四个方面，即电力的广泛应用、内燃机和新交通工具的创制、新通信手段的发明和化学工业的建立。第二次工业革命的核心是以电力、石油新能源为代表的动力革命，第二次工业革命的本质依然是技术创新。它带来的影响有：①经济上。生产力方面得到迅猛提高，促进了资本主义经济的迅速发展；生产关系方面，垄断与垄断组织形成，主要资本主义国家进入帝国主义阶段；经济结构方面，重工业有长足发展，逐步占主导；工业布局方面，形成西欧和北美两大工业地带。②社会生活生活上。社会生活方面，生活质量文化水平提高，城乡差距缩小；生活环境方面，汽车的出现，促进石油的大规模使用，使大气中氮氧化合物、碳氢化合物的浓度增加而产生光化学烟雾等大气污染问题。③世界发展格局上。使世界各地联系更加密切，加强了世界各地之间商业信息的交流，国际分工日益明显，以欧美资本主义列强为主导的资本主义世界体系最终建立起来。

3. 第三次工业革命

第三次工业革命兴起的标志是以原子能技术、航天技术、电子计算机的应用为代表，还包括人工合成材料、分子生物学和遗传工程等高新技术。第三次工业革命就其规模、深度和影响来说，远远超过前两次技术革命，它大大加速了现代生产力的发展，成为推动人类进步的巨大动力之一。第三次工业革命带来的深远影响包括：①引起世界经济结构和国际经济格局的变化。促进了国际贸易的发展、世界货币金融关系的变化和生产要素的国际流动；推动了跨国公司和国际经济一体化的发展，并引起了世界经济结构和经济战略的变化。世界各国都在大力发展高科技，增强自己在国际格局中的地位，从而推动了世界经济格局的多极化。②导致发达国家经济结构发生变化。首先第一和第二产业的国民生产总值和就业人数方面比例进一步下降，特别是农业的比例下降。其次工业结构中劳动和资本密集型的"大烟囱工业"逐步下降，技术知识密集型的专业化、小型化的新兴工业迅速崛起。③工业革命引发的社会问题。科技革命的发展一方面扩大了人类改造自然的活动领域，把人类社会的物质文明和精神文明推进到一个前人所无法想象的新高度；另一方面也带来一系列棘手的社会问题，如生态环境恶化、自然资源和能源过度消耗以及核灾难威胁等成为举世关注的全球问题。

4. 去工业化与再工业化

从20世纪50～60年代至今，以美国为代表的发达国家出现去工业化现象。去工业化，是指一个国家或地区工业生产能力，主要是制造业产出和就业比例降低的过程。去工业化有两个主要特点：其一，制造业发展停滞，美国工业生产值与其增长幅度在过去十几年迅速下滑；其二，制造业大规模裁员，就业从第二产业转向服务行业，导致制造业就业人数占总就业人数的比例，在十年间从15%下降到10%以下。在工业发达国家和地区，受去工业化影响最大的主要是一些大城市地区以及那些以资源为基础、传统的衰退产业相对集中的老工业基地。从20世纪70年代起，先后发生的两次石油危机以及其后的金融危机，导致以美国为代表的发达国家工业生产下降、就业人数比例降低，经济增长明显放慢，发达国家进入工业部门的调整时期，而以提高能源效率为特点的"再工业化"也成为发达国家的主要政策工具。此次再工业化从本质上讲就是要求发达国家重归实体经济，但并不是重归工业化过程中的传统产业，而是制造业的转型升级和以新兴产业为核心的结构转型。

（二）世界工业化发展的启示

1. 工业化直接推动城市化进程

工业化对城市化进程发展起到了强有力的直接推动作用。随着机器的应用、工厂制的建立，农村人口和社会闲散劳力涌向城市，转为工业劳动力，导致人口分布的重大变化，使城市人口剧增使城市无论在地理分布、数量、规模、类型等方面，都起了明显的变化。

2. 信息化加速工业化进程

信息化对工业化具有强大的带动作用。信息化主导着新时期工业化的方向，使工业朝着高附加值发展。信息化的发展和信息技术的推广应用，使信息产业成为经济发展的支柱产业。信息产业具有关联度高的特点，是带动性极强的现代经济增长源。它的发展将带动一大批其他相关产业的迅速发展，因而对经济发展产生巨大的推动效应。

3. 工业（特别是制造业）发展是立国之本，我国仍需大力提升其竞争力

金融危机的爆发以及西方"再工业化"的兴起，再一次警示我们应正确认识制造业和服务业的关系：制造业是基础，是带动服务业增长的重要因素，服务业不可能完全替代制造业；制造业水平是衡量国家综合实力和国际竞争力的重要标志。对比欧美等发达国家对于发展制造业的高度重视和大力投入，尚处于工业化中期的中国更没有理由忽视和放慢制造业的发展，必须从战略高度充分认识到制造业是我国国民经济的核心，是国家竞争力的重要基础，工业生产在未来相当长的时期内仍是中国经济增长的根本动力。

4. 工业产业发展与多方面因素密切相关

历次工业革命都以核心领域的科技发明与突破为主要动力。未来制造业与发展模式的竞争，更是自主创新能力的竞争。只有依靠自主创新和技术进步，提高劳动生产率，发展高附加值产品，才能切实转变经济发展方式，推动未来经济长久繁荣和可持续发展。商业贸易也在许多重要方面推动了工业发展，不仅为工业提供了许多巨大的、不断扩展的市场，同时为工业改善其组织和技术以满足这些新市场的需要提供了动力，也为工业革命提供了它在建造工厂和制造极其方面所必需的大量资本。

5. 应依据我国国情选择新型工业化道路

世界各国工业化发展的历史表明，工业化道路不是一成不变的，会随着经济社会条件的变化而变化。不同的社会发展阶段，不同的经济社会制度、民族历史文化传统、资源禀赋、自然条件、比较优势，工业化道路也会不相同。

西方发达国家在农业经济时代开始走上的传统工业化道路,已经不适应工业经济时代的要求。传统计划经济条件下的工业化道路,在人类社会向知识经济或信息经济时代迈进的新的历史条件下,更是行不通。我国必须在深入了解本国国情的基础上,充分发挥比较优势,不断探索新的工业化道路。中国传统制造业在高速发展的同时,付出了高污染、高能耗的巨大代价。同时,伴随国际能源日趋紧缺以及能源价格的不断上涨,提高能源效率、降低能源在制造业产品成本中的比例,也成为制造业提高竞争力的关键。新型工业化道路是未来工业化的必然趋势。

二、我国新型工业化道路的缘起与内涵

(一)我国新型工业化道路的提出

中国共产党第十六次全国代表大会报告指出:"坚持以信息化带动工业化,以工业化促进信息化。走出一条科技含量高、经济效益好、资源消耗低、环境污染少、人力资源优势得到充分发挥的新型工业化路子"。

党的十八大报告提出:"坚持走中国特色新型工业化、信息化、城镇化、农业现代化道路,推动信息化和工业化深度融合、工业化和城镇化良性互动、城镇化和农业现代化相互协调,促进工业化、信息化、城镇化、农业现代化同步发展。"

(二)新型工业化道路的内涵与基本特征

新兴工业化的实质是转变经济发展的模式,改变在 20 世纪西方国家现代化过程中曾极大地提高生活水平的以矿物燃料为基础、一次性物品充斥经济的西方工业模式,依靠最新科学技术跨越这个阶段,使工业化水平进入国际前沿,同时可以以其对物质资源的替代和节省,实现低物质消耗,以其带来的清洁生产而降低污染。新型工业化是在可持续发展观念的指导下,以信息化和技术创新为动力,在充分就业的基础上而实现的一系列基要生产函数连续变化以及由此而引起的结构转化的过程。

我国目前要走的新型工业化道路的有其新的内在要求。如果我国走传统工业化的老路,其能源消耗是世界无法承受的。中国目前还处在工业化的快速起飞阶段,大量的资源消费还要持续相当长的时间,我国目前能源供需矛盾尖锐,结构不合理、能源利用效率低、一次能源消费以煤为主,化石能的大量消费造成严重的环境污染。因此,我国面临资源和环境的严峻挑战。因

此，传统工业化道路无法科学、合理地完成我国工业化进程，从中国的国情出发，必须努力克服传统工业化道路的弱点和弊端，走出一条既不同于发达国家，也不同于发展中国家，也与中国传统工业化道路完全不同的新型工业化道路。

我国现在要走的新型工业化道路，主要有以下特征：由信息化带动，以集约型增长为主，发挥比较优势和后发优势，机械化与就业协调，力求产业结构优化，与城镇化适度同步，以经济效益为中心，实现可持续发展，对外开放型，政府导向、市场推动型。

三、我国走新型工业化道路面临的挑战与机遇

（一）挑战

1. 产业技术能力

我国科学技术总体水平还有较大差距，主要表现为：技术瓶颈的制约日益凸显，具有自主知识产权的关键性技术供给和技术储备严重不足，发明专利数量少，对发达国家依赖性较高；产业结构调整和产业升级进程缓慢，产业技术状况与国际技术水平相比差距很大，工业部门的基础较为薄弱，在国际分工中总体上处于低端地位；在一些地区特别是中西部农村，技术水平仍比较落后；科学研究质量不够高，优秀拔尖人才比较匮乏；创新能力薄弱，在高尖端技术领域难以实现有效突破；高新技术产业近几年虽然发展较快，但总体规模小，高技术密集度、高附加值、高效益的优势尚不显著，国际竞争力不强，对国民经济的推动作用还很有限。

2. 制造工艺及自动化技术水平

设备是保证，工艺是灵魂，工艺创新能带来装备的升级。纵观国际上制造业发达的德国、美国、日本，拥有先进装备的同时，掌握着核心的制造工艺技术，而制造工艺恰恰在无形中决定着产品的质量。目前，我国装备工业的制造工艺普遍落后是显而易见的事实，全行业整体制造水平仍处于机械化生产为主的阶段，优质、高效、节能、节材工艺普及率极低。而工业发达国家在大批量生产技术非常成熟、CIMS 共性基础技术和关键技术过关的基础上，正向定制化、智能化、集成化方向发展，而我国尚处于单机自动化、刚性自动化的阶段，自动化技术水平低，系统集成能力差。

3. 劳动力从事工业生产的就业意愿

新生代劳动力流入企业减少。总体而言，劳动力总量仍供大于求，但流

入企业中成为一线工人的新生代劳动力却越来越少。据估算，目前我国劳动力供应量仅为前几年的五分之二左右。其主要原因是 80 后、90 后新一代劳动力，与老一代相比，呈现出全新的特点：一是受教育程度明显提高，职业期望值也相应提高；二是自我意识明显增强，谋职时更注重工作环境和自我发展前景以及精神文化生活等方面，寻求体面的工作；三是实干、苦干精神较缺乏，敬业勤勉的素质相对欠缺。

4. 国际分工地位

国际分工地位仍较低。我国在新一轮国际分工格局中仍处于较低层次，接近 U 型链条的最低端，因此获取的分工利益很低。从我国产业发展历程看，即使是最具竞争力的工业产业，其大部分工业行业及产品与发达国家占据具有垄断地位的战略环节、获得价值链上最多增加值相比，还有相当的距离。例如，从大纺织角度来看，在服装类制品中我国的比较优势和竞争优势十分显著；而在纺织纤维类，即作为大纺织的上游环节并且具有较高附加值的面料环节中我国并不占优势。如再考虑到不够发达的第一、三产业，我国则在新一轮国际分工格局中处于较低层次。

5. 国际竞争压力

我国轻工产业已经出现向外转移的势头，特别是一些低端加工制造环节向外转移速度更快。以轻工、纺织等为代表的劳动密集型产业曾是我国外贸出口的主力军，而这些行业的中低端产能正在面临越来越突出的订单减少和产能外移压力。低端制造产能逐渐外流的主要原因是东南亚国家工人成本与土地成本都相对较低。目前我国人口红利窗口趋于关闭，用工难和用工贵愈演愈烈，这方面我们优势正在慢慢消失。传统制造业是我们的传统优势，也是保持外贸增长的动力，对稳定就业也发挥了很大的作用，正在失去的低端制造产能会产生一定冲击。

（二）机遇

1. 消费市场地位提高

金融危机后，发达国家超前消费力量的消失，导致世界加工能力过剩。各国纷纷采取刺激消费政策，但是又防止本国的消费力量被外国占据，市场成为重要的战略资源。中国等新兴工业化国家由于城市化进程加快，具有庞大的消费潜力和市场规模，市场地位不断提高，因此成为各国扩大消费出口的焦点。在市场因素变化影响下，未来一定时期内，进行国际产业转移将以满足东道国消费市场需求为主要特点，产业转移将产生满足消费需求的最终产品，国际产业转移的最终产品特征日益明显。

随着近年中国经济的快速增长，国内具有强大消费力的"中产阶层"和一些高端消费人群已经初步形成，从国内外的零售数据来看已验证了这一事实。中国消费者在海外的采购能力已经超越日本、韩国、台湾地区等历史上最富有的消费群体。我国消费市场地位的提高，将导致国际产业、技术的加速转移。

2. 全球金融危机

全球金融危机为中国的海外并购提供了极好的机遇。一是，源于金融危机的影响，企业资产严重贬值。为缓解流动性短缺，金融或实体机构迫不得已大量出售资产以缩小规模，导致资产价格下跌，折现能力严重下降。事实上，2008 年以来，中国企业的跨国并购和海外扩张极其活跃。据商务部最新数据统计，中国发生的跨境并购金额超过 285 亿美元，其中非金融业类并购占 75%，国企的海外并购多以获取资源性资产为主，对于中国所缺少的能源资源、优质产业等，现在这种价格是购买的绝好机会。二是，海外并购的监管和审查放松。在过去数年，中国企业的海外并购计划多以失败告终，主要原因在于中国企业的"国有"背景让海外企业家和政治家担忧不已。不过，金融危机的到来，为筹集资金而疲于奔命的欧美企业和相关政府部门都放松了对中国国有企业的监管和审查，减少了跨境并购的政治障碍和隐性成本。

3. 政策支持

党的十八大报告提出："坚持走中国特色新型工业化、信息化、城镇化、农业现代化道路，推动信息化和工业化深度融合、工业化和城镇化良性互动、城镇化和农业现代化相互协调，促进工业化、信息化、城镇化、农业现代化同步发展。"政府的政策支持将有力推动新型工业化的发展进程。

四、如何推进大连市新型工业化道路

新型工业化是在可持续发展观念的指导下，以信息化和技术创新为驱动力，在充分就业的基础上实现的一系列生产函数连续变化以及由此而引起的经济结构转化过程。传统工业化以大量消耗资源和牺牲环境为代价，走的是一条先发展后治理的道路。其主要弊端在于采用不合理的发展方式，过分强调经济增长的高速度。坚持新型工业化，就是要提高工业发展质量和效益，建立起结构优化、技术先进、清洁安全、附加值高、吸纳就业能力强的现代产业体系。随着科技和经济的迅猛发展，要实现大连市经济"稳中求进"，必须结合大连市工业发展的基本特点，深入分析大连市工业化的优势与劣势，合理、高效地推进大连市新型工业化进程。

大连走什么样的新型工业化道路，很大程度上由大连的工业特点决定。大连作为一个人均 GDP 过万美元，而工业产业增加值占全市 GDP 一半以上的城市，与世界一般国家和城市都不相同，具有自己的特点，因此，所有的战略和策略都应该立足大连工业的特点而定。经过 100 多年的历史积淀，大连形成了完善的工业化体系，工业基础实力雄厚，很多传统产业一直在全国甚至全球具有较强的竞争优势，大连的重工业还具有进入投资门槛和技术门槛相对较高的特点。大连工业总体具有先动性、基础好、抗风险能力强的优势，但也因此存在控制力需要加强和敏捷性不够的问题。因此，要从新型工业化的本质要求出发，正确处理好新型工业化与大连其他发展战略的关系。新型工业化与大连各战略并不矛盾，而是互为依托，互相促进的统一体。新型工业化的本质在于替代、新增、延伸、发散四个机理：①替代。新型工业化会替代落后产能和能耗高、资源消耗大、环境污染严重、附加值低的工业产业，这些现象对大连市的城镇化等战略是一致的，但也会出现员工转岗等现象的出现。因此，需要加大培训，通过各种有效方法解决员工转岗，正确妥善安置员工。同时，正确处理新工业园区选址过程中的节能与环保问题；信息化先行，以信息化带动工业化，实现高起点建设的新型工业化道路。②新增。一批新型工业化产业的引进和发展，对于提高大连市的整体经济实力、增加就业等具有积极作用，但新型产业的植入，会对大连市的资源和环境的承载能力带来一定的负荷，需要进行科学测算，妥善处理好各种关系。主要应按照国家战略性新兴七大产业为重点，充分发挥已有的基础和优势，在注重节能环保的同时补充空白、欠缺的产业环节，实现产业链发展、集约化生产、高起点、可持续的工业发展。③延伸。把产业链的延伸作为发展重点，实现产业关联多元化，以降低产业发展风险，并依托现有优势产业迅速发展，实现由制造业向制造服务业的延伸、生产性产业向生产性服务业的延伸、生产性产业向资源性产业的延伸等；同时，需要转变发展观念，给予产业发展充足的信贷、资金与政策支持。④发散。核心技术，特别是核心信息技术和半导体技术具有产业发散的特点，可以向各个产业发散、应用，由单一产业向其他产业实现跳跃式发展。因此，应该注重对核心技术的培育，同时要注意产业关联度，以及大连市本地市场的内部需求，并以对人力资源的重视与培养作为有效保障。

据此，提出大连走新型工业化道路的策略：

（一）加速工业化、信息化、城市化"三化"融合

首先，实现工业化和信息化的融合。以信息化带动工业化，促进工业由大变强。高度关注与工业化密切相关的信息化技术的推广与应用，采用国际领先的信息化技术成果，通过大量引进与自主创新相结合，扭转产业技术装备水平低的局面，促进经济增长由主要依靠增加物质资源消耗向主要依靠科技进步、劳动者素质提高、管理创新转变；提高资源利用程度和产品加工深度，节能降耗，提高经济效益、社会效益和生态效益。以工业化促进信息化，提高信息化水平，加快信息化发展的内在要求。工业化不仅为信息化奠定物质技术基础，还对信息化发展提出了广泛的应用需求，是拉动信息化的重要力量。大力推进信息化与工业化融合，能够使信息化发展获得持续动力。

实现工业化和城市化的融合。工业化与城市化具有共生、共促、共荣的特点，工业的发展为城市的发展注入动力和内容，而城市化则为工业化提供了其所发展必需的物质基础、人力基础和资金供给。通过合理布局与大连产业发展相适应的新型工业产业，建设一批新型工业产业聚集区，走一条城市化与新型工业化相互融合、互相促进的道路，扩展大连新型工业化的地域布局，融入生态文明理念，调整经济结构。

（二）加快传统优势产业改造升级

大连是老工业基地城市，尤以石化、装备、造船等传统重工业为优势产业。从发展趋势上看，这些传统产业在未来一段时间内仍将在大连工业中占主导地位，发挥重要作用。新型工业化的发展重点应是通过信息化、高科技的深度嵌入来改造提升大连传统支柱工业的科技内涵，提高附加值，促进传统产业结构的优化升级。加速石化产业聚集和产业链延伸，重点发展石化下游产业和精细化工产品；促进造船业向高技术船舶和海洋工程转型升级；推动装备制造业走数字化、网络化、智能化和服务化之路，增强产业集中度和丰厚度，形成产品技术含量高、国际竞争力强的加工制造基地。

（三）适时大力发展战略性新兴产业

国家将战略性新兴产业确定为节能环保、新一代信息技术、生物、高端装备制造、新能源、新材料、新能源汽车等七个领域。大连在这些领域的诸多方面都有着良好的发展基础和条件。大连应当充分发挥已有的基础和优势，把握世界工业发展脉搏，选择那些具有比较优势、可望具有控制力的战

略性新兴产业作为今后发展的重点，在国家战略性新兴产业发展布局中占有一席之地，并集中力量给予支持，使其成为未来大连经济发展的重要引擎和支柱。

（四）开放创新推动国际化发展

抓住有利时机，实施海外并购，获取先进的营销渠道、网络、技术、产品和管理经验，实现技术的突破与国际市场的扩展开拓；发挥中介组织的作用，积极应用私募，深化投融资体制改革，争取设立国家金融改革创新试验区和国际航运发展综合试验区；积极引进国内外战略投资者，通过与境内外大型企业、跨国公司合作，提升工业水平、科技创新能力；实施更加主动的开放战略，充分利用"两种资源"、积极开拓"两个市场"，着力培育开放型经济发展新优势，进一步强化大连在东北地区对外开放的龙头作用，特别是在全球研发投入转向亚洲的情况下，大连应该抓住时机，积极建设跨国公司的全球研发中心，以增强自主创新能力与控制力。

（五）集中布局、延伸产业链

进一步研究大连市工业地域布局与行业布局。对于重化工业采取专业化集中布局，对于轻型产业采取混合式集中布局的方式，发挥核心企业的作用，实现产业聚集、集约化经营。积极谋划与推进装备制造业的产业链延伸，由"微笑曲线"的底端双向拓展，通过高端资源引进与协同创新占据高端设计研发环节、通过集成区位优势力量拓展产业物流空间，链式带动东北装备制造业的控制力与竞争力提升。同时，大力发展生产性服务业，实现由单纯制造业向制造服务产业的延伸、生产性产业向资源性产业的延伸，实现对资源的控制和源头创新。

（六）理顺关系、加强企业家队伍建设

进一步理清工业主管部门与各部门、各区市县之间的关系，强化政府在产业发展方向、政策制定中的引导作用，加强对新型工业化道路的引导，同时理清政府与市场、企业之间的关系，充分发挥市场在资源配置和企业发展中的基础性作用。关爱企业家成长，以打造具有国际化视野、掌握国际化运营惯例、富有创新精神的企业家队伍为抓手，加强人力资源建设，为大连走新型工业化道路提供坚实的人力资源保障。

（苏敬勤）

第三节　大连建设智慧城市的策略

一、智慧城市的背景与意义

（一）智慧城市的背景

20 世纪，克林顿政府提出"信息高速公路"的国家振兴战略，推动了全球信息产业的革命，美国经济受惠于这一战略，在 20 世纪 90 年代中后期享受了历史上罕见的长时间繁荣，使美国的霸主地位继续稳固。

2009 年 1 月 28 日，奥巴马就任美国总统后，与美国工商业领袖举行了一次圆桌会议。IBM 首席执行官彭明盛在会上首次提出"智慧地球"这一概念，建议奥巴马政府投资新一代的智慧型信息基础设施。这受到美国政府的高度重视，种种迹象表明，"智慧地球"对于人类文明的影响之深远，将远远超过互联网。预期投资于新一代智慧型基础设施建设项目，能够有力刺激美国乃至全球经济复苏，而且能为美国奠定长期繁荣的基础。

这一前景，毫无疑问引起了奥巴马政府的兴趣。既然 1993 年克林顿能够利用互联网革命把美国带出当时的经济低谷，并实现空前的经济繁荣，那么奥巴马或许也可以利用"智慧地球"重现这一幕。"智慧地球"很可能上升为美国的国家战略。

2009 年 2 月，美国总统奥巴马发布的《经济复苏计划》中提出，投资 110 亿美元建设新一代智慧电网，投资 190 亿美元建设智慧医疗，投资 90 亿美元建设宽带网络基础。

2013 年 1 月 21 日，奥巴马再次就任美国总统，"智慧城市"建设上升为美国国家战略。

2009 年 8 月，温家宝提出了"感知中国"战略，预期投资于新一代智慧型基础设施建设项目，能够有力刺激中国乃至全球经济复苏，而且能为中国奠定长期繁荣基础，中国智慧城市上升为国家战略。

2012 年 11 月，党的十八大报告指出，坚持走中国特色新型工业化、信息化、城镇化、农业现代化道路，促进工业化、信息化、城镇化、农业现代化同步发展，要通过城镇化、工业化、信息化，三化协同的发展齐头并进来解决我们发展的问题。十八大报告强调，建设下一代信息基础设施，发展现代信息技术产业体系，健全信息安全保障体系，推进信息网络技术广泛应用。2012 年 3 月，习近平总书记在上海考察时指出：要加快智慧城市建设，推动创新经济发展。2014 年 11 月，李克强总理出席首届世界互联网大会时指出，互联网＋是大众创业、万众创新的新工具。"智慧城市"的理念是经济社会发展到一定阶段的必然选择。

（二）智慧城市的意义

1. 城市可持续发展呼唤智慧城市的建设

随着城市化进程的加快，城市面临着环境污染、交通堵塞、能源紧缺、住房不足、失业、疾病等方面的挑战。这些问题的出现，进一步突显出城市承载能力、社会管理能力和产业发展水平等不能适应实际的需要。在新环境下，如何解决城市发展所带来的诸多问题，实现可持续发展成为城市规划建设的重要命题。

中国已经到达"城市人口的临界点"，大约有 6.75 亿人生活在城市，占总人口的 51%。到 2030 年，这一数字有望增加到 10 亿。城市成为战略减排的重点，它消耗了全球近 2/3 的能源和 60% 的水资源，排放的温室气体占全球的 70%。为应对城市化和人口结构变化带来的严峻挑战以及城市可持续发展，城市正在积极探索提升基础设施效率的有效途径。借助适当的技术，城市可以变得更环保，居民的生活质量得到提高，同时还能降低相关成本。

在此背景下，"智慧城市"成为解决城市问题的一条可行道路，是未来城市发展的趋势，将为城市发展带来革命性的变化。

智慧城市的作用，主要体现在三个方面：生活质量（城市管理）的提升、综合承载（环境保护）的改善、产业转型（竞争力）的加强。城市智慧化是转变经济发展方式、促进城市资源全面有效地整合、加快城市产业结构调整的有效手段。

当前我国经济发展仍然存在高能耗、高污染、处于产业链低端等普遍性问题，经济结构调整势在必行。而智慧产业是直接运用人的智慧进行研发、创造、生产、管理等活动，形成有形或无形的智慧产品以满足社会需要的产业，具有绿色、节能、环保的特点。

建设智慧城市将加速物联网、云计算、移动互联网、遥感遥测、空间地理信息系统等新一代信息技术在城市经济发展各领域的深度应用，将大幅促进城市信息资源的网络化共享、集约化整合、协作化开发和高效化利用，有利于增强城市聚集经济、人口的能力和辐射带动能力。优化产业布局，拓展产业发展的新领域和新业态，是促进城市生产组织方式集约和创新、推动产业结构调整和优化的重要途径。

因此，建设智慧城市，大力发展智慧产业，是调整城市产业结构，推动经济持续增长的有效手段。

城市智慧化是创新社会管理和公共服务、保障和改善民生的重要途径。

随着信息技术的飞速发展，城市管理的手段朝着电子化、数字化、网络化的方向不断转变，社会公众和企业对城市服务的要求也朝着快速、高效、便捷、实时的方向不断提升。原有的政府管理方式和城市服务效能，已明显无法满足社会公众和企业的需求，智慧城市的建设与发展成为保障社会和谐稳定，满足公众服务需求的必然要求。

建设智慧城市将推进社会事业领域的资源整合和信息共享，创新社会管理模式，推进城乡基本公共服务均等化，在城市管理、社会保障、医疗卫生、文化教育、交通出行等城市居民最关心的领域，提供广覆盖、多层次、差异化、高质量的公共服务，最大限度地满足城市居民的物质和精神文化生活需要，是提升城市居民幸福感受的重要途径。

城市智慧化是提高城市综合承载能力、推进生态文明建设的战略选择。

随着城市化进程的推进，人口、工业、交通运输的过度集中产生了种种弊病，也对城市的正常运行产生了不良影响。

建设智慧城市将有效提升城市运行管理领域的智能化和精细化水平，切实推进城市的绿色发展、循环发展和低碳发展，促进资源节约型、环境友好型城市建设，实现城市生产空间集约高效、生活空间宜居适度、生态空间山清水秀，推动城市发展向人口资源环境均衡、经济社会生态效益相统一的方向转变，是推动城市全面协调可持续发展的战略选择。

2. 现代科技的发展催生智慧城市的发展

大数据、物联网、云计算、移动互联网等新一代信息技术的快速发展，为智慧城市的建设和管理提供了更加丰富的方式与手段。智慧城市可对信息进行实时、准确的采集、传输和分析，可以向公众提供泛在、便捷、高效的服务，可以对城市的突发事件进行快速、合理的响应与处理，是新一代信息技术在城市中的创新应用。

2012 年 2 月 22 日，美国《华尔街日报》网站文章"科技引领的繁荣即将到来"指出无线网络革命、大数据时代、智能化生产的科技创新即将引领经济繁荣。

（1）无线网络革命。无线连接的成本快速下降，其意义如同电报和电话刚刚出现所带来的深远影响。结合云计算，无线技术给所有地点的几乎所有人带来了低成本的连接、信息和处理能力。

（2）大数据时代。从互联网上的一分钟（图 8-4），2015 年要用 300 年时间才能看完在互联网上一分钟内所传的视频，我们确实进入了大数据时代。

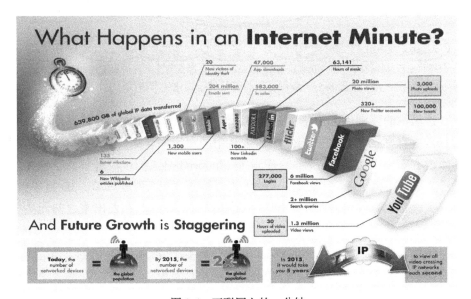

图 8-4 互联网上的一分钟

iPhone 手机的运算能力能让 20 世纪 70 年代的 IBM 主机自愧不如。互联网正演变为"云"网络——一个由数以千计的数据中心组成的网络，每一个数据中心都可以让 1990 年的任何一台超级计算机看上去像是洪荒年代的产物。惊人的数据处理能力使以往无法想象的服务和业务成为了可能。

（3）智能化生产。这是一个近乎完美的计算化设计和制造的时代，它将令我们制造产品的方式产生巨大改变，而这个时代的决定性力量将是高素质人才而不是廉价劳动力。在我国举国上下大搞互联网+，全国、全社会进一步深度数字化时，美国悄悄地进入了以"新硬件"为特征的智能化生产时代（图 8-5）。

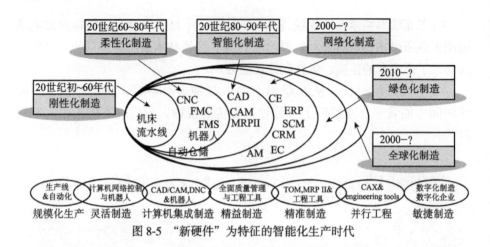

图 8-5 "新硬件"为特征的智能化生产时代

这里说的新硬件,不是主板、显示器、键盘这些计算机硬件,而是指一切物理上存在的,在过去的生产和生活中闻所未闻、见所未见的人造事物。如果说乔布斯在 2007 年展示的 iPad 和 iPhone 还是人们可以理解的事物(还是计算机和手机),那么今天的多轴无人飞行器、无人驾驶汽车、3D 打印机、可穿戴设备、智能机器驮驴,机器人厨师是人们在这些东西出来之前无法想象的事物。

美国几年前产生了一大批纯互联网和软件企业,如谷歌、亚马逊、AUTODESK、FACEBOOK,如今这些公司还在聚焦"互联网 +"吗?当然没有了。在以"新硬件"为特征的智能化生产时代到来之时,这些科技巨头都在布局围绕硬件的产业。

3. 智慧城市的含义

简单来说,高速公路 + 信息构成了信息高速公路,城市 + 智慧就构成了智慧城市。

什么是信息?到现在为止还没有准确的定义,但是不妨碍我们对信息高速公路的理解与建设。信息高速公路的建设推动了全球信息产业的革命,使美国 20 世纪 90 年代中后期实现了历史上罕见的长时间繁荣!

什么是智慧?到现在为止也没有一致的定义,同样也不会不妨碍我们对智慧的理解与建设。期待智慧城市的建设进一步推动了全球新一代信息产业的革命,使世界经济复兴,再次实现长时间繁荣。

数字城市是城市地理信息和其他城市信息相结合,并存储在计算机网络上的、能供用户访问的一个将各个城市和城市外的空间连在一起的虚拟空间。数字城市为用户提供了各种各样的信息,使其有身临其境的感觉。建设数字城市是城市信息化的系统工程。

智慧城市是数字城市与物联网相结合的产物，包含智慧传感网、智慧控制网和智慧安全网。智慧城市的理念是把传感器装备到城市生活中的各种物体中形成物联网，并通过超级计算机和云计算实现物联网的整合，从而实现数字城市与城市系统整合。具体来说，"智慧城市"就是让城市变得越来越"聪明"。

二、智慧城市国内外的典型案例

（一）国际智慧城市建设的现状与发展趋势

目前，世界各国智慧城市建设的数量众多，特色鲜明，全球大概有200多个"智慧城市"的项目正在实施中。现在发达国家地区也是在产业转型和社会发展中，认识到了"智慧城市"的前瞻性、超前性，相继提出了"智慧城市"的战略举措。

国外智慧城市建设开展相对较早，由于具备良好的政治体制和经济基础，在建设上也积累了一些良好经验，值得国内城市学习和借鉴。

许多国家已将推动智慧城市建设上升到国家战略层面，主要趋势是在智慧城市建设中推动本国技术进步和相关产业发展的倾向明显；先进国家的智慧城市试点建设谨慎务实，实验范畴"小而精"；充分发挥技术作用，积极应用科技手段推进城市可持续发展；注重建立规则和培养秩序，在带动市场发育的同时也发挥了指导和协调作用。

（二）国际智慧城市建设典型案例

1. 新加坡（城市管理）

2006年，新加坡推出了为期10年的资讯通信产业发展蓝图"智慧国2015"，或称"iN2015"计划，力图通过包括物联网在内的信息技术，达成新加坡成为一个由资讯通信所驱动的智慧国家与全球都市的未来愿景。新加坡的"智慧国2015"计划中，提出了一个很有意义的概念，即通过智慧化过程，在一些公共服务领域要实现从供给方主导向供给方与需求方双向互动的转变，实现从非连续、碎片化的服务向连续性、一体化的服务转变。

2. 瑞典（综合承载）

瑞典的"智慧城市"建设在交通系统上得到了最大的体现。首都斯德哥尔摩之前一直受交通拥堵的困扰，后来率先使用"智能交通系统"来改善整体交通和通勤状况，交通问题得到很大改观。该系统通过收集并分析货车、交通流量传感器、运输系统、污染检测和天气信息等数据信息，寻找降低二氧化碳排放量的可靠途径，实现绿色交通的和谐环境。分布于斯德哥尔摩城区出入口的 18 个路边控制站，通过使用 RFID 技术以及利用激光、照相机和先进的自由车流路边系统，自动识别进入市中心的车辆，并根据不同时段进行收费，高峰时段多收费，其他时段少收费，收费起点为 1 美元左右，在高峰时段最高收费约为 3 美元，这个收费系统帮助司机实时掌握哪里的交通路况最糟糕。通过收取"道路堵塞税"减少了车流，交通拥堵降低了 25%，交通排队所需的时间下降 50%，道路交通废气排放量减少了 8%～14%，二氧化碳等温室气体排放量下降了 40%。由于在环保方面做得出色，2010 年 2 月，斯德哥尔摩被欧盟委员会评为首个"欧洲绿色首都"。

3. 韩国（城市管理、产业转型）

韩国信息通信部于 2004 年提出了"U-Korea"，2006 年 3 月确定总体政策规划。"U-Korea"旨在建立无所不在的社会（Ubiquitous Society），即通过布建智能网络（如 IPv6、BcN、USN）、推广最新的信息技术应用（如 DMB、Telematics、RFID）等信息基础环境建设，让韩国民众可以随时随地享有科技智能服务。其最终目的，除运用 IT 科技为民众创造食、衣、住、行、体育、娱乐等各方面无所不在的便利生活性服务之外，也希望通过扶植韩国 IT 产业发展新兴应用技术，强化产业优势与国家竞争力。根据规划，"U-Korea"发展期为 2006～2010 年，成熟期为 2011～2015 年。

首尔智慧公共交通被称为全球 8 大城市智慧公共交通经典案例之一。韩国松岛新城在智慧城市建设过程中拉动了 300 亿～600 亿美元的投资，这无疑给该城市经济发展起到很大的推动作用，成为城市经济新一轮驱动的重要引擎。

4. 美国（城市管理、产业转型）

2009 年 2 月，美国总统奥巴马发布的《经济复苏计划》中提出，计划投资 110 亿美元，建设可安装各种控制设备的新一代智能电网，以降低用户能源开支，实现能源独立性和减少温室气体排放。

政府启动联邦智能交通系统。此系统包括了两大智能子系统：智能基础设施和智能交通工具。智能基础设施由动脉管理、高速公路管理、意外预防及安全保障系统、道路天气管理、道路作业和维修、运输管理、交通事故管理等十三项管理措施组成。

目前，美国运输部开始进行下一阶段 2015～2019 ITS 战略计划研究，计划将车联网覆盖到全美汽车。

美国政府与苹果公司的比较：

（1）美国政府历来重视信息产业发展，目前美国第三产业占 GDP 比例达到 70% 以上，其中信息产业等高新技术产业贡献巨大。美国通过不断出台政策的方式，加强对信息产业的支持力度，刺激了 iMac 个人电脑、iPad 平板电脑、iPhone 智能手机等一大批极具概念与技术创新性的产品出现。同时，美国拥有推崇变革与创新的社会氛围、完善的风险投资等金融支持体系、强大的信息技术科研实力、公众信息化意识和能力的深度普及、深厚的信息化基础与技术积累，为苹果公司的发展壮大提供了良好的环境，使苹果成长为一家能够给世界带来信息产品革命的 IT 公司。

（2）苹果公司已成长为世界上最大的 IT 巨头，其产品和服务不断冲击和改变着 IT 产业格局，甚至带动了全新产业链的发展，使智能产品的应用进一步扩大和加深，提升了用户体验及信息产品的层次，并刺激整个美国甚至世界的宏观经济发展，使美国在世界范围内继续保持 IT 领域的领先地位。以苹果公司的 iPhone5 为例，公开发行的三个月内就为美国贡献了 750 亿美元。iPhone4、iPhone4S、iPhone5 发布的当月内，美国的零售额分别增长 0.3%、0.93% 和 0.7%，足以看出苹果公司对美国的经济社会影响至深，也可以看出信息技术企业相比于传统企业不可比拟的创新优势和后发实力。

（三）国内智慧城市建设的现状与发展趋势

截至 2012 年 12 月，我国在建的智慧城市数量已达 69 个，密布在环渤海、长三角、珠三角地区，三大区域的智慧城市数量占据了总数的 59.4%。其中有 22 个副省级以上地方城市明确提出要建设智慧城市，占全国 47 个副省级及以上城市的 46.8%。在建的智慧城市中，主要集中在优先发展民生、城市管理等社会应用工程和基础设施建设领域，少部分以产业或新一代信息技术发展为关注重点。北京、上海、广东、深圳、杭州、南京、宁波、武汉、厦门等地方已制定形成智慧城市发展的专项规划。智慧城市已成为"十二五"时期我国城市发展的新主题。

为了促进我国智慧城市的健康快速发展，国家主要部委均出台了相关政策进行宏观指导。

总观国内城市智慧化建设情况，可以看到如下规律：

（1）智慧城市在全国范围内初步完成规划部署。

（2）智慧城市关注重点的差异化特征显著。

（3）城市信息化基础设施建设发展迅速。

（4）各地建设模式多样化：综合推进智慧城市建设，以发展智慧基础设施为重点，以发展智慧产业和智慧技术为重点，以发展智慧管理和智慧服务为重点，以发展智慧人文和智慧生活为重点。

（5）各地建设经验多角度：完善智慧城市管理体制，加强组织领导建设；完善政策法规与标准，保障智慧城市建设秩序；加大智慧城市建设资金投入，拓宽投资和融资渠道；实施智慧城市人才战略，增强全民信息素质；强化智慧城市建设与管理，建立评估机制；开展智慧城市交流合作，优化外部发展环境。

（四）国内智慧城市建设典型案例

1. 厦门（城市管理）

厦门市政府高度重视智慧城市建设工作，2011 年 2 月制订了《厦门市国民经济和社会发展第十二个五年规划纲要》。同年又出台了《厦门市"十二五"信息化发展专项规划》（智慧厦门 2015 行动纲要）。经过多年发展，厦门市智慧城市建设收效显著。主要体现在以下几方面。

（1）基础数据库建设方面。建设了自然人的数据库、法人的数据库和地理的数据库等多个数据库。另外还建设了专业的应用数据库，如慢病数据库、交通的流量数据库、实时的交通流量数据库。

（2）交通方面。应用了电子车牌，给每辆车贴上 RFID，做到了精准管理，给每辆公交车安装 GPS，居民通过手机可以实现公交车到站距离、到站时间等的查询。

（3）社会管理创新方面。建设了社区网格化管理，大大提高了社区管理的便捷性和全面性。将厦门行政辖区内的地下管线采集到统一档案库中，大大降低了地下管线被破坏和挖断的事故发生次数。

（4）政务云平台建设。该平台提高了资源的使用率，大大节省了费用开支，每年可节省一半项目建设经费，仅 2013 年可节省财政经费 4000 万元。

2. 宁波（综合承载）

宁波将"智慧城市"的研发放到了城市发展首位，对智慧技术和产品研发、智慧应用系统试点示范工程、智慧产业基地创建、人才引进和培养等给予大力的政策支持。宁波市每年用于"智慧城市"建设的扶持资金不少于10 亿元，并组建智慧城市建设专业投资运营公司，引导更多的社会资金投向"智慧城市"建设。

2010 年 9 月，宁波市政府发布《宁波市智慧城市发展总体规划》描绘了未来宁波建设"智慧城市"的蓝图。2011 年，宁波市先期重点建设智慧物流应用系统和智慧健康保障应用系统两大应用系统，目前已取得一定的成果。

智慧物流综合服务平台基本建成。宁波电子口岸和第四方物流市场两大平台日益完善，通过第四方物流市场形成的交易量达 28 亿元。

智慧健康保障体系建设初具规模。建立了横向联通市级医疗卫生单位、纵向联接各县（市）区卫生局的千兆裸光纤骨干网络；开展市民公众健康信息服务平台、市公共卫生应急指挥系统、市远程医学诊断系统三个系统的建设，建立了 8 个区域影像系统和 3 个区域临检系统，有效整合了优质医疗资源。

3. 深圳（城市管理、产业转型）

继 2009 年摘得"杰出的发展中的知识城市"桂冠之后，深圳开始了由"知识"向"智慧"的进发。2010 年 2 月 3 日，深圳首次提出"智慧深圳"理念，即：把握新一轮科技创新革命和信息产业浪潮的重大机遇，充分发挥深圳优势，加快构建城市发展的智慧环境。2012 年 5 月，深圳正式发布《智慧深圳规划纲要（2011—2020）》。

"智慧深圳"建设将进一步发挥深圳信息通信（ICT）产业发达、射频识别（RFID）技术领先、电信业务及信息化基础设施优良等优势，通过建设 ICT 基础设施、认证、安全等平台和示范工程，加快产业关键技术攻关，形成基于海量信息和智能过滤处理的市民生活、产业发展、社会管理的新模式。

4. 上海（城市管理、产业转型 3935 具有浦东特色）

2010 年 4 月 27 日，上海市政府公布了《上海推进物联网产业发展行动方案（2010—2012 年）》，在技术研发和产业化等各方面推进物联网发展，将建设涵盖交通、医疗、安防、物流等各领域的 10 个物联网应用示范工程。借助 2010 年世博会之机，上海将全球"智慧城市"最新信息科技率先应用于世博园的安防、管理、服务、交通等各个环节，使世博园成为智慧城市的"样板"。

食品安全是浦东新区的重要特色。浦东新区食品药品安全诚信信息系统于 2005 年开始建设，通过 7 年的三期建设和运用实践，在浦东新区食品药品安全监管和世博会的安全保障工作中发挥了巨大作用。

2011 年 9 月，上海市出台《上海市推进智慧城市建设 2011—2013 年行动计划》，提出加快建设以数字化、网络化、智能化为主要特征的智慧城市，重点建设领域如表 8-3 所示。其发展目标为：宽带城市、无线城市基本建成；

信息感知和智能应用效能初步显现；新一代信息技术产业成为智慧城市发展的有力支撑；信息安全总体实现可信、可靠、可控。

表 8-3 "上海市推进智慧城市建设 2011—2013 年行动计划"重点领域

重点专项内容	新一代信息技术	信息感知和智能应用
宽带城市	云计算	城市建设管理
无线城市	物联网	城市运行安全
通信枢纽	TD-LTE	智能交通
三网融合	高端软件	社会事业和公共服务
功能设施	集成电路	电子政务
	下一代网络	信息资源开发利用
	车联网	"四个中心"建设
	信息服务	"两化"深度融合

三、大连智慧城市建设之策略

(一)大连城市智慧化建设总体框架图

大连城市智慧化建设，需要从基础、运营、表现和体验四个层次分别进行纵向建设，同时也需要有选择、有重点地进行横向建设。具体建设内容框架图如图 8-6 所示。

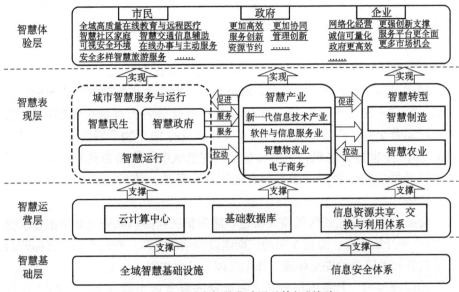

图 8-6 大连城市智慧化建设总体规划框架

（二）城市智慧化是"四化"建设的重要内容

2012 年 8 月，大连市委提出：坚持全域城市化、新型工业化、城市智慧化和农业现代化，在"四化"统筹、协调推进中提升城市综合竞争力，努力建设富庶、美丽、文明的现代化国际城市。"四化"建设的重点领域如图 8-7 所示。

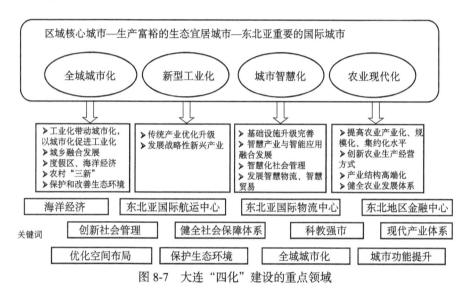

图 8-7　大连"四化"建设的重点领域

"城市智慧化"建设是"全域城市化"建设的重要内容（图 8-8）。

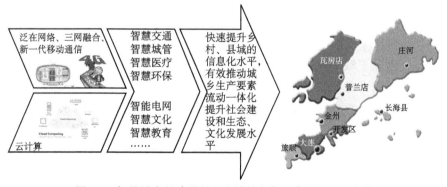

图 8-8　智慧城市的建设是"全域城市化"建设的重要内容

"城市智慧化"建设对"新型工业化"建设具有良好的促进作用。发展信息技术、培育智慧产业，并通过信息技术与智慧产业的发展推进传统产业的改造与战略性新兴产业的发展，这是智慧城市建设中经济与产业发展的核心目标。因此，建设智慧城市也是推进工业化与信息化的深度融合的主要抓手。

"城市智慧化"建设对"农业现代化"建设具有积极的推动作用。发展智慧农业，促进农业与现代服务业的融合也是农业现代化的关键方向之一。

另外，随着大连市城市化进程的加快，近年来大连市在交通拥堵、环境污染、就医、入学、就业困难等方面的"城市病"正日益显现。如何通过新兴信息技术基础上的智慧城市建设缓解这些"城市病"已成为大连城市治理需要重点关注的问题。

（三）大连智慧城市建设的基础与比较优势

1. 大连智慧城市建设的基础

大连具有建设智慧城市较为良好的基础。在城市信息基础设施与应用方面，大连市在过去十余年中围绕"数字大连"的建设，构筑了较为良好的城市信息基础设施，为智慧城市建设中信息基础设施方面的进一步建设奠定了基础。例如：

（1）构筑了基于光纤的城市网络基础设施架构，无线网络基础设施建设也已取得较大进展；在此基础上，中山区等区县开展了"无线城市"的建设试点工作。

（2）大连大学与大连港集团合作开展了智慧航运的建设，与中国科学院合作开展了智慧医疗的建设。

（3）大连天途有线电视高清互动平台的建立，推动了广播电视由传统媒体向现代全媒体转型发展。

（4）建设了城市地理、自然资源、环境、人口、经济、社会等方面的基础数据资源库，在此基础上的应用也取得了一定的实效，为企事业和公众提供了便捷、丰富的信息服务。

（5）在电子政务平台方面，大连建设了以市委、市政府为枢纽的跨业务单位的政务内网与外网，实现了各业务单位之间的互联互通，实现了各委办局数据的集中管理。

（6）在西岗区、金州区等区域，"智慧社区"试点工作取得了一定的成效。

在产业基础方面，大连市在信息技术产业，特别是软件与服务外包行业具有一定的优势与知名度，吸引了 IBM、Intel 等国际知名信息技术企业进驻。在高新园区实施了"大连E港"的建设，对物联网、云计算等新兴信息技术产业的发展起到了良好的促进作用。港口与物流业在国内也具有重要的地位，其信息化工作取得了较大的成绩，为进一步的智慧化改造奠定了坚实的基础。此外，大连市具有良好的制造业基础，尤其在高端装备制造业方面具有较高的发展水平，为发展智慧制造产业创造了有利的条件。

在城市创造与创新能力基础方面，大连也具有良好的基础。

2. 大连智慧城市建设与国内外的比较优势

（1）与新加坡的比较。城市资源较为丰富。大连总面积 12 573.85 平方公里，其中市区 2 414.96 平方公里，所辖县（市）10 158.89 平方公里，农业资源、土地资源、水力资源、生物资源、矿产资源都较为丰富。而新加坡国土面积小，仅为 715.8 平方公里，资源极度匮乏，以水资源为例，新加坡人均水资源占有量居世界倒数第二位，民众日常生活和工业生产用水主要依靠收集存储雨水以及从邻国进口淡水。

经济增长速度较快。大连经济保持高速增长，2009～2012 年，大连全市地区生产总值年均增长 14.2%，2012 年达到 7000 亿元，是 2007 年总量的 2.2 倍，人均超过 1.55 万美元。而新加坡则由于外需疲软，2012 年经济仅增长 1.3%，低于 2011 年的 5.2%。

具备智慧城市建设的后发优势。目前，国际国内智慧城市建设已经大范围展开，为大连智慧化提供宝贵经验。此外，国家主要相关部委相继出台鼓励性政策，大连智慧化外部条件已成熟。而新加坡早在 2006 年就提出了"iN2015"计划，当时全世界范围内的智慧城市尚处于概念酝酿阶段，没有经验可以借鉴，不确定性因素多，投资建设风险较大。

（2）与宁波市的比较。

①优越的地理条件。大连地处欧亚大陆东岸和辽东半岛最南端，东濒黄海，西临渤海，是京津的门户，辽宁省、吉林省、黑龙江省和内蒙古自治区是大连的广大腹地，南与山东半岛隔海相望，北依辽阔的东北平原，与日本、韩国、朝鲜和俄罗斯远东地区相邻，与宁波相比，具有得天独厚的地缘优势。

②独特的海洋资源优势。大连三面环海，海岸线长达 2211 公里，大陆岸线 1371 公里，岛屿岸线 840 公里。而宁波市海岸线总长为 1562 公里，其中大陆岸线为 788 公里，岛屿岸线为 774 公里。大连滨海景区（景点）多达100 余处，同宁波相比，大连具有滨海景区众多、景观奇特、精品荟萃的特点。此外，大连地处北温带，冬季气候较为寒冷，海洋生物生长周期长，这使得大连的海产品不仅在国内具有突出的比较优势，在国际市场中也具有较

大的竞争优势。独特的海洋资源优势为大连发展智慧旅游、智慧渔业等提供了有利条件。

③较强的区域辐射能力。大连是中国东北主要的对外门户、东北亚国际航运中心、国际物流中心、区域性金融中心，在东北地区具备较强的辐射能力。相反，宁波受到邻近的上海、杭州等城市的影响，在华东地区的辐射能力有所削弱。

④优质的高校资源。大连拥有 15 所本科院校，其中包括在信息技术领域居国内先进水平的大连大学、大连理工大学等高校。与之相比，宁波市仅有宁波大学、宁波诺丁汉大学等 6 所本科院校。优质的高校资源为大连智慧化建设提供了强劲的智力支持。

（四）大连智慧城市建设的建议

1. 注重系统工程，科学规划智慧城市

智慧城市建设是一项复杂的系统工程，必须以总体规划设计为依据，有目标、分步骤地有序推进。重点规划内容应包括两部分：城市内涵建设部分（提升城市管理水平、加强城市承载能力、促进产业转型升级）和内涵建设保障部分（明确领导协调机制、建立投资运维机制、加强基础设施建设）。

从前面的城市智慧化典型案例，可以看出，各个城市的建设内容既有共同部分，也各具特色。因此，大连在城市智慧化建设中应结合大连的区域与经济特点，从以下几部分进行规划：加强领导机构与专家队伍建设；加强智慧化基础设施建设；提升政府管理智慧化水平；提升民生服务智慧化水平；提升经济发展智慧化水平。

2. 建立保障机制，确保智慧城市建设顺利进行

组织机构与人才保障：为保障大连城市智慧化建设有力、有效地推动，大连一方面要充分发挥"大连市信息化领导小组"的职责，领导大连城市智慧化建设；另一方面，要借助大连市信息化专家咨询委员会，对"大连城市智慧化"推进工作中的重大问题进行研究和建议，牵头开展面向市、区及重点工程的智慧化建设顶层设计。同时，要充分利用大连大学、大连理工大学、大连海事大学、东北财经大学、辽宁师范大学等优质的高校资源，推动企业、高校、科研院所之间的合作，提高创新能力和促进科研成果转化，并大力培养实践型、复合型的专业化人才。

考核监督与法规保障：为把握大连城市智慧化建设的情况，需要建立"大连城市智慧化"建设测评指标体系和评估考核机制，开展年度建设工程

和发展水平评估，定期发布"大连城市智慧化"发展报告，并将智慧城市建设纳入市委市政府对各地各部门的考核内容，检查和督导城市智慧化建设规划、方案和年度计划的落实情况。同时，要配合即将出台的《大连城市智慧化建设总体规划》，制订具体实施方案，进行标准、制度、规范试点示范工作。

3. 加强基础设施建设，创造智慧城市运营环境

为了缩小与国内领先城市的信息化差距，提高网络对智慧化应用的支撑能力，大连必须加强网络建设力度，大力提高网络应用水平。主要包括：

（1）加强支撑平台建设。建立健全城市地理信息平台、政务物联网应用支撑平台、公共信用信息平台等应用支撑平台，为政府应用系统建设提供通用基础功能与基础信息服务，提升整体水平，减少重复投资。

重点是建设基于云计算的服务平台、大数据集成及分析处理技术与平台。构建多领域云计算体系与平台，逐步对现有的分散于各部门、各机构的数据中心展开基于云计算模式的升级改造，促进数据中心在物理上的适度分散和逻辑上的统一集成，整合"信息孤岛"；通过对城市数据中心等系统资源的虚拟管理，以按需动态分配资源方式提高系统资源的利用率。通过集中计算资源与存储资源，形成统一的资源规划集中管理模式，以远程管理、远程监控等方式统一智慧城市硬件运营维护。打造开放共享的公共服务支撑平台，提高各个系统间的基础数据交换、优化分析服务能力，为各部门及第三方系统集成应用提供支撑，促进部门及行业间信息互联、互通、融合和共享。

（2）推动网络设施建设。在现有信息基础设施的条件基础上，加快网络的建设。通过光纤网络、无线网络以及物联网等方面的建设，实现通信网络覆盖面、网络整合程度以及网络传输速度的升级。

第一，加大以光纤网络为基础的宽带城域网络建设。在城市住宅小区，新小区和有条件的小区实现光纤到户；在旧小区，实现光纤到楼。实现宽带网络覆盖城镇地区。加大政府协调，推进广电网、电信网和互联网的三网融合，整合网络资源，面向广大家庭和各类机构提供综合集成的信息服务，拓展信息服务业务范围。

第二，建设无线城市。建设3G/4G移动通信网络，并实现与无线局域网的无缝连接。扩大主城区无线宽带网络覆盖范围，实现无线网络覆盖城市主要公共场所，构建多层次、广覆盖的大连市无线宽带网络。

第三，加强物联网的建设，建设大连市城区全覆盖的感知网络，并逐步

把感知网络扩展至下属城镇以及海岸线。利用摄像头、传感器、RFID 标签等传感设备设施构造"感知层"，对环境、医疗、交通等方面的感知对象的信息进行感知，从而全面及时地采集所需的信息。进而，多种感知设备相互连接，对网络中感知节点所采集的信息进行扩展，从而形成一个无所不在的局域信息传播网络，即感知网络。这些传感设备与感知网络共同构成智慧城市"神经系统"的"神经末梢"，是培养城市智能感知能力的基础。

要在前面讨论的前端感知网络建设的基础上建设城市的物联网架构，从而使城市的信息基础设施构建于"互联网—物联网—电信网—广电网"融合的网络架构之上。与互联网建设相比，当前物联网建设的起点相对较低，需要结合具体的应用带动。对此，在物联网建设上，可以考虑从智慧交通、智慧制造、智慧旅游等方面具体的应用示范项目出发加以推进。

4. 加强信息资源整合，促进业务协同推进

（1）统一政务云建设。根据大连市政府信息化建设与运行需求，建设全市统一的政务云计算中心，统筹规划大连市电子政务基础设施建设，建成统一、完善的大连电子政务网络平台，实现大连市电子政务的大集中，提升电子政务网络的安全级别，提升政务信息资源开发利用水平，并逐步完善电子政务标准化体系建设。

（2）信息资源共享与交换体系建设。首先要提升政府部门对信息资源共享的认识，建立奖惩机制，调动部门参与信息资源交换共享的积极性，其次是建立大连市统一的共享交换平台，进一步完善信息资源目录，以空间地理信息资源库、人口信息资源库和法人信息资源库为重点，建设由大连市统一的基础信息库和市、区两级业务信息库构成的基础信息资源库体系。

5. 实施智慧民生与智慧社会管理，构建高效和谐社会

（1）智慧交通建设。建立大连市公共交通信息交换平台：通过平台，实现各公交公司、BRT、轻轨、地铁、出租车、停车场、公共自行车等运营公司的实时信息交换，需要交换的信息主要有各自的调度信息、车辆位置信息、客流信息、路况信息等内容。在信息交换基础上，各运营公司优化自身调度系统，实现公共交通工具智能接驳。健全交通诱导信息服务体系：建立路况感知分析系统和服务平台建设，通过交通诱导信息牌、公交车载设备、手机、个人 PC 等多种方式提供路况信息，不断完善智慧交通便民服务功能。

（2）智慧卫生建设。依托市政务数据共享交换平台，建立卫生数据共享交换体系，支撑大连市卫生机构数据交换与共享，进而建立市电子病历和健康档案库，以中山医院为试点，建立社区健康档案采集与医院电子病历的动

态关联关系，盘活健康档案。

（3）推进智慧社区建设。区内全部实现光纤到户、高清数字电视网络接入、家庭宽带接入能力达到100兆，无线网络覆盖全部公共区域。安装便民缴费终端、电子信息显示屏、环境监控视频系统、可视对讲、安保监控、门禁等安全技防设备。开展车辆智能化管理，包括智能车辆出入管理、车位信息动态感知、车位引导等。利用短信平台和信息显示屏等手段，主动提醒居民极端天气预警、应急避难场所、民防设施地理位置等方面信息。

（4）智慧城管建设。建设基于大连市统一建设和运营的GIS平台，建立健全规划、建设、管理、执法、辅助决策分析等信息系统。据大连市全域城市化的统一部署，将智慧城管与应急指挥、安监安防、交通监控、联合执法、城乡综合治理、便民服务、电子政务和社会管理等业务集成到智慧城管综合业务管理平台中，实现各业务的资源信息共享和业务间联合联动，形成城市社会高效的综合调配管理能力。

6. 充分发挥市场机制，灵活把握运营模式

为调动各方面的资金积极参与大连智慧化建设，大连市要建立健全多元投融资机制。探索建立市、区两级政府分级投入机制，争取国家和省对大连市试点示范项目的资金扶持，积极利用大连重大科技成果转化和产业项目统筹资金，积极采用建设-运营-转移（BOT）等投资建设模式，鼓励社会资本参与投资建设与运营，并获得合理回报。具体包括：

（1）政府自建自营模式。主要应用于对国家安全、公共安全具有重大意义的项目以及领域狭窄、不具备市场化价值的项目，如建立智慧城市安全与应急物联网、通信网络和应急联络调度和应用系统建设等项目。

（2）服务外包模式。主要应用于平台建设和运维、系统建设和运维、业务需求分析和方案设计、基础设施租用、项目监理等方面。

（3）建设转移模式。主要应用在大型基础设施建设中，包括城市轨道交通、水利电力等领域，在智慧交通传感网、节能减排管理优化系统和智慧湖泊系统等项目。

（4）商业建设模式。主要用于公共服务设施建设，如教育或民用建筑物、医院能源管理或公路照明、公路和医院用楼等方面；智慧社区构建中的智能物业体系、智能家居体系和生活性服务体系等项目中也可采用商业建设运营模式；智慧物流构建中的信息采集与汇聚基础设备的建设和物流企业智慧应用系统的建立也多数采用商业建设运营模式。

（5）特许经营模式。主要应用于供水、供气、污水处理、绿化、垃圾处

理、公路、桥梁、隧道、轨道交通和其他公共交通、电力、港口、机场等政府投资建设和提供的公用设施和公共服务设施项目，如智慧旅游构建中的电子门票系统和旅游—卡通系统等。

7. 结合智慧城市建设，引领智慧经济与产业发展

（1）大力发展信息技术产业。大力发展信息技术产业，建设成全球软件和服务外包新领军城市的核心功能区、生态环境一流的创新型科技新城区。依托英特尔项目，重点发展 12 英寸和 8 英寸芯片制造、芯片封装测试产业，鼓励集成电路设备、材料、设计产业发展。加快软件产业园建设，鼓励企业围绕工业软件、嵌入式软件和行业应用软件开展自主创新，推动信息技术应用，支持企业面向金融、物流、医疗、企业管理、公共事业等领域开展信息技术服务外包和业务流程服务外包，打造千亿元规模的产业集群。大力推进信息服务业，依托智慧城市建设信息技术需求，提升物联网、云计算等新兴技术方面的研发与应用集成能力。

（2）打造"智慧工业"产业体系。立足于大连市良好的制造业基础，深化现代信息和网络技术在传统产业和重点产业中的应用，促进其现代研发、先进制造、营销体系的发展，加快形成一批智慧型的先进制造企业。在机械装备制造、船舶工业、石化产业、电子信息产品等重点制造行业的设计和制造过程中，积极推广运用信息化辅助设计系统和信息化辅助制造系统，实现生产过程控制的数字化、自动化，提高产品设计制造水平，重点推进石化、现代装备制造、电子信息、船舶与海洋工程、软件与服务外包、汽车及零部件、农产品深加工、新能源及装备等支柱产业信息化进程。大力推进新能源、先进装备制造、海洋工程装备与高技术船舶、新能源汽车、软件与服务外包、半导体与集成电路、新一代信息技术、新材料、生物医药和节能环保等战略性新兴产业信息化进程。

（3）打造"智慧服务业"产业体系。

一是加快推进港口智慧航运建设。将现代信息技术引入并深入应用到大连港口航运的各个环节，特别是依托卫星通信网络技术、物联网技术和港口自动化技术，构建基于空地一体化网络技术的广域船舶动态调度与监管系统，建设多模式车船一体网，形成智能绿色无人化集装箱码头。以口岸大通关公共平台为基础，以数据共享和联网交换为手段，充分利用现有网络资源和信息资源，实现口岸业务无缝对接与融合，大力简化通关手续，提高通关效率。

二是加快推进智慧物流建设。加快物流信息平台、供应链管理系统和

RFID 技术等应用，通过智能仓储系统和交通系统，帮助物流企业科学决策，提高运作效率，提升物流服务水平。按照第三方物流与第四方物流相结合的思路，整合现有专业化物流平台功能，加快建设完善大连物流综合信息服务平台，构建与东北亚地区主要城市物流信息平台系统互联、信息共享的核心物流网络体系。支持各物流园区、物流中心及重点行业的专业化信息平台建设，实现与公共物流信息平台的链接。

三是加快建设特色金融功能区。突出抓好高新园区金融服务外包基地建设，重点吸引国内外金融机构后台服务中心、数据处理中心、金融软件外包企业进驻，形成特色金融功能区。推进大东沟金融后台服务基地建设，依托生态科技创新城，打造金融后台和服务外包产业的承接载体。

（潘成胜）

第四节　农业现代化路径的科学选择

一、我国农业现代化目标选择背景及意义

（一）我国农业现代化目标选择背景

农业是古老的产业，也是现代产业，更是伟大的产业。民以食为天，国以民为本；食足则民安，民富则国强。在过去的 6000 年里，人类文明的世界前沿从农业社会、工业社会过渡到知识社会，农业是人类文明和国家发展的重要基石，农业现代化是世界现代化的重要基础。

21 世纪世界人口预计将从 61 亿增加到 100 亿，粮食需求总量将从 21 亿吨增加到 50 亿吨，肉食需求总量将从 2.3 亿吨增加到 12 亿吨。与此同时，世界人均农业用地和人均耕地面积在减少，世界农业面临着新的挑战。

中国是世界农业发源地之一，在农业文明时代，中国创造了辉煌的历史，对人类农业文明作出了重要的贡献。19 世纪以来，中国一直是世界上最大的农业国家，中国农业现代化的进程不仅影响中国，也会影响世界。20 世纪 80 年代以来，中国波澜壮阔的改革历程，是率先在农村起步并取得突破的，中国农业现代化发展取得了举世瞩目的成就。但由于中国农业现代化是后发追赶型农业现代化，受历史发展、资源约束、政策起伏和不平衡性等诸多因素的影响，农业现代化相对滞后于中国国家现代化，农业现代化指数低于国家现代化指数。中国农业劳动生产率比中国工业劳动生产率低约 10 倍，

中国农业现代化水平比中国国家现代化水平低约 10%；中国第一次农业现代化指数 76，第二次农业现代化指数 35，仅为发达国家的三分之一（中国农业经济水平比美国落后约 100 年）。农业现代化已经成为中国现代化的一块短板，农业水平亟待提高。中国农业面临新的挑战。

根据邓小平同志"三步走"的发展战略，中国将在 21 世纪中叶基本实现现代化。中国科学院中国现代化研究中心的《中国现代化报告》预计，中国有可能在 21 世纪末全面实现现代化。在过去 300 年里，世界上大约有 20 多个国家、10 亿人实现了现代化。在 21 世纪 100 年里，中国预计有 14 亿人要实现现代化，中国现代化的挑战也是史无前例的。

实现现代化不仅是中国几代人的追求和梦想，也是中国两个世纪的国家目标。一个现代化的国家，一定有现代化农业，没有农业的现代化，就没有国家的现代化。对于中国这样一个曾经以农耕文明立于世界的文明古国来讲，农业现代化不仅是国家现代化的重要内涵，也决定其成败。研究农业现代化规律，探索中国复兴的科学基础和合理路径，既是国家各级政府的历史责任，也是实现国家现代化的战略需要。

（二）我国提出农业现代化历史节点

实现农业现代化是我国政府追求的重要战略目标。新中国成立以来，我国政府在重要的历史节点先后四次提出发展农业现代化战略目标。

（1）20 世纪 50 年代，提出实现农业现代化设想。我国农村经过土地改革，实现了耕者有其田，农民真正成为土地的主人。土地产权的明晰极大地调动了农民生产的积极性，使农业生产迅速得到恢复和发展。1954 年 9 月，周恩来同志在《政府工作报告》中提出了建设现代化农业的构想；1955 年，毛泽东同志提出了实现这一构想"两步走"的战略步骤，即第一步实现农业集体化，第二步实现农业机械化和电气化。这一阶段主要是从改进生产手段和生产条件出发，促进现代化农业发展。

（2）20 世纪 60 ～ 70 年代，明确提出实现农业现代化目标。我国国民经济经过第一次调整，在"调整、巩固、充实、提高"八字方针指导下，强调农业基础作用，提出以农业为基础，按农轻重为序安排国民经济计划；1962年党的八届十中全会明确提出实现农业现代化的目标，并指出经过 20 ～ 25年的努力，基本上实现中国农业现代化；1964 年周恩来同志在《政府工作报告》中进一步提出："要实现农业现代化、工业现代化、国防现代化和科学技术现代化"，把农业现代化作为"四化"建设的内容之一，并以农业机械化、电气化、水利化和化肥化来概括农业现代化的内涵。

（3）20世纪70年代末至90年代，我国农业现代化建设进入全面发展的新时期。1979年，《中共中央关于加快农业发展若干问题的决定》对实现农业现代化做出了全面部署，提出："全国实现农业现代化，彻底改变农村面貌，这是我国历史上一场空前的大革命"，同时，对农业现代化内涵作了扩充，增加了农业布局区域化、专业化、社会化、农工商一体化经营、农畜产品加工及小城镇建设等内容；党的十四大提出建立社会主义市场经济体制，随着市场经济体制的不断完善，农业现代化被赋予农产品商品化、生产要素市场化、农业产业化、城乡一体化等丰富的涵义，为农业现代化的建设与发展提供了新的契机，从而加快了农业现代化发展的步伐。

（4）2001年以来，走中国特色农业现代化道路时期。中央连续十年发布一号文件，把农业现代化发展提到举足轻重的战略高度。党的十六届五中全会做出建设社会主义新农村，推进农业现代化进程的部署；2007年中央1号文件提出了发展现代农业"要用现代物质条件装备农业，用现代科学技术改造农业，用现代产业体系提升农业，用现代经营形式推进农业，用现代发展理念引领农业，用培养新型农民发展农业"；2007年党的十七大报告提出："要加强农业基础地位，走中国特色农业现代化道路"；十七届三中全会又以新的观念和思路破解农村发展难题，提出发展现代农业，必须加快转变农业发展方式，建立新型农业社会化服务体系；2011年党的十七届五中全会通过了《中共中央关于制定国民经济和社会发展第十二个五年规划的建议》，明确提出"在工业化、城镇化深入发展中同步推进农业现代化"的重大任务；2012年党的十八大报告进一步指出，要"促进工业化、信息化、城镇化、农业现代化同步发展"，深化了农业现代化基础地位的重要理念，进一步昭示了农业现代化是一个复杂的社会系统工程，是整个国家现代化建设不可或缺的重要一环，"四化同步"是不可违背的客观规律，是推进现代化建设必须遵循的普遍准则。

新中国成立60多年来，我国农业现代化探索历程虽然起伏波折，但思想演进的脉络却日臻清晰与完善，我国政府在重要的历史关键时点上，能够把握和提出善政养民方略，强调农业现代化的基础作用，不仅保证了国家现代化发展，更助推了农业现代化的进程。

（三）我国推进农业现代化进程深远意义

21世纪是世界城市化的世纪，也是我国城市化发生根本性变化的一个重要世纪。中国广袤大地将出现星罗棋布的大、中、小城市，亿万农民将告别农村成为新市民；经济发达地区还将崛起一批世界级大城市来支撑中华民族的复兴。农业与城市的经济、社会、文化和自然生态资源紧密相关，它的功能需要随着城市整体功能的拓展而提升。

从世界经验看，已经完成现代化建设的国家，在工业化和城镇化推进过程中都有一个怎么实现农业现代化的问题，我们国家也有一个如何在"四化同步"中加快实现农业现代化的问题。农业现代化是国民经济的基础。实现"四化同步"有其内在联系，四者之间相辅相成。工业化、信息化、城镇化和农业现代化是我国社会主义现代化建设的重要组成部分。工业化、信息化和城镇化需要农业现代化提供物质和人力资源以及广阔的市场，农业现代化需要工业化、信息化和城镇化的支持、辐射和带动。必须以新型工业化、信息化带动和提升农业现代化，以城镇化带动和推进新农村建设，以农业现代化夯实城乡发展一体化基础。加快推进农业现代化是实现"四化同步"的重大任务。因为实现现代化建设大业，最艰巨、最繁重的任务在农业。农业现代化是一项复杂的系统工程，没有捷径可走。只有着眼于国民经济社会发展全局，加快推进农业现代化，发挥工业化、信息化和城镇化对农业现代化的支持和带动作用，才能从根本上解决"三农"问题，促进城乡经济社会一体化发展。

从我国现代农业发展进程看，已经具备了全面推进农业现代化的基础和条件。一是改革开放以来，我国农业发展取得了长足进步，粮食连续九年增产，农业科技贡献率、综合机械化水平分别达到 53.5% 和 54.5%，农业的物质技术装备条件显著改善；二是我们已经初步构建了强农惠农富农的政策体系，我们的经营体制机制也在不断完善，新型的农业经营主体不断发展壮大；三是我国农业现代化正在经历从传统到现代最具深远意义的历史变迁。农业份额下降到现代化转折点（2009 年第一产业占三次产业产值比例已降至10% 左右），农村劳动力从无限供给转向负增长，农村劳动力非农化已进入"刘易斯拐点"区间。随着农村劳动力供求关系的变化，农业投入也出现重大变化，农作物用工成本上升、单位用工量减少、机械投入大幅增加。农业要素投入的变化，带来农业土地生产率增长趋于平缓，农业劳动生产率显著提高。各项重要指标昭示出，中国农业正在经历以劳动密集投入为主提高土地生产率的传统农业类型向以机械投入为主提高农业劳动生产率的现代农业转型。加快农业现代化发展恰逢其时。

从"四化同步"推进要求看，必须加快农业现代化进程，补齐"四化同步"短板。我国农业科技贡献率与发达国家相比，还相差约20个百分点，农业生产人畜力比例仍接近50%，农业发展依赖水土资源消耗、靠天吃饭的局面仍没有根本改变，农业现代化仍然是国家现代化建设的短腿，需要加快农业现代化与工业化、城镇化和信息化协调发展，打牢国民经济发展的基础。

实现农业现代化，构建城乡经济社会发展一体化新格局，是迫切的历史任务和艰巨的现实课题。农业现代化有利于整合城市的工业、技术、信息和科技资源，实现工业化、城市化、信息化、农业现代化同步发展；有利于实现传统农业向现代农业的转变，优化农业产业结构，实现农业规模化、产业化、集约化发展，提高农业经济效益，改善城乡就业环境，增加农民收入；有利于推进城市化进程，在城市的空间拓展中，创造优美清洁的绿色生态环境，实现资源环境和经济社会的可持续发展。

"十二五"是大连在沿海经济发展战略中率先基本实现现代化的关键时期，是深化改革开放、加快转变经济发展方式的攻坚时期，是大连秉持现代都市农业定位、进一步丰富内涵，并在实践中加快发展现代农业的重要机遇期。农业现代化，既是转变经济发展方式、全面建设小康社会的重要内容，也是大连市建设以人为本、城乡融合的国际化生态城市的必然要求。对于激发农业发展新活力，提高农业经营效益，增加农民财富积累，推动全域统筹、城乡一体化发展，促进大连经济与社会实现包容性增长和发展，富民强市构建和谐社会具有深远的历史意义和现实意义。

二、农业现代化基本概念、内容和特点

（一）农业现代化基本概念

农业现代化在"现代化科学"里属于部门现代化，主要理论涵盖：经典农业现代化理论、两次农业现代化理论和广义农业现代化理论。

关于农业现代化的概念，西方以美国经济学家舒尔茨为代表的经典农业现代化理论认为：农业现代化就是利用现代生产要素改造传统农业，提高农业劳动生产率。农业可以分为传统型、现代型、过渡型三类，农业现代化是从传统型农业向现代型农业的转变过程及其深刻变化，它包括农业的机械化、电气化、水利化、化学化、良种化、集约化、标准化、科学化、社会化、专业化、商业化和市场化等。

中国学者浙江大学黄祖辉教授认为：农业现代化是通过科学技术的渗透、工业部门的介入、现代要素的投入、市场机制的引入和服务体系的建

立，用现代工业装备农业、现代科技改造农业、现代管理方法管理农业、健全的社会化服务体系服务农业，使农业在形态上成为世界先进水平的现代农业。

中国科学院中国现代化研究中心何传启教授的广义农业现代化理论认为：农业现代化是现代农业的世界前沿，以及达到和保持世界前沿的行为和过程。农业现代化的标准：必须有利于农业生产力的解放和提高，有利于农民生活质量提高和农民全面发展，有利于农业生态平衡和国家食品安全。（何传启《中国现代化报告2012——农业现代化研究》："农业现代化是18世纪以来现代农业的一种前沿变化和国际竞争。农业现代化犹如一场国际马拉松比赛，跑在前面的国家成为农业的发达国家，跑在后面的国家成为农业的发展中国家，两类国家之间可以转换；农业现代化是18世纪以来现代农业的一种前沿变化，包括现代农业的形成、发展、转型和国际互动，以及农业要素的创新、选择、传播和退出等。"）

对农业现代化内涵的理解，目前国内较为一致的看法是，农业现代化是指传统农业向现代农业转变的过程，其内涵随着技术进步、社会经济发展而变化。

早期，人们把农业现代化理解为工业要素投入农业的过程，具体体现为农业的水利化、机械化、良种化、化学化、电气化等。这是一种追求农业物质装备和生产手段现代化的观点。

进入20世纪以后，西方国家基本实现了农业生产的机械化，并逐渐向生物化学技术农业和高能耗农业方向发展；而多数发展中国家还没有解决传统农业转变和粮食生产持续增长的问题，与发达国家农业生产率水平的差距逐渐扩大。对此理论界认为农业现代化不仅仅是物质装备和生产手段的现代化，还应包括技术变革和制度变革。舒尔茨于1964年指出，在传统农业体系中通过资源的重新配置是不可能显著提高生产率的，对农业生产和生产率的增长，土地是最不重要的，物质资本是相当重要的，而农民的能力是最重要的，因此，要转变传统农业，只有通过技术变革，采用新的现代生产要素，如种子、机械等，尤其要对农民的教育和培训进行投资。1971年，弗农·拉坦认为，非农部门的发展是推动传统农业部门转变的关键。非农部门不仅能从农业中吸收劳动，并且能为农业提供现代农业技术来替代劳动和土地。理论界关于培养新型农民和由农业外部推动传统农业转变的观点，丰富了农业现代化的内涵。随着市场化和工业化的发展，各国农业现代化制度内容逐渐扩展到政府支持、社会服务体系、农民组织化等。

在农业现代化进程中，由于工业要素大量投入农业生产，结果形成了高度依赖石油能源的农业模式。虽然带来了高产出和高效益，也带来了高投入、高污染、水资源和土壤条件劣化等问题。20世纪80年代以后，学界对农业现代化形成新的共识，认为农业现代化应当追求生态环境效益、资源可持续利用的有机农业、生态农业。随着经济全球化和城市化的发展，各国农业现代化的内容逐渐扩展到农产品流通、国际竞争力、农业支持保护、农村综合发展、农民收入及教育培训等。

（二）农业现代化主要内容

农业现代化是一个长期的历史过程，而且不同国家的农业现代化是不同步的。在18~21世纪期间，世界农业现代化的前沿轨迹可以分为第一次和第二次农业现代化两大阶段，其每一阶段又分别包括起步、发展、成熟和过渡四个小阶段（图8-9）。

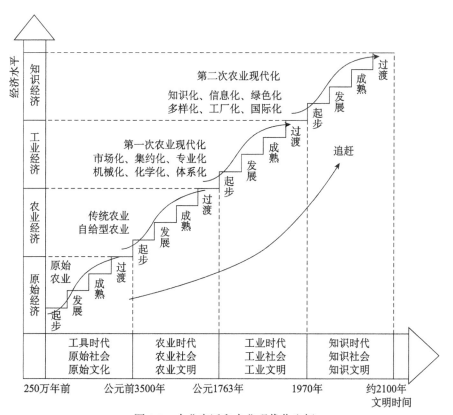

图 8-9　农业变迁和农业现代化坐标

根据技术特点，农业现代化过程包括两大阶段和六次浪潮（表8-4）。

表8-4　世界农业现代化的两大阶段和六次浪潮

浪潮	大致时间	六次浪潮的内容	两大阶段
第一次	1763～1870	商品化、市场化、机械化、科学化、组织化	第一次农业现代化
第二次	1870～1945	化学化、水利化、电气化、专业化、工业化	市场化、机械化、化学化、
第三次	1946～1970	集约化、体系化、良种化、标准化、自动化	工业化、农业比例下降
第四次	1970～2020	生态化、信息化、知识化、国际化、多样化	第二次农业现代化
第五次	2020～2050	精准化、智能化、优质化、工程化、多样化	知识化、信息化、生态化、
第六次	2050～2100	工厂化、订单化、自然化、多样化	多样化、工厂化、国际化

注：六次浪潮的划分和内容是相对的，有些内容在几次浪潮中都出现，但重点可能有所不同。第五次和第六次浪潮是一种预测，浪潮的内容将受到未来科技和人口数量的影响。

第一次农业现代化是从传统农业向初级现代农业、从自给型农业向市场化农业的转型，它包括从手工农业向机械化农业、自然农业向化学农业、分散性农业向集约化农业、个体农业向工业化农业、家庭农业向社会化农业、生存农业向专业化农业、季节性农业向人工性农业、小农经济向商品经济、农业税收向农业补贴、乡土文化向市场文化转型等；还包括农业劳动生产率、土地生产率和农民生活水平提高，农业劳动力比例和农业增加值比例下降等。

第二次农业现代化是从初级现代农业向高级现代农业、从市场化农业向知识型农业的转型，它包括从效率农业向生态农业、化学农业向有机农业、机械化农业向信息化农业、露天农业向工厂化农业、供方农业向订单农业、标准农业向精准农业、高投入农业向节约型农业、全国性农业向国际化农业、专业化农业向多样化农业的转型等；还包括农业综合效益、农产品品质、国际竞争力和农民生活质量提高，农业劳动力比例和农业增加值比例继续下降等。

如果说，第一次农业现代化是初级农业现代化，是从传统农业向初级现代农业转变；那么，第二次农业现代化是高级农业现代化，是从初级现代农业向高级现代农业的转变；两次农业现代化的协调发展是综合农业现代化。22世纪农业现代化还会有新变化。

农业现代化过程的整体特点包括：部分可预期、资源依赖、不均衡性、不同步性、阶段性、多样性、系统性、复杂性、长期性、进步性、全球性、风险性、政府作用、农业效率分化、农业比例趋同和具有副作用等

（表 8-5 ）。

表 8-5　农业现代化过程的 16 个特点

编号	特点	现象举例或说明
1	部分可预期	世界农业前沿的变迁是有规律的，是可以部分预期的
2	资源依赖	农业现代化的路径选择与农业资源禀赋紧密相关
3	不均衡性	农业现代化的空间分布、时间分布等是不均衡的
4	不同步性	不同国家和不同领域的农业现代化是不同步的
5	阶段性	农业现代化是有阶段的过程，18～21 世纪农业现代化可以分为两大阶段
6	多样性	农业现代化的路径、模式和政策具有多样性
7	系统性	农业现代化是一个系统过程，包括农业生产、农业经济和农业要素变化
8	复杂性	农业现代化是一个复杂过程，包括农业行为、结构、制度和观念变化
9	长期性	农业现代化是一个长期过程，至少持续 400 年
10	进步性	农业现代化是一个进步过程，农业生产率和农民收入不断提高
11	全球性	农业现代化是全球的过程
12	风险性	农业现代化是有风险的，包括自然、社会和经济风险等
13	政府作用	政府在农业现代化过程中发挥了不可替代的重要作用
14	农业效率分化	农业效率的国际差距扩大，国际贫富分化
15	农业比例趋同	农业比例的国际趋同，农业比例下降
16	副作用	不同阶段的副作用有所差别，如水土流失、土地退化、环境污染、食品风险等

注：本表是许多学者的理论研究和实证研究的观点和结果的汇编。

（1）农业现代化是相对可以预期的。在一般情况下，20 世纪世界农业变化是相对连续的和有规律可循的，大约 67% 的农业指标与国家经济水平显著相关。

（2）农业现代化是一个长期的过程。在过去的 300 年里，农业现代化包括从生存农业向市场化农业、从市场化农业向知识型农业的转变，其中，第二个转变尚没有完成。

（3）农业现代化是一个复杂的过程。农业现代化不仅包括农业效率的提高，也包括农业结构、农业制度和农业观念的变化。其中，农业生产模式、农业结构、农业制度和农业形态的转变和更替，是农业现代化的关键。

（4）农业现代化是一个不平衡的过程。在过去 300 年里，农业现代化是不同步的，如农业效率增长、农业结构变化、农业制度和观念变化和农业形态转变的不同步等，农业现代化成就的空间分布不均衡。

（5）农业现代化是一个动态的过程。农业现代化不仅内涵是变化的，而且不同国家的表现也是变化的。农业现代化是一场国际竞争，既然是竞争就会有输赢。输家和赢家不是一成不变的，而是有一定的转移概率。所以，世界农业中心是可变的，世界农业前沿是变化的，国际农业差距是变化的，国家农业地位是可变的。

（6）农业现代化是一个可逆的过程，可以出现停滞中断或倒退现象等。整个世界的农业现代化进程是连续的和不可逆的，但是，某个国家和地区的农业现代化进程就有多种表现形式，它可以是连续的，也可以是不连续的；可以出现停滞或中断，也可以出现暂时的倒退，甚至长期的倒退。

（7）农业现代化是一个全球的过程。在过去 300 年里，所有发达国家都是参与国际竞争的国家，农业现代化波及全球的绝大多数国家和地区。在未来 100 年里，发达国家将全面参与农业国际化，其他国家或者参与农业国际化，或者受到国际化的影响。

（8）农业现代化是一个国际差距扩大的过程。在过去 30 多年里（1970～2008 年），高收入国家和低收入国家平均的农业劳动生产率的相对差距从 26 倍扩大到 92 倍，绝对差距从约 7000 美元扩大到 25 000 多美元。可以预计，21 世纪农业效率的国际差距还会扩大。

（9）农业现代化是一个进步的过程。过去 300 年的农业现代化过程，既是农业劳动生产率提高的过程，也是资源使用效率提高的过程，同时是农民福利和农业公平增加的过程。在未来 100 年里，没有理由怀疑这种趋势会中断或逆转。所以，农业现代化是进步的，尽管在进步的过程中会发生种种问题，甚至是灾难性的问题。

（10）农业现代化是一个充满风险的过程。农业现代化不是免费的，需要付出成本和代价。在农业现代化过程中，随着产业转型和技术更替，老的技术和旧的产业将失去其原有的农业价值和地位，有些行业和人群将受到损失。在某些方面，科学和技术是一柄双刃剑，技术风险始终存在，而且有扩大的可能。农业现代化过程要求风险控制和危机管理。

（11）政府在农业现代化过程中有不可替代的作用。农业现代化过程是从农业税收向农业补贴的转变过程。如果没有政府的农业支持，农业现代化是难以实现的。

（12）科技和教育在农业现代化过程中有不可替代的作用。农业科技进步和农业科技知识普及，是农业现代化的两个重要基础。

农业现代化过程分阶段的特点在一、二次农业现代化的两大阶段各有所不同（表8-6）。

表8-6 广义农业现代化的两个阶段

项目	第一次农业现代化	第二次农业现代化
时间 内容	约1763～1970年 从自给型农业向市场化农业转变	约1970～2100年 从市场化农业向知识型农业转变
技术 生产 经济 制度 观念 农民 动力 目标	机械化、化学化、电气化、自动化等 专业化、标准化、科学化、规模化生产 市场化、商业化、工业化、农业比例下降 农业合作社、农技推广体系、政策扶持等 效率、产量、收入、技术等 提高识字率、普及初等教育 技术、制度、资本、人口、工业化等 农产品供需平衡，提高农业效率等	知识化、信息化、智能化、绿色化、生物技术等 精准化、绿色化、工厂化、订单化生产 知识化、生态化、国际化、高效益、高竞争力 环境保护制度、农业补贴、低关税等 效益、质量、创新、环境意识等 提高竞争力、普及高等教育 知识、信息、创新、生态意识、国际竞争等 提高农业效益和国际竞争力，保证食品安全等
现代性	第一农业现代性：初级现代农业、市场化农业、机械化农业、高效率农业等	第二农业现代性：高级现代农业、知识型农业、生态农业、有机农业、信息化农业、高效益农业等
副作用	农业环境污染、水土流失等	农业贸易冲突、食品风险等

（三）农业现代化主要特征

从各国各地区农业现代化的普遍结果看，农业现代化的特征主要有以下几点：

（1）现代生产技术和农业装备水平明显提高，劳动生产率、土地生产率和资源利用率大幅提高。

（2）形成了完备的农业组织、农业社会化服务体系和支持保护政策等。

（3）专业化和商品化生产水平高，大农场形成农工商综合体，农产品自给能力、国际竞争力强。

（4）农业生产经营者和劳动者文化水平、农业科技知识水平提高，掌握了现代化的物质生产手段和生产管理方法。

（5）追求食品质量安全、生态平衡、环境保护、资源可持续利用和促进农村综合发展。

（四）农业现代化标准

1. 英格尔斯现代化指标

美国社会学家英格尔斯提出的11项现代化标准，是国际上比较有代表性的现代化标准，也是衡量农业现代化的重要参考指标。

（1）人均国民收入3000美元。

（2）农业占国内生产总值的 12%～15%。

（3）服务业占国内生产总值的 45%。

（4）农业劳动力占总劳动力比例的 30% 以下。

（5）识字人口 80% 以上。

（6）受高等教育人口 10%～50%。

（7）每名医生服务人数 1000 人以下。

（8）平均预期寿命 70 岁以上。

（9）婴儿死亡率 3% 以下。

（10）城市人口比例 50% 以上。

（11）人口自然增长率 1% 以下。

由于发达国家都基本符合这些指标，而发展中国家还达不到多数指标要求，因此，人们用英格尔斯指标衡量现代化发展水平。

2. 我国农业现代化标准

（1）农业经济结构现代化。尊重自然规律和市场规律，建立充分发挥各地资源、区位、经济、人文等综合优势的农业区域结构，形成具有市场竞争力和经济规模的农业支柱产业、品牌产品和特色农业产业带。

（2）农业基础设施现代化。全面整治和加强农业基础设施，建立适合当地实际、设施配套、功能齐全的机电排灌设施和农田水利工程体系，营造有效保持水土的绿化屏障，大大增强抗御旱、涝、风、冻等自然灾害的能力，形成稳产、高产的农田和自然环境保障体系。

（3）农业生产手段现代化。应把人力、畜力为主要动力的生产手段改变为现代化的手段，使农业生产主要环节普遍实现机械化，以提高劳动生产率，建立起发达的农用工业保障体系，使化肥、农药、农膜朝着高效、低毒、低污染的方向发展，并能满足农业生产的要求。

（4）农业科学技术现代化。让科技进步成为农业生产发展的主要推动力，并具有不断吸纳应用先进科学技术的新机制，使科学技术在农业生产领域得到广泛应用，农业科研、教育、推广网络齐全，形成多层次、覆盖整个农村的农科教网络体系。

（5）农业经营产业化。农产品生产、加工、流通诸环节实现有机结合，形成较为完整的产业链，以企业化经营为特征的专业大户、集体农场、联合体和贸工农一体化组织，成为农业生产的主体，在农产品加工、流通领域发挥主导作用，农业支柱产业和骨干农产品基本形成种养加、产供销、贸工农一体化的经营格局，农业生产者成为相对独立的商品生产者，并形成一定的经营规模。

（6）农业服务社会化。农业生产经营形成较为发达的社会分工协作关系，各个环节都有社会化服务组织提供专门的服务，多种所有制、多种形式的农业服务组织构成高效的农业社会服务网络。

（7）农民素质的现代化。农业现代化归根到底是人的现代化。从个体的角度来看，农业现代化是农民素质的现代化，包括思想观念现代化和科学技术知识现代化。现代农业要求劳动者具有一定的专业知识，具有接受和应用现代农业技术的素质和技能，有较强的现代市场意识和管理才能，能熟练地使用农业先进机械和设备，提高劳动生产率，现代农民还要具备现代化的法律知识、道德修养等。

（8）农业资源环境现代化。资源环境现代化是农业现代化建设的重要内容，也是农业可持续发展的必然要求，在农业现代化进程中，必须用现代化的手段保护农业资源环境，要始终把环境保护摆在第一位，使农村及其社区环境变得整齐、洁净、美化、富裕和丰富多彩。

（五）21 世纪农业发展新趋势

21 世纪，农业将迈入知识化时代，这是农业现代化建设必须重视的问题。以生物技术和信息技术为主体的新农业科技革命，将形成强大的技术支撑体系，催生新的农业产业体系。农业将由动植物向微生物、由农田向草地森林、由陆地向海洋与空间发展；促进初级农业产品生产向食品、生物化工、医药等方向发展；单细胞蛋白、海洋农牧场、生物能源、农副产品综合利用和多层次开发等将成为新的生长点。随着生物技术和信息技术的突破性进展及其在农业领域的成功应用，世界农业正在向基因农业、精细农业、蓝色农业、白色农业、生态农业、持续农业、工厂化农业、超级农业、网上农业和太空农业方向发展，将呈现为功能多元化、高度智能化、生产经营信息化和国际化的发展趋势。

（1）基因农业：利用 DNA 重组技术、克隆技术等生物技术培育新的安全食物。例如，英国"多利羊"、荷兰"牛人奶"、美国"兰棉花"等，基因农业将使人类 1 万年的家畜（禽）饲养史和 6000 年的作物栽培史发生空前的革命。

（2）精细农业：以信息和先进技术为基础的现代农田"精耕细作"技术，如地理信息系统（GIS）、全球定位系统（GPS）、遥感技术、农业地理信息系统（AGIS）。例如，美英利用卫星导航接收机、激光测量装置、车载计算机和电视传感器设备完成施肥、除草、挤奶、收割和装运农产品等农活。精细农业是现代化农业的发展方向。

（3）白色农业：用微生物发酵工程技术生产微生物肥料、农药、农用酶制剂及微生物环境保护物质等。例如，如果利用每年世界石油总产量的 20% 进行微生物发酵生产，产生的单细胞可供 20 亿人吃 1 年。

（4）蓝色农业：利用海洋资源发展海洋捕捞、海洋养殖为重点的新型农业。例如，日本"海洋腾飞"计划，美国"海洋农牧场"计划。中国是第 9 大海洋国，有 37 万平方公里领海和 300 万平方公里可管辖海域，蕴藏着丰富的资源，开发海洋生物资源，发展蓝色农业是 21 世纪农业发展的重要特点。

（5）太空农业：利用太空特殊环境研究和培育农作物新品种的农业技术。例如，美国航天飞机上培育的治疗关节的大豆等。太空农业是新世纪新经济的增长点。

（6）网上农业：利用计算机网络开展农业信息技术服务的农业生产方式。这种农业生产性服务方式具有旺盛的生命力。例如，中国农业信息网站。信息网络化使农业生产经营突破地域限制走向国际化。

（7）工厂化农业：采用工业化设施设备、工艺流程、管理体制的生产方式。这种通过现代化工程技术与集约型农业技术的密切配合，实现人工控制栽培和饲养，从而取得高产、优质、无公害的新型农业经营形式正在普遍地被人们所重视。例如，日本、荷兰的工厂化农业。

（8）观光农业：是农业和旅游业巧妙结合、城市生活与农村生活相互交织的产物，体现了现代城乡生活的需要。观光农业形式多样，本质是充分发掘农业的环境功能，把农业从传统的为人们提供食物生产部门转向与环境、憩息、教育、文化相联系、多产业相结合、多学科相渗透的综合产业部门，并提高农民收入。

（9）安全农业：是指农业生产条件、农产品和农业生产环境的安全性。随着农业市场化程度提高和农业国际化发展，安全农业将成为 21 世纪农业国际竞争关键。

（10）生态农业：按照生态学和经济学原理，运用现代科学技术成果和现代管理手段，以及传统农业有效经验建立起来的，能获得较高经济效益、生态效益和社会效益的现代化农业。例如，农林牧复合模式、动植物共生为特征的立体模式、多层次循环再生模式等。

（11）可持续农业：保护资源和生态环境的无污染农业。例如，作物轮作制、病虫害综合管理技术等，把经济发展和环境保护统一起来。

三、国内外农业现代化运行模式启示

（一）发达国家农业现代化运行模式

由传统农业向现代农业转变，是世界农业发展的共同趋势。第二次世界大战后，发达国家的农业现代化水平显著提高，农业劳动生产率、土地生产率和商品率都达到了前所未有的水平。各国由于自然资源禀赋和经济社会基础不同，选择的农业现代化运行模式也不一样，大致可归纳为三种类型：一是"节约劳动型"，如美国、加拿大、澳大利亚、俄罗斯等国，人少地多，在农业现代化发展过程中，主要凭借现代化的工业基础，优先侧重发展农用机械工业，以机器代替人力，提高劳动生产率，通过扩大种植面积提高产量；二是"节约土地型"，如日本、荷兰、比利时、以色列、韩国等国，人多地少，主要依靠科学技术进步，通过先进的育种技术改良品种、发展农用化学工业和设施农业，用生物技术提高单位土地生产率和单产水平；三是"人地平衡型"，包括法国、德国、英国等西欧国家，在现代农业发展过程中，既注重发展农业机械化和化学化、提高劳动生产率，也重视发展生物技术、提高土地生产率。分析和研究发达国家农业现代化发展路径和模式，对推进我国农业现代化进程具有重要的借鉴参考价值。

1. 美国"节约劳动型"农业发展模式

美国是世界农业强国，美国农业劳动生产率居世界第一。美国农业人口仅占全国总人口的2%，2000年美国农业劳动力人均生产谷物105 435公斤（澳大利亚70 341公斤、法国64 974公斤、日本4330公斤、中国783公斤），生产肉类12 380公斤，是世界最高的。美国之所以有如此高的农业劳动生产率，主要得益于采用了适合本国资源禀赋条件的技术。美国是一个土地丰富而人口较少的国家，2001年其人口密度为30人/平方公里，仅高于蒙古、俄罗斯、加拿大、澳大利亚等几个国家，低于世界平均水平46人/平方公里。在发展现代农业的过程中，为了克服人少地多的约束，美国非常重视使用并改进节约劳动力的机械技术，美国的技术进步具有机械替代劳动资本型技术进步的显著特征。对美国农业成功经验进行归纳和总结，对当前我国农业现代发展会有重要启示。

（1）美国农业现代化的基础条件。美国自然资源丰裕：气候温润、雨量充沛、地域辽阔、土质肥沃；农业用地4.18亿公顷，耕地1.77亿公顷，人均0.64公顷，平原占国土面积的55%，有利于农业机械化耕作和规模经营。发展农业条件得天独厚。

美国农业现代化经历了农业机械革命、生物化学革命和管理革命三个阶段。由于人少地多，劳动力稀缺，美国农业的典型特点是利用机械开展大规模作业，从南北战争时期开始至 1940 年，美国农业已达到全面高度机械化程度，并推进了农业经营专业化和产品商品化；1960 年以后，城市化和工业化加速发展，带来了土地成本增加，美国农业开始采用生物和化学技术提高土地产出率；第二次世界大战后，美国用工业部门的管理方式推动农场的规模化经营，建立了覆盖全国的农业科技服务体系，形成了农、工、商一体化产业化经营模式。

美国农业发展的基本模式是"石油农业"，经营方式以家庭经营为主，并且规模呈扩大趋势；机械化和化学化是这一模式的主要特点。"石油农业"不仅使美国的农业实现了现代化，还为其他国家发展现代农业提供了可借鉴的模式，提高了世界农产品产量，养活了比原来预期多 10 亿以上的人口。

（2）美国农业现代化体系的构建。

①建立农业法规体系。美国的农业法规体系建设，有涵盖农产品价格支持、生产控制、农业信贷、土地保护、出口贸易等内容的综合法律和 30 多个单项农业法规，各州级还有全面的综合性农业法规。例如，得克萨斯州的《农业法典》有 7 部分、252 章，内容涵盖广泛。完备的法律体系为农业发展提供了有力保障。

②建立农业市场体系。美国的市场经济制度是农村市场经济主体在土地所有权和经营权等方面利益最大化的保证，美国的土地私有化是农业现代化的基础；美国农业产、供、销市场化（土地和劳力资源市场化、生产资料和农机具供应市场化、农产品销售市场化）为优质高效农业提供了根本保证；美国流畅的农产品信息网络便于农民了解市场的变化。

③建立农技推广体系。美国建立了以科研、教育为后盾的农业技术推广体系，为农业高新技术应用提供了可靠保证。美国于 1914 年制定的史密斯-利费合作推广法，规定由联邦农业部和各州大学合作，建立了农技推广和普及机构——州合作推广站，向农民提供培训和将农业科研成果和新技术迅速推广应用到农业生产领域。美国现有农技推广机构 3300 个，农技推广员 1.7 万名。美国借助科研推广体系推广应用高新技术发展优质、高效农业，为农民带来很大的经济效益。

④建立农产品协作体系。美国农产品协会是介于政府和企业之间行业组织。例如，蔬菜水果协会，会员包括生产者、加工商、批发商、零售商、进

出口商，有关流通的政策和建议都由协会与政府沟通，还组建批发市场，定期举办交易会、展示会，开展国际交流与合作，促进贸易与信息交流。协会目前已经发展到"农、工、商、产、学、研"有机结合的高级阶段，实现了农产品加工、销售、出口一体化，通过签订合同，使农业合作社成了契约化经营的主体（美国新奇士橙协会会员几乎占了美国加利福尼亚和亚利桑那两州农户的 60%～70%，协会对每周果树的成熟情况都由计算机统计，确保产量均匀分布在各个时期，而且协会的全球代表每天都将订单传到总部，总部再分发到 60 多家包装厂，由包装厂将订单按周向果农收购，从总部分订单到集装货柜仅需 3 天）。

⑤建立农业合作体系。美国有 4000 多个农业合作社，80% 以上农民是合作社成员，其主要功能是为农民提供产、供、销环节的服务。农业生产资料供应：农民通过合作社购买化肥占 45%、汽油占 43%、农用化学品占 28%、饲料占 20%、种子占 14%；农产品销售服务：农民通过合作社出售牛奶占 81%、棉花及种子占 36%、谷物和油料作物占 38%、水果和蔬菜占 18%、牲畜占 8%；产供销过程中向农民提供贷款发展水电、灌溉、电话通信，出租大型农用机械，提供市场信息和技术咨询等服务。

⑥建立高素质农业人才培养体系。美国通过举办农业领导人才培训班，培养大批高素质农业企业家，同时还注重培养青年农民。从 1928 年开始就在农村中学成立"未来农民协会"，普遍开设农业技术培训课程，鼓励学生从事农业实践活动，提高劳动力技能和管理领导能力。

⑦建立政府农业补贴与信贷支持体系。美国农业补贴和农业信贷举世闻名，约有 51% 的农场主通过信贷支持购置地产、从事农业生产，农民借款来源有商业银行、保险公司、农业信用系统，贷款利率低，能帮助农民尽快进入大农业领域。其中政府借款 1.5 万美元，年率仅 6%，政府赠款项目有 175 项，最多的 2.5 万美元，旨在鼓励农民从事可持续农业生产，保持在国际市场的强势竞争力。美国对小麦、棉花、大豆等重要农产品通过制定目标价格的方式实行农业补贴，遭遇自然灾害时除农业保险赔偿外，政府农产品减收项目价格补贴也能保护农民收入。

⑧建立农产品进出口保护体系。通过建立严格的食品安全准入制度保护本国农产品产业，同时大力提高美国农产品竞争力，扩大农产品出口。美国是世界最大农产品出口国，农产品出口额 535 亿美元，小麦出口占世界市场的 45%，大豆出口占 34%，玉米占 21% 以上；2005 年农产品出口占美国农业总销售比例的 25%。美国在补贴农业降低成本同时，又在 WTO 框架下，

迫使其他国家降低进口关税壁垒，并以严格食品检验限制进口的措施来达到其在国际市场占据首要地位的目的。

（3）美国农业现代化的特征

①农业生产呈现高度专业化趋势。美国农业生产布局专业化：南部、西南部是牧产品和蔬菜，中西部是小麦，西部和北部是牧业及奶制品，东北部是玉米，东南部是棉花、烟草等。并且单项品种也日趋专业性，例如，华盛顿州自然条件适宜苹果生长，其苹果产量占到全美苹果 50% 以上。美国农业生产性服务专业化，如蔬菜业服务体系基本上实现了全程专业化服务。美国农业专业化促进了农业规模化、集约化进程。1930 年美国农场数 630 万个，平均面积 63.5 公顷；1989 年美国农场数 200 万个，平均面积扩大到 184.5 公顷。这是农业专业化发展的必然结果。

②农业生产高度机械化。机械化是美国农业现代化的主要特征。美国在 1940 年基本实现农业机械化，1960 年农业全面实现机械化，农业劳动生产率比 19 世纪提高了 10 倍多。1988 年，每个农业劳动力平均负担耕地 60 多万公顷，一个农民生产的粮食可养活 100 人。

③农业社会化服务形成严密网络。除政府的服务外，与农业相关的企业也重视为农业和农民服务。在这个网络中，农业合作社是农业生产者重要的服务组织。其服务既不像私营公司那样以赢利为目的，也不像政府部门那样无偿服务，而是在商品交换原则下，以增加社员利润为基本宗旨，不仅向农户提供所需生产资料、技术、政策咨询及有关培训，而且提供信贷业务，深受农户欢迎。

④农业批发市场规模化。美国批发市场的最大特点是批发业务的规模化，批发商数量不多，但经营规模都很大。美国西部最大的洛杉矶蔬菜水果批发市场 25 家批发商经营 500 多种蔬菜水果，供应美国和世界消费者；经营活动几乎垄断了美国农产品流通市场。这种规模化使农民和加工厂商紧密相连，农民按批发商订购合同组织农产品生产，加工商按批发商要求对生产者提供产品加工，然后交由批发市场组织销售，从而实现了农产品生产、加工、销售的有机联系。

⑤农业信息服务系统完善。美国新闻媒体都是免费发布农业部的市场信息。现在提供农业信息服务的商业性系统已近 300 家。农业部信息体系完备，建立了全球电子信息网络来保证信息的来源。通过立法确保农产品市场信息标准化、工作规范化，组织严密科学。

⑥农业科技服务链完善。美国农业大量运用现代科技手段有效节省农业

成本。例如，地理信息系统、遥感测控系统、计算机技术应用等，杂交技术、转基因农业技术的应用，使美国获得巨大的利润。美国通过增加转基因粮食产量，以计算机网络通信、生物基因工程等先进技术手段为依托，建立快速、便捷的全球农产品与粮食流通网络，形成在全球农产品市场上的巨大的竞争力，实现了掌握21世纪世界农业与粮食生产流通主导权的战略意图。美国农业科研机构的服务也很周到。美国农业研究项目大部分是由政府资助的，其研究成果成为美国农业发展的支柱。美国各州都有农业大学，目的是教学、研究及推广服务一体化。每个县都有一名受大学雇佣的推广服务代理人员，负责教授农场主或农民最新的农业科研知识和成果，科研机构推广活动是美国农业迅速发展重要动力，也是美国区别于其他国家的主要特点。

⑦农业生产以家庭经营为基础。美国农业的基本经营单位是家庭农场。2005年，大约有200万个，平均经营面积为800公顷，最多的达8000公顷。农场又分独有、合作、公司农场三种形式。由于美国农业劳动生产率高，效益好，国内外许多有钱人都热衷于购买土地，交给专门中介组织经营，从中牟利。在买地者中，日本人居多。美国农场主经营的土地中，自有和租赁的面积差不多各占一半。

（4）美国农业现代化经验对大连市借鉴和启示

①要关注大连市与美国农业现代化建设起步的历史条件差异。美国农业现代化是在已完成工业化，经济高速发展的历史条件下推进的，大连市资源、人口、环境和工业基础约束力强，制约了农业现代化的进程，这是我们农业现代化模式选择中首先要考虑的市情。此外，大连市区域自然禀赋差异大，经济发展不平衡，生产力发展水平参差不齐，要求我们在农业现代化建设中，既要因地制宜又要循序渐进地探索农业现代化发展模式。

②要根据市情制定相应的农业保护政策。美国的农业保护政策包罗万象，但是，美国的三次产业结构与我们差异较大，农业所占比例相对较小，工业化水平远高于我们，大连市要用相同的财政补贴政策保护农业是做不到的；我们在提高对农业重视与投入的同时，要注意政府的承受能力和工农业协调发展；注重富余劳动力的就地转移，又要注意城市化过程中对农用地的保护政策的落实。在当前社会主义市场经济体制建立时期，由于市场机制尚不完善，农户面临的是不完全竞争和不均衡市场经营环境，需要对农业采取保护政策。我们的农业政策应在农业市场化程度上采取措施，以符合现代农业的要求，要保证农业的资金投入、保护农业生产力。

③农业现代化是制度与技术长期互动的演进过程，传统农业向现代农业转

变的必要条件是由技术创新引发的农业功能变化，但制度创新能快速推动技术发展，加速向现代农业的演进。技术采用受制于原有的社会经济结构。美国农业制度创新是自下而上推进的，美国地多人少，在寻求替代要素中，采用农业机械进行专业化农业经营。如果没有制度创新，新的技术便很难发挥作用。在我们推进农业现代化过程中，应该把制度创新与技术创新结合起来。

④积极寻求可持续发展的农业生产技术体系，决不走先污染再治理的道路。应重视农业持久稳定发展和环境资源保护相结合，保护人类生存环境和资源持久开发能力。提出大连市农业现代化发展的新理念和新模式，如替代农业、低投入农业、有机农业、环保农业等。

⑤农业科研体系要与市场结合，要有科研推广体系相配套。在信息发达的社会中，农业发展将更注重资源信息、技术信息、市场信息和政策信息的获取与反馈。尤其是中国已加入WTO，面对信息量急剧增加的世界经济体系，无论是农民还是政府、科研机构，都必须提高反馈信息并迅速决策的能力。在加强农业市场信息系统建设的同时，积极推进农民知识化，加强农民技术教育工作，大连市实施的"绿色证书工程"应肯定，要创造条件形成农机、科研、职教与农民一体化的现代农业推进力量。

2. 荷兰"节约土地型"农业发展模式

荷兰是世界农业现代化的典范，也是农业集约化经营模式的创始国。设施农业是荷兰最具特色的农业。荷兰农业科技在环境技术、能源技术、信息技术和生物工艺学等诸多方面世界领先，家庭农场普遍采用高新技术和现代化管理方式，主要农产品的单产水平都居世界第一。荷兰的人地关系、自然资源禀赋、口岸城市特点和大连有很多相通之处，研究荷兰农业现代化经验，我们不仅可以认识现代农业的一般特点，而且可以借鉴荷兰怎样在获得非凡的国际竞争力同时，保持着可持续发展的后劲。

（1）荷兰农业发展的自然基础和历史进程。荷兰是欧洲的门户，是世界人文、科技的荟萃之地。荷兰陆地面积4.15万平方公里（大连的3.3倍），人口1620万（大连的2.5倍），人均耕地0.06公顷（大连人均耕地0.04公顷），是世界人均耕地最少的国家之一；荷兰气候温润，是"世界洼地"，著名的3万米长的须德海拦海大坝、300亿荷兰盾建造的拦水坝"三角洲"工程和10亿欧元建设的可移动式防洪大坝，不仅让荷兰免受洪涝灾害，也成就了荷兰围海造田水利工程的世界之最；荷兰还拥有世界最大的海港——鹿特丹港，是荷兰农产品出口的心脏。

荷兰现代农业起步于19世纪末，起飞于20世纪后半期，是农业高度发达的国家。2005 年，荷兰农业人口平均年产值为 17 745 美元（我国同期为 160 美元）；小麦单产和奶牛产奶量在世界领先；荷兰耕地 52% 种植牧草，7% 为温室园艺，40% 为露地作物（谷物、花卉等），荷兰园艺生产份额重，主要是花卉、苗木和果蔬，鲜花占全球市场的 60%，蔬菜出口居世界第一，有"世界花园"和"欧洲菜园子"美誉；荷兰乳品和肉类生产占农业总产值的 6%，是世界最大的乳品、肉类出口国；荷兰海洋渔业捕捞技术现代化程度高，蓝色经济在世界领先；荷兰农业极具竞争力，农产品净出口居世界第一，主要以花卉、乳制品、肉制品、果蔬为主，年创汇 300 多亿美（我国的 4 倍多），占世界贸易的 7.5% ～ 10%，其中畜牧业占 55.1%，园艺占 34.7%，农田作物占 10.2%。

荷兰是农业高度发达的国家，农业发展目标不再是追求产量，而十分强调农业与环境、自然的协调发展，重视农业的社会责任。这就为荷兰形成"绿色生产力"打下了很好的基础，在这个人口稠密地区，其东侧保留了一个缺口，人们称之为"绿色心脏"。在荷兰，土地利用被区分为"绿区"和"红区"，前者是指自然保护区、林地和农地，后者为工业、城市住宅和各种基础设施用地，功能严格分明。

（2）荷兰农业现代化基本模式

①市场与农户连接型。这是荷兰农业一体化经营的重要形式。其具体表现为"拍卖市场"与农户连接和超级市场与农户连接两种模式。

②合作社与农户连接型。荷兰农业合作社不仅在农业生产领域，而且广泛作用于农产品加工、销售、贸易和农业信贷、农业生产资料供应等领域。全部农业合作社都被组织于"全国农业合作局"（NCR），NCR 职责主要是代表合作社利益，协调合作社之间、合作社与其他经济组织之间的关系，推动合作社事业的发展。

③企业与农户连接型。在这种形式中，一些大的农产品加工企业或贸易企业，直接与农户连接，进行农产品生产、加工和销售的一体化经营。

（3）荷兰农业现代化的主要做法

①荷兰政府对农业的宏观调控。荷兰政府在农业产业发展不同阶段采用的宏观政策是不同的。初级竞争阶段或畸形发展时，政府果断干预，使产业发展步入正轨；稳定增长阶段时，政府通过信贷政策和补贴政策，鼓励企业发展出口创汇；健康发展阶段时，政府逐渐退出，使产业协会充分发挥作用，政府则着重致力于农业宏观环境的营造。

②大力发展设施农业。在荷兰农村遍布着成片牧场和大型连栋玻璃温

室。农业生产方式高度程序化、标准化和自动化，农作物从种到收是一条生产流水线，温室就是农产品工厂，厂区就是现代化农业科技园区。荷兰花卉生产主要集中在西部地区，生产的总面积约为 8000 公顷，其中 70% 为玻璃温室，荷兰约有 11 000 家花卉生产企业，其中多数是农民家庭企业；荷兰用于蔬菜生产的玻璃温室约 4700 公顷，以种植番茄、甜椒、黄瓜为主，实行高度的专业化生产，通常每一农户只种植一种蔬菜，生产全过程均实行无害化管理；荷兰畜牧业生产主要是农户个体经营，规模不大，但其生产的自动化程度和标准化水平处于世界领先地位（如鹿特丹南部的 Twee Hoeven 牧场）。

③荷兰农产品流通市场——拍卖市场。国际上享有盛名的拍卖市场在荷兰农业一体化经营中发挥着非常重要的作用。拍卖市场与农户连接是荷兰农业一体化经营最富特色的模式。其运作程序是：农户将农产品按照质量标准规定进行分类、分级和包装并经检验合格后，送入拍卖大厅，购买者（一般是大批发商）按照规则进行竞价，出价高者获得产品，市场内部系统自动结算货款和配发产品。拍卖市场的最大优点是交易效率高，一般在几小时之内就可完成全部的交易；拍卖过程公开、公平，充分自由竞争，可以形成合理的价格，有助于保护农民的利益；真实的价格信号还有助于调节市场供求，实现资源的优化配置等。阿斯米尔花卉拍卖行和绿叶（Greenery）蔬菜拍卖中心在荷兰最具代表性。

④荷兰农业的投融资机制。金融服务是发展农业一体化经营的基本条件，荷兰采用三条措施解决农民的融资问题：农民合作金融制度，组织资源是"农民合作银行"；建立农业担保基金，荷兰政府专门设置的农业担保基金机构，为农户向银行借款提供担保；设立农业安全基金，荷兰政府经济部设立了农业安全基金，对因受自然灾害遇到困难的农户给予帮助。

⑤荷兰农业的人力资源。荷兰农业的成功，首先是农业人力资源培育和开发的成功。高素质农民、发达的市场机制、适度经营规模和灵活生产方式，是荷兰农业成功的法宝。荷兰农民多数具有大学本科以上学历，有的还是双学位或硕士、博士，不仅熟悉和掌握现代种养殖技术及农畜产品加工技术，而且会使用修理农机具和自控设备，及时收集和了解有关的农业信息。由农渔部与科教部共同组织的农业人力资源开发与农民职业培训是荷兰国家科技和职业教育体系的重要组成部分。基于农业经济对人才的需求，荷兰农业人才资源开发基本分为预备农业职业教育、中等农业教育、高等农业教育和农业成人教育。

⑥荷兰的农业合作组织。荷兰农业以家庭式农场经营为主，在市场面

前，农户为了共同利益，自发地组织起适合市场功能的农业合作社。合作组织提供产前、产中、产后全程服务，具有独立的法人地位和完备的法律及章程。一般情况下，农民可以同时参加 3 ～ 4 个合作社，以缴纳会费的形式确定与合作社的联盟关系，并从合作社获得个体户难以实现的帮助和服务，使自己利益得到有效的保护。

⑦荷兰的农业科技。荷兰从事农业科研和教育工作的人员 5000 多人，形成了一个布局合理，专业设置齐全的全国农业科学研究网络。荷兰农业科研与教育经费 60% 以上来源于政府的投资，其余部分由欧盟委员会、私营机构（包括委托合同）等提供。由于政府的大力支持和稳定的经费投入，极大地促进了荷兰农业科技的发展进步和推广应用。荷兰农业科技推广由国家推广系统、农协组织（社会经济推广系统）及商贸系统的私有咨询系统组成，其中农渔部负责农业教育和科研推广的宏观调控，重点是农业信息发送与传递；私人推广机构主要是一些专业化的咨询公司或生产资料公司的技术服务部门。农民通过直接和间接的付费方式获得所需的服务或专业技术指导。另外，荷兰农渔部所属的 9 个试验站和 34 个地方农业研究中心也承担了大量推广工作。

⑧发展农产品加工业。荷兰农产品加工业处于世界领先地位，食品和饮料加工业营业额约占荷兰工业总额的 30%。荷兰马铃薯加工业、面粉加工业技术、家禽屠宰和加工机械设备是世界上最先进的。荷兰种薯出口长期占领世界各国市场。荷兰设备制造公司实际上为世界上每个国家的家禽加工业提供服务。

（4）荷兰农业现代化的特点

①制定符合国情的农业政策；

②集约化、规模化、专业化的生产；

③规范有序的市场经营模式；

④国际化的市场体系；

⑤集成化的工业技术在设施农业中广泛应用；

⑥网络化的农业科研、教育和推广体系；

⑦农业合作组织的重要作用。

（5）荷兰农业现代化经验对大连市的启示

荷兰是一个典型的人多地少、农业资源相对贫乏的小国，其人口密度与大连相似，但是荷兰农业却取得了举世瞩目的成绩，尤其是农产品出口、畜牧业、花卉和农产品加工等方面，优势更为明显。大连人地关系与荷兰比较接近，资源格局是"六山一水三分田"，农业资源具有多样性，但耕地面积不多。应该结合自身的特点，走荷兰式的劳动与技术密集型的现代农业道路。

从荷兰发展现代农业的经验看，一是充分运用集约高效的农业科技。重视农业科研和采用先进科学技术。荷兰农业的集约化具体表现在高效益的产业结构、高科技的农业投入、高生产力水平及高附加值的农副产品生产上。像利用温室进行农业工厂化生产和注重遗传工程投资，不仅取得了显著的经济效益，而且有效地保护了自然生态环境，实现了高效生态的现代农业发展。二是建立高效运行的农技创新体系。荷兰的农业科研、教育和推广系统相当发达，被誉为荷兰农业现代农业的三个支柱。大力开发农业人力资源，造就世界一流农民，始终是荷兰农业政策的出发点。农民具有很高的科学素质和商业能力，大多数农民都能讲流利的英语，能够跟上世界农业科技发展的步伐，这或许是荷兰农业具有很强竞争力的核心所在。三是建立合作共赢的农业合作制度。荷兰的农业是以家庭农场为经营基础，但是，农户与农户已形成利益共同体，而不是竞争对手，使他们成为利益共同体的载体是农业合作社及其联盟。合作社覆盖农业生产、供销、农机、加工、保险、金融等领域，为农户的农业生产提供各种周到的社会化服务。既解决了农户进入市场问题，又保护了农民利益，提高了农业的国际竞争力。四是提供因势利导的农业支持政策。荷兰农业如此发达，还得益于政府特有的农业政策。荷兰农业政策的基本目标是建立人与自然的协调发展、可持续发展和具有国际竞争力的农业，并以此为中心制定结构政策和环境政策。

结合荷兰发展现代农业的经验，从大连的资源、区位、经济条件和农业发展进程看，当前大连发展现代农业的主攻方向，应该是发展高效生态的现代农业。高效生态现代农业的内涵与核心可以概括为：符合生态环境和质量安全要求，具有市场竞争能力，能够给经营者，尤其是农民，带来等于或大于比较利益收益的农业。从荷兰的基本经验看，这种现代农业的特点是土地利用高效；生态环境良好；技术支撑有力；流通体系发达；组织体系健全；政策体系完善；主体素质较高；产品优势突出；经营收入丰厚；农产品高产、高质、高附加值，具有国际竞争力。

实现高效生态的现代农业的发展，大连农业需要在现有基础上实现六个转型。一是农业增长方式转型：从资源消耗型和数量增长型农业向高效生态型和质量增长型农业转变；二是农业经济功能转型：从追求农业的单一功能向追求多功能农业转型；三是农业技术应用转型：从一次农业现代化的技术特征为主向二次农业现代化的技术特征为主转型；四是农业组织形式转型：从分散化的农业组织形式向产业化的农业组织形式转型；五是农业竞争战略转型：从农业价格竞争战略为主向农业差别化竞争战略为主转型；六是农业发展空间转型：从立足于大连市资源发展农业向充分利用国内外资源发展农业转型。

（二）国内典型城市农业现代化运行模式

1.北京市都市型现代农业发展模式

北京有 16 410 平方公里的国土面积，平原开阔舒展，山地资源丰富，土壤环境优异，气候温暖，河流环绕。不仅农业发展的自然资源丰裕，在地缘、人文、科技、人才、市场、信息诸方面也占有绝对优势。北京农业围绕"人文北京、科技北京、绿色北京"和建设"有中国特色世界城市"的要求，突出应急保障、生态休闲、科技示范等功能，探索了一条有北京特色的都市型现代农业发展道路。农业现代化发展指数已进入二次发展阶段，部分指标已接近发达国家的水平。

（1）北京都市型现代农业发展路径。

①整合优化资源，拓展农业功能

a.拓展应急保障功能，提高鲜活农产品供应能力。落实蔬菜生产用地最低保有量责任制，建立了新菜田开发补贴制度，累计建成蔬菜生产基地 63.4 万亩；大力发展设施农业，2008 年以来市级投入 30 亿元，设施农业规模达到 32.6 万亩；畜禽养殖业规模化标准化养殖比例达到 80% 以上；树立"安全农业"品牌战略，率先开展农产品质量安全监管示范区县创建和优级标准化基地创建活动；建立了菜篮子重点产品政府储备机制；菜篮子自给率、控制率、合格率、应急保障能力"三率一能力"稳步提升；打造都市现代农业"第一名片"——顺义"都市型现代农业万亩示范区"。

b.拓展生态休闲功能，发展绿色生产力。坚持农业是"生产性绿色空间"的定位，投资 46 亿元实施农业基础建设和综合开发，打造 120 万亩优质产业田、优良生态田和优美景观田，农田节水灌溉率超过 90%；推广"德青源"循环农业模式，大力发展沟域经济，产业发展和生态建设实现有机统一；建立农业生态价值评价机制，大农业生态价值超过 1 万亿元。坚持农业是京郊休闲旅游"首选地"的定位，开发观光农业、农耕文化体验等休闲农业模式，探索建立了"北京最美的乡村"、星级"观光农业示范园"等一批休闲农业品牌，北京市农业休闲观光园达到 1300 个，"小麦收割节"、"草莓季"、"西瓜季"、"鲜桃季"等特色活动贯穿全年，接待市民超过 3500 万人次，实现收入 30.4 亿元，休闲农业成为提高市民幸福指数的重要载体。

c.拓展科技示范功能，打造首都农业名片。发展籽种农业，打造"种业之都"，建设通州国际种业园区，培育"中蔬"、"京研"等一批有较大影响力的种业品牌，确立种业科技创新中心、企业聚集中心、交易交流中心和种业发展综合服务平台"三中心一平台"地位；发展科技农业，实施"221"行动计划，培育出小汤山农业园、通州金福艺农等一批示范园区，提升农业精准化生产和信息化管理水平；建设国家现代农业科技城，良种创制与种业交易中心、农业科技创新产业促进中心等"五大中心"；发展会展农业，成功举办中国花卉博览会、世界草莓大会，积极筹办北京农业嘉年华、世界葡萄大会和世界种子大会，以"举办一个展会、拉动一个产业、富裕一方农民"为宗旨的会展农业成为都市农业新亮点；推进涉农企业上市培育，建立上市激励政策，都市农业资本化、园区化、规模化加快发展，北京农业上市板块企业达到 10 家，国家级农业龙头企业达到 38 家，农产品加工总产值与农业总产值比接近 2∶1，基本达到发达国家水平。

②创新工作机制，完善支撑体系。北京从战略高度谋划都市型现代农业发展，突出基础性、融合性、创意性和开放性，科学定位：首都农业是都市型现代农业，是一二三产业相互融合，充分体现人文、科技和绿色特征的低碳产业；是建设世界城市的特色产业、首都生态宜居的重要基础、首都高端农产品供应和城市应急安全的基本保障；着眼于"基础完善、科技领先、产业高端、服务完备、装备现代、人才一流"标准；着力在工作机制、政策体系、服务体系等方面强化都市型现代农业发展的支撑保障。

a.创新工作机制。建立了"部门联动、政策集成、资金聚焦、资源整合"的工作机制。整合水务、国土等部门资金项目，实施 120 万亩农业基础建设和综合开发工程；聚集金融、财政等部门资源，打造北京农业上市板块；汇集部、市资源力量，形成共建"种业之都"和国家现代农业科技城机制；吸引央企资源，在房山建设"中国北京农业生态谷"；推进区域发展战略，加快顺义、房山国家现代农业示范区建设，以都市型现代农业示范镇、休闲农业示范镇创建为抓手，连点成片提升都市农业发展水平。

b.完善政策体系。制定实施了加快都市型现代农业、设施农业发展等一系列强农惠农富农政策，"城市带动农村、工业反哺农业"的机制不断巩固。近年来，每年安排 8 亿元推进菜篮子生产，安排 1 亿元推进"种业之都"建设，安排 1 亿元发展农加工业；率先建立了农业生态补偿制度；政策性农业保险基本涵盖了主要农产品。2012 年，市级安排 6950 万元奖励农业生产，其中顺义、房山两个国家现代农业示范区安排 2100 万元。全面完成了农村土地确权工作，农地流转率达到 46.7%，91.4% 的村级集体经济组织完成产权制度改革，进一步拓展了农业发展空间，使土地流转起来、资产运营起来、农民组织起来，增强了都市农业发展的内生动力。

c. 完善服务体系。围绕农技推广、农产品质量安全、动植物防疫等九大内容，建立完善都市型现代农业服务体系；北京市农民专业合作社带动一产农户比例达到 72%；搭建农民田间学校、实用人才培养等培训平台；组建农业创新团队；形成全科农技员、村级防疫员、管水员、护林员等政府购买公共服务队伍；建立了农业信贷、涉农企业上市培育等"九农"金融服务体系。

③转变发展方式，着眼世界水平。北京按照"建设有中国特色世界城市"的总体要求，发展世界水平农业，建设世界水平农村，培育世界水平农民，高标准推进都市型现代农业发展。

a. 转变农业发展方式。按照高端、高效、高辐射的要求，加快建设国家农业科技城，抢占科技农业制高点；按照"优化一产、做大二产、做强三产"的思路，延长农业产业链，促进都市农业融合发展。

b. 创新农业实现形式。拓展籽种农业、休闲农业、循环农业、会展农业实现形式，着力办好世界种子大会、世界葡萄大会、北京农业嘉年华，提高都市农业的国际化开放性。

c. 探索农业经营模式。出台支持农业龙头企业发展的政策意见，培育涉农企业上市，提高都市农业核心竞争力；建设市级农民专业合作社示范社，提高农民组织化程度；探索家庭农场经营模式，稳妥推进适度规模经营。

（2）北京市都市型现代农业特点

①注重农业多种功能开发。开发农业生产、生态、生活多种功能，在农业综合生产能力提升的同时，全面开发农业的生态功能。开展风沙源治理，保护性耕作覆盖率达到 90%；推进农业清洁生产和节能减排，强化农业面源污染防控，推广测土配方施肥 1249 万亩，以大中型沼气、生物质气化、堆肥技术和秸秆还田技术为主，开发绿色能源，实现农业资源的综合利用；净化密云水库等水源区的水质，美化了城市景观水域；增加农田作物与林果等植被的绿色覆盖，提升北京农业的生态服务功能。2009 年，农业的生态服务价值已达 1 万亿元，有力地支撑了首都经济社会的可持续发展。

②注重特色产业发展。支持籽种农业、观光农业、设施农业、农产品加

工业等都市型现代农业特色产业，建立都市型现代农业产业体系。种养业稳步发展，既是首都农产品生产基地，也是绿色空间；养殖业布局和结构更加合理，形成以标准化规模饲养为主的"三带多品群"格局，养殖业在农业产值中的比例保持在 50% 左右；籽种产业加快发展，依托首都科技资源优势，成为都市型现代农业的重点产业，2010 年种业生产性收入达 14.6 亿元，比2005 年增长 1.52 倍，种业销售额达 60 亿元，较 2005 年增长 36%。另外，实施了以打造"种业之都"为目标的《北京种业发展规划》，成功申办了2014 年世界种子大会；大力发展设施农业，出台了《关于促进设施农业发展的意见》，2010 年年末，设施农业面积达到 27.48 万亩，初步形成了"两区、两带、多群落"的新布局，产值达 40.7 亿元，成为农民增收的支柱产业；观光休闲农业快速发展，2010 年北京市农业观光园 1303 个，市级民俗旅游户9970 户，总收入超过 25.2 亿元；农产品加工业迅猛发展，规模以上农产品加工企业产值超过 600 亿元，与农业总产值之比接近 2：1，达到发达国家水平（2.0～4.0：1）；开展首都农业品牌建设，推动龙头企业上市，顺鑫、三元、德青源、大发、华都等都已成为国家级龙头企业和全国知名品牌；产业融合速度加快，休闲农业、创意农业、农产品流通业、会展农业等融合性产业得到发展，成功举办了第七届中国花卉博览会和 2012 年第七届世界草莓大会，融合性产业成为了农业新的增长点。

③注重农产品质量安全。在保证农产品有效供给的前提下，全面加强农产品质量安全监管，强化了无公害农产品、绿色食品、有机食品和地理标志农产品"三品一标"的认证。截至 2010 年年底，有 1083 家企业 3770 个产品有效使用"三品"认证标志，占主要食用农产品产量的 35%；建立农产品质量安全保障体系、从农田到餐桌全过程监管控制体系、食用农产品质量安全追溯系统；自产畜禽产品的"瘦肉精"等主要药残抽检合格率已连续 6 年保持 100%，蔬菜基地的农残抽检合格率达 99.1%，水产品基地抽检合格率达到98.3%，生产基地农产品合格率处于全国前列。

④注重农业科技支撑。实施"221 行动计划"，发挥科技对农业的支撑作用。完成 35 个重大农业科技项目，示范推广了设施育苗、环境友好栽培、健康养殖、病虫害综合控制、农业机械化作业等一批先进适用的技术，推动北京农业向高端、高效、高辐射方向发展；创新农业科技推机制，围绕食用菌、西甜瓜、生猪、奶牛、鲟鱼等主导产业和特色产业，组织实施科技入户，促进了新品种与新技术的推广与应用；以果类蔬菜、生猪和观赏鱼三个产业为重点，推进了现代农业产业技术体系北京市创新团队建设；开办农民

田间学校 627 所，启动"林果乡土专家行动计划"，累计培养学员 2 万余人，乡土专家 480 名，带动农民达 5 万户；建设各具特色的农业科技园区 25 个，小汤山现代农业科技示范园升级为国家级农业科技园区，锦绣大地农业观光园区、顺义三高农业示范区等 7 个园区成为科技部挂牌重点园区，"十一五"期间，创办 480 多个高效农业园，发挥了都市型现代农业的示范功能；以资源底牌、市场底牌、科技支撑、资金支撑四大模块为主要内容，搭建"221 信息平台"，开通了"尚农网"，面向政府、企业、合作组织、农民和市民提供查询、分析、决策和交易服务；开通了"12396"北京新农村科技服务热线和"12316"农业服务热线，农村基层各类信息服务站点已达 10 680 个，郊区信息化水平得到了显著提升。

⑤注重农业基础建设。实施《北京市农业基础建设和综合开发规划（2009—2012 年）》，围绕九大片基本农田，重点开展了农田水利改善工程、农田培肥工程、田园清洁循环工程和沟路林渠配套工程建设，规划建设 120 万亩，已实施 60 万亩；综合机械化水平 63.85%，节水灌溉面积 90%。

⑥注重创新惠农政策。政府农业投入力度大。"十一五"时期市级财政投入 539.4 亿元，比"十五"时期增长 2.9 倍，政府固定资产投资投向郊区的比例保持在 50% 以上；实施了粮食直补、良种补贴、奶牛补贴、种猪补贴、农资综合补贴、农机具购置补贴，在全国率先建立起农田生态补偿制度；创新农业服务机制与模式。探索了大兴设施农业、怀柔公园式农业、丰台会展农业等 10 种都市型现代农业发展的典型模式，打造了京承高速等一批都市型现代农业走廊；启动了农村金融综合改革试验区建设；试行了农业政策性保险，建立起农业政策性保险机制；设立农业产业投资基金，建立农村金融体系；创办参与式、互动式的"农民田间学校"；形成了"部门联动、政策集成、资金聚焦、资源整合"的工作机制，为转变农业发展方式，全面推进都市型现代农业的科学发展提供了良好的体制机制保障。

2. 青岛都市型现代农业发展模式

青岛濒临黄海，环绕胶州湾，山海形胜，腹地广阔。总面积为 10 654 平方公里，人口 769 万；海岸线 863 公里，有河流 224 条，气候湿润，温度适中，农业发展的自然环境得天独厚。青岛农业依托山东经济优势风生水起，发展速度很快。围绕"四化"同步发展，以服务城市、促进农民增收和农业可持续发展为目标，积极推进农业结构优化调整，加快创新农业经营体制机制，不断拓展农业多种功能，都市型现代农业呈现良好的发展态势，有力地推动了农业增产增效、农业持续增收和农村繁荣稳定。青岛与大连地缘相近，人地关系类似，资源禀赋相似，区域地位相同。农业发展相互借鉴之处居多。

青岛农业发展带有齐鲁文化综合集成、整体优化的特点，其路径主要有：

（1）优化农业产业结构，打造高端品牌农业聚集区。青岛以打造高端品牌农业聚集区为目标，优化调整产业结构布局，推动农业提档升级，丰富群众的生活供给。一是实施农业"四百工程"。自2004年起，每年投入4000万元，实施百万亩粮食、百万亩蔬菜、百万亩花生和百万亩果茶示范区建设工程，构建具有青岛特色的优势产业带。形成了四大产业优势布局：高效粮食产业区，优质蔬菜产业区，花生产区和果品、茶叶产业带。二是大力发展设施农业。坚持用现代科技装备改造农业，大力提高农业设施化水平。按照每个冬暖大棚补贴5000元的标准，重点扶持建设冬暖大棚规模在10个以上的设施小区，积极推动设施农业规模化发展，冬暖大棚达到9.4万亩，保证了蔬菜等农产品全年均衡供给。三是积极培育农产品品牌。坚持像抓工业品牌一样抓好农产品品牌建设。进一步强化质量安全监管，健全完善了农产品质量标准、认证、检测和追溯体系，实现了农产品质量安全产前、产中、产后的全过程监管，保证了农产品质量和品质。积极鼓励商标注册和产品认证，获得"三品"认证农产品272个、国家地理标志保护产品36个，打造出马家沟芹菜、胶州大白菜等一批知名农产品品牌，满足了群众对高端农产品需求，有力地增强了农产品市场竞争力。

（2）借助人文资源优势，推动休闲观光农业。围绕拓展农业多种功能，抓好农业节会、"一村一品"和现代农业示范园区三大载体，加快发展休闲观光农业，积极推动农业观光旅游，青岛市每年乡村旅游接待人数近千万人次，实现收入10亿多元。一是大力发展农业节会。依托优势特色农产品，按照节令，举办以采摘、体验和观光旅游为主要内容的农业节会，如大泽山葡萄节、马家沟芹菜节、明村西瓜节、北宅樱桃节、山色峪樱桃山会、红岛蛤蜊节等农业节会，北宅樱桃节每年吸引游客50多万人次，实现收入3500多万元。二是大力发展现代农业示范园区。围绕高效、生态、品牌农业，每年投入1000万元，加快推进现代农业示范园区建设，打造了一大批集生产经营、旅游观光、科普教育等功能于一体的现代农业示范区，例如，胶州三里河的休闲观光旅游农业公园、崂山石老人农业观光园等集观光旅游、餐馆、农耕体验于一体，已成为市民新的休闲中心，目前青岛已建设各类示范园区282个，其中市级示范园区47个、国家级"农业科普示范基地"7个、国家级"农业科技示范园区"2个、国家级现代农业示范园区2个。三是大力发展"一村一品"。每年投入1200万元，扶持 100 个"一村一品"示范村、10 个"一镇一业"示范镇，做大做强特色产业，青岛已发展"一村一品"示范村 500 个、"一镇一业"示范镇 30 个，培育出一大批具有资源优势和人文优势的专业镇村，推动了小水果、农家乐、旅游观光等特色产业规模化生产、专业化经营，胶南市蓝莓种植达到 3 万亩，规模居全国前列；发展休闲观光经营单位 305 个，其中农家乐 150 多家，在胶州湾沿海一线逐步形成了点片相连的休闲农业产业群。

（3）着力发展生态循环农业，建设美丽乡村家园。坚持生产发展与生态保护相统一，以农村沼气建设、生态循环技术推广和环境综合整治为突破口，加快推进生态循环农业建设，不断改善群众生产生活环境，促进都市农业可持续发展。一是大力推进农村沼气建设。坚持以"一池三改"户用沼气、大中型沼气工程为重点，大力发展农村沼气，形成了"猪 - 沼 - 菜"、"果 - 沼 - 菜"等生态循环农业产业链，有效减少了废弃物排放，改善了生态环境，目前青岛累计建成户用沼气池 6.4 万户、大型沼气工程 22 处、中小型沼气工程 144 处，年处理农村废弃物 126 万吨，减少二氧化碳排放 6 万吨，减少二氧化硫排放 506 吨。二是加快推广生态循环技术。积极推广直接还田、过腹还田等农作物循环利用技术，促进农业废弃物综合利用，农作物秸秆综合利用率达到 85% 以上，玉米机械化秸秆还田面积达到 300 万亩，玉米秸秆青贮达到 162 万吨。积极推广节肥、节药等节约型技术，努力减少化肥、农药使用量，青岛推广农业标准化生产 210 万亩、专业化统防统治 101 万亩、绿色防控面积达到 40 万亩，实施测土配方施肥 532 万亩，有效减少了农业面源污染。三是大力实施农村环境综合整治。为有效解决村庄脏乱差、基础设施落后的现状，从 2008 年开始，每年投入 2 亿元，在全市范围内深入开展了村庄环境综合整治工程，用三年时间全市所有行政村都达到了硬化、亮化、绿化、净化、美化标准，农村生产生活环境得到较大改善，基本实现垃圾定点存放、畜禽圈养、村容整洁、道路硬化、庭院美化，直接受益群众达到 400 余万。四是大力实施大沽河综合治理。紧紧围绕大沽河这一生态中轴，从 2011 年开始，投入 100 多亿元，通过"三区五湖九湿地、绿道连通十五点、二十二桥跨两岸、二十五闸水相连"建设，将大沽河流域建设成为贯穿南北的防洪绿色安全屏障、自然生态景观长廊、现代农业集聚带，滨河特色小城镇与新农村建设示范区，实现大沽河"洪畅、堤固、水清、岸绿、景美、人和"，辐射带动两岸 1000 平方公里、人口 100 万人，显著改善居民生活质量和水平。

（4）培育新型经营主体，提升国际竞争能力。大力培育都市农业新型经营主体，促进农业经营体制机制创新，加快发展方式转变。一是大力培育农产品加工经营主体。实施农产品加工龙头企业壮大工程，围绕花生、蔬菜、饲料、肉类、水产五大优势农产品，强化财政、金融、税收等政策支持，扶持一批有特色、有潜力的龙头企业做大做强，2011年，全市规模以上农产品加工龙头企业达到581家，国家级农业产业化龙头企业达到9家、省级达到44家，实现工业总产值1500亿元。二是大力培育农业合作经营主体。加快发展农民专业合作社，深入开展生产标准化、产品品牌化、经营规模化、管理规范化"四化"合作社创建活动，每年安排1200万元扶持示范性合作社建设，推动了合作社健康快速发展，提高了农业组织化水平，目前青岛登记注册合作社达到5185家，入社会员21.5万人。三是大力培育农业规模经营主体。加快推进规模化家庭农场，建立起市、区市、镇（街道）、村四级土地流转服务网络，鼓励农民以股份合作、委托流转等多种形式进行土地流转，每年安排1000万元，扶持发展规模化家庭农场和种养大户，促进农业规模化经营。青岛百亩以上的经营主体已达458家，规模经营土地12.7万亩。四是大力培育农产品市场流通主体。建设了以山东省农产品展示交易中心为龙头、54家产地批发市场为骨干、农贸市场为补充的农产品市场流通体系，依托山东省农产品展示交易中心连续举办了6届青岛国际农产品交易会，已成为国内重要的农产品展会，促进了农产品进入国内外市场，2011年青岛农产品出口额达到50亿美元，占全国的8.3%。

3. 北京、青岛农业现代化启示

（1）因地制宜发展有比较优势的现代农业产业。

（2）发展都市现代农业，重视典型示范的作用。

（3）把高效农业示范园区作为都市现代农业的重要载体。

（4）注重整合地理和历史文化资源发展农业。

（5）重视高端品牌培育和集聚效应。

（6）坚持整体优化参与国际竞争。

（7）统筹建设农业基础设施和农村美好家园。

（三）中国农业现代化道路的特点

基于对国际、国内经验的总结和对我国国情的科学把握，我们国家的中国特色农业现代化的发展道路主要有以下几方面的特点：

一是我国人多地少、人多水少、农业资源紧缺的实际，要求我们在有限资源的基础上必须加强基础设施建设，依靠科学技术进步着力提高农业综合生产能力，使我们能够实现立足国内、保证粮食等主要农产品的基本自给。

二是针对我国农户规模小、数量大、经营分散的实际，必须始终坚持农村基本经营制度不动摇，加快推进农业经营体制机制创新，发展多种形式的适度规模经营，建立健全农业社会化服务体系，切实转变农业经营方式。

三是针对我国农村生产力水平低、生产方式较为粗放的实际，加快推进农业生产方式的转变。主要是通过推进农业科技进步，全面提高农业物质装备水平，大力培育有文化、懂技术、会经营的新型农民，把农业发展转到依靠科技进步和提高劳动者素质的轨道上。

四是针对我国农业比较效益低、处于弱势地位的实际，必须坚持工业反哺农业、城市支持农村和多予少取放活的方针，稳定完善强化强农惠农富农政策，建立健全农业支持保护体系，调动各级政府重农抓粮、亿万农民务农种粮、广大农业科技人员科技兴粮的积极性。我国现代农业的建设过程是伴随着国家给予相关政策支持的过程。

五是针对我国破解城乡二元体制任务艰巨的实际，必须统筹城乡经济社会发展，调整国民收入分配结构，完善城乡平等的要素交换关系，坚持不懈地推进新农村建设，促进转移就业农民市民化，推进城乡公共服务均等化，努力形成城乡发展一体化新格局。

六是针对我国农产品市场与国际融合日益加深的实际，进一步扩大农业对外开放，支持农业"走出去"，提供利用两种资源、两个市场的能力。努力搞好进出口余缺调剂，既保障国内农产品供给，又维护我国产业安全，维护农民利益。

七是针对我国农村地域广、资源禀赋差异大、农业发展不平衡的实际，必须遵循自然规律和经济社会发展规律，因地制宜、循序渐进，探索各具特色的农业现代化发展模式，推动一部分具备条件的地区（如大城市郊区、国有农场、沿海发达地区）率先实现农业现代化，使一些行业（如畜牧业、水产业）走在农业现代化建设前列。

四、大连农业现代化发展的路径选择

（一）大连农业现代化发展进程

纵观大连市农业发展历程，先后经历了三个阶段。

1. 传统农业阶段（1949～2001年）

大连市传统农业经历了土地革命、人民公社和家庭联产承包不同时期，尽管实现体制创新，但坚持以粮为纲，粮食生产技术不强，大连特色农业发展受到制约，造成农业产业发展缓慢、粮食产量徘徊不前、农民收入增长幅度不高的局面。

2. 率先基本实现农业现代化阶段（2002～2008 年）

2002 年，大连市提出在全国率先基本实现农业现代化，出台了《加快推进农业现代化发展纲要》，明确到 2010 年，率先基本实现农业现代化的目标、任务和措施。大连市注重发展水产、畜牧、蔬菜、水果和花卉五大优势产业，实施强农惠农政策，加大财政支农力度，推进现代农业快速发展。到 2008 年，大连市提前两年实现 20 项目标和任务（表 8-7）。

表 8-7 大连市农业和农村现代化若干指标及目标值

序号	指标名称	权重	单位	2000 年水平	2010 年目标值	2008 年目标值
1	农村居民人均 GDP	7	美元	1 800	5 500	
2	农民人均纯收入	6	元	3 740	8 000 以上	9818
3	农产品出口率	4	%	19.2	30	
4	林牧渔业增加值占农业增加值比例	5	%	66.8	75 以上	65.8
5	一产从业人员劳均农业增加值	5	元	14 360	30 000	
6	种植业播面亩均增加值	3	元	773	1 700	
7	农产品综合商品率	6	%	65～70	85	
8	农村城镇人口比例	8	%	35	50	
9	一产从业人员人均拥有耕地资源	4	亩	5.5	10	
10	机耕率	2	%	61	75	
11	百亩耕地拥有农机动力	3	千瓦	57	120	
12	节水灌溉率	4	%	26.6	70	
13	农村人均用电量	6	千瓦时	531	1 000	
14	农业科技贡献率	6	%	48	65	
15	良种普及率	4	%	85～90	100	
16	每百户拥有电话量（普及率）	6	%	25～30	65	
17	农村劳力文化程度指数	6	年	8.2	10	
18	农村居民恩格尔系数	4	%	48.5	35	
19	万人拥有医生	7	人	15	22 以上	
20	森林覆盖率	4	%	38.2	42	

3. 都市型现代农业阶段（2009 至今）

2009 年，国务院通过了《辽宁沿海经济带发展规划》，将辽宁沿海经济带上升为国家战略，明确大连作为辽宁沿海经济带核心城市地位。适应全域城市化发展要求，学习国内外发达城市经验，结合大连农业发展实际，市委十届七次全会确定大连农业基本定位和发展方向是发展都市型现代农业，制定了《大连都市型现代农业发展规划》，出台了《关于加快发展都市型现代农业的意见》《大连市水利现代化意见》《大连市林业现代化发展意见》《大连市渔业现代化发展意见》等政策，采取有效措施，大力发展八大农业。大连市更加明确农业发展目标，在推进全域城市化进程中大力发展都市型现代农业。经过三年多实践，大连市都市型现代农业取得了显著成就（表 8-8）。

表 8-8　2012 年农业发展指标统计表

项目	2012 年	2008 年	同比增减 /%
农业增加值 / 亿元	221.2	82.2	169.6
农民人均纯收入 / 元	15 990	9 818	62.9
农业机械总动力 / 千瓦时	356	314	13.4
粮食产量 / 万吨	165.56	161.39	2.6
水果产量 / 万吨	173.8	132	31.7
肉类产量 / 万吨	79.7	52.7	51.2
禽蛋总产量 / 万吨	28.7	24.2	18.6
奶类总产量 / 万吨	8.4	15.1	−44.4
水产品产量 / 万吨	216.8	228.78	−5.2
出口创汇额 / 亿美元	33.17	21.57	53.8

（二）大连农业现代化发展的前沿比较

根据国家农业部出台的《中国都市型现代农业发展报告》对 35 个城市 2012 年都市现代农业基本情况、"菜篮子"产品保障水平、农产品质量安全水平、休闲农业与生态农业发展水平、示范辐射水平等五方面指标进行的监测分析和中国都市现代农业发展评价指标体系测算的我国主要城市都市现代农业发展指数（报告所引用数据主要来源于国家统计局和各地统计部门发布的数据，以及农业部相关司局行业统计数据。报告阐述的数字指标体现了综合性和先进性，具有权威性和可操作性），大连市现代化农业发展走在全国前列，成为都市现代农业发展的典范。其中大连市农业综合发展指数（指标构成：农民人均纯收入、农业劳动生产率、农业土地生产率、单位面积农业机械动力、有效灌溉面积比例)、现代农业发展指数、水产品和水果人均占有量五项指数居全国第一。

1. 农业现代化水平

根据农业部组织的对 35 个城市 2012 年农业现代化评价(用 5 项指标测评,数字来源于国家统计局),大连指数为 86.25,排名第一。前 11 位为大连、宁波、上海、武汉、福州、杭州、广州、深圳、南京、厦门、长沙(表 8-9 和表 8-10)。

表 8-9　2012 年中国都市现代农业现代化指数

城市	综合发展指数 /%	排名	城市	综合发展指数 /%	排名
大连	86.25	1	济南	46.51	19
宁波	80.27	2	乌鲁木齐	45.69	20
上海	75.44	3	天津	44.47	21
武汉	75.29	4	石家庄	43.68	22
福州	72.83	5	西安	37.13	23
杭州	69.87	6	长春	36.98	24
广州	68.94	7	银川	36.89	25
深圳	68.57	8	南昌	36.79	26
南京	59.49	9	海口	36.18	27
厦门	56.18	10	郑州	31.24	28
长沙	55.11	11	重庆	26.61	29
沈阳	54.82	12	昆明	25.77	30
北京	52.23	13	南宁	25.26	31
成都	51.38	14	太原	24.39	32
青岛	49.97	15	贵阳	18.33	33
呼和浩特	49.85	16	兰州	17.70	34
哈尔滨	49.12	17	西宁	9.16	35
合肥	47.01	18			

表 8-10　2012 年中国农业现代化综合发展指数

综合发展指数	城市
$100 > I \geqslant 60$	大连、宁波、上海、武汉、福州、杭州、广州、深圳
$60 > I \geqslant 40$	南京、厦门、长沙、沈阳、北京、成都
$40 > I \geqslant 30$	青岛、呼和浩特、哈尔滨、合肥、济南、乌鲁木齐、天津、石家庄、西安、长春、银川、南昌、海口、郑州
$30 > I \geqslant 0$	重庆、昆明、南宁、太原、贵阳、兰州、西宁

2. 都市型现代农业发展水平

农业部设定了农业现代化、菜篮子产品保障、农产品质量安全、休闲农业和辐射带动 5 个一级指标和 25 个二级指标综合评定，大连市综合指数仍排位第一，排名前十位分别是大连、北京、天津、上海、武汉、沈阳、成都、长沙、青岛和成都。其中大连农业现代化水平居第一位，菜篮子保障居第八位，农产品质量安全居第三位，休闲与生态农业居第十一位，辐射带动能力居第四位（表 8-11 ～表 8-15）。

表 8-11 2012 年中国都市现代农业发展指数

城市	现代化水平		"菜篮子"产品保障		农产品质量安全		休闲农业与生态农业		辐射带动	
	指数	排名	指数	排名	指数	排名	指数	排名	指数	排名
大连	86.25	1	73.09	8	75.36	3	45.55	11	61.46	4
北京	52.23	13	51.75	26	81.89	1	90.38	1	89.58	1
天津	44.47	21	73.32	7	71.63	5	86.18	2	66.93	3
上海	75.44	3	30.04	33	63.75	13	75.00	3	75.00	2
武汉	75.29	4	65.61	14	74.86	4	26.95	29	38.69	17
沈阳	54.82	12	88.33	3	59.62	17	46.18	9	43.19	10
成都	51.38	14	66.75	10	58.68	19	69.45	4	36.35	18
长沙	55.11	11	58.90	20	65.54	11	53.87	6	39.40	14
青岛	49.97	15	90.67	1	47.83	28	38.09	16	43.23	9
杭州	69.87	6	53.23	25	58.65	20	39.02	14	38.95	16
宁波	80.27	2	56.78	21	56.34	22	33.99	20	17.08	34
石家庄	43.68	22	87.17	4	69.50	6	28.83	27	35.19	20
重庆	26.61	29	75.29	6	76.91	2	50.80	7	42.82	12
福州	72.83	5	60.60	16	59.61	18	28.28	28	14.66	35
哈尔滨	49.12	17	66.53	12	44.69	29	46.27	8	43.15	11
广州	68.94	7	49.16	27	42.43	31	25.82	30	45.72	6
南京	59.49	9	42.60	30	35.95	34	55.92	5	44.68	8
济南	46.51	19	89.35	2	51.06	25	24.83	32	27.49	28
郑州	31.24	28	76.31	5	68.21	7	31.54	24	41.56	13
西安	37.13	23	60.90	15	64.42	12	34.45	19	44.75	7
银川	36.89	25	66.58	11	43.97	30	44.32	12	46.76	5
呼和浩特	49.85	16	55.22	22	50.70	27	37.19	17	32.18	22

城市	现代化水平		"菜篮子"产品保障		农产品质量安全		休闲农业与生态农业		辐射带动	
	指数	排名	指数	排名	指数	排名	指数	排名	指数	排名
乌鲁木齐	45.69	20	44.17	29	66.80	10	40.29	13	31.66	23
长春	36.98	24	67.24	9	54.61	23	34.94	18	35.45	19
南昌	36.79	26	59.59	17	60.33	15	33.77	21	34.26	21
合肥	47.01	18	59.23	19	40.82	33	29.46	26	28.53	26
昆明	25.77	30	65.84	13	59.89	16	24.02	33	31.14	24
厦门	56.18	10	18.81	34	68.16	8	21.87	35	24.11	31
深圳	68.57	8	4.09	35	51.06	26	25.49	31	28.65	25
南宁	25.26	31	59.39	18	51.63	24	31.48	25	20.28	33
海口	36.18	27	33.84	32	66.98	9	22.60	34	20.54	32
贵阳	18.33	33	48.68	28	61.39	14	32.74	22	27.57	27
兰州	17.70	34	54.71	24	57.42	21	32.39	23	25.41	30
西宁	9.16	35	55.18	23	41.85	32	46.15	10	39.29	15
太原	24.39	32	41.27	31	35.56	35	38.83	15	26.45	29

表 8-12 2012 年中国都市现代农业"菜篮子"产品保障指数

产品保障指数	城市
$100 > I \geq 70$	青岛、济南、沈阳、石家庄、郑州、重庆、天津、大连
$70 > I \geq 60$	长春、成都、银川、哈尔滨、昆明、武汉、西安、福州
$60 > I \geq 50$	南昌、南宁、合肥、长沙、宁波、呼和浩特、西宁、兰州、杭州、北京
$50 > I \geq 0$	广州、贵阳、乌鲁木齐、南京、太原、海口、上海、厦门、深圳

表 8-13 2012 年中国都市现代农业农产品质量安全指数

质量安全指数	城市
$100 > I \geq 70$	北京、重庆、大连、武汉、天津
$70 > I \geq 60$	石家庄、郑州、厦门、海口、乌鲁木齐、长沙、西安、上海、贵阳、南昌
$60 > I \geq 50$	昆明、沈阳、福州、成都、杭州、兰州、宁波、长春、南宁、济南、深圳、呼和浩特
$50 > I \geq 0$	青岛、哈尔滨、银川、广州、西宁、合肥、南京、太原

表 8-14　2012 年中国都市现代农业休闲与生态农业发展指数

综合发展指数	城市
$100 > I \geqslant 50$	北京、天津、上海、成都、南京、长沙、重庆
$50 > I \geqslant 40$	哈尔滨、沈阳、西宁、大连、银川、乌鲁木齐
$40 > I \geqslant 30$	杭州、太原、青岛、呼和浩特、长春、西安、宁波、南昌、贵阳、兰州、郑州、南宁
$30 > I \geqslant 0$	合肥、石家庄、福州、武汉、广州、深圳、济南、昆明、海口、厦门

表 8-15　2012 年中国都市现代农业示范辐射指数

综合发展指数	城市
$100 > I \geqslant 60$	北京、上海、天津、大连
$60 > I \geqslant 40$	银川、广州、西安、南京、青岛、沈阳、哈尔滨、重庆、郑州
$40 > I \geqslant 30$	沈阳、呼和浩特、石家庄、青岛、银川、南昌、郑州、海口、济南、西安
$30 > I \geqslant 0$	长沙、西宁、杭州、武汉、成都、长春、石家庄、南昌、呼和浩特、乌鲁木齐、昆明

3. 主要指标对比

（1）农民人均纯收入。大连市农民人均纯收入 15 990 元，列全国 35 个城市第六位，排在宁波、上海、杭州、北京、广州 5 个城市之后。

（2）农业劳动生产率。大连市农业劳动生产率人均达到 6.52 万元，位于深圳之后列第二位。

（3）农业土地产出率。大连市每年每公顷土地产出率为 12.5 万元，位于福州、广州、武汉、杭州、深圳之后，列第六位。

（4）菜篮子产品人均占有量。大连市水产品人均占有量 367 公斤，列第一位；水果人均占有量 294.4 公斤，列第一位；蔬菜人均占有量 435.3 公斤，列第十四位；肉类人均占有量 135 公斤，列第二位；禽蛋 48.62 公斤，列第四位；奶类人均占有量 14.23 公斤，列第十八位。

大连除蔬菜自给率达到 83.98%、奶类自给率 40.35% 外，其余水果达到 164.30%、肉类 218.05%、水产品 841.98%，均实现自给有余（表 8-16）。

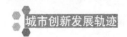

表 8-16 大连 35 个城市农产品自给率（%）

城市	蔬菜	水果	肉类	禽蛋	奶类	水产品
北京	26.09	22.40	33.72	34.76	89.20	7.09
天津	60.78	23.65	52.33	62.48	136.14	58.29
上海	32.97	20.62	18.72	11.73	31.34	26.21
重庆	98.85	49.49	110.33	112.49	7.44	21.45
石家庄	226.94	147.69	118.54	485.47	324.89	7.64
太原	58.36	9.27	18.90	28.69	68.21	1.97
呼和浩特	47.23	29.82	62.44	52.16	2988.53	8.55
沈阳	123.57	16.34	204.83	452.96	176.23	56.12
大连	83.98	164.30	218.05	230.10	40.35	841.98
长春	70.47	27.25	239.00	201.10	23.45	7.31
哈尔滨	35.09	27.87	152.15	179.59	411.24	29.07
南京	69.77	0.00	24.48	44.01	28.66	58.29
杭州	69.35	51.90	61.45	83.55	13.59	55.29
宁波	89.84	124.71	59.27	71.27	13.25	393.66
合肥	48.58	10.49	100.69	120.50	41.83	65.31
福州	88.16	34.92	63.59	88.84	9.39	680.13
厦门	30.48	2.08	22.57	6.19	6.49	18.49
南昌	43.69	14.06	114.57	155.15	32.27	166.57
济南	175.84	115.09	92.48	245.82	135.44	14.84
青岛	134.00	57.92	128.79	117.58	138.68	334.96
郑州	64.52	19.03	45.42	116.34	162.94	37.82
武汉	126.10	33.07	56.67	94.75	18.74	106.15
长沙	134.05	26.80	160.74	35.36	3.13	36.60
广州	79.30	27.59	62.69	14.35	21.27	125.77
深圳	1.90	0.14	2.62	0.31	3.84	6.24
南宁	101.62	123.52	146.06	19.57	21.74	69.85
海口	47.68	74.38	83.11	13.48	1.72	60.70
成都	72.09	46.37	120.40	68.36	22.84	16.82
贵阳	86.76	15.56	52.46	24.45	25.86	4.43
昆明	67.78	14.05	136.80	59.55	47.13	1.30
西安	62.65	59.46	28.64	71.93	220.91	3.59

城市	蔬菜	水果	肉类	禽蛋	奶类	水产品
兰州	137.55	22.74	15.37	27.82	58.02	0.93
西宁	64.76	0.45	54.11	16.85	168.42	0.15
银川	140.31	60.84	40.25	48.80	557.13	65.65
乌鲁木齐	49.73	2.43	33.79	19.92	86.75	5.34

通过与国内其他城市发展指标比较，2009 年以来，大连市都市型现代农业取得了快速发展，跃升为全国领先梯队。

（三）大连农业现代化发展速度

1. 农业经济

大连农业经济总量迅速扩增。2008 年以来，大连市农林牧渔业总产值一直保持较高发展速度，农业经济呈现快速、稳定、协调发展的态势。大连市农业生产条件不断改善，生产规模日趋壮大，农业经济总量迅速扩增，综合实力显著增强。到 2012 年年末，大连市实现农林牧渔业总产值 823.6 亿元。2012 年，水产、畜牧、水果、蔬菜和花卉等五大优势产业产值已占到农业总产值的 85.3%。

2. 农业生产

（1）主要农产品产量大幅度增加。2008 年以来，在农业科技和惠农政策双轮驱动下，大连市主要农产品综合生产能力逐年提升，产量创造了历史新高。

①粮食：大连市粮食产量增长呈阶梯式上升，分别跨越了 100 万吨和 150 万吨两大台阶。2003 年以来，大连市粮食生产连续十年丰收，连续七年突破 150 万吨。2012 年，大连市粮食总产量达到 165.6 万吨。

②蔬菜：大连市蔬菜产业升级速度加快，设施蔬菜基地面积逐年扩大，"菜篮子"产品质量和有效供给稳步提升。2012 年，大连市蔬菜总产量达到 258 万吨。其中设施蔬菜生产实现跨越发展，相继建成设施农业小区 11 527 个，500 亩以上设施农业大区 183 个。

③水果：大连市水果提质增效工程扎实推进，水果生产品种丰富质量高，产量再上新台阶。2012 年，大连市水果产量达到 173.8 万吨。

④渔业：大连市水产品健康养殖稳步发展，"六个百万工程"顺利完成，渔业滩涂贝类增养殖面积发展到 100 万亩，海参底播增殖和港池养殖面积发

展到 100 万亩，虾夷扇贝底播增殖面积发展到 110 万亩，魁蚶底播增殖面积发展到 100 万亩，陆地工厂化养殖面积发展到 115 万平方米，水产品精深加工产量达到 105 万吨。2012 年，大连市水产品产量达到 216.8 万吨。

⑤畜牧业：大连市现代畜牧业稳步推进，标准化、规模化和集约化养殖水平快速提高，畜禽及产品数量继续保持稳步增长的态势。2012 年，大连市肉蛋奶总产量达到 116.8 万吨。

⑥花卉业：大连市充分发挥资源优势，大力推进花卉生产基地建设，实现了品种优质化、产品标准化、种植规模化、营销市场化目标。建成了 6 大花卉园区和 7 大优势花卉生产基地，已跨入全国十大花卉生产市行列。

（2）农业生产条件逐步得到改善。2008 年以来，大连市结合国家千亿斤粮食增产计划等惠农工程实施，逐步加大对农业生产投入，农田水利等基础设施建设逐步加强，农机化水平逐年提高。节水灌溉面积 111.42 万亩，节水灌溉面积比为 49%，其中高效节水灌溉面积为 80.82 万亩，高效节水灌溉面积比为 36%。特别是近 5 年间，农业机械配套率大幅度提高，农作物机收、机播面积逐年增加，农机化作业率显著提高。

（3）农产品综合竞争力不断提高。2008 年以来，大连市大力实施农业科技兴农战略，重点做好优势农产品的区域规划布局，建立健全农产品质量安全体系，积极发展品牌战略和外向型农业，有力地提高了大连市农产品综合竞争能力。

（4）农业产业化经营进入新阶段。2008 年以来，大连市在强化优势农产品生产基地建设同时，大力发展农业产业化龙头企业和农民专业合作组织，不断建立完善利益联接机制，推动了大连市农业产业化经营快速发展。2012 年，大连市规模以上农业龙头企业达到 730 家。其中国家级农业产业化龙头企业 20 家，居全国 15 个副省级城市前列；省级农业产业化龙头企业 78 家，占辽宁省总数的五分之一。农民专业合作社快速发展，农民组织化程度进一步提高。

3. 农业要素

（1）农业科技支撑能力稳步提升。2008 年以来，大连市农业服务体系不断健全，农业科技创新支撑能力得到加强。"三员进村"制度全面落实，市县乡村四级科技服务机构不断完善，建成乡镇级农业技术推广中心站所。开展了农民绿色证书、农业科技进村入户和农村富余劳动力转移培训工程，为提高农民工资性收入奠定基础。

（2）农民人均纯收入大幅度增加。2008 年以来，大连市各级党委和政府高度关注民生，始终抓住农民持续增收这个关键，深入贯彻落实强农惠农政策，大力发展现代农业产业，不断提高农民工资性收入，农民人均纯收入实现了倍增。2012 年，大连市农民年人均纯收入达到 15 990 元，工资性收入呈现快速增加态势。多年来，大连市农民年人均纯收入始终位居辽宁省各市首位，居全国 15 个副省级城市第 4 位。大连市城乡居民收入比差距不断缩小。

（3）新农村建设和农民生活得到显著改善。大连市形成了推进农业农村经济发展的良好氛围，明确了推进农业农村发展的正确方向，健全了推进农业农村经济发展的政策体系，建立了推进农业农村经济发展的工作机制，为加快推进都市型现代农业发展和新农村建设奠定了坚实的物质基础。

从大连农业生产、农业经济和农业要素三方面发展速度看，大连农业现代化进程呈加速发展态势。

（四）大连农业现代化发展的优势

大连作为国家沿海开放城市，经济发展走在全省前列。其得天独厚的地理区位优势和自由开放的人文环境，为农业经济快速发展创造了广阔的空间。大连现代农业发展的活力是内地农业无法比拟的。大连是国内最早选择都市现代农业发展战略的城市之一，其发展规划科学性、目标追求的高远性、谋篇布局的完整性以及运行速度的超越性堪称国内典范，其发展模式的选择也是独具特色的。虽然大连农业发展会有历史起点弱、资源约束性强、政策起伏大和发展不平衡等问题相伴，但其发展的进程早已越过临界点，各项指标昭示已迈入农业现代化第二发展阶段。

1. 沿海开放城市的都市现代农业

沿海开放城市都市现代农业是指濒临海湾，处于开放大都市边缘及间隙地带，依托于大都市，服务于大都市，遵从大都市发展战略，以与城市统筹和谐发展，提供安全健康农产品和生态服务为主要目标，以现代技术为支撑，以设施化、工厂化、园区化为标志，以产业一体化经营为手段，融生产、生活、生态于一体，具有服务辐射带动作用的区域性现代农业。它既有沿海都市对都市农业的依赖性，又有都市农业对沿海都市的依存性。具有城乡无边界、功能多元化、高度集约化、市场一体化以及具备准公共产品功能的特征。大连都市现代农业有别于内地都市现代农业，沿海都市特殊的地理生态区位为其农业的发展注入极大的生机。大连的现代农业发展充满着无限的活力。其现代农业蕴含着丰富的内涵。

2.大连都市现代农业的特色优势

大连除具有都市现代农业特有的产业融合性、功能多样性、要素密集性、发展可持续性、高度开放性等一般特征外，由于历史发展和区域资源的特殊性，还形成了自己的特色优势。

（1）海洋资源开发的领先优势。大连城市拥有得天独厚的海洋资源。大连三面环海，海域辽阔，海岸线占辽宁省2920公里海岸线的65.3%，近海岛屿众多，海洋生物多样，水产丰富。大连的都市现代农业注重海洋农业资源开发，充分利用大连市海洋资源，实施科技兴海战略，以"精养、远捕、深加工"为主攻方向，大力发展海洋渔业，创建海洋牧场，建设"海上大连"，使大连市由"海洋资源强市"向"海洋经济强市"转变。渔业生产保持较快发展势头。特别是海参、鲍鱼、虾夷扇贝和河豚等优质高价值海珍品产量均大幅增长，居全国领先地位。2011年，大连市实现海洋经济总产值2033亿元，增加值901亿元，实现渔业经济总产值646亿元，渔业产值316.8亿元，其海洋经济产值占全市生产总值的三分之一。在海洋渔业生产、渔业产品贸易与海洋环境保护等方面发挥了先导区农业主导产业的示范效应。

（2）开放型农业的竞争优势。都市现代农业是在地域和时空上开放型的大农业，大连是东北经济区对外开放的窗口，是国内外两个市场的交汇处，在区位、交通、市场和人力资源等方面优势明显；资本、技术等现代化生产要素集约化程度高，是辽宁省集约化农业、规模化农业和多功能农业发展较好地区，有条件成为连接国内外农业的纽带。辽宁沿海开放城市都市现代农业多与外向型产业有关，在生产、流通等各个环节全方位开放，重视利用国内外两个市场、两种资源，发挥都市的区位、信息优势，吸引国内外资金、技术和人才，发展外向型农业，满足城乡居民的消费需求，促进现代农业产品和技术的输出，提升产业国际竞争力和市场对接能力。大连都市现代农业突出的特点是出口创汇功能强。大连交通便捷，农产品加工技术先进，农产品产供销体系比较完善，从而带动了大连农产品出口贸易，2011年，实现农产品出口额30亿美元，增长22.5%，占辽宁省的68%。开放型农业的优势非常显著。

（3）科技体系的支撑优势。现代农业的发展需要现代高新技术的支撑。加快农业科技自主创新和农业人才培养，加快农业科技成果转化与推广应用，提高农业物质技术装备水平，推动农业发展向主要依靠科技进步、劳动者素质提高和管理创新方向发展是大连突破环境资源约束，加快农业现代化进程的决定力量。大连在都市现代农业建设中，注重发挥科技的引领作用，在重点领域选择上以农业生物技术和信息技术为着眼点，并兼顾常规技术的集成创新，方向准确，效果突出。现代农业科技发展具体呈现出五个特点：一是海洋资源开发利用中科技占主导地位；二是现代农业技术创新速度快、成果丰富；三是现代农业科技创新体系相对较为完善；四是现代农业科技示范园区成为科技成果研发及产业化的重要载体；五是生物技术、信息技术在现代农业中得到广泛应用。近年来，根据辽宁沿海经济带开发、全域城市化战略实施和转变农业发展方式、发展都市现代农业需要，大连积极构建都市现代农业科技支撑体系——以农业产业技术创新联盟为载体，健全完善都市型农业科技创新体系；以农业科技风险示范工程为平台，构建农业科技试验、示范、传播体系；以农村科技特派行动为抓手，构建新型农村技术服务推广体系，全面提升农业技术创新和成果转化能力，不断增强科技对主要农产品有效供给的保障能力、加快农民增收的支撑能力和转变农业发展方式的引领能力。大连市科技对农业发展的支撑作用不断增强，科技进步对农业增产的贡献率已接近 60%。

（五）大连农业现代化发展的路径选择

1. 大连农业现代化的运河路径

农业现代化包括两次转型。第一次转型是从传统农业向初级现代农业的转型，通过机械化、化学化和专业化等，追求高产量、高效率和高收入，副作用是资源破坏和生态退化；第二次转型是从初级现代农业向高级现代农业的转型，通过信息化、生态化和生物技术等，追求高品质、高效益和高环保。第二次转型代表了农业现代化的世界前沿。

农业现代化路径是战略目标和基本路径的系统集成。根据广义农业现代化理论，21 世纪农业现代化有三条基本路径：第一次农业现代化路径、第二次农业现代化路径和综合农业现代化路径。根据大连农业发展不平衡的实际，从理论和实际的角度考虑，综合农业现代化路径是大连合理的选择，这种路径简称运河路径（图 8-10）。

大连农业现代化的运河路径是：协调推进两次现代化并持续向第二次现代化转型，协调推进农业市场化、机械化、信息化、绿色化和国际化。加快农业结构调整和产业升级，大幅度提高农业效率和农民收入，大幅度改善农民福利和生活质量，大幅度降低农业增加值和农业劳动力比例，提高农业竞争力和农业地位，迎头赶上发达国家第二次农业现代化水平，在 21 世纪中叶达到农业现代化的世界先进水平，全面实现农业现代化。重点方向是发展绿色生产力，实施三高农业工程，发展"高品质、高效益和高环保"的高级现

代农业和特色优势农业，如蓝色农业、有机农业、生态农业、观光农业和旅游农业等，促进农业生产和农业经济的生态转型。

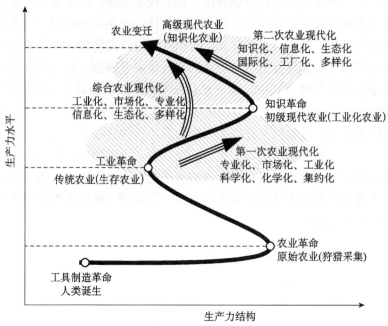

图 8-10　运河路径

2. 大连农业现代化发展的模式选择

由于大连耕地有限，资源环境的约束力强，不能完全走西方一些国家森林城市的道路，需要根据大连的资源禀赋条件等确定合理的发展模式，因地制宜，采取科学的态度，选择优化的发展模式。基于大连农业发展的路径，可供选择的模式主要有：

（1）成品农业模式。成品农业，就是把农产品生产与加工连成一体，形成以出售农产品加工品为主的农业。其一，成品农业的产品都是商品，是为满足他人的消费需求而生产的；其二，成品农业的最终产品均为加工农产品；其三，加工农产品是社会最终消费品，它已经过了分类、加工、包装、品牌化等多个环节；其四，发展成品农业的目的是提高农产品的价值，以赚取更多的利润。传统农业只提供初级农产品，而成品农业则向社会提供农产品的加工品。都市现代农业通过成品农业的发展模式可以将农业的产业链延伸至更广阔的领域，使农业与农产品加工业在农村同步发展，提高农产品的比较利益。因此，成品农业必将从根本上打破传统农业生产要素的组合方式，彻底突破资源与技术的制约，建立起高产、高效、优质的新农业。成品农业的实质是农业与农产品加工业的一体化，而且只有当这种一体化真正实现时，都市现代农业才能按照成品农业的模式稳步发展。大连在发展都市农业中，通过对龙头企业固定资产投资给予补贴、培育支持重点龙头企业上市融资等项政策，推动农业龙头企业发展壮大。大连市规模以上龙头企业发展到 700 家，其中国家级农业产业化龙头企业 20 家，省级以上农业产业化龙头企业 66 家，形成较为完善的农产品生产、加工、营销体系，农产品加工和储藏能力分别达到 780 万吨和 150 万吨，分别占农产品总产量的 87.1% 和 16.7%。

（2）生态农业模式。生态农业是着眼于自然环境资源和社会资源的多梯度利用，根据环境资源的特征，通过对生物种群的选择，将多样化的生物种群合理匹配，形成稳定高效的复合群体，把尽可能多的资源转化为生物产品，从而提高生态系统的生产力并改善人们赖以生存的环境。生态农业强调农业生态系统与城市生态系统的物质循环和能量流动的最适化，以及整个生态系统的动态平衡。大连在以生态农业模式发展都市现代农业时已经取得了良好的效果。近年来注重加强生态农业建设，使用高效、生态、安全农业投入品，积极推广生物、物理防治和生态控制技术，加强农业面源污染治理，营造城市绿色屏障。大连是辽宁省人口密度最大的城市，大连为了加快生态建设开始积极保护已有的绿地，并发展以绿化为主的生态农业，开展了以创建国家森林城市、大规模造林绿化为主要内容的生态建设活动，有效地改善了城乡生态环境，提高了人民生活质量，增强了大连可持续发展能力。大连的绿地面积已经增加到人均 13.1 平方米，生态环境有了很大的改善，2011 年荣获 "国家森林城市" 光荣称号，正向环境优美的国际化大都市迈进。

（3）设施农业模式。设施农业是指通过改变自然环境条件的方式，获得最适宜植物生长环境条件，以增加作物的产量、改良作物的品质、延长生产季节、提高作物对光能的利用率。它集现代生物技术、农业工程、材料科学为一身，以先进的农业设施为依托，是科技含量高、产品附加值大、劳动生产率高、经济效益好的都市现代农业发展模式。自改革开放以来，大连市的设施农业已经取得了长足的进展。以塑料大棚和日光温室为代表的保护地生产在城市郊区迅速发展，这强化了都市现代农业服务于都市的宗旨，极大地丰富了城市的鲜活商品市场，已成为大连市都市现代农业发展的重要模式之一。近年来，大连都市农业发展的指标之一就是大力发展设施农业，重点建设 500 亩以上设施农业大区，设施农业大区发展到 113 个，设施农业面积达到 82.4 万亩。与国际农业先进的国家荷兰、英国等国家设施农业比较差距仍然很大，西方国家高水平、高度集约化的设施农业已经实现了对温、光、水、气、肥的全部计算机控制。而且他们已经发展成熟了从品种选择、栽培管理到采收、加工、包装的一整套完整规范的技术，这些经验很值得我们借鉴。

（4）精准农业模式。将精细、准确的现代工业生产原则贯彻于农业生产之中，被人们称为精准农业。人们普遍认为精准农业是21世纪世界农业发展的方向，同时它也是都市现代农业的发展模式之一，精准农业是现代高科技条件下的综合农业工程，它包含了种子工程、播种工程、平衡施肥工程、精确灌溉技术、作物动态监控技术等内容。精准农业将农业中以往的模糊估算变成了准确的量化指标，使农业生产由经验型转化为科学化和计量化。精准农业是现代农业发展的必然趋势，对其研究开发将有助于我国解决人口、资源、环境方面的许多问题，也有利于农业资源的高效利用和农业生态环境的保护。大连在发展都市农业中，注重强化精品农业建设，已创建标准化果园177万亩、蔬菜标准园20个、粮食万亩高产示范片20个、畜牧标准养殖场1155个、渔业健康养殖示范场278个。精准农业已成为首选的重点模式。

（5）观光休闲农业模式。观光休闲农业是将农业生产与观光和休闲有机地结合起来，变自然农业为旅游观光农业、变农业生产区域为观光休闲区域的都市现代农业发展模式。观光休闲者通过观赏农村景观、参与农田劳作、体验乡村生活，以达到调剂生活、休闲娱乐的效果。随着物质生活的日益丰富，市民在从事紧张的工作之余需要使一直紧张的精神状态放松下来，他们自然会产生休闲娱乐的需求。观光休闲农业通过满足人们休闲娱乐需求在经济中发挥了以下几点作用。第一，提高了乡村农地的利用效率；第二，满足了都市人对休闲娱乐服务场所的需求；第三，市民通过了解农业、体验农业，加深了对农业的理解，农民通过提供休闲娱乐服务为农业的进一步发展来筹集资金。大连在发展都市农业中积极发展休闲农业，建设集生产、休闲、采摘、观光于一体的新农庄，并推进创意农业发展，挖掘和拓展农耕文化内涵，开发高附加值农业服务产品。例如，每年举办樱桃节、蓝莓节、苹果节等农业旅游活动。

（6）外向型农业模式。外向型农业的模式是指利用沿海地区的区域优势，采取相应政策扶持龙头企业，重点发展优质种苗、特色蔬菜、优质花卉、名优水果、优质家禽和特种水产等资金和技术密集型农产品生产。生产和加工优质农产品出口，带动区域经济发展和农民增收。在发展外向型创汇农业过程中，大连市加快农业结构调整步伐，发挥邻靠韩国和日本的口岸优势，立足当地资源，确定了进一步做大水产、畜牧、水果、蔬菜、花卉这五大优势产业；不断扩大名优海珍品养殖放养规模，积极推动生态养殖模式，扩大对日本、韩国水产品、蔬菜、肉鸡等传统农产品出口，积极开拓俄罗斯及欧洲市场。从 2001 年以来，大连市政府已确定每年投入 3000 万元用于扶持农业产业化龙头企业发展，加快外向农业发展，积极开展招商引资活动，引进一大批国内外大企业投资都市现代农业。推进农产品出口示范区创建，不断开拓国际市场。2011 年实现农产品出口额 30 亿美元，增长 22.5%，占辽宁省的 68%。

（7）农业科技园模式。农业科技园是集科技核心区、科技示范区和科技辐射区三种功能为一体的从事现代农业生产经营的新型农业企业。它以企业化的方式独立运作，以农业科研、教育或技术推广单位为技术依托，以市场为导向，以体制创新和机制创新为动力，以转化科技成果为中心，以对农业新技术、新品种、新设施的示范、推广为手段进行农业现代化建设，并以促进区域农业结构调整和产业升级，实现企业利润增长和农民富裕为目标，是现代农业发展的有效模式。农业科技园的运行中，引进国内外高新技术和资金及各种设施，集成现有的农业科技成果，对现代农业技术和新品种、新设施进行试验和示范，形成高效农业园区的开发基地、中试基地、生产基地，以此推动农业综合开发和现代农业建设的运行模式。大连在发展都市农业中，注重依托高校和科研院所建立的示范引领基地，投入资金大力支持。积极开展市级都市型现代农业示范区创建活动，加强国家、省级示范区基础设施建设，完善服务功能，提高带动能力。2011 年，新创建市级都市现代农业示范区 26 个，总数达到 42 个，建成省级现代农业示范基地 61 个，瓦房店、庄河市被农业部评为国家级现代农业示范区。特别是獐子岛集团注重科技成果转化、产学研一体化运作模式，辐射带动作用显著。

（8）循环农业模式。循环农业是一种以资源的高效利用和循环利用为核心，以减量化、再利用、再循环等为原则，以低消耗、低排放、高效率为基本特征，符合循环经济理念和可持续发展理念，满足建设节约型社会和环境友好型社会要求的现代农业增长方式。大连在规划现代农业中注重大力推进循环农业，建立集畜禽养殖、设施生产、沼气综合利用的循环体系。2009 年，已有 98 501 户用沼气池，大中型沼气工程 239 项，发展速度非常快。

五、大连农业现代化发展的决策参考

在"四化同步"发展中，推进农业现代化任务十分艰巨，需要从大连市经济背景和农业发展实际出发，把握城乡统筹大趋势，突出重点，加大投入，强化措施，综合施策，建立健全以工促农、以城带乡的长效机制，促进城乡要素大流动，增强农业农村经济发展活力，形成城乡经济社会一体化发展新格局，营造良好的发展氛围和政策环境，为现代农业建设取得明显进展提供有力保障。

（一）重视农业现代化的基础作用

巩固农业基础、实现农业现代化，是我国现代化建设的重要目标。"四化同步"中高度重视农业现代化，是各级政府的首要选择。大连市农业发展取得了长足的进步。但是，与快速发展的工业化、城镇化及信息化相比，大连市农业现代化仍显滞后，农业发展基础还比较薄弱，农业还是大连经济社会发展的短板，"强农固本，善政养民"，没有农业现代化就没有大连的现代化。建议提升管理层次和意识，把绿色美好的农业形态作为最具亲和力的产业，作为城市环境追求的最高形态要素，要像重视工业一样重视农业，像重视城区一样重视郊区，像建设城市一样建设农村，像关心城市居民一样关心农民，促进城乡协调发展，加快城乡一体化建设进程，实现大连的全面现代化。

（1）加强组织领导。为保障大连市农业现代化有效推动，成立以市委主要领导牵头的"大连市农业现代化工作领导小组"，统筹大连市农业现代化推进工作。

（2）完善支农强农政策体系。继续加大财政支农力度，引导全社会资金投入都市型现代农业建设。

（二）加快农业生产现代化进程

加快农业生产现代化进程如表 8-17 所示。

表 8-17　加快农业生产现代化

城市	耕地面积/万公顷	化肥施用量/万吨	万公顷化肥施用量/万吨	农机总动力/万千瓦	万公顷农机总动力/万千瓦	有效灌溉面积/万公顷	万公顷有效灌溉面积占耕地面积比例/%	设施农业面积/万公顷	设施农业占耕地面积比例/%
大连	36.11	16	0.44	341.9	9.47	11.1	30.7	5.5	15.2
北京	23.17	13.8	0.59	265.2	11.45	16.3	70.4	2	8.6
天津	39.65	24.4	0.62	583.9	14.73	33.8	85.2	4	10.1

城市	耕地面积/万公顷	化肥施用量/万吨	万公顷化肥施用量/万吨	农机总动力/万千瓦	万公顷农机总动力/万千瓦	有效灌溉面积/万公顷	万公顷有效灌溉面积占耕地面积比例/%	设施农业面积/万公顷	设施农业占耕地面积比例/%
上海	19.96	11.6	0.58	105.6	5.29	19.96	100	1.3	6.5
郑州	39.71	23.6	0.59	521.2	13.16	19.6	49.4	1.1	2.8
武汉	20.49	15.5	0.76	241.4	11.78	15.9	77.6	4	19.5
成都	32.55	17.4	0.53	310.7	9.55	32	98.3	2.2	6.7

从表 8-17 中农业生产要素看，大连市在单位面积化肥施用量、设施农业发展方面相对处于领先地位，但在单位面积有效灌溉，农机总动力方面落后于其他城市，需要改进。建议：

（1）重点推进水利现代化。大连市是水资源匮乏城市，水资源仅有全国平均水平的 1/8。因此要举全市之力，推进水利现代化，要学习荷兰舍得投入，把水利工程当作生命工程来建设。

（2）大力普及生物化学技术。进一步加大使用有机肥、生物肥、生物农药力度。

（3）加快推进农业机械化。抓住国家农机补贴机遇，大力发展新型农机具，加快推进水稻、玉米全程机械化，园艺机械化。

（4）进一步推进规模化、集约化。大连市土地资源人均耕地不足 1 亩，随着全域城市化和工业化加快推进，耕地面积减少是必然趋势，土地制约问题会更加突出。因此，要以规模化、集约化为主攻方向，增加单位面积投资强度，提高土地产出效益。

（三）健全农业经营服务体系

提高农民组织化程度，健全农业经营服务体系，是推进农业经济组织现代化的重要任务。建议：

（1）做大做强农业重点龙头企业。加快培育一批超大型农业龙头企业，全方位打造龙头企业集群。推进农业企业与农户建立更加紧密的利益联接机制，实现农工商一体化发展。

（2）大力发展农民专业合作社。按照积极发展、逐步规范、提高素质的原则，加大扶持力度，加快发展步伐，发展农民专业合作社，切实提高引领带动能力和市场竞争能力（大连市农业专业合作经济组织已经发展到 1703

个，增加速度较快，但合作组织运行质量较弱，农业生产经营主体依然以分散、小规模的兼业农户为主）。

（3）重点建设现代农业园区。农业园区是招商引资、发展都市型现代农业的承载地和示范区，在城市化程度比较高的城市都把推进园区建设作为农业现代化重要举措，大连市要坚持政府引导、企业主体、市场运作、效益中心的原则，用工业化理念指导农业园区发展，优化完善农业基础设施，科学配置生产要素，支持科技创新，重点建设一批标准高、效益好、辐射强的农业园区（大连已在郊区建设了80多个省市级农业示范园区，但感觉缺少像上海、深圳、重庆、哈尔滨那样有超大型辐射能力强的园区）。

（4）加快推进农村土地流转。土地流转是规模化、集约化、提高组织化的前提，要加大政策扶持力度，按照"依法、自愿、有偿"原则，加快推进农村土地流转向农业大户、家庭农场、工商企业，集中发展都市型现代农业，提高土地利用率。

（四）创新农业投融资渠道

都市农业的发展需要大量的资金支持，而且都市农业面临着较大的自然风险和社会风险，所以需要创新都市农业的投融资渠道，多方面筹措资金。首先是政府的财政投入要加大力度，还要鼓励各种社会资金以合作、参股、独立投资等形式参与都市农业项目。积极培育农业上市公司，逐步建立支农信贷风险补偿机制，对农业贷款损失实施补贴，扩大农业保险补贴范围和补贴幅度，健全农业再保险和财政支持下的大灾风险分担机制。发挥农村商业银行作用。加强农村信用担保体系建设，实现政策性担保体系全覆盖，扶持有条件的农民专业合作社开展信用合作。积极推进农业保险，因地制宜开发和创新满足不同需求的保险产品，扩大农业保险覆盖面，提高参保率。还要引进国内外及港澳台资本进入农业领域，并争取国外金融机构对农业的贷款，满足农村多元化金融服务需求。农业经营风险大、农业经营主体应对市场风险和自然风险的能力不强等制约了现代都市农业的发展。大连是我国自然灾害的频发区，受台风影响尤其严重。海水养殖是高投入产业，历来是靠天吃饭，在遇到台风等自然灾害时，由于没有任何保险，很多海上养殖户都面临"多年致富，一灾致贫"的危险。尤其是大连的海洋生态环境一直面临巨大压力，由于长期高强度的开发和利用，沿岸海域水产资源日趋减少，优质鱼类越来越少，部分地区追求增产、加大养殖密度，常因养殖自身感染，导致海域生态环境不断恶化，渔业生产不断受到灾害的困扰。虽然2011年市本级财政投入"三农"资金达123.9亿元，年均增长 23.8%，占本市级财政支出的 17.5%，但由于政府多年对基础设施的投资偏重于城市，历史欠账太多，政府对农业基础设施的投入力度仍显不够。近年来，由于全球气候变暖，林业生态环境破坏，农业灾害性气候频繁发生，动植物病虫害多发、高发的不确定因素增加，农产品及农业投入品价格剧烈波动，加之大连农业生产经营主体组织化程度不高，直接导致农业生产者处于不利的市场谈判地位，而这决定了其应对市场风险的能力相对较差；农业经营主体所处的金融环境并不宽松，农业政策性信贷、农业政策性保险等还不能为农业发展提供有效支撑。同时，在市场经济条件下，农产品流通日益频繁，给监管工作带来了较大挑战，农业安全依然是农业工作的重点和难点之一。

（五）发挥农业科技引领作用

以科技创新为依托，实现农业增长方式的转变。充分发挥大连在化工、农业、生物、信息和机械制造等领域的科技实力，特别是海洋生物领域的突出优势，以龙头企业为主体，依托国家、省市级农科院和农业相关科研单位，筛选一批具有优势的关键技术进行多主体联合攻关，高度重视先进及适用技术集成。通过扶持关键领域技术创新、加强公益性技术推广、不断完善农业科技项目招投标制度等手段，促进农业科技快速发展。同时，加大新品种、新技术、新模式引进推广力度，提高农业科技成果本地的转化率。着眼长远发展，面向产业需求，推动农业科技进步。以提高土地产出率、资源利用率、劳动生产率为目标，坚持增产增效并重、良种良法配套、农机农艺结合、生产生态协调，健全适应都市现代农业发展要求的科技支撑体系，抢占农业高新技术领域制高点。深入推进农业科技体制改革，稳定强化基层公益性农技推广机构，加快发展社会化农技服务组织。持续增加农业科技投入，不断改善农业科技基础条件，健全都市现代农业产业技术体系，大力增强农业科技创新能力加快农业新品种新技术推广和集成应用，促进农业科技成果转化和产业化。加强农村科技人才队伍建设，加快发展农村职业教育，鼓励有文化和农业技能的青壮年农民留在农村。

生物技术的运用最具潜在价值。近 30 年来，世界各国在生物技术研究方面投入大量的人力和物力，取得了巨大的成就，使生物技术得到了极为迅猛的发展，成为当今世界高新技术领域中发展最快的一门科学。大连是我国生物技术研究的基地，大连化物所、大连理工大学、大连海事大学、大连海洋大学、大连工业大学等研究力量雄厚，设备较为齐全，学科间互为依托，交叉融合的条件较好，是海洋生物技术应用研究发展最快的地区，在国内具有一定的优势。经过近 20 年的研究和发展，海洋生物技术在大连已有较多的技术储备，特别是皱纹盘鲍杂交育种、育苗工艺及陆上工厂化养殖规模、鲍鱼、牡蛎、扇贝多倍体繁育、海洋生物的药物提取等方面居国内领先地位。大连建设了生物技术和信息技术的"双 D 港"，大连提出建设"海上大连"的设想，更需要海洋生物技术的支撑。结合大连的实际，海洋经济发展的重点应该放在优先发展海洋生物技术的研究与开发，实施海洋高新技术攻关战略，推进海洋生物技术产业化。现在需要采取一些措施来加强各研究单位及研究项目间的交流与合作，加快某些具有广阔市场前景又处于技术边缘领域的研究开发工作；加大研究力量的整合和优化，多渠道投入资金和多方面引进人才，建立规模化产业研发基地和生产基地。

大连市农业科技发展有一定基础和优势，但与发达国家及我国南方较发达沿海地区相比，大连市现代农业科技发展仍存在着一些差距和不足：一是农业科技投入与需求相比有较大差距。大连市农业科技投入与农业总产值的比例仅为 0.6%，与发达国家和地区相比差距巨大，与高速发展的现代农业对科技投入的需求不相适应。二是产学结合还不够紧密，农业科技成果转化率较低。科研机构、大专院校与农业科技企业结合得不紧密，导致农业科技成果产业化率较低，北部县区科技成果产业转化率仅为 30% 左右。三是农业科技人才匮乏。大连市农业科技人才尚显不足，农技人才占全市人口的比例仅为 0.06%，现有农业科技人员 6000 余人，其中高级职称占 1.9%，仅有 116 人，与发达国家差距明显。特别是农业科技信息产业、农产品加工、保鲜、营销、农业企业经营管理、生态环境保护、农业各类资源综合利用人才极为缺乏。

（六）提高农业对外开放水平

大连是国内外两个市场的交汇处，有条件成为连接国内外农业的纽带。为此需要建设成为开放型的都市农业。用劳动密集型和生物多样性特点的优势农产品换取国外土地资源密集的农产品可以发挥大连农业资源的优势，并缓解资源短缺和劳动力资源丰富的矛盾。坚持"引进来"与"走出去"相结合，不断提高统筹利用国际国内两个市场、两种资源的能力，进一步拓展农业对外开放的广度和深度。提升"引进来"的质量和水平，打造生态良好、设施完备、服务高效、政策设计与国际接轨的招商环境，提高引智质量，优化引资结构；拓宽农业"走出去"渠道，加大支持力度，加强农产品国际贸易，积极发展农业会展经济，大力开拓国际市场，积极推动优势农产品出口，支持各类经济实体在国外投资兴业，实现互利共赢，鼓励发展对外劳务经济，加强劳务输出基地建设，进一步扩大农业国际交流与合作，对接国际高端农业科技合作与发展模式，建设面向世界的生态循环农业合作交流平台。大连经济发展平均增长速度为 16.1%，对外贸易总额年均增长 22.15%，2011 年农产品对外贸易总额 24 亿美元，2012 年一季度农产品出口值 8.92 亿美元，水产品出口值 4.38 亿美元，分别增长 15.6% 和 21.7%，进口农产品总值 8.58 亿美元，进口冻鱼 2.84 亿美元。大连出口的优势农产品主要是水产品、蔬菜、畜禽产品、水果、罐头、花卉等劳动密集型产品，进口的主要是冻鱼、对虾等资源密集型产品。大连农产品贸易结构反映了人多、地少、水缺的资源禀赋特征和农业的比较优势，劳动密集型优势农产品出口则带动了农产品加工增值和农业产业结构优化升级，促进了农民就业增收。这种积极作用在大连的水产养殖和水果种植等优势产业表现得尤为明显。大连的农产品加工企业是主要受益者。2010 年，大连有 500 多家农产品加工企业拥有直接进出口权，其中 31 家企业出口额超过千万美元，16 个产品出口额超过千万美元，占农产品出口总额的 97.7%，农产品出口到 140 多个国家和地区。

（七）加快培育新型农民

21 世纪是农业科学与众多现代科学相互交融、渗透的时代，大连农业现代化要走在全国前列，首先要在农业科技研究和推广应用方面走在前列，迫切需要加快农业人才高地建设，不仅要数量多、质量高，而且要在机制环境上做到人尽其才，还要积极吸引国内外农业人才来大连创业。农民是农村经济经营的主体，是农业科学技术的具体应用者和直接实践者。大连每年诞生的农业科技成果之所以推广率不尽如人意，原因之一就是农业生产者的知识水平低（69% 初中文化），不会用。随着大批农村青壮年进城务工，"农村空心化、农业副业化、农民老龄化"问题显现（大连从事农业的人员达 63.5 万人，其中 18～45 岁占 40%，45～60 岁约占 34%，60 岁以上约占 36%），大连农业面临后继乏人的危险，因此，加大农业职业教育的投资力度，增加农村人力资本存量，加强农村实用人才培训，积极开展农业职业技能鉴定工作，大力培育有文化、懂技术、会经营的新型职业农民是十分有效的途径。还要重视企业家资源在推动大连都市农业发展中的重要地位，积极鼓励并切实扶持农业专业技术人才、具有创业意识的大学生在农村创业。充分认识农技推广人员在农业技术推广、产业建设和发展中的重要作用，深化改革，建设职能合理明确、体制适应顺畅、队伍稳定精干、经费充足保证的公益性农技服务组织。

（徐世玲）

第九章

把绿色发展理念贯穿于生态文明
建设的顶层设计和总体部署之中

　　党的十八大提出，建设生态文明，是关系人民福祉、关乎民族未来的
长远大计。要全面落实经济建设、政治建设、文化建设、社会建设、生态
文明建设五位一体总体布局，不断开拓生产发展、生活富裕、生态良好的
文明发展道路。当前，大连正处于大力推进现代化和全域城市化的关键时
期，也是产业发展从工业化向后工业化发展，城市管理从粗放式向科学严
格精细、向长效管理转型的重要时期。面对当前国际国内经济社会发展的
大环境与大连发展实际，迫切需要以生态文明理念推动城市建设管理与发
展，将绿色理念和制度安排、发展路径贯穿于生态文明建设的顶层设计和
总体部署中，着力打造绿色增长模式，实现科学发展的新跨越和永续发展
的蓝图。

　　本章基于大连市资源环境承载力的现状及变化情况，对大连市生态文
明建设构建总体规划框架，为发展生态经济与生态城市提供了基础研究
思路。

第一节　大连资源环境承载力的综合评价与分析

一、资源环境承载力的含义与评价方法

　　资源环境承载力是指"在确保生态可恢复与可持续，并满足人类需求的
前提下，一个地区、一定时期内的资源环境数量与质量能够承载经济、社会

可持续发展需求的能力。"简而言之，其是指在维系良好生态系统的前提下，一个区域的资源环境容量所能承载的经济社会活动的规模。它反映了资源环境同人类经济、社会活动相互适应的程度，除了受区域资源环境本身状况的制约外，还受区域发展水平、产业结构特点、科技水平、人口数量与素质以及人民生活质量等多种因素的影响。

资源环境承载力研究是城市环境总体规划的核心任务之一，其重点任务是分析城市发展的资源环境约束与安全阈值，引导城市建设与产业合理发展。目前的承载力研究方法主要分为两类，一类是针对资源环境的单要素的分析，如水资源、土地资源和大气环境、水环境等；另一类是综合考虑资源环境要素及经济社会发展状况等，通过建立指标评价体系，评估区域的综合承载力状况。总体来看，资源环境承载力研究多以单要素分析为主，综合评价方法尚处于探索阶段。实际上仅通过指标评估往往不能全面反映区域承载力状况，容易忽略因自身禀赋差异和环境胁迫导致的区域资源环境承载能力的变化。因此，城市综合承载力研究应一方面加强资源环境要素的系统整合，另一方面更要全面地评估资源环境禀赋特征和压力差异，结合区域的经济社会发展实际，提出更加科学合理的评估方法。

二、资源环境承载能力对生态文明建设的意义

生态文明建设不仅要遵从经济规律，还要尊重自然规律。资源环境是生态文明的承载体，正确认识和评价一个地区的资源环境承载力是生态文明建设的首要任务。因此，要加强对资源环境承载力的综合调查与评价研究，将资源环境承载力研究结果充分运用到国土空间资源开发利用、城市建设与经济发展、环境保护与生态修复等各个领域，并通过高新技术手段及体制机制改革等形式，助推生态文明建设，实现人与自然协调可持续发展。

三、大连市资源环境承载力现状分析

（一）大连市发展现状

大连市地处辽东半岛南端，黄渤海之滨，是我国重要的港口和旅游城市，是辽东半岛对外开放的前沿和东北经济区的重要门户。大连市下辖7区

（中山区、西岗区、沙河口区、甘井子区、旅顺口区、金州新区和普湾新区）3市（瓦房店市、普兰店市和庄河市）1县（长海县）和4个发展先导区（保税区、高新区、长兴岛临港工业区和花园口经济区），土地总面积13 237平方公里，全市户籍总人口593万左右，常住人口约669万。2014年全年地区生产总值7655.6亿元，三次产业构成比例为5.8：48.3：45.9，对经济增长的贡献率分别为2.8%、44.8%和52.4%。

大连市是环保部确定的首批12个开展城市环境总体规划编制的试点城市之一，是我国东北地区生态文明建设的典范，在全国率先进入国家环保模范城市行列，获得了"全球环境500佳"等一系列殊荣。近年来，大连市资源环境利用效率大幅度提升，主要污染物排放强度逐年降低，但经济社会快速发展带来的资源环境压力仍然偏大。城市开发建设和产业集聚发展带来的污染排放压力和资源需求不断增加，导致部分地区面临资源环境超载等问题。分析城市环境资源承载力及其相应调控政策，既是大连编制城市资源环境总体规划的需要，也是实现大连经济发展与环境保护、资源开发利用与生态文明建设的战略要求。

（二）单要素承载力分析

2011年资源环境单要素承载力计算结果表明，金州新区及以南地区（包括中山、西岗、沙河口、甘井子和金州新区、保税区、高新园区）水、土资源超载较为普遍，资源承载力接近或为0，其中西岗、沙河口和金州新区、甘井子区大气环境承载力为0；大连新兴发展区域中，普湾新区大气环境承载力较低，长兴岛临港工业区和花园口经济区资源环境现状承载力较好，无明显短板约束；北三市和长海县中，除瓦房店市外的其余三个地区资源环境要素承载力相对较高。

伴随资源环境效率的提升和污染物削减治理措施的深入，到2020年，大连地区内除普湾新区、金州新区和长兴岛临港工业区外，大气环境和水环境承载力整体提升较为显著，而水资源、土地资源承载力仍然处于下降状态。其中，金州以南地区水资源、土地资源仍然接近或为0，资源供给压力仍长期存在；普湾新区、长兴岛临港工业区和花园口经济区等水、土资源承载力有下降的趋势，由此反映出城市建设和产业发展对区域资源供给的需求逐步加大。

（三）综合承载力分析

2011 年资源环境综合承载力计算结果表明，研究区内各县市区综合承载力总体上呈现北高南低的趋势，金州新区以南的中心城区综合承载力系数较低，长兴岛临港工业区和花园口经济区、普湾新区等新兴工业区和城市新区承载力相对较高。

到 2020 年，中心城区综合承载力呈现不同程度的提升趋势，而普湾新区、金州新区及长兴岛临港工业区、花园口经济区等城市新区和工业园区作为未来经济社会发展的重点区域，综合承载力有所下降，部分地区资源环境日渐突出，因此这些地区也作为未来资源环境保护与调控和关键地区。

四、大连市资源环境承载能力的评估分析

（一）深入开展评估分析

客观分析大连自然条件禀赋和经济发展状况，深入研究资源环境的现状、问题和成因，对环境污染及资源浪费情况进行定性定量分析；对各区域的资源环境承载力进行分级分类评估；对大连城市特有的海洋资源环境承载力及旅游资源环境承载力进行定性定量的深入分析，基于综合承载力科学合理测算港口价值链、海产养殖业、石化等产业的发展潜力与发展空间，逐步形成常态化的分析评估机制。

（二）合理划定"三条红线"

设置生态保护红线，落实主体功能区规划，充分发挥限制开发区域和禁止开发区域生态屏障和生态效益的功能，对资源环境容量超负荷区域采取相应管制；设置自然资源使用红线，对淡水、海洋、土地等自然资源的开发利用进行有效控制；设置污染物排放总量红线，对主要污染物及温室气体排放总量进行控制。

（三）科学制定发展战略

依托资源环境承载力来科学制定大连市城市发展战略，优化资源环境要素配置，把有限资源用到重要领域和重点项目上，把有限环境容量配置到最需要发展的区域和行业，引导经济社会在总体上的全面发展、在空间上的协调发展、在时间上的持续发展。

第二节　大连生态文明建设规划的原则和目标

一、指导思想

坚持以科学发展观为指导，坚持以人为本，全面贯彻落实党的十八大精神，汲取市委十一届全会精神，借鉴大连市"十二五"发展规划的经验方法，牢固树立尊重自然、顺应自然和保护自然的理念，促进生态文明建设与"十三五"规划融合，针对大连城市发展的特点和资源环境承载力的条件，确立大连生态文明建设规划的总原则、总目标。

二、基本原则

1. 路径

大连市应综合考虑生态文明建设与经济发展的关系，抓住国家进一步全面振兴东北老工业基地和建设辽宁沿海经济带的双重机遇，明确将生态文明融入经济、政治、文化、社会建设的实现路径，同时根据部分区域资源环境承载力饱和情况及时制定城市长效发展规划与政策，以保障和改善民生为立足点，坚持生态为基、环保优先的方针，以新型工业化、城镇化、信息化、农业现代化、绿色化为理论上的"抓手"和实践中的路径，将生态文明建设与经济发展协同推进。

2. 绿色

把"绿色化"提升到大连市城市发展的战略位置，将其定性为"政治任务"，深刻理解"绿色增长、绿色转型、绿色发展"的内涵，制定科学翔实的绿色增长与发展规划，将三者关联统一于生态文明建设实践之中。加快推行绿色生产方式，发展绿色产业，实现经济绿色化；全面推进绿色城镇化，倡导绿色建筑，实现生活方式绿色化；着力培养高级别价值取向，形成绿色价值观，实现社会风尚绿色化，完成建设"绿色增长型"城市的使命。

3. 理念

推动生态文明建设，关键在人，核心在于形成生态文明的主流价值观，而构建生态文明的主流价值观，首先来自理念的转变。加强生态文化的宣传教育，在全社会倡导勤俭节约、绿色低碳、文明健康的生活方式和消费模式，通过经济手段、法律手段等多措并举，促进"节约、绿色、环保"的理念内化于人心、外化于体行。

4. 制度

科学规划，制度先行。制度一直是生态文明建设中的薄弱环节，缺乏统筹的制度建设将导致规划碎片化，相关政策会严重缺失或落实不利，只有实现法制化、制度化，才能建立起生态文明建设的长效机制。

三、预期目标和任务

规划分为两个阶段，近期规划为 2016～2020 年，即"十三五"时期；长期规划为 2021～2030 年。

"十三五"期间，作为首批获得"国家环保模范城"称号的城市之一，大连市理应率先开展生态文明城市建设，建立生态文明建设党委、政府领导工作机制，研究制定生态文明建设规划，完善体现生态文明要求的目标体系、体制改革方案，把建成"生态文明建设试点示范市"的目标提升到战略高度并取得成效，完善经济绿色化发展的模式，使生态文明建设水平与全面建成小康社会的目标相适应。

强化主体功能定位，优化城市空间开发格局，划定生态红线并严格遵守，探索生态文明建设的有效模式。

推动传统产业转型升级，加快工业化与信息化融合发展，推动传统制造业向生产方式绿色化、系统集成化、制造服务化转型，让传统产业"老树开新花"；优先发展现代服务业，顺应港口城市产业一体化、航运交制造产业基地、国家高端轴承高新技术产业基地建设，实施一批重点领域的智能制造项目，发展国家智能现代服务业，推动"智慧城市"建设；延伸港口价值链，主动向以绿色化、智慧化为特征的第五代港口转型升级，使其成为现代高端服务功能融合发展的重要载体；加快转变农业发展方式，发展生态农业，加强国家现代农业示范区建设。

完成上级政府下达的节能减排任务，总量控制考核指标达到国家和地方总量控制要求，环境质量（水、大气、噪声、土壤、海域）达到功能区标准并持续改善，完善对大连土地空间、海洋资源的保护政策与措施，建立长效的发展机制。

城市治理水平不断提升，城乡生态环境不断改善；民生社会事业持续改善，重点民生工程高质量按时完成；积极促进充分就业，完善社会保障和救助体系；健全立体化社会治安防控体系，完善危机预防和管理体系，提高对自然灾害、事故灾难、公共卫生和社会安全事件的应急处置能力；坚持高起点规划、高标准建设城市基础设施，提升城市资源环境承载力和可持续发展能力。

以《生态文明体制改革总体方案》为重要遵循和行动指南，从大连实际出发，细化搭建制度框架，明确生态文明体制改革的任务书、路线图。构建起由八项制度构成的科学翔实完整的生态文明制度体系，与国家走向社会主义生态文明新时代的步伐协同并进。

到2020年，初步建成完善的资源节约型、环境友好型、绿色增长型社会的政策法规体系、技术创新体系、制度保障体系和组织领导体系，形成人与自然和谐相处的生态文明制度；商务商贸和旅游业发展取得显著成就，建成东北地区的商务会展中心、国际商贸中心和国际旅游名城；建成全球软件和服务外包领军城市及东北地区的技术创新中心和战略性新兴产业基地，打造"中国软件名城"；统筹卫星城和中心镇的建设和发展规划，建成引领东北地区产业结构优化的先导区、引领东北地区经济社会发展的先行区；建设智慧交通、智慧口岸、智慧社区、智慧城市的效果全面显现，大连市成为市民幸福安全、经济高端健康的东北亚智慧名城；金普新区基本建立起国际接轨的开放合作和自主创新政策环境，现代产业集群国际竞争力显著增强，生态文明建设取得新进展；金州新区成为国家级生态文明建设示范区，大连市基本达到国家生态市建设标准，成为国内外有影响、高端资源集聚、经济发展与生态文明建设协同并进的国家级示范城市。

到2030年，大连市迈向全体人民共同富裕、共享生态经济阶段，经济发展与生态文明建设均达到国家领先水平，建成国家级生态文明建设示范市；自主创新能力达到国际先进水平，产业结构进一步优化，城镇化质量和水平显著提高，建成国际化、现代化、智慧化和生态化示范城市；大连国际影响力和区域经济辐射带动能力更加显著，为国家推进"四个全面"战略布局、实现"两个一百年"奋斗目标作出贡献。

第三节　优化国土空间开发格局

构建科学合理的人口、产业和生态三大战略布局，形成经济、资源、环境相协调的国土空间开发利用格局。全面实施主体功能区战略，优化城镇布局和产业布局，加强国土空间开发有效管控，严守生态红线，加强生态保护，保障生态安全，维护生态平衡，形成经济和资源环境相协调的生产空间、生活空间和生态空间。

一、落实主体功能区规划

（一）整体区域规划

根据大连作为沿海城市的海陆并存、山水交错的自然地理特点，并结合宏观的社会经济状况及空间发展定位，以大连各区域资源环境承载力为依据，针对老城区和中心城区、城市新区和产业园区（普湾新区、金普新区和保税区、长兴岛临港工业区、花园口经济区、高新区）、内陆山区等不同区位，推进市县落实主体功能定位。统筹全局规划出重点保护区（自然保护区、风景名胜区、森林公园、饮用水源保护区等生态功能极重要区）、优化开发区（城市新区、产业园区等资源环境承载力较大的区域）等发展定位区。

（二）区域发展规划

区域规划编制、重大项目布局必须符合主体功能定位，按照"宜工则工，宜农则农，宜商则商"的原则，以全域城市化为方向，拓展城市发展新空间和新增长点；以大连城市综合承载力总体上呈现北高南低的趋势为基础，推进经济发展重心北移，重大产业项目、基础设施和城市服务功能向北延伸。

坚持产城融合发展，打破行政区划界限，坚持沿黄渤两海、沈大和丹大两线"V"字形拓展城市空间的路线，推进沿海经济带19个重点园区的经济效益与生态文明建设协调发展；统筹规划主城区、新市区、渤海区域和黄海区域"四大城市组团"的发展战略，打造成熟的主城区、新市区为主体，以黄海、渤海组团为组成部分，以沿海重点园区为支撑的空间网络；建立起产业结构高级化、产业发展集聚化、产业竞争力高端化、具有高度开放性的全新产业体系，促进资源要素在"四大组团"之中的合理配置，优化生产力布局。

提升主城区辐射功能，发挥新市区开发带动作用，加快为承接中日韩循环经济示范基地建设而形成的北黄海经济区的发展，统筹庄河市域辽宁沿海经济带三个重点园区一体化发展，逐步把庄河打造成为大连新的对外开放和产业集聚新高地，建设成为辽宁现代化中心宜居城市示范区。

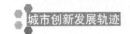

因地制宜地发展优势产业，积极引导区域间产业转移和相互协作。在城市建设和经济发展中进一步控制开发强度，严格控制建成区和中心城镇的扩展速度，切实做好城镇化过程中的生态环境保护问题，建成生态环境一流、产业结构高端的生态人居区域；稳步推进住房、教育和医疗等功能向外围城市新区、产业园区和内陆山区转移，从源头解决中心城区交通拥堵、资源过度集中、资源环境承载力饱和等问题；根据海洋资源环境承载力，科学编制海洋空间资源功能区划，确定不同海域的主体功能，统筹规划传统的海洋渔业、交通运输业对海洋空间资源的开发利用；合理调整产业结构和布局，大力发展以海洋环境资源为载体的滨海生态旅游业、海上城市、海洋医药、海洋工程等新兴产业。

二、构建生态安全格局

（一）建立生态安全体系

构筑以主要丘陵山地及其间的林地、农田为基础，形成贯穿南北的生态控制中脊，连接东西山体与沿海地带的生态廊道，覆盖整个城乡的森林生态网络。积极建设大连北部和沿海生态屏障区，加快构建整体连通合理、区域自然和谐、功能多样化的生态安全体系。在大连市重要生态功能区划基础上，将自然保护区、集中式饮用水源保护区、风景名胜区等重要区划定为生态红线区域，着力保护生态功能区，确保生态红线的管控和保护水平。

（二）加强生物多样性保护

提高生态系统、生物物种和遗传资源保护能力，加大对外来入侵物种的防范和控制力度，有效遏制生物多样性下降趋势，保护珍稀濒危物种及其栖息环境。实施生物多样性就地保护和珍稀濒危野生动植物拯救与保护工程，重点加强野生植物及野生动物等国家级动植物保护。加强乡土动植物栖息地保护，建立以森林动物园、老虎滩海洋公园等为依托的重要物种及其遗传资源迁地保护基地。

三、调整市区、乡镇空间格局

（一）市区层面

统筹人口分布、国土利用和城市化布局，调整省域市区、乡镇整体空间格局规划,全面推进辽宁省城镇空间结构、功能结构、规模结构优化完善,加快形成与资源环境承载力相适应的全省城乡空间布局框架和城镇体系结构。

(二)乡镇层面

以乡镇为建设重点,形成绿色城镇化发展格局,推动城乡绿化一体化向纵深发展;加强农田林网和农林复合生态系统建设,形成以农村道路绿化和生态片林为主的农田防护林体系和生态隔离带;根据自然环境条件和经济社会特点,优化城镇空间布局,严格保护城镇及周边自然山水资源,有效保障生态开敞空间;正确处理城镇发展与环境保护之间的关系,重点保护生态绿色空间内的山林、水体、湿地、基本农田、人工防护林等。

四、优化产业空间布局

(一)高新技术产业进行合理布局

借鉴外地先进经验,结合大连实际,制定统一的高新技术产业布局规划,使规划成为指导和约束高新技术产业发展和合理布局的法律文本。一是制定合理的发展战略,成立相关管理机构,协调高新技术产业发展的产业布局和空间布局问题;二是加强对各类开发主体的引导,保证各类企业的投资经营行为与产业布局的整体要求相吻合;三是要加强产业布局的法律法规约束性,加强政策法规体系建设,为高新技术产业合理布局提供保障。

推行高新技术产业集聚的机制,形成集群效应,形成企业合作机制、区域创新机制、市场竞争机制,在大连市构造功能完整、健全的高新技术产业链,促进产业集聚,加速大连市高新技术产业发展及合理布局的实现。

(二)优化整合制造业生产布局

制造业是实体经济的主体,是国民经济的支柱,也是今后一段时间中国经济"创新驱动,转型升级"的主战场。大连必须成为振兴东北老工业基地的突破点,作为中国北方最大的石油及化工基地、中国重要的造船基地、中国重要的轴承生产基地、中国重要的电子产品基地,大连应在东北地区乃至全国范围内积极开展制造业的优化整合布局。

以资源环境承载力为依据,推动战略性绿色制造业发展;推动金州新区的大连先进装备制造业园区稳步发展,倾力打造成熟的涵盖"五园一区"(汽

车产业园、生物医药产业园、高端装备制造产业园、新能源新材料产业园、现代农业产业园、青云河综合商务区）的先进制造业产业集群；以战略性新兴产业为主体，以现代流通服务业为配套，在全国范围内率先实施"制造"到"智造"的绿色制造业生产布局。

（三）提升现代服务业发展布局

规划城市组团服务业布局。在"十三五"时期，大连要继续围绕东北亚国际航运中心、国际物流中心和区域性金融中心的"三个中心"建设，按照全域城市化的空间布局，建立成熟的"主城区、新市区、渤海区域和黄海区域"四大城市组团，并依托各地区的区位优势和产业基础，规划服务业发展布局，完成"振兴东北老工业基地"和"辽宁沿海带开发开放"两个国家战略的重要使命。

加快服务业集聚区建设。服务业集聚区建设是加快服务业发展的核心和载体，大连市要做好集聚区的规划工作，明确集聚区的功能定位；加强集聚区基础设施建设与集聚区建设用地指标的落实，采取"民办官助"的方式加快建设项目主体设施；在发展中继续进行统筹规划，培育规模更大、质量更高、效益更好的服务业集聚区。

第四节　以技术创新推动产业结构调整和生产方式转变

一、优化工业结构，加快产业转型

（一）改造传统工业

运用高新适用、节能环保技术改造升级传统工业，降低传统工业能耗，对大连的重点能耗企业，如纸制品制造、化工行业、电子工业、食品饮料制造行业等，强化企业节能降耗改造，进行结构调整、技术创新和污染防治，加大淘汰落后生产工艺和设备，提高产业准入环保审批门槛，推进资源能源节约，大力推广应用节能减排新技术，降低工业、交通、建筑、生活等方面的能源成本，推动大连化工产业和先进制造业的健康发展。

（二）发展新型生态产业

依靠科学技术实现可持续发展，形成少投入、多产出的生产方式和少排放、多利用的消费模式，发展知识技术密集、物质资源消耗少、成长潜力大、综合效益好的新型绿色产业，大力发展新一代信息技术、生物医药、新材料、机电一体化、新能源和节能环保等新兴产业。

二、调整制造业结构，推动生产方式升级

在《中国制造 2025》发展计划中，紧跟国家大政方针，积极推动国家智能制造产业基地、国家高端轴承高新技术产业基地建设，打造大连制造升级版。借助大连市软件园区的高新技术及各高校的科研实力，完善制造业技术创新体系、培养创新型人才，促进企业真正成为技术创新的主体；运用创新与高新技术手段转变生产方式，提升产品质量，建立质量诚信体系，提高重大装备质量一致性、稳定性；推行绿色制造，促进流程制造业绿色发展，建立循环经济链；培养具有全球竞争力的企业群体和优势产业，大力发展战略性新兴产业和先进制造业，加快传统产业转型升级，提高高端制造业比例；鼓励与支持新一轮的创新创业发展，使其成为推动产业升级的重要引擎，让创新活动和新企业给经济增长带来持续的活力。

三、发展现代服务业，推进产业结构优化

（一）发展新兴高端服务业

实施创新驱动和开放牵引战略，促进战略性新兴产业发展，建立公平竞争市场环境，发展现代服务业态和经营方式，促进服务业优化升级；扩大服务业对内对外开放，加强国内外经济合作，吸引国内外服务企业投资，引进国内外先进的服务业项目、技术和管理人才，打造现代服务业新领军企业，提高大连服务业的现代化水平和国际竞争力。

（二）大力发展航运物流业和金融业

推进国际航运中心建设，规划建设黄海、渤海沿岸港口体系，促进港口、临港工业和城市联动发展，加快新机场、跨海通道、城市轨道交通和引水工程等重大基础设施建设；推进区域性金融中心建设，强化大商所国际地位，健全现代金融服务体系，完善多层次资本市场，促进特色金融功能区建设，增强金融对区域发展的辐射带动能力；加快发展高新园区服务外包基地和大东沟金融后台服务基地，根据城市组团发展规划，在新市区、渤海、黄

海城市组团发展中，规划建设小窑湾、金州湾金渤海岸、普兰店湾、长兴岛临岸和金港湾金融聚集区。

（三）着力发展软件信息服务业

促进软件和服务外包业向中国第一、世界第一目标迈进，打造具有国际竞争力的世界级产业基地。加快建设旅顺南路产业带，壮大产业规模，培育国际品牌。以建设创新型城市、培育创新型产业集群为宗旨，发挥高新园区的先导作用，加快建设国际软件与科技服务中心，构筑以软件信息、动漫设计、教育培训为支柱的新功能产业带。重点培育以生产性服务业为核心的高端服务业，带动战略性新兴产业发展，打造具有国际先进水平的高科技智慧型产业集群，使其成为吸纳全球"知识产业"转移的高端服务业集聚区。

（四）大力发展生态旅游

大连市旅游发展的总体功能定位是"两港五中心"，"两港"即国际航空枢纽港、国际邮轮母港；"五中心"即滨海度假中心、商务会议中心、文化节事中心、田园休闲中心、信息服务中心。"十三五"期间要通过重点旅游产品体系构建、重要支撑体系建设以及重要项目布局来逐步充实和完善"两港五中心"的功能。继续完善"一环一岛，四片十区"的全域化格局，综合考虑旅游资源空间承载力、大连市市民心理承载力等多方面限制因素，科学合理规划各区域旅游资源的开发与使用。坚持在开发中保护、在保护中开发的原则，深入挖掘大连市海洋、人文、环境、历史、文化等资源，合理利用山体、水体、森林、湿地、现代都市和乡土风情等自然人文资源，推进旅游产品创新，强化旅游要素配套，塑造自然生态特色，实现旅游产业与生态文明建设融合发展，着力打造一批各具特色的文化休闲旅游产业集聚区，把大连建设成为世界著名的文化休闲旅游胜地。

第五节　加强自然生态系统保护，改善生态环境质量

一、大气环境体系

（一）推进大气污染减排

实施大气污染防治行动计划，下大气力提升城市环境质量。大力削减大

气污染物排放总量，提高机动车和非道路动力机械排放标准。研究制定机动车总量控制政策，重点控制大型载客汽车和重型货车的增长，适时出台机动车限购调控措施，全面整治机动车排气污染问题。

（二）深化工业废气污染治理

强化对石化、化工、电力、钢铁和建材等行业大气污染物的治理和监管，严格控制新增污染源，新建项目必须满足大气污染排放标准中特别排放限值的要求；提高优质能源油气及二次能源电的比例，以油代煤，以气代煤，以电代煤，逐步替代直接用原煤的工艺，发展和推广工业型煤改善工业布局，调整产业结构，加强企业技术改造，全面推行清洁生产；对污染较严重的耗能大户，控制其发展规模，实行污染物排放总量控制；对工业发展区工业企业的发展规模、工艺技术及能源需求进行综合规划，采用先进环境污染治理技术对重点工业源污染进行治理。

（三）加强城市扬尘污染防控

加强施工扬尘监管，全面推行绿色施工，建立扬尘控制责任制度；建设工程施工现场应全封闭设置围挡墙，严禁敞开式作业；大型煤堆、料堆实现封闭储存或建设防风抑尘设施；加强城市市区和城乡结合部裸露地面绿化；积极开展扬尘污染控制区创建活动，不断扩大控制区面积。

（四）加强大气区域联防联控

大连各城区之间，在大气污染综合整治方案、大气污染物减排、机动车尾气污染控制、秸秆禁烧、雾霾天气预防、项目审批、环境监测及科研等方面，加强区域交流与合作，建立大连市城区大气污染联防联控协调机制，构建区域一体化的大气污染联防联控体系，让大连一片蓝色的海接壤一片蓝色的天。

二、水环境体系

（一）减少污染物排放，保护水源地环境

大连在保护水源地水环境中，应该根据《水污染防治法》，对在水源一级保护区、二级保护区的一些污染企业实施关闭措施，关闭位于一级水源保护区内的全部排污口和与水源保护无关的建设项目；对于二级水源保护区内的排污口要进行更加严格的治理和验收,对验收不合格的项目给予关闭处理;市政府还应设立饮用水源保护专项资金,用于大连市境内、境外水源地生态建设,对于为保护水源作出贡献的当地居民要进行物质或其他方式的奖励。

（二）完善跨流域调水项目,节约水资源利用

随着大连城市化进程的加快,人口逐渐向城区的集中,水资源的供需矛盾日渐突出。由于市区缺乏水资源,跨流域调水就成为解决城市供水的主要途径。大连应根据现有的跨流域调水工程（"引碧入连"、"引英入连"和大伙房引水入连工程）统筹规划,营造更完善健全的工程体系。除了跨流域调水外,在全市范围内还必须促进节约用水风气的养成,提高水资源的利用率以弥补自己的先天性水资源不足问题。在工业上,要进一步加大以节水为重点的产业结构调整力度,发展节水型工业;在农业上,节水要在生产全过程中因地制宜地实行高效节水灌溉,减少输水损失;在居民生活方面,城市节水要实行节水型器具市场准入证制度,严禁耗水大洁具入市。

（三）强化工业废水污染治理,开展水环境综合整治

鼓励企业实施清洁生产,进行工艺改造,提高工业用水循环利用率,减少废水排放总量。重点加强化工、医药、电镀、食品加工、酿造等行业污水治理,积极推动工艺废水的深度处理与回用,推进环境管理从排污口向环保设施、生产设施延伸。实施工业污染物减排工程,对重点工业企业治污设施进行提标改造,进一步削减化学需氧量、氨氮磷排放量。严格控制特征污染物排放,确保重金属、有毒有机物等稳定达标排放。加强渤海湾海洋环境保护,加强沿岸化工园区和主要化工企业的整治,重点防治有机毒物的污染,全面推进金沙滩、星海等海洋景区水污染防治工作,保障海洋水质安全及水环境整洁。

三、土壤环境体系

（一）确立污染废物监管重点,提高污泥处置处理能力

以产生土壤污染废物的重点企业和运输与处理处置单位为重点,强化土壤环境风险管理,着力解决历史遗留的土壤废物污染防治问题。逐步加强实验室土壤废物等非工业污染废物的管理,以移动通信、机动车维修、电动自行车销售等行业为重点,开展废铅酸、废铁锂等各类废电池的回收工作。提

高污泥处置处理能力，按照"分散处理、减量出厂、规范运输、集中处置"的原则，实施一批生活污泥深度脱水、污泥焚烧及综合利用项目，确保生活污泥 100% 规范化处置。

（二）加强土壤与重金属风险防控

加强农用地土壤污染监管。以基本农田、重要农产品产地、特色农产品基地，特别是以"菜篮子"基地为监管重点，开展农用土壤环境监测、评估与安全性划分。

加强重点区域土壤污染监控。强化对化工园等重点区域、金属表面处理及热处理加工等重点行业周边区域的土壤环境监测与风险评估，预防和控制重金属对土壤的污染。

加强污染场地土壤治理。强化服役期满的工业用地、污染搬迁企业旧址等土地开发利用的风险管理，建立申报、建档和风险评估制度，对污染重、风险高的污染场地土壤进行综合治理与修复，确保土地转换用途后的安全利用。

加强重金属重点污染区域管理。在污染产业密集、历史遗留问题突出、风险隐患较大的重金属防控区开展专项整治。开展土壤与重金属环境修复试点示范工程，全面推进重点污染场地的生态修复工作。

四、生态体系

（一）扩大资金投入预算，建设美丽大连

2014 年，大连市公共财政支出总量为 611.23 亿元，其中环保支出 13.98 亿元，占总支出的 2.287%。虽然生态建设与修复方面支出高于国家各城市平均水平，但为了更好地进行生态文明建设与生态经济发展，政府应加大投入力度开展整体的生态建设修复项目和区域综合整治工作；同时，坚持"两条腿"走路，拓宽多元融资渠道，通过发债等方式筹集资金，破解建设资金和土地资源难题；鼓励社会资本参与城市供水供气、公共交通、污水处理等设施的建设和经营。

更加注重城乡综合治理，优化城市管理体制机制，推进城市网格化、精细化管理，促进规划、城建、综合执法、公安、交通、工商联合互动，着力解决马路停车、渣土撒漏、背街路巷脏乱等问题；实现农村环境连片整治和全覆盖治理，重点整治生活垃圾、生活污水、乱堆乱放、工业污染、农业废弃物等，村庄环境整治全面达标；加快构建以轨道交通为骨干、快速公交和常规公交为主体、出租车为补充的现代都市公交体系；高标准建设城市基础设施，提升城市资源环境承载力。

积极开展垃圾分类行动，推广生活垃圾分类收集和分类处理，提高生活垃圾减量化、资源化和无害化处理能力；强化餐饮污染治理，进一步优化餐饮业布局，推进餐饮业污染控制示范街建设，切实解决油烟污染扰民等突出问题；加强对施工、车辆船舶等噪声的防治管理，加大对社会生活噪声源的监督管理力度，使其边界噪声达到国家规定的环境噪声标准。到 2020 年，城乡生活垃圾无害化处置率达到 95% 以上；完善的农村生活垃圾分类处理体系覆盖率达到 100%，将大连建设成为天蓝山绿水净的生态城市。

（二）建立基于生态环境意义上的社会风险防范机制

健全立体化社会安全防控体系，对社会风险发生前、发生时、发生后三个时期，统筹建立整套的应急预案和危机管理体系，提高对自然灾害、事故灾难、疾病传染和社会安全事件的应急处置能力；重点加强石化与化工行业环境风险防控，全面提高危险废物应急处置能力，建设危险废物储存场和危险废物应急储存库；健全环境监管及风险防范制度，全面落实安全生产责任制，加大隐患排查治理和安全防控力度；创新有效预防和化解社会矛盾机制，坚持法定途径优先原则，解决信访突出问题；推进诉调对接、医患纠纷调解、物业管理纠纷化解 3 个中心建设，加快构建矛盾纠纷化解工作的新格局；实施食品药品安全惠民工程，健全从生产加工到流通消费的全过程监管机制和社会共治制度；完善社会保障救助体系和临时救助工作体系，建立突发性疾病传播、金融危机引起的大面积失业等社会突发事项的预防与处理预案，逐步建立"一门受理、协同办理"的救助机制，全面建成和谐平安的大连。

在进行生态环境综合整治与社会风险管理的同时，大连市应注重搞好跨区域合作，开展区域范围内的统筹协作，与临近城市承担共同的生态责任。

第六节　健全生态文明制度体系建设

深刻贯彻《生态文明体制改革总体方案》中生态文明体制改革的指导思想，以正确的生态环保理念作为指导、坚持正确方向推进生态文明体制改革。按照源头预防、过程控制、损害赔偿、责任追究的整体思路，坚持自然资源资产的公有性质，对传统的经济发展方式进行调整，实现生态财富的增值。落实健全自然资源资产产权制度、建立国土空间开发保护制度、建立空间规划体系等八项重大制度体系的具体实施方案，搭好基础性框架。明确方案中各制度的指标分解，强化各级政府部门及领导干部的管理责任和统筹协调。积极开展试点试验、鼓励试点先行和整体建设协调推进，加强对市县"多规合一"试点的指导，研究制定市县空间规划编制指引和技术规范，形成可复制、能推广的经验。完善法律法规、加强舆论引导、加强督促落实，构建产权清晰、多元参与、激励约束并重、系统完整的生态文明制度体系，推进生态文明领域的治理体系和治理能力现代化。

一、创新生态文明制度

生态文明建设对制度创新提出了强烈、迫切的需求，制度创新应以提高环境质量为核心目标推进生态文明制度创新；以增强生态服务功能为核心目标推进生态保育制度创新；以规范优化国土空间为核心目标推进国土规制创新；以坚持自然资源资产的公有性质为核心创新产权制度，保障全体人民分享全民所有自然资源资产收益。

二、完善体制机制改革

生态文明体制改革是全面深化改革的应有之义，大连市应紧跟国家在生态文明领域改革的顶层设计和部署，加快建立系统完整的生态文明制度体系，增强生态文明体制改革的系统性、整体性、协同性，构建一个规范、稳定的制度环境，形成一整套刚性约束的长效机制以推进生态文明建设。

（一）加强"源头严防"

建立充分反映资源消耗、环境损害、生态效益的生态文明绩效评价考核制度，使其成为对地方政府和相关部门的具体约束措施。

建立自然资源开发使用成本评估机制，将资源所有者权益和生态环境损害等纳入自然资源及其产品价格形成机制，推进资源税从价计征改革，加快推行环境保护税立法。

建立多元化生态补偿机制，逐步增加对重点生态功能区转移支付，创建企业清洁生产激励机制，完善生态保护成效与资金分配挂钩的激励约束机制。

建立权责明确的自然资源产权体系，健全地权、水权、碳排放权、排污权等归属清晰、权责明确、监管有效的自然资源资产产权制度。

完善资源环境产权交易制度，推行用能权、碳排放权、排污权、水权等交易制度，研究制定交易管理办法，明确可交易资源环境产权的范围和类型、交易主体和期限、交易价格形成机制、交易平台运作规则等，健全市场监管体系。

（二）坚持"过程严管"

加大生态功能的监管力度，加强环境质量、污染排放、环境标准、产业准入的检测与监控力度。

建立多元参与、统一完善的城乡环境治理体系，把环保与生态修复、加大农村环境基础设施建设与污染物无害处理设施等作为统筹城乡工作的重点内容，加强农村环境监管与执法力度，防止任何形式的城镇污染扩散到农村。

完善信息公开披露机制，及时发布河流水质、空气质量、污水处理设施达标排放情况等信息，加强环境资源信息的共享力度。

从大连市实际出发，以解决突出生态环境问题为重点，发挥主动性，充分借鉴国内其他城市和国际上的先进技术及体制机制建设有益经验，因地制宜、试点先行，大胆探索出更加协调明晰的生态文明建设方案。

（三）落实"后果严惩"

健全生态环境保护责任追究制度，对未达到区域环境保护目标、污染排放目标、环境质量目标的责任人和责任部门实行生态危害问责制。

建立充分反映资源消耗、环境损害、生态效益的生态文明绩效评价考核和责任追究制度，制定"责任清单"，实现精准追责，对官员损害生态环境的责任"终身追究"。

完善破坏资源环境的赔偿机制，严格实行赔偿制度，依法追究刑事责任，这些制度保障对生态文明体制改革能否取得实效具有重要意义。

三、规范生态立法，严格生态执法

立足大连实际情况，结合生态文明建设的战略目标，抓紧制定和修订有关自然资源资产产权、国土空间开发保护、海洋、应对气候变化、节水和地下水管理、排污许可、生态环境损害赔偿、绿色消费等地方性法规、规章等；研究建立大连地方环境标准、实行最严格的环境准入标准、实施最严格的环境保护措施；清理修订与生态文明建设相冲突或不利于生态文明建设的地方性法规、规章和规范性文件；通过健全法律法规体系，促进绿色发展、资源节约和环境保护，将生态文明建设纳入法制化轨道。

坚持依法行政，加大对环境违法行为的监督和处罚力度，实现生态环境的"刚性制度、铁腕执法"，严厉打击污染环境、浪费资源、破坏生态等违法犯罪行为，做到有法必依、违法必究、执法必严。加强部门协作，建立健全住建、发改、环保、国土、规划等多部门联合执法机制；强化环保与法院、检察院、公安等部门联动配合；完善环境问责制度，对严重破坏生态环境、造成环境事故的责任主体，实行严格问责，直至追究法律责任；完善行政执法监督机制，加强人大法律监督、政协民主监督，充分发挥新闻舆论和社会公众的监督作用，切实解决发生在群众身边的环境问题，坚决维护公众的环境权益。

第七节 形成绿色生活方式和崇尚生态文明的社会风尚

一、树立生态文明的理念

理念引领行动，弘扬正确的价值理念和消费观念，让绿色生活成为公众自觉自律的行为。要广泛传播生态文明理念，积极培育生态文化、生态道德，使生态文明成为社会主流价值观，成为社会主义核心价值观的重要内容；普及环境科学和生活方式绿色化知识，增强全社会绿色消费意识，引导公众自觉抵制过度消费、炫耀消费等畸形消费观念和高能量、高消耗、高开支、高浪费的生活方式；充分发挥新闻媒体作用，树立理性、积极的社会舆论导向，曝光奢侈浪费等反面事例，宣传典型经验、典型人物，形成爱护自然光荣、勤俭节约光荣、绿色低碳光荣的社会氛围；把爱护自然环境、提倡低碳生活、崇尚勤俭节约作为人们生活中的文化习俗，自觉在生活细节上体现绿色生态的理念。

二、实施试点项目和重点工程

坚持以项目为载体，在重点生态建设与修复区域开展试点项目、推进实施重点工程，逐一建立工作责任制、加强重点工程项目跟踪管理、积极协调解决项目实施中的各种困难和实际问题、建立健全生态修复重点工程的财政投入长效机制。

启动一批新的重点项目，注重调结构、补短板、惠民生，强化央企在大连投资的拉动作用，采取 BOT、BOO、PPP 等方式推进项目建设；重点实施"水上旅顺"示范工程、"水中花园口"生态示范工程；着力打造绿色、低碳发展、生态化的金普新区，使金州新区成为辽宁沿海经济带现代产业聚集核心区、大连新市区中心区，以试点先行的模式探索大连市整体生态文明建设的长效发展模式；大力推进瓦房店、长兴岛、普兰店、庄河、花园口、长海等卫星城的规划建设；大力推进太平湾、复州城、老虎屯、安波、皮杨、莲山、青堆、大郑、黑岛、獐子岛、广鹿岛等中心镇的规划建设；支持高新区动漫产业基地、旅顺影视基地建设，积极打造文化创意、动漫游戏、影视传媒和文化旅游产业集聚区；大力发展服务贸易，争取在大连市设立国家跨境电子商务综合试验区；加快长兴岛石化产业基地建设，加速推进中石油、恒力炼化一体化、碧科烯烃等重大项目建设；完善金石滩国家级旅游度假区功能，推进长山群岛旅游度假区建设；大力发展渔业、蔬菜、畜牧、水果、花卉五大优势特色产业，加强国家现代农业示范区建设。

推进保障性安居工程建设，高质量实施 15 项重点民生工程；启动住房"绿色建筑"行动，继续实施住房维修"一二三"工程，在全市范围内落实"暖房子"工程，实施城市居民室内供水旧管网改造工程；推进地铁 4、5 号线和大连湾海底隧道项目实施，加快新机场和长海机场扩建工程建设；深入推进公共管理、民生服务和经济发展 3 个领域的智慧化建设，实施智慧交通工程、智慧社区工程、物联网产业促进工程、北斗卫星应用产业发展工程；加快普湾新区职业教育基地建设，支持和引导民办幼儿园普惠性发展，继续实施学校食堂建设和农村中小学供暖设施改造工程；加快医疗卫生事业发展，以提升医疗软实力为牵动，开展名医、名科、名院"三名工程"；提高城市文明程度和市民综合素质，积极开展生态文化提升工程、公民道德建设工程；推进大连图书馆新馆、大连历史博物馆等大型文化设施项目建设，继续实施文化惠民工程；落实全民健身计划，实施体育惠民工程；全力推进大连湾、梭鱼湾、泉水河二期 3 座污水处理厂和中心城区垃圾焚烧发电二期工程建设；加大海洋环境监测力度与生态修复，实施生态景观绿化、矿坑环境治理等十大工程。

继续实施海外高层次人才引进工程、领军人才培养工程和专业技术人才知识更新工程，为经济社会发展提供人才支撑；积极开展"工作创新年"活动，创新理念，创新思路，创新方法，巩固党的群众路线教育实践活动和

"四风"整治成果；严格控制"三公"经费开支，树立清正廉洁的良好形象，加强督促检查，确保全年任务目标顺利完成。

三、推进绿色消费

积极推进绿色消费，倒逼生产方式绿色转型。绿色消费是生活方式绿色化的重要标志，要倡导环境友好型消费，推广绿色服装、引导绿色饮食、推进住房"绿色建筑"行动，完善新型物业管理体制，普及绿色出行、发展绿色休闲，加大政府采购环境标志产品力度，鼓励公众优先购买节水节电环保产品；推动构建科技含量高、资源消耗低、环境污染少的产业结构，引领节能环保产业发展，形成新的经济增长点；完善生产者责任延伸制度，结合"互联网＋"行动计划实施，推行绿色供应链管理，推进绿色包装、绿色采购、绿色物流、绿色回收，大幅减少生产和流通过程中的能源资源消耗和污染物排放；完善法规标准政策体系，推进水、大气、土壤污染防治以及节水、节约能源、循环经济促进等地方法规制度的修订，将生活方式绿色化要求在法律中固定下来，完成向绿色化城市转型的使命。

四、构建全民行动体系

大连市需形成"政府-非营利部门-企业-科研机构-媒体-个人"齐心协力共建生态文明的模式，构建全民行动体系，形成推进生活方式绿色化的强大合力。政府充分履行生态职能，承担生态责任，树立科学的发展观和"绿色政绩观"，将大连建设成"生态文明示范城市"提升到战略地位，建立公开顺畅的信息平台和公众参与的渠道，使全体社会公民、媒体和科研机构能够有效地参与政府及企业的项目和决策；同时，鼓励非营利性的社会中介组织和民间环境保护团体开展环境保护相关活动，并在财政上给予相关经费支持，以促进民间环保组织参与大连市环保政策的研究制定和城市生态文明建设；在政府的带动下，各生产企业转变观念，力图用科技创新淘汰落后产能、以生态文明的思维寻求新的利润增长点，更加注重生产的社会效益，成为生态文明建设的中坚力量；通过广泛的宣传教育，倡导公众环保节约，将环境保护和文明道德规范纳入教学计划，培养公民的文明习惯和行为，提升教育的常态化和民众参与的广泛性。

（武春友）

第十章
地方智库发展模式创新探析

智库建设作为顶层决策咨询制度，已被纳入国家治理体系。党的十八届三中全会明确提出要加强中国特色新型智库建设。2015年伊始，出台的《关于加强中国特色新型智库建设的意见》再次强调，加强中国特色新型智库建设的重要意义，为我国智库建设指明了道路与方向。当前，地区之间的竞争不仅仅是地理区位、资源禀赋和生产要素的竞争，而更多的是思想文化、发展战略、学习能力与思考能力的竞争。如何在地方层面推进新型智库建设，对提高地方决策水平、提升软实力与竞争力，有着重大的战略意义。

本章将从地方智库发展中的成就与挑战、地方智库功能目标和关系定位，以及地方智库的机制体制设计三个方面，探讨我国地方智库的建设与创新问题。最后通过重点剖析相关案例，分析和总结国内先进地区有关建设的经验及启示。

第一节　我国地方智库建设的主要成就与面临的挑战

一、地方智库建设的主要成就

近年来，地方智库发展较快，数量类型日渐增多。地方智库通过政策研究、课题调研、战略规划、项目评估、信息服务、反映民意等形式，在服务地方党委和政府的决策，推动地方发展中发挥了重要作用。地方党委和政府在决策中普遍重视发挥智库的作用，广泛拓展决策咨询机构的种类和范围，着力建立健全智库参与公共事务决策的体制和机制。

由于经济发展水平、科学教育文化、政府决策方式上的差异，国内各省市智库发展水平是不平衡的。总体上，经济社会发达地区如北京、上海、广州等，智库数量多、影响力大。目前，发达地区的智库已经不再满足于被动地完成本级党委和政府交办的咨询研究任务，往往是通过更积极主动的行动，影响地方重大政策的制定。例如，近年来上海市参事室牵头组织长江流域 13 个省、市的政府相关部门和机构就开发长江黄金水道问题展开联合调研，调研组提交的建议得到了国务院领导的重要批示，并引起交通部的高度重视。

据不完全统计，近三分之二的地方党委和政府组建了专家决策咨询委员会，在自贸区建设、城乡统筹发展、农民工落户政策配套、产能过剩问题治理等方面，积极参与地方决策，发挥了重要作用，成为中国特色新型智库体系的重要力量。

二、面临的任务和挑战

在确保国家和地方政策制定与实施的有效性、提高公共决策的科学性和专业性、引导社会正确舆论和启迪民智等方面，我国新型智库的建设一直被寄予厚望。这是任务要求，也是责任义务。虽然我国地方智库取得了不少卓有成效的发展，但从总体上看，尚处于新兴发展阶段，还存在着不少问题，制约着地方智库作用的发挥。这也是地方新型智库建设面临的严峻挑战。

（一）整体力量薄弱，无法满足地方决策咨询的需求

我国地方智库总体规模普遍偏小、机构设置不尽合理、人才数量不足、智力支撑质量不高，与日益增长的地方政府决策咨询需求相比，存在着明显的差距。特别是作为地方区市县党委和政府，许多发挥决策咨询主体作用的研究室没有单独设置，而是分别与两办"一套班子、两块牌子"，专职政策研究人员很少，而且行政化较强；驻地高校中面向地方应用的政策研究匮乏、研究队伍比较薄弱；民间智库缺乏与政府直接交流的平台和渠道，同时也缺乏真正以服务公共决策为己任的发展理念。例如，像安邦咨询公司和零点研究咨询集团等高水准、有影响力的民间智库少之又少。

不论智库的类型为何，智库人才的优劣和实力，都会对地方智库的发展有着重大影响，如何培育智库人才、增强智库整体实力，将是地方智库发展

面临的一个重大挑战问题。

（二）主体分散，资源重复，无法形成竞争与合作的格局

地方智库的建设，不仅要纵向上与国家智库的贯通，而且要注重地方各智库主体之间的协作。目前各地地方智库的主体相对独立，也比较分散，特别是各类公共平台建设相对滞后。例如，地方各类决策咨询机构在职能上具有很大的交叉性和重复性，有限的政策研究资源高度分散，各自为战，重复劳动，不能有效发挥政策研究队伍的合力，一些重大决策咨询课题在推进时则缺乏核心载体。决策咨询机构之间，缺乏有效沟通、协调和管理机制，在调研项目的选题、信息共享、决策评估、成果转化等一系列决策咨询环节都亟须完善。

总的来说，目前地方智库市场还没有完全培育起来。如何形成优胜劣汰的市场竞争机制，实现地区各类智库机构的良性合作与竞争，是未来地方新型智库建设和发展亟待解决的一个重要问题。

（三）政策研究的成果转化困难，无法产生直接而有效的应用

近年来，地方政府在政策研究方面的投入增长迅速，每年组织一批政策研究课题。但是，如此大的投入下，通过政策研究和调查研究而转化形成的决策成果不够多。究其原因：一是研究成果脱离实际，政策建议比较虚，对领导决策缺乏咨询价值。二是决策部门与决策咨询机构之间沟通联系缺乏固定、快捷、通畅的信息传递和成果转化渠道。

如何形成及时可靠、可操作性强、高质量的智库成果，需要地方智库切实改变其传统分析、讨论、研究、影响公共政策的理念和方式，以避免被时代淘汰。

第二节　地方智库建设的功能特征与关系定位

一、功能特征

地方新型智库的建设，是以中国特色新型智库体系建设的基本要求为遵循，在各智库主体和智库平台功能定位基础上，突破区域、单位、学科、身份本位的界限，促进智库人才、经费、课题、成果的优化配置，实现智库

平台的联动互通和智库管理的机制创新，培养一批相互关联的高端和专业智库，形成定位明晰、特征鲜明、规模适度、布局合理，能够彰显地方软实力，为经济社会发展提供强大智力支撑的有机整体。

作为思想市场里的连接器，智库必须发挥承上启下的作用，对上服务好决策者，对下服务好研究者。因此，建设地方新型智库，必须兼顾双重目标，一是建成党委和政府的核心智库，成为发挥参谋助手作用的智库机构；二是改善地方智库发展环境，成为发挥孵化母体作用的智库平台。

按照习近平总书记提出的，要统筹推进党政部门、社会科学院、党校行政学院、高校、军队、科技和企业、社会智库协调发展，形成定位明晰、特色鲜明、规模适度、布局合理的中国特色新型智库体系。为此，地方新型智库建设应具有以下特征：

（1）导向上旗帜鲜明。新型智库建设要植根于中国特色社会主义理论，始终坚持党的领导，把握正确的政治导向，突出改革取向和问题导向，坚持围绕大局，服务中心工作。

（2）结构上统分结合。地方智库建设应有系统性，通过对各类智库主体功能的重新定位和要素的优化组合，实现传统智库向新型智库的转型升级。各类智库主体之间应该以分为基础，重在突出优势，界定功能，明确分工，错位发展；以合为目的，重在资源整合，突出专业化、职业化，建立跨部门、跨领域的团队，实现有机融合，发挥最大效应。

（3）战略上统筹推进。重点解决目前各类智库主体同质化问题，需要在战略上统筹推进各类智库发展。可探索建立领导协调小组、联络推进机构、专家咨询委员会，注重发挥党政部门内部智库的引导作用和社科联组织在新型智库建设中的联络协调作用，注重智库与党委和政府以及社会公众的对接与互动。

（4）管理上改革创新。注重成果转化和价值实现，坚持科学精神，鼓励大胆探索，促进规范发展，以决策需求、市场需求和社会需求为导向，为智库发挥作用提供更加宽松有序的环境和更加畅通便捷的渠道。

二、加强全局规划，整合资源

根据新型智库服务党委和政府决策的主要功能，应建立大连市新型智库建设的协调工作机制，更好地畅通智库与党政部门的交流沟通与合作，奠定智库研究成果转化为内参文章、政策文件、领导讲话的基础，确立研究者与决策者对接的最短通道，提高智库研究成果的针对性和有效性。通过协调工作机制建立，对新型智库建设工作进行统筹安排，加强宏观规划，落实实施方案；对各类智库主体的功能进行科学调整和重新定位；在"大数据"、"大调研"的基础上，在大连市进行有效资源整合，形成智库合力。

逐步整合党政机关、事业单位以及高校研究机构、民间智库等各类决策咨询机构的资源力量，着力培育一批党委和政府决策服务型智库、一批社会公共政策研究型智库、一批地方经济社会发展规划型智库、一批专业领域参谋咨询型智库，形成定位清晰、专业化强、分工合理、相互补充的智库新体系。

三、明确各类智库关系定位，协同创新

各类地方智库应发挥各自优势，明确自身发展定位，形成以官方智库为核心的各类智库协同创新和共同发展的良好局面，为地方经济社会可持续发展提供最优的智力支持。

（一）加快改革，充分发挥官方智库的核心作用

官方智库应在开展调查研究和提出独立政策建议等方面有所突破，同时注重发挥官方智库的引导、组织和协调作用。

1.加强党政部门中的政策研究机构的研究能力建设，着力承担决策需求信息发布与成果转化中心的职责

市委政研室和政府发展研究中心建设，首先应明确自身研究定位，主要研究应围绕党委和政府的中心工作、重大决策部署确定研究方向和选题。

一方面要充实市委政研室和政府发展研究中心的研究力量，配齐配强专职政策研究人员，加大政策研究人员的引进和培养力度，可以采用柔性聘用等灵活方式，短期或定期聘任来自高校等其他智库研究人员，丰富研究团队，注意成员构成的专业专长和年龄等方面的合理性。另一方面，市委和政府有关研究机构，是直接为市委、市政府领导决策提供咨询服务的机构，相对于其他决策咨询机构，与决策层联系更紧密、沟通更便捷、决策需求把握更准确，更便于统筹全市范围内的各方资源，应致力于提供重大研究选题方案、带头开展政策研究和决策咨询、集中报送研究成果等。

总的来说，市委政研室和发展研究中心的作用在于，既是决策咨询信息

的集散中心，也可以统筹协调研究力量开展协同研究。同时对各类研究机构提供的研究成果进行综合提炼，使党政部门的决策具有更宽视野的比对性、选择性。

2. 走出书斋，发挥社会科学院（社科联）联合地方社科界的作用

首先，社会科学院（社科联）智库的研究定位应以地方经济社会发展重大问题为主攻方向，侧重动态的跟踪研究，形成对地方发展长期的积累。这就要求社会科学院把科研工作的重点转到应用对策研究上，要彻底破除贪大求全的观念，策划凝练出能够突出反映本地区特点、具有鲜明地方特色的重点学科方向，并加大力度予以培育。以制度化的方式加强引导，撤除或合并一些基础研究机构，把人力、物力和财力资源向应用研究大力倾斜，在课题立项、经费配套、职称评定、成果评价标准等方面突出应用对策研究的特色，调动科研人员从事应用对策研究积极性，促进应用对策研究的开展。引导科研人员明确自己的研究方向，坚守自己的研究领域，并长期予以关注。鼓励科研人员走出书斋，深入地方调查，做某一领域的资深专家而不做杂家。要完善课题立项制度，建立长期跟踪研究、持续滚动资助的长效机制，从机制上促进其开展深度研究，防止成果碎片化，保障对策研究成果的质量。要建立健全与党委和政府的联络沟通体制，密切加强与地方党委和政府研究部门的配合，争取科研成果直接进入党委和政府的决策咨询视野。

其次，社科联（社会科学院）是党委和政府与社科界沟通的桥梁，长期以来，在组织联络高校及其他研究团体等社科界，服务地方经济社会发展方面发挥了重要作用。因此，社科联（社会科学院）既要建设自己的智库，开展战略性和前瞻性研究，又要发挥联合的优势，以及与党委和政府部门联系较为紧密的优势，加强社科界各种智库力量和资源的整合，为社科界构建提供政策研讨、学术研究、合作交流的新型平台。

加强与地方各级政府、其他科研院所、高校和企业之间的合作，加强科研基地建设，选择典型性县市设立调研基地，通过合作研究等渠道及时针对当地经济社会发展中遇到的难题开展联合攻关，为当地提供发展思路。更多聘任能够为新型智库建设提供实际帮助的院外特约研究员，构建社会化平台，扩大地方社会科学院在党委和政府、社会及企业界的影响。同时，办好高档次的学术期刊和皮书系列，利用好新闻发布会和组织论坛等形式，建设好合作平台，扩大成果的宣传路径，使之成为地方新型智库的一个重要学术窗口，扩大地方社会科学院在学术界和社会的影响，拓宽服务地方经济社会

发展的渠道。

3. 强化党校智库建设，充分发挥党校智库的决策咨询作用

为党委和政府的决策服务，是党校科研的重要职责之一。加强党校智库建设，强化科研队伍建设，着力以研究执政党能力建设和政府治理为主要方向。

面对全面从严治党新常态，党校应在党内顶层设计和制度安排、理论建设和思想引领、培养干部队伍和促进党风建设等方面做高参、发声音、有作为。发挥党校阵地优势，加强对重大决策部署、重大公共政策、重要会议精神的高端解读，提高政策解读的准确性、影响力。

党校应自觉把研究课题作为党校智库工作的中心环节，把起草报告作为服务党委和政府决策的基本途径，把拟定政策作为转化研究成果的有效载体，把提供信息作为展示研究成果的重要渠道，把开展活动作为推动党委和政府决策落实和扩大智库影响力的重要抓手，形成研究课题、起草报告、拟定政策、提供信息、开展活动的"五位一体"党校智库工作格局。

（二）沟通对接，提升高校智库建设水平

高校作为地方党委和政府知识采集的重要来源，应在区域发展和改革中发挥重要的智囊作用。高校智库应结合学科优势和团队优势，整合资源，创新制度，打破学科壁垒，发挥集成优势，探索合适的组织形式和管理方式，以基础理论透视现实问题，努力走向社会，与党委和政府及社会公众加强互动，努力创造出既有战略性、前瞻性，又有操作性、针对性的研究成果。

1. 应正确处理好应用对策研究与基础理论研究的关系

高校以往比较注重基础理论研究和教学工作，比较忽视应用对策研究。对于应用对策研究的重点是社会关注、领导关切、群众关心的热点、难点和焦点问题，应用研究报告在为地方党委和政府科学决策提供咨询建议的同时，也能为基础理论研究和日常理论教学提供充足的现实资料。

2. 充分利用高校学科建设与人才集中的优势

高校智库的突出优势就是学科齐全、人才集中，服务地方党委和政府决策的半径较大，腹地广阔，能形成大兵团、全方位的服务优势。因此，高校智库应依托大学的学科与人才资源优势，构建服务地方、开展应用决策研究

的大格局。同时，还需要根据高校智库的学科配置，构建高校智库依托学院共同发展的格局和模式，形成教研相长、人员互通的发展局面，进一步提升高校智库的服务优势和服务能力。

3. 创新高校智库管理制度和方法

在地方高校和科研院所设立一批智库类地方决策研究基地，引导专家学者开展针对性强、可落地的决策咨询研究工作。定期将党委和政府的决策资料和有关文件向高校发布，解决高校与地方的"信息不对称"问题。定期发布基础型、系列化的课题研究项目，引导高校学者长时间跟踪研究某一个与地方经济社会发展密切相关的问题，形成一批高质量的成果。安排高校学者参与重大战略制定、重大规划制定、重要课题研究工作，开展高密度调研，形成研究报告，在决策部门与高校智库之间建立起更加畅通、快速沟通联系和成果转化渠道。创新设置面向决策咨询奖项，激发高校教师开展政策研究和决策咨询工作的内在动力。

（三）注重引进、合作和培育，大力推动民间智库发展

民间智库，由于机制灵活，行政约束弱，往往更容易从不同的视角提出不同的方案供决策参考。市场化和产业化是新时期政策研究和决策咨询的发展方向。西方发达国家的民间智库异常发达，成为政府重要的智力支撑。应制定咨询产业发展规划，建立健全咨询产业管理制度，实行规范化管理，形成良性的行业发展环境。

加强与国内外著名民间智库的合作发展，鼓励企业组建战略研究机构，重点从事区域发展战略和企业发展战略研究。

改变财政拨款方式，由针对机构拨款改为针对项目拨款，实行重大咨询项目公开招标方式，让各类咨询研究机构争取政府资金方面享有平等机会，给民办咨询研究机构提供更大的发展空间。

第三节　地方智库建设顶层设计与机制创新

把地方智库建成为党委和政府决策服务的高质量高水平的思想库和参谋部，是一项重大的系统工程，必须从顶层设计入手，优化环境，创新设计适合实际的体制机制，最大程度地释放智库红利。

一、优化智库发展的环境

地方党委政府应从理念上、政策上高度重视推进地方新型智库的建设。理顺政府与社会、政府与智库的关系，形成有利于智库健康发展的体制机制环境。

应制定和发布专门文件，进一步提高各地各部门对"智库"建设工作重要性的认识，把体制机制创新作为促进智库发展的核心任务，督促各地各部门建立完善的政策研究和决策咨询机制，采取切实可行举措，研究制定推进地方新型智库发展规划和行动方案。

二、建立财力保障机制

加大政策和资金支持，加大对政策研究和决策咨询工作的投入力度。

第一，市财政安排专项资金，确保智库建设的资金支持。将根据不同类型智库的性质和特点，分类制定支持办法，支持智库平台建设和日常管理。积极引导组建地方发展研究基金会，支持本地研究咨询工作。

第二，支持对智库成果的采购，变财政拨款为项目资助，注重新型智库建设的市场化、社会化步伐。党委和政府及企事业单位在决策重大项目前，可采取公开招标的方式邀请智库开展研究。凡属智库提供的战略研究、咨询报告、政策方案、调研数据等，可纳入政府采购范围和政府购买服务指导性目录，通过政府购买服务，充分发挥第三方在调查研究、方案设计、绩效评估等方面的专业优势。

第三，在社科规划基金项目中，应逐步加大应用研究课题的比例，从重点支持个人向重点支持智库组织转变，从短期临时性研究向长期跟踪研究转变。

第四，设计出台经费管理办法，包括细化到具体项目和内容的预算公开、进度督查与绩效考核等内容，增加资金使用的透明度，确保资金的高效使用。

三、建立决策参与保障机制

第一，赋予更大的咨询决策知情权。各级党政部门利用网站、微信、新闻媒体等形式加大信息发布力度，定期举行面向智库的专题发布会，改变智库信息收集不对称、不及时的问题。对智库研究成果的采纳应用情况，有关部门和单位要以书面形式将成果名称、应用后产生的效果等报智库管理部门，并反馈给有关智库。

第二，赋予更大的重大决策介入权。将智库参与谋划地方重大发展战略、制定重大决策、实施重大政策以及解决民生问题等重大事项用制度加以明确，使其制度化、长效化。凡涉及经济社会发展重大问题、公共利益以及人民群众切身利益的决策事项，都要广泛听取智库的意见建议，并作为决策的必经程序和环节。建议在党政机关及企事业单位试行受聘专家顾问对聘任单位重大决策进行指导和评估制度。

第三，赋予更大的重大政策评估权。建立重大决策事前评估机制和事后责任追究机制，要求除涉密及法律法规另有规定外，重大改革方案、重大政策措施、重大工程项目等决策出台前，都要进行风险评估，政策实施后都要进行事后责任追究，以避免决策部门的疏漏和偏颇。

四、建立人力保障机制

第一，坚持引进和培育两手抓，建设决策咨询人才库。加大招才引智力度，大力引进富有思想活力、有实践经验、有研究能力、熟悉决策需求的相关人才；重视跨学科或复合型人才培育，制订重点扶持计划，培养优秀中青年人才，充分发挥党政干部和专家学者的集成创新优势；遴选经济社会发展重点领域、重点行业的专家学者和业界精英，建设一个咨询研究人才库，为决策咨询工作开展提供智力储备。

第二，建议制定相关政策，鼓励高校保留3%编制额度专门用于支持教师流动。建立高校智库人员引进和聘用柔性流动运行机制，实现研究者在政府、企业、高校智库之间有序流动；鼓励高校教师到政府挂职或到各类研究机构全职从事咨询研究工作；鼓励教师全职到政府或研究机构工作，人事聘用关系不变，可保留事业编制；探索设立特聘岗位、兼职岗位年薪制，吸引政府、高校、研究机构和企业的优秀咨询研究人员。

第三，可以采用固定聘用和流动聘用相结合、全职引进和柔性使用相结合，建立内外力量联合攻关、优势互补的协作机制，高效使用本地内外、智库内外的相关专家，进一步扩大协同创新优势。

第四，完善各类相关管理制度。建立科学选题机制、课题管理制度、决策咨询绩效考核机制和薪酬激励制度，从而激发优秀人才的能动性和创造性；建立一套完善的决策咨询研究成果评价体系，对智库研究成果进行独立性、权威性的评估和认证；探索建立决策咨询知识产权保护制度，设立决策咨询发明专利奖；加大对优秀决策咨询成果的奖励力度，设立政府决策咨询奖，对进入决策链成果给予奖励和推介，以鼓励广大科研人员多出成果、出好成果。

五、加强智库平台建设

智库发展要有信息共享平台、课题研究平台（社会经济发展研究基地、创新团队、社科基金、各有关单位的课题发布平台等）、智库合作交流平台等，需要加强平台之间的协作，实现不同层级、类型平台之间相互协作。

（一）重视发挥协同创新平台的作用

注重发挥国家和省在地方设立的协同创新中心作用，探索更好地发挥协同创新中心、各类研究基地智库作用的途径。各级现有的协同创新中心等科研平台，团队成熟、资金充裕、科研能力及影响力强大，可以成为智库发展的依托，并在此基础上，逐步设立地方智库类研究基地，更好地服务于地方经济社会发展。

（二）切实注重信息平台建设

地方政府应重视在基础数据与信息收集方面的投入，建议地方政府牵头，加强与有关部门的协作，搜集区域性经济社会发展信息，整合各类智库的信息资源，建设本地决策咨询信息数据库。并在此基础上，形成一个完善的决策咨询信息共享机制，摒弃一些地方政府开放性不够（往往以涉及机密为由拒绝公开相关信息）的陈旧理念，设立信息共享数据平台，汇集全地区各类决策需求和党政部门、各研究机构的研究成果、调查数据资料，实现跨领域、跨部门、跨智库的信息互通、成果共享，进一步提升智库研究水平；结合目前新媒体发展的特点，积极利用信息化工具，建设智库网站，通过微信、微博、手机应用、短信等形式，努力推动智力信息互通，保障所有成员的知情权、参与权。

（三）加强与高端智库合作与交流

促进地方智库与国务院发展研究中心、中国社会科学院等国家智库合作与交流，把更多高端智库资源纳入地方决策咨询体系。通过重视信息资料的收集整理，加强与国内外高端智库的信息交流，力求全面、准确地认识和把握经济社会发展现状与趋势，从而提升决策咨询工作的科学性、前瞻性和有效性。

第四节　地方智库建设的案例分析

通过典型地方智库建设的案例分析，总结不同类型地方智库建设的经验，为我国地方新型智库建设提供有益借鉴。

一、官方智库的成功发展之道：上海市政府发展研究中心

2014年1月，上海社会科学院智库研究中心发布我国首份《智库报告》，并公布中国智库影响力排名。上海市政府发展研究中心在"党政军智库"中排第四，仅次于国务院发展研究中心、中央党校和国家发改委宏观经济研究院。上海市政府发展研究中心作为全国起步最早、规模最大、影响最广的地方智库，多年来坚持人才思维、激励思维、国际思维，积极探索创新智库管理体制和运营模式，为加强地方新型智库建设积累了一套好经验、好做法。

（一）概况介绍

上海市人民政府发展研究中心（前身是上海经济研究中心）于1980年12月26日正式成立，于1995年12月22日根据市政府决定，更名为上海市人民政府发展研究中心。上海市人民政府发展研究中心是为市政府决策服务，承担本市决策咨询的研究、组织、协调、管理、服务的市政府决策咨询研究机构。其主要职责有：研究本市经济、社会发展和改革开放中具有全局性、综合性、战略性的问题；了解动态、分析矛盾、研究对策、预测前景，及时向市委、市政府提出决策建议和咨询意见；负责本市两年一度的市决策咨询研究成果的评奖工作；组织、协调市政府系统的决策咨询研究工作。此外，还负责本市决策咨询系统建议库信息管理和维护工作，并编辑出版《上海经济年鉴》和《科学发展》杂志。

上海市人民政府发展研究中心无论是内设机构、直属单位还是分管单位的数量在省级发展研究中心都是最多的。发展研究中心编制60人、内设9个职能处（部），内设处室有9个，直属单位和分管单位均为4家，其中，上海

发展战略研究所、上海发展研究基金会、上海流通经济研究所属于"智库中的智库"（图 10-1）。

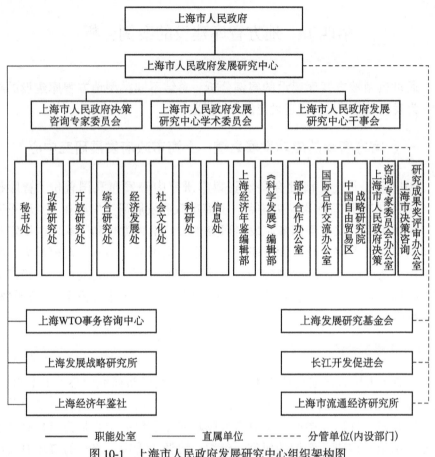

图 10-1　上海市人民政府发展研究中心组织架构图

此外，该中心还有 4 个合作平台，分别是与上海高校和社会科学院合作成立的 14 个社会调查中心、围绕行业顶尖人才成立的 18 个领军人物工作室、上海国际智库交流中心以及与沪上知名高校共同举办的专注于不同领域的系列论坛和研究基地，分别为国际大都市发展论坛（与上海交通大学合作）、都市文化发展论坛（与复旦大学合作）、公共政策与管理论坛（与上海财经大学合作）、长三角及长江流域发展论坛（与华东师范大学合作）、城市管理论坛（与同济大学合作）、国际贸易中心论坛（与上海对外经贸大学合作）、经济学人上海圆桌会议、物流发展论坛等。

（二）智库建设的成功经验

1. 上海市政府对决策咨询工作的高度重视

据 2014 年的统计，从智库影响力上看，综合影响力前 30 名的智库无一例外分布在东部地区。其中北京有 20 家，占 67%；上海有 6 家，占 20%。从智库类型上可以进一步发现，北京的权威智库中更多的是国家级智库，上海各种类型智库均有同业内上佳的口碑和表现，从某种意义上来说，上海是当之无愧的地方智库发展最领先、最活跃的城市。这些不能不归根于上海政府有着一贯的决策咨询的良好传统，历届领导高度重视智库发展，为上海各类智库发育与成长提供了丰沃土壤。

上海市政府在 1994 年以市政府的名义设立了上海市决策咨询研究成果奖，评奖活动每两年举行一次。财政拨款奖励 100 项优秀成果，这些成果的 80% 面向社会，20% 面向党政部门。其中，特等奖 15 万元、一等奖 6 万元、二等奖 3 万元、三等奖 2 万元。财政每年另拨专项经费用于该奖项的评审及日常管理工作。获得二等奖以上的第一作者享受 100% 退休金。

政府治理方式的变革，极大地推动了政府咨询需求的不断上涨。上海市政府各级部门流行着"课题工作法"的调研工作方法。上海市委书记俞正声到任的头一年，常委会根据工作重点确定了 8 个调研课题，领到任务的常委要花 3 ～ 4 个月时间去完成。这种工作方式，并不是上海市政府独家，但是做得却是最为深入和有效。在全面深化改革大背景下，治理难度倒逼治理能力与治理技术的提升，地方公共决策的科学化、民主化进程在不断加快。

作为上海官方第一智库，发展研究中心一直由市长直接分管，市政府秘书长协管，其第一任主任是由时任上海市长汪道涵兼任。中心每年的重点课题的题目均由市领导亲自拟定，平均每年立项、发包 250 项课题。上海市政府规定凡需上报市政府常务会议讨论研究的文件都要先经发展研究中心把关。这些举措打通了发展研究中心与政府决策者之间的最便捷有利的沟通渠道，更体现了上海市政府致力于将其打造成市委市政府首席智库的决心。

2. 制度改革，创新人才激励机制

毫无疑问，智库第一资源就是人才。上海市政府发展研究中心对智库人才十分重视，制定了一系列有效的人才培养机制。

发展研究中心对每项重点课题及中心业务处室所承担课题均配备一定研究经费，对有领导批示的成果给予一定金额奖励。同时，为激励研究人员不断实现自我提升，中心对研究人员出版著作、攻读硕博学位的费用予以报销一部分,并制定适用智库人员承担社会课题及参与国内外研讨、讲座取酬的激励型科研管理办法。

　　为拓展研究人员的用武之地,发展研究中心与市人力资源和社会保障局、市社会科学院协调沟通,争取职称评定政策支持。职称评审采取只评不聘的方式,不与研究人员现行工资待遇挂钩,只作为对评审人员学术价值的认定。目前,助理研究员(中级职称)由中心自行组织,评审结果受市人力资源和社会保障局及市社会科学院认可,可作为评审更高级职称依据;副研究员、研究员由市社会科学院代为评审,评审结果由市人力资源和社会保障局发文认可。

　　3. 搭建平台,加强横向和纵向合作研究

　　上海历来是我国人才汇集的中心,各类名校林立、专家资源十分丰富。发展研究中心充分利用这一优势,积极完善公共决策咨询研究的公共平台。中心设立了由知名专家组成的18个领军人物工作室、与上海高校和社会科学院合作成立了14个社会调查中心,与上海交通大学、复旦大学、同济大学、上海财经大学、华东师范大学、上海大学、上海理工大学、上海对外经贸大学等多所高校开展高校论坛、设立研究基地以及上海国际智库交流中心。专家由53名特聘专家和115名特约研究员组成。目前,这种与高校专业领域的合作还在不断地延伸与发展。善借"外脑",丰富资源,发展研究中心建立起更为丰富的人才库,也通过交流合作有效地促进了本中心专职研究人员的研究能力。

　　上海作为全国改革开放的最前沿,上海的决策咨询研究既立足本地,又跳出地域局限,树立全局观,把上海的发展放在中央的战略定位上、放在经济全球化大趋势和全国发展大格局中、放在国家对长三角区域发展总体部署中去思考和谋划。秉承这样的理念,发展研究中心一直积极开展与国家层面的各类研究机构合作交流。2013年,上海市政府和国务院发展研究中心签署了"部市合作"协议,并在上海市政府的推动下,发展研究中心与财政部财科所、国家发改委宏观经济研究院、国务院研究室等6家中央部委研究机构签署了合作协议,有力地推动了发展研究中心的一流智库建设。2015年6月,上海研究院正式成立。上海研究院的全称为"中国社会科学院上海市人民政府上海研究院",是中国社会科学院与地方政府合作建设的第一个综合性研究机构。上海研究院的建设和发展全面依托中国社会科学院相关研究所、上海市人民政府发展研究中心和上海大学,旨在充分发挥中国社会科学院作为国家级智库和上海作为中国改革开放前沿阵地的双重优势,本着资源共享、成果共享的原则，中国社会科学院在科学研究、人才培养、智库建设等方面与上海市人民政府开展全面、实质性合作，主要聚焦国际金融贸易、城市可持续发展、社会治理创新和核心价值传播四大核心领域。

这些合作的开展，切实为发展研究中心增强了研究能力、开拓了研究视野，为其发展创造更多的空间，更有利于推动上海社科领域的协同创新，并带动上海高校提升学科水平。这既是上海市政府发展研究中心自我发展的需要，更是履行其作为官方智库承担的搭建平台、整合资源的重要职责。

4. 国际视野，引外智打造国际影响力

上海在吸引全球智力资源方面有着得天独厚的优势。发展研究中心坚持国际思维，引进了一批有国际视野的国际知名专家参与上海的决策咨询研究工作。

积极搭建国际交流平台。2011 年，发展研究中心探索决策咨询研究新尝试，拓展研究力量，凝聚各方智慧，与埃森哲、凯捷、德勤、博斯、IBM、野村、罗兰贝格等 13 家知名国际智库，按自愿原则联合发起成立上海国际智库交流中心，并设立上海智慧论坛，属非营利性智力交流平台。借此，这些国际知名智库以及哈佛大学、香港大学等国际知名大学的学者和专家也成为上海国际智库交流中心的成员，通过举办年度论坛、不定期的专题交流会以及多边双边交流等多种形式开展活动，充分发挥外国智库专家学者才智，为上海建设"四个中心"和现代化国际大都市献计献策。

举办国际智库峰会，进一步为上海发展打开国际视野、提供国际化的智力支持。2014 年 12 月，由发展研究中心主办召开国际智库峰会。以"上海如何建设具有全球影响力的科技创新中心"为主题，围绕"上海应建设什么样的科技创新中心"和"上海应营造什么样的科技创新环境"两个议题展开。

引入国际知名专家和智库，进一步提升了上海市政府发展研究中心的研究视野，让地方智库能够站在全球智库发展的新高度，也大大提升了城市及地方智库在全球智库中的影响力。

二、高校智库服务地方发展：复旦大学和上海高校智库群建设

十八届三中全会对深化教育领域综合改革提出了明确要求：要到 2020 年在重要领域和关键环节改革上取得决定性成果。以服务决策、传承文明、创新理论、资政启民为己任的高校迎来了新的历史任务——建设中国特色新型高校智库。

在 2014 年发布的全国高校智库排名中，复旦大学位列第二，仅次于北京大学。相比较北京大学，复旦大学的特点是坚持瞄准国家与上海发展中的重大问题，并且在上海市政府的推动下，复旦大学还有其他上海高校建立起了同城协同机制，整合本地高校资源，打出了上海高校智库的组合拳，更好发挥出大学为地方决策服务的功能，总结出卓有成效的"上海实践"。从这一点上说，复旦大学智库建设经验以及上海高校智库群的协同机制十分值得借鉴。

（一）复旦大学智库建设

复旦大学智库的发展早在 20 多年前就开始了智库建设的尝试，在多年实践中对高校智库建设的规律进行了有益的探索。

1. 主要智库的发展概况

复旦发展研究院成立于 1993 年 2 月 12 日，上海市委、市政府高度重视和支持复旦发展研究院的建设和发展。复旦发展研究院成立后，时任市长徐匡迪同志亲自担任复旦发展研究院名誉院长。

复旦发展研究院是全国较早开展服务于国家和地区的智库建设的实践典范。依靠复旦大学学科齐全的综合优势，发展研究院集合学校各学科学者，以团队研究为主要方式，瞄准国家与上海发展中的重大问题，展开战略和对策研究，提交了一系列有分量的研究报告，对国家和上海发展的重大决策产生了积极影响，得到党和国家领导人以及上海市领导的重视和好评。自 1995 年起，连续多年出版《中国发展报告》（蓝皮书），对国家政治、经济、社会、文化、国际关系进行分析，并提出对策建议，充分发挥了综合性大学思想库与智囊团的作用。

复旦发展研究院为平台性的研究机构，将通过项目规划、学术服务聚合和联络各类研究中心和兼职研究人员展开专项研究。研究院的内设机构有：国家建设研究中心，金融研究中心，金砖国家研究中心，沪港发展联合研究所，传播与国家治理中心，当代中国社会生活资料中心，社会科学数据研究中心，复旦-丁铎尔中心，海外中国中心（复旦-UC 当代中国研究中心、复旦-欧洲中国研究中心），上海论坛，中国高校智库论坛。

随着国家和上海大力推动高校智库发展，复旦以及上海其他高校都有不少智库纷纷成立，复旦发展研究院不但承担了自身的各项智库建设工作，而且承担起复旦及上海市高校智库协同发展的平台建设和管理工作。中国大学智库论坛、上海论坛以及上海市高校智库研究和管理中心均为发展研究院下设单位。

除了复旦发展研究院以外，复旦大学政党建设与国家发展中心、复旦大学中国经济研究中心、复旦大学人口与发展政策研究中心、复旦大学亚太区域合作与治理研究中心（简称亚太智库）和复旦大学宗教与国家安全研究中心均为 2013 年 8 月获得上海市首批设立的 10 个上海高校智库之一。

政党建设与国家发展研究中心由副校长林尚立教授领衔，以复旦大学上海市"党的建设理论与实践"创新研究基地为基础。智库重点关注和研究六个方面的战略问题：党的领导体系与执政能力建设，即党的自身建设；如何用党建解决中国政治发展的重大问题，即国家建设与发展；党和国家的制度体系建设，即中国的现代制度；党内民主、国家民主与社会民主的有机互动，即中国特色的民主；党的理论创新和意识形态发展，即中国的理论与价值；比较视野中的政党与国家，即执政规律的国际比较。

复旦大学中国经济研究中心由复旦大学"当代中国经济"长江学者特聘教授、上海市决策咨询委委员张军教授领衔，是以教育部人文社会科学百所重点研究基地复旦大学中国社会主义市场经济研究中心的全部专职研究人员为主体的研究型智库机构。作为一家立足基础研究和"咨政启民"的思想库，中国经济研究中心定位于为中国未来中长期经济增长与发展提供政策咨询和建议，对涉及未来 20 年中国经济增长与发展中的重大战略问题作出研究和政策分析。

复旦大学人口与发展政策研究中心由社会发展与公共政策学院彭希哲教授领衔，依托复旦大学公共管理与公共政策国家哲学社会科学创新基地，围绕人口和发展问题来探讨中国发展过程中的公共管理和公共政策体系的建设。为国家有关部门和各级政府提供有关卫生改革与发展、解决因病致贫、完善医疗保障制度、社区发展模式，公共卫生管理服务体系、上海市人口承载力和发展态势、基层党建和基层管理模式等政策咨询得到国家和地方政府的高度评价，获得多项政策咨询奖励，并已转化为实际的政策措施。

复旦大学亚太区域合作与治理研究中心由国际问题研究院常务副院长吴心伯教授领衔，以亚太地区国际关系和地区合作为主要研究对象，聚焦中国崛起背景下与亚太重点国家和地区组织（如美国、日本、俄罗斯、韩国、东盟等）的互动，分析这种互动的发展规律和演变趋势，提出中国的应对方略；研究亚太地区合作的路径和形式，探讨亚太地区治理机制建设，总结适合亚太地区特点的行之有效的合作模式；基于亚太地区的历史、文化和社会、政治现实，倡导具有亚太特色的地区国际关系规范。同时也承担一定的公共外交和二轨外交功能。

复旦大学宗教与国家安全研究中心由国际关系与公共事务学院徐以骅教授领衔，以国际关系与公共事务学院宗教与国际关系研究中心为基础。智库的主要研究内容将包括以下四大板块：宗教与中国国家安全研究；宗教与当前中外关系和中国对外战略；宗教与中国社会安全和国家建设；当前国内外各种宗教运动和现象。中心的现有成果包括：《宗教与中国国家安全：挑战、趋势与对策》专报系列、《宗教与国家安全研究通讯》和《宗教与中国国家安全资料汇编》，以及宗教与中国国家安全研究出版系列等。

2. 复旦大学高校智库建设的经验

（1）转变观念，抓住机遇。复旦大学副校长、常务副院长林尚立认为，复旦大学近年来智库建设的探索能够初具成效，首要一点是转变观念。复旦大学智库建设一直站在时代发展的前沿，响应时代需求，承担作为一流大学应有的社会责任和历史责任。复旦发展研究院的建立与中国建设社会主义市场经济的伟大实践共同起步。而其他各种智库的建设也顺应了国家新时期对高校改革和对高校服务国家和地区决策的需求。

复旦大学将智库建设视为通过对接国家和地区重大发展战略，凝练学科建设和提升高等教育内涵发展的重要契机，在把握社会需求、整合各方资源过程中，突破高校内部本身以及外部的体制壁垒，充分释放人才、资源等创新要素的活力。复旦大学积极建设新型高校智库的做法，形成了一条推动高校服务国家和地方决策需求以及提升高等教育质量的新思路。

（2）搭建跨学科的整合平台，既专又综。复旦大学智库建设有两种路径：一是基于传统路径，在学科发展过程中研究现实问题、积累相关数据、服务国家战略，由此凝聚形成专业性智库；二是基于学校人文社会科学大平台的多学科聚合，由此形成综合性智库。近年来，复旦大学不断探索，将两类智库有机统一起来，既发挥专业所长，建构强大的数据支撑和外部网络，又强调专业性、战略性和国际性。

从目前复旦大学的所有代表性的智库来看，无一例外都是既专又综，依托于本校优势学科及国家级重点研究基地或创新基地，由领域内国内外具有重要影响力的长江学者或资深教授担任领军人物，在公共政策、国际关系、人口与发展规划等专业领域纵深发展的同时，结合智库服务于解决复杂社会实际问题的现实特点，将社会科学不同学科的专业资源以及现代科学技术的先进成果引入公共政策的研究及决策过程中，积极开发和利用社会科学数据资源，搭建跨学科的整合平台。由此发展起来的智库，既有专业的深度，又有多学科的广度。这种建设路径大大推动和加快政策研究的学科融合进程，并切实提高了高校智库研究成果的有效性和可行性，起到了推动地方决策科学化、精细化、精确化与民主化的智库功能。由此高校智库最终建成一个集科学研究、实验教学、人才培养和公共决策支持及服务于一身的集成创新平台。

（3）管理和机制创新，可持续发展。在高校智库建设中，专业化、高效率的管理运营至关重要。复旦大学专门设立学术服务中心，这一中心面向研究、面向政府、面向市场，实现统一的跨学科学术咨政服务，成为智库网络运行的管理支撑系统。复旦大学视智库为社会与科学最佳结合点，将自然科学创新式地纳入智库发展中，集聚自然科学家，将智库建设拓展到自然科学领域，打造一个更大的智库平台。

智库建设对高校最严峻的挑战无疑是机制创新，特别是评价机制的创新。这也让智库建设有可能成为推动高校人事制度改革的一个突破口。复旦大学积极为从事学术研究和智库工作的教师提供同等的发展机会，在机制上保障教师在学科工作之外也能在平台工作，充分调动起教师从事智库工作的积极性。

高校智库建设是一个系统而长期的工程。因此，复旦大学通过管理和制度方面的创新，全面布局，整合力量，形成良好的生态，推动复旦大学的智库朝着可持续发展之路不断前进。

（二）上海高校智库群的"上海实践"

上海高校智库是上海市教委和各大高校共同筹建的、为国家和上海区域发展的重大战略需求提供决策建言和智力支撑的智库群。

2013年11月，首批18家上海高校智库成立，来自复旦大学、上海交通大学、华东师范大学、华东理工大学、上海大学、上海财经大学、上海外国语大学、华东师范大学、上海对外经贸大学等9所高校，其中，复旦大学占6家、交通大学占3家。这批智库重点聚焦5类选题：主流价值观与立德树人研究、国际关系与中国战略研究、"四个中心"与全球科创中心研究、国家治理体系与治理能力现代化、政党理论与党的建设。智库涵盖经济、国际与区域政治、教育、法律、社会和公共管理、文化与传媒、城镇化和人口、环境能源、可持续发展、食品医药和卫生等研究领域。上海高校智库群成立至今，不断深化智库内部的组织管理、人才培养和资源配置等方面的机制创新，坚持同城协同，跨界研究，并且借助中国大学智库论坛服务全国。上海高校智库建设的相关专家学者将这一系列的体制机制创新和探索称为"上海实践"。

1. 同城协同机制

从整个市级层面而言，"上海实践"的内涵主要指上海高校系统的同城协同。依靠上海市高校智库研究和管理中心所建立的同城协同机制，盘活了现有资源，打出了上海高校智库的组合拳。

整合多学科资源开展问题导向式研究。上海高校智库围绕国家和上海的战略需求，聚焦社会主义经济建设、政治建设、文化建设、社会建设以及生态文明建设和党的建设中的重大问题，整合上海的优势学科资源，进行高层次的应用对策研究和战略咨询。

协同研究整合发声。上海高校智库通过战略思想沙龙、全球思想版图和协同组稿的方式来进行协同研究，整合上海高校智库的优势力量，发出上海高校智库专家的声音，并逐渐形成"上海高校智库"这一品牌。

2. 建立实体化管理体制

实体化建设助推高校智库扎实落地。第一批 18 家上海高校智库经过一年半的实体化建设，已逐渐成为一种新型的科研组织形态，它打破了传统的以学科院系为主导的组织模式，依托高校为智库提供专门的场地和设备，上海高校智库实行了以主任负责制为主体的实体化管理体制，设立专门的管理机构和人员。在此基础上，形成围绕一个问题的跨学科、跨地域的新型科研组织。

作为"智库中的智库"，上海还在全国首创为智库群搭建一个高水平讨论平台——中国大学智库论坛，秘书处设在复旦大学。2014 年 12 月，首届中国大学智库论坛年会在复旦大学举行，主题为"依法治国"。数据显示，该论坛吸引全国 75 所高校、近 300 位专家学者与会，提交了 85 篇咨政报告。

3. 建立信息报送双向流动机制

上海高校智库经过一年半的建设与发展，探索出一套由上至下和由下及上的需求对接机制。由上至下指的是上海市和国家有关部门为了应对国家重大问题和社会热点问题，向各高校智库专家征询意见的"点菜"机制；由下及上指的是由上海市高校智库研究和管理中心不定期组织智库专家就国内外热点问题进行研判，并及时向国家和上海市有关部门反馈的"建言"机制。

通过积极发挥平台作用，将决策需求和研究力量对接起来，形成一套顺畅的需求对接机制，促进高校研究成果的有效应用和转化。过去一年，上海高校智库已接受政府"约稿"20 多次。上海高校智库已为国家有关部门提供咨政报告 400 多篇；有 200 多篇被采纳，获国家相关领导 38 个重要批示，并要求有关部门予以跟进、落实。

4. 建立高校智库人才机制

针对目前高校人事编制紧张，以学术成果评价为导向的现状，高校积极探索柔性的人才评聘机制，如将智库升级为学校二级单位，给予智库一定数量的人员编制，允许智库通过灵活用工的方式引进更多的人才。上海高校还积极探索智库成果认定机制。依托高校积极探索成果认定机制，大胆进行体制机制改革与创新，进行校内人事评聘机制改革，出台相应规章制度。例如，华东师范大学已决定将智库研究成果等同于高水平论文，纳入人事评聘机制。

旋转门机制助力人才交流。着眼于开门办智库，探索在政府、企业、各类研究机构和高校智库之间实现人员合理高效流动的机制，广泛吸纳国内外一流人才到智库工作，有计划推荐高校智库的研究人员到政府部门和国际组织挂职锻炼，着力形成人才交叉流动良好格局，构建上海特色的旋转门机制。依靠上海市高校智库研究和管理中心所建立的同城协同机制，在首批智库内部设计了"访问学者交流项目"，打通智库间壁垒，形成人员交流机制。目前，已有 8 所高校的 12 名研究人员加入项目"流动"起来。

上海高校智库群还专门定期举办系列上海高校智库工作坊。研讨内容包括如何做好智库成果转化、高校智库数据建设和政策预评估、媒体决策咨询、智库成果转化等议题展开研讨交流。此外，举办上海市高校智库青年咨政人才培训班，以加强高校智库队伍建设，提升高校智库咨政能力。

今天，中国的发展比历史上任何时期都更需要智库。我国地方智库是国家治理体系中重要的组成部分。目前，我国地方智库建设还处于起步阶段。新时代和新形势为地方智库建设发展提出了新任务、新要求和新空间。地方智库应努力增强自身实力，大胆改革，协同创新，积极为地方经济社会发展重大决策和改革发展大局出谋划策，成为区域改革和发展的强有力的支撑和动力。

（武春友　孙　岩）

主要参考文献

陈昶志 . 2011. 经济可持续发展的环境承载力研究 [D]. 大连：东北财经大学 .

大连市统计局 .2015. 大连市 2014 年预算执行情况和 2015 年预算草案的报告 [R].

大连市政府 .2015. 2015 年大连市政府工作报告 [R].

大连市统计局 .2015. 2014 年大连市国民经济和社会发展统计公报 [R].

国科发财〔2011〕539 号 .2011. 关于确定首批开展促进科技和金融结合试点地区的通知 [R].

沪府办〔2015〕76 号上海市人民政府办公厅 .2015. 关于促进金融服务创新支持上海科技创新中心建设的实施意见 [R].

李琳 .2013. 科技投入、科技创新与区域经济作用机理及实证研究 [D]. 长春：吉林大学 .

南京市人民政府 . 2013. 南京市生态文明建设规划 [R].

潘教峰 .2012. 关于加快科技成果转化的若干思考 [D]. 北京：中国科学院 .

宋晗 .2014. 科研院所科技成果转化融资模式研究 [D]. 长春：吉林大学 .

徐辉 .2006. 科技成果转化机制及对经济增长的效应研究 [D]. 南京：河海大学 .

张彦英 . 2011. 生态文明建设与资源环境承载力 [J]. 中国国土资源经济 ,4:9-11,8,54.

赵明悦 .2014. 哈尔滨市政府推进生态文明建设的对策分析 [D]. 哈尔滨：哈尔滨商业大学 .

中共中央，国务院 .2015. 关于加快推进生态文明建设的意见 [R].

中共中央，国务院 .2015. 关于生态文明体制改革总体方案 [R].

后记

　　随着《城市创新发展研究》和《城市创新发展轨迹》的相伴编著，2014年和2015年过得既感飞快又觉漫长。这两年虽与时间时刻为伴却在忙碌中对时间的节点模糊了，日复一日地把时间添满，不觉中即将跨过2015年。2014年11月份，《城市创新发展研究》编著完稿后，我们就着手从城市创新发展理论与实践的结合上进行一些学习思考，并考虑今后的重点研究领域和方向。《城市创新发展轨迹》内含咨询委员专题研究成果，也包括我们政策研究工作中的一些学习体会。今年以来，随着国家战略的全面展开与深化，一方面，我们感到工作压力加大，发展大势要求必须准确把握宏观大局，工作具有相当的挑战性；另一方面，也增强了工作的信心，因为从书稿编著思路的起点看已入正轨，方向是正确的，一些认识和判断符合发展的走向。这些都在鼓舞我们坚持走下去。

　　本书系大连市委市政府咨询委员会专题研究成果，市委政研室副主任李正群负责规划本书主线、框架和内容安排，组织协调重点专题咨询研究。在此感谢大连市委常委、秘书长、市委市政府咨询委员会主任张世坤，市政府秘书长、办公厅主任、市委市政府咨询委员会副主任骆东升，市委副秘书长、政研室主任、市委市政府咨询委员会副主任张克，给予工作上的关心和指导；也感谢我们咨询委员会的专家，为大连经济社会发展提出了许多有价值的咨询建议报告。参与本书出版作出贡献的咨询研究课题负责人，按姓氏笔画为序，他们是：东北财经大学教授王雅莉，大连外国语大学经济与管理学院教授、大连新兴产业规划研究院院长刘立，大连海事大学副校长刘正江，大连理工大学教授苏敬勤，大连化物所所长张涛，海军大连舰艇学院教授杜辉，东北财经大学教授杜两省，原大连理工大学管理学院院长武春友，大连理工大学人文社会科学学院院长洪晓楠，大连港集团董事长惠凯，大连大学教授徐世玲，中国大连高级经理学院副院长董大海，大连大学校长潘成胜。同时，承担专题咨询研究的负责人和市委政研室、市委市政府咨询委员会办公室马刚波、薛希山、田晓霞等任编委会成员。

全书分十一个部分。导论，城市发展的传统、现代与未来，由李正群、刘立执笔负责。第一章，立足国家战略，谋划发展布局，由李正群、杜辉执笔负责。第二章，打造战略平台，助力经济转型，由李正群、杜两省执笔负责。第三章，从战略和资源配置上推进合作发展，由惠凯、刘正江、李振福执笔负责。第四章，增强城市创新发展永续动力，由张涛、李正群执笔负责。第五章，产业结构演进与城市功能提升，由李正群、董大海、刘立执笔负责。第六章，新业态新商业模式——创新发展的重要载体和动力，由刘立、童友俊执笔负责。第七章，全面有效发挥政府的作用，由李正群、洪晓楠执笔负责。第八章，在统筹协调推进中加快提升城市综合竞争力，由王雅莉、苏敬勤、潘成胜、徐世玲执笔负责。第九章，把绿色发展理念贯穿于生态文明建设的顶层设计和总体部署之中，由武春友执笔负责。第十章，地方智库发展模式创新探析，由武春友、孙岩执笔负责。

需要说明的是，各位咨询委员在撰写咨询报告的过程中，参阅了大量文献，吸取了国内外先进地区的经验，由于本书是根据咨询报告汇编而成，加上咨询报告的体例限制，许多报告并没有标明引证的文献，在此我们对各位被引证的文献作者表示感谢，并借此向多年来给予帮助和支持的各位同仁表示衷心的感谢。

在编辑出版中，科学出版社的领导和编辑同志全过程认真负责、脚踏实地的工作作风，让人肃然起敬，也令人感动，在此深表感谢。

希望本书的出版对进一步加强和改进大连市委市政府咨询委员会的工作，使之更好地与市各级党委、政府有关部门加强联系，为全市经济社会发展决策咨询服务起到积极的作用。

编委会

2015 年 11 月 24 日